終身全民教育的展望

Lifelong Education for All

主編◎中華民國比較教育學會

作者簡介

◎楊深坑
  Shen-Keng Yang
  中華民國比較教育學會理事長
  President, Chinese Comparative Education Society - Taipei

◎David N. Wilson
  Professor, Ontario Institute for Studies in Education, University
  of Toronto（世界比較教育學會理事長）

◎陳其南
  Chi-Nan Chen
  藝術學院傳統藝術研究所教授
  Professor, National Institute of the Art

◎張鈿富
  Dianfu Chang
  暨南國際大學教育政策與行政研究所所長
  Professor and Director, Graduate Institute of Educational Policy
  and Administration, National Chi Nan University

◎陳麗欣
Li-Hsing Chen
暨南國際大學教授兼學務長
Dean of Student Affairs, National Chi Nan University

◎楊國德
Kuo-Te Yang
中正大學成人教育中心主任
Director, the Center of Adult Education, National Chung Cheng University

◎邱兆偉
Jaw-Woei Chiou
高雄師範大學教育系教授
Professor, Department of Education, National Kaohsiung Normal University

◎桂勤
Qin Gui
香港大學比較教育研究中心副教授
Associate Professor, Comparative Education Research Centre, the University of Hong Kong

◎魏惠娟
Hui-Chuan Wei
中正大學成人教育研究所副教授
Associate Professor, Graduate Institute of Adult Education, National Chung Cheng University

◎王政彥

Cheng- Yeng Wang

高雄師範大學成人教育研究所所長

Director, Graduate Institute of Adult Education, National
Kaohsiung Normal University

◎胡夢鯨

Meng-Ching Hu

中正大學成人教育研究所所長

Director, Graduate Institute of Adult Education, National Chung
Cheng University

◎黃明月

Ming-Yueh Hwang

台灣師範大學社會教育系教授

Associate Professor, Department of Social Education, National
Taiwan Normal University

◎林明地

Ming-Dih Lin

中正大學教育研究所副教授

Professor, Graduate Institute of Education, National Chung
Cheng University

◎Mark Ginsburg

美國匹茲堡大學教授

Professor, Pittsburgh University, U.S.A.

◎戴曉霞
Hsiao-Hsia Tai
交通大學教育學程中心副教授
Associate Professor, National Chiao-Tung University

◎楊瑩
Ying Yhang
暨南國際大學比較教育研究所教授
Professor, Graduate Institute of Comparative Education,
National Chi Nan University

◎蘇永明
Yung-Ming Shu
新竹師院初等教育系副教授
Associate Professor, Department of Elementary Education,
National Hsinchu Teachers College

◎李奉儒
Feng-Jihu Lee
暨南國際大學比較教育研究所副教授
Associate Professor, Graduate Institute of Comparative
Education, National Chi Nan University

◎Anne Hickling-Hudson
紐澳比較教育學會理事長
President, New Zealand-Australian Comparative Education
Society

◎沈姍姍

San-San Shen

新竹師院初等教育系教授

Professor, Department of Elementary Education, National
Hsinchu Teachers College

◎黃月麗

Yueh-li Huang

教育部社會教育司視察

Supervisor, Department of Social Education, Ministry of
Education, R.O.C.

◎楊振昇

Chen-Sheng Yang

暨南國際大學教育政策與行政研究所副教授

Associate Professor, Graduate Institute of Educational Policy
and Administration, National Chi Nan University

◎翁福元

Fwu-Yuan Weng

暨南國際大學教育政策與行政研究所副教授

Associate Professor, Graduate Institute of Educational Policy
and Administration, National Chi Nan University

◎王秋絨

Chiou-Rong Wang

台灣師大社會教育系教授

Professor, Department of Social Education, National Taiwan

Normal University

◎鄭淵全
Yuan-Chuan Cheng
新竹師院實習輔導處副教授
Associate Professor, Center of Teaching Practice, National
Hsinchu Teachers College

◎江芳盛
Fang-Shen Chiang
暨南國際大學比較教育研究所副教授
Associate Professor, Graduate Institute of Comparative
Education, National Chi Nan University

◎澤野由紀子
Yukiko SAWANO
日本國立教育研究所高級研究員
Senior Researcher, Research Department of Lifelong Learning,
National Institute for Educational Research of Japan

◎楊思偉
Szu-Wei Yang
台灣師範大學教育系教授
Professor, Department of Education, National Taiwan Normal
University

◎方永泉

Yuan-Chan Feng

暨南國際大學教育學程中心助理教授

Assistant Professor, Center of Teacher Education, National Chi Nan University

◎林志忠

Chih-Chung Ling

暨南國際大學教育學程中心助理教授

Assistant Professor, Center of Teacher Education, National Chi Nan University

◎黃嘉莉

Carrey Huang

台灣師範大學教育學系助教

Teaching Assistant, Department of Education, National Taiwan Normal University

序

　　再過不到兩年，人類歷史即將進入二十一世紀，處此世紀之交，人類是以何種心態面對即將開啓的新時代？未來人類將仍如啓蒙運動以來的理想，充滿了繁榮、進步與希望？或者將如德國哲學人類學家 A. Gehlen所謂的人類將步入後歷史時期（Posthistoire）一切都在變化，但無事行得通？

　　希望或失望？一念之間似乎都取決於教育。1990年在泰國Jomtien所舉辦的「世界全民教育會議」（World Conference on Education for All）就對教育充滿了信心與期待，與會學者類皆要求擴充視野，以符應各種各類不同學習需求，進而解決世界性的文盲、輟學、失學、教育機會不均等、環境惡化、戰爭衝突、暴力破壞等問題。很多與會專家更特別強調社區的共同參與，這已突破歐美中心的思考模式，強調教育問題之解決必須著重本土文化，視各國文化為同屬於唇齒相依、休戚與共不可分割的整體，從這種世界性的眼光作出發，才可能解決各國教育問題。

　　經過六年多國際性的共同努力，Jomtien會議所揭重要教育問題並未獲得適當解決。根據1996年聯合國教科文組織（UNESCO）報告書「學習：內在的財富」所述，成人文盲、兒童失學與中途輟學仍為許多開發中國家亟待解決的教育問

題。尤有進者，在科技快速發展的衝擊下，知識成長日以千里，如果不學會持續不斷學習，將難以應付新世紀的新挑戰。此所以聯合國教科文組織「學習：內在的財富」報告書也認爲「終身學習」是步入二十一世紀之鎖鑰，終身學習才足以使人掌握自己未來的命運。爲使全民均具終身學習之能力，更有賴於國際性的共同努力，發展助長終身學習的行動方案。

我國是整個世界地球村不可分割的一環，也同樣面臨了終身學習的迫切需求。教育部於1998年3月公布「邁向學習社會」終身教育白皮書也預測台灣社會未來終身學習之急切性，並提出具體的行動方案，以滿足終身學習之需求。惟如何有效的落實政策方案仍有待於審慎的研究。本會有鑑於此，特別邀約美、加、日、澳洲、香港各地學者和本國專家共聚一堂，會商可行策略。本書即爲此次研討會的具體成果，深信宏言讜論必可爲政府決策之參考，謹向惠賜宏文及參與討論之專家學者敬致謝忱。本次會議之能夠圓滿完成，有賴於教育部社會教育司全力經費支援，謹此致謝。從研討會之策劃至論文集之編印，本會秘書長李奉儒教授一力承擔，備極辛勞，謹此表達衷心感忱。暨南國際大學比較教育研究所和教育政策與行政研究所全體師生全力投入，共同協助辦理此次研討會，使得此次研討會更爲成功生色，在此也致上萬分的感謝。揚智文化事業有限公司葉忠賢先生慨允本書的出版，併此致謝。

中華民國比較教育學會理事長

楊深坑　謹識

中華民華八十七年六月十五日

Opening Address

Prof. Dr. Shen-Keng Yang
President of Chinese Comparative Education Society-Taipei

First of all on behalf of the Chinese Comparative Education Society-Taipei, I would like to extend the warmest welcome to all the distinguished guests from abroad. The Society is also pleased to welcome all the participants from different institutes of this country to the Symposium. The CCES-Taipei is indeed greatly honored by your participation in the discussions of "life-long learning for all"-an educational issue of worldwide importance facing the twenty-first century.

Accompanying the rapid changes of science and technology, the world is becoming ever smaller. The opening of borders among countries and regions, the growing internationalization in every sphere of life, and the apparently spontaneous progress of communication networks accelerate the pace of globalization. The whole world is gradually becoming a global village where various people live in an unescapable tight interdependence. The globalization leads to the awareness that the relationship between industrialized countries and developing countries is the relationship of "partnership" rather than of "center-periphery" or of "the aiding and the aided". The consciousness of partnership can lead to a "win-win" situation, as Jacques Delors puts it: "whilst industrialized countries can assist developing countries by the input of their successful experiences, their technologies and financial and material resources, they can learn from the developing countries ways of passing on their cultural heritage, approaches to the socialization of children and, more fundamentally, different cultures and ways of life."

Perhaps inspired by the spirit of partnership, many participants at the 1990 **World Conference on Education for All** held in Jomtiem, Thailand called for an "expanded vision" for meeting the "basic learning needs" of all. Specific emphasis should be put on the indigenous culture in designing education program to meet the special learning needs of various people, as several participants at that Conference indicated. Despite of this kind of concerted international effort, issues of adult illiteracy, children's unenrollment in school and children's premature drop-out from school still remain unresolved in many developing countries.

Furthermore, the rapid progress of new technology, specifically information technology, has brought humankind to a new situation demanding continuous lifelong learning. The accelerated proliferation of new knowledge brought about by the new technology makes it difficult for people to adapt themselves to the ever changing modern society, if not learning continuously to learn. Learning throughout life is thus essential for people to retain mastery of their own destinies, as emphasized in the J. Delors'

Report. This imperative demands more international cooperating studies on the strategies to equip people with necessary competency for continuous learning.

The Republic of China, as an inseparable part of the global village, is confronted with the same worldwide issues of the strategies for implementing lifelong learning for all. The policy report "Towards the Learning Society" publicized recently (March, 1998) by the Ministry of Education, R.O.C.has predicted the urgent needs of lifelong learning for the future of Taiwanese society. However, the effective measures to put the ideas of the Report into practice are still wanting of serious studies. Under such a circumstance, the Chinese Comparative Education Society-Taipei is very pleased to have this opportunity to invite so many outstanding scholars from abroad and home to participate in the dialogues and debates on so important issues of lifelong learning for all. The result of your discussions will contribute very much to the formulation of suitable measures of implementing lifelong education in this country. The exchanges of ideas will broaden our vision of education and lead to more tight cooperation between the institutes of this country, perhaps also, and I do hope, lead to the cooperation at international level.

目錄

拾伍.

Content

4.

The Essence and Implementation of Lifelong Learning for All
The Essence and Implementation of Lifelong Learning forAll
(Review)

5.

Between Ideal and Reality: Some Thinking about the Lifelong
Education for 21 Century
Between Ideal and Reality: Some Thinking about the Lifelong
Education for 21 Century(Review)

6.

Protection and Distribution of Lifelong Right
Protection and Distribution of Lifelong Right(Review)

7.

The Strategies for Enhancing Lifelong Education
The Strategies for Enhancing Lifelong Education(Review)

8.

Education for all or Educating all for Peace?
Education for all or Educating all for Peace? (Translation)
Education for all or Educating all for Peace? (Review)

9.

The Massification of Higher Education and Its Trend of
Development
The Massification of Higher Education and Its Trend of
Development (Review)

10.

Education in the Information and Media Society
Education in the Information and Media Society(Review)

11.

Lifelong Education for the New Century: Radicalizing
Structures and Content
Lifelong Education for the New Century: Radicalizing
Structures and Content(Translation)
Lifelong Education for the New Century: Radicalizing
Structures and Content(Review)

12.

The Present Condition and Perspective on Marching Forward
to a Learning Society
The Present Condition and Perspective on Marching Forward
to a Learning Society(Review).

13.

The Strategies of Lifelong Learning for the 21st Century- a

Comparison between Taiwan and England
The Strategies of Lifelong Learning for the 21st Century- a
Comparison between Taiwan and England(Review)

14.

Construct In Service Teacher Education of Lifelong Learning
Construct In Service Teacher Education of Lifelong
Learning(Review)

15.

Development of Lifelong Learning Policies and Practices in
Japan
Development of Lifelong Learning Policies and Practices in
Japan(Translation)
Development of Lifelong Learning Policies and Practices in
Japan (Review)

壹 | 快速科技改變對終身學習的影響

D. N. Wilson◎著
林志忠◎譯

The Influence of Rapid Technological Change on Lifelong Learning

David N. Wilson

Introduction

Jacques Delors asserted that "the concept of learning throughout life... emerges as one of the keys to the twenty-first century." He further notes that the concept "goes beyond the traditional distinction between initial and continuing education" and "meets the challenges posed by a rapidly changing world." 1 I would like to examine the forces driving rapid technological change and how these forces influence lifelong learning. I shall ground my examination in the impact which these forces are having upon lifelong learning in Canada, but since global forces are promoting increasing conformity (often whether we like it or not), this impact is likely to be similar in most nations.

The globalization of production, commerce and informatics has significantly changed the nature of work during the past decade. The globalisation process has been driven mainly by rapid technological change. In turn, both rapid technological change and globalisation are exercising significant influence upon education; in particular, upon lifelong learning.

Globalization is "a process that widens the extent and form of cross-border transactions among peoples assets, goods and services and that deepens the economic interdependence between and among globalizing entities, which may be private or public institutions or governments."2 The challenges facing every nation in a global economy demand more attention to education and training, since most individuals now are likely to change careers three to five times during their lifetimes -- each career change requiring new learning.

The days when a Grade 10 dropout could enter productive life-long employment in agriculture, fishing, forestry, industry, mining, and even the service sectors, in Canada and elsewhere, are rapidly coming to an end. The transformation of our natural resource sectors means that future farmers, foresters and miners require at least fourteen years of education in order to operate computer-controlled agricultural, fish-finding, mining, manufacturing and timber-cutting equipment. The need for technological literacy in nearly every occupational area in the resource, production, service and informatics sectors also implies enhanced educational attainment -- and continuous learning. The introduction of new production technologies appears to be one force driving these trends. Many farmers, foresters, miners and production workers have returned to school to upgrade and/or update their credentials.

Another interesting trend in Canada and the U.S.A. is the return of many recent university graduates to community and technical colleges, in order to add occupation-specific credentials to their Bachelor of Arts degrees, which have not earned them employment.3

The Changing Nature of Work

The sweeping changes which have brought about the global marketplace are traceable to what Lewis Mumford called the Neo-technic Revolution, that is the conscious creation of new technology through institutional research and development.4 Delors characterises such changes as being another aspect of globalisation: "the establishment of science and technology networks that link up research centres to major business enterprises." 5

The changing nature of work particularly in higher technologies-means that many workers will increasingly operate in a mechatronic environment where their work will involve dealing with highly precise mechanical equipment operating under electrical power and controlled by electronic devices, often commanded by means of sophisticated computer programs. The multiple skills -- and cross-training-- required by this new mechatronic environment have significant implications for the transformation of the workplace, and particularly for the skills, attitudes and knowledge required to operate globally. 6

Further, even principles of design and product fabrication are being completely altered by the new field of rapid prototyping. This is a technology that produces models and prototype parts from three-dimensional computer-aided design (CAD) model data, CT and MRI scan data, and model data created from three-dimensional object digitizing systems.7 Post-secondary educational institutions are only now developing courses on Rapid Prototyping. The impact of this innovation upon production promises to be widespread. Similarly, the adjustment required throughout the workplace is only just becoming apparent. Of course, this adjustment also includes new learning -- mainly, on-the-job -- by those involved with these processes.

The worker of the 21st century will be more of a knowledge worker, who employs logical-abstract thinking to diagnose problems, research and apply knowledge, propose solutions and proceed to design and implement those solutions, often as a member of a team.8 Such workers are no longer confined to the productive sectors of an economy, but are also increasingly found in the service and informatics sectors. In 1971, only one in 16 jobs was knowledge-intensive; however, by 1996, the ratio was one job in eight. Moreover, an "explosion" in labor mobility means that such workers are also no longer confined to one economy in one country, but rather operate globally in many economies and countries. 9

I witnessed an early manifestation of this phenomenon in 1976 in Eastern Nepal while undertaking an Industrial Manpower Survey for The Asian Development Bank. A German firm had installed a fully-automated confection production line at The Pashupati Biscuit Factory. As part of my survey of education and training needs in the region, I asked the proprietor what would happen if there were problems. He replied: "No problem! They fly a technician from Germany!" The impact of what later became known as globalisation upon local training infrastructures appears to have followed this deleterious trend. 10

The impact of, particularly, the latter trends upon the workplace has been phenomenal; effectively altering previous patterns of employment and unemployment. In Canada, the "flattening" of employment demographics resulting from both economic downturn and global competition has increased unemployment among the 50-plus age group at one extreme and among the 15-24 year-old age cohort at the other extreme. It is somewhat ironic that these unemployment trends are occurring almost simultaneously with the demographic decline in new entrants to the labour force. Although there are fewer persons in the 15-24 year age cohort than during the preceding four decades, the decline in actual numbers appears to have been mitigated by longer participation in formal education and the increasing rates of participation in post-secondary education. Both of these educational trends seem to be a concomitant of the transforming workplace.

Yet another trend which affects the workplace in Canada and other nations is the transformation of the economy from its traditional reliance upon resource extraction (mining, forestry and fishing), agriculture and manufacturing to a more service and informatics sectoral orientation. Although agriculture, resource extraction and manufacturing are not about to "wither away," it is instructive that for the past decade nearly 75 percent of all new jobs in Canada have been created in the service and informatics sectors, rather than in traditional "productive" sectors. As noted above, even these traditional economic sectors have undergone transformation. In order to remain globally competitive, these sectors will have to continue such transformations. The implications for lifelong learning are that workers in these sectors will increasingly have to update their knowledge.

Finally, Canada -- like Taiwan -- is among the most export trade dependent nations in the world. At least one in three (and some now estimate 1 in 2) Canadian jobs is trade-related. In 1996, 40 percent of Canada's goods and services were exported and 74 percent of the 1996 economic output originated from those exports.11 This factor makes Canada extremely sensitive to any global event which affects trade. Delors asserted that "growth in world exports between 1970 and 1993 was on average 1.5 percentage points higher than that of the gross domestic product (GDP)." He noted that this "world growth" was "largely export-driven."12

Influence of These Trends upon Lifelong Learning

Paul Lengrand stated that the principles of lifelong education are:

- the need to assure continuity of education in such a manner as to prevent the wearing away of current knowledge:
- the adaptation of programs and methods to meet the particular and original objectives of each community;
- the molding of human beings, at every level of education towards a kind of life in which evolution, change and transformation can find a place; and
- a large scale marshalling and use of all means of training and education, going beyond the traditional definitions and institutional limits imposed upon education and the

establishment of close links between various forms of action and objectives of education.13

Foucald and others in Europe assert that the "links between work and training lie at the heart of changes wrought in post-industrial society" and suggest that "the passage from training to work is undergoing major change and the distinction between the two is blurring." They call for the development of a new "social contract" by means of the "continuous adjustment of both people and organisations," and the development of better "economic security." This can be accomplished by the introduction of a "concept of 'citizenship' into the enterprise" that recognizes "individual diversity and need of autonomy and establishes a new style of dialogue and communication in workplace relations." 14

The Report of The Skill Development Leave Task Force in 1983 asserted that although "some adult working Canadians have the necessary levels of skills needed for human communication and social integration when they enter the labour force, others do not." They further noted that "this entry level skills mosaic needs to be further developed throughout working life, at the entry, generic, specific systems, or job-specific levels, in response to the restructuring of the workplace and the necessary acquisition of new and replacement skills."15 It is a testament to the foresight of this Task Force that its message is as timely today as it was fifteen years ago. However, it is also somewhat discouraging that little has been done during the past fifteen years to address these issues.

Hunter and Lieper assert that "over the past half century or more and all over the world, increasing numbers of people have attained higher and higher levels of formal education. The belief that better-educated citizens yield a wealthier country is a cornerstone of public policy almost everywhere. Likewise, the conviction that better-educated people secure higher-status, higher-paying jobs is an organizing principle in most people's lives."16 They examined whether diplomas and degrees were "important in the earnings determination process" and found that:

- people with more years of schooling earn more because they have greater skills
- people with diplomas and degrees earn more independently of length of schooling
- people with more years of schooling and more educational certificates earn more, apart from their greater skills
- each additional year of formal education counts for more earnings the more it is capped with diplomas and degrees 17

In his discussion of workplace change and workplace learning, Bruce Spencer of Athabasca University (Canada's first open university) examined initiatives to increase job satisfaction and reduce employers' costs. He noted the argument that "workers feel alienated from their work and, if employers want employee loyalty," there should be improvements in the quality of working life, or QWL. He noted that "another driving force is the perceived need to meet competitive challenge," which has led "to just-in-time (JIT) stock control, team production techniques, and total quality management (TQM)." He argues that current human resource management has become "more humanistic." The "renewed focus on human resources" has redefined "human resource management as central to organizational success." These initiatives have recast "factories and offices as learning organizations." 18 This commitment to lifelong learning appears to be a reaction to the increased competition resulting from both globalisation and technological change.

The Educated Employed and the Under-Educated Unemployed: Those Left Behind

The widespread youth unemployment in Canada and other nations, coupled with studies indicating that those with advanced diplomas and degrees have greater access to employment, suggest that measures to encourage youth to continue their education are also important for the future economic success of Canada and other nations. Data from Statistics Canada suggests that major changes are taking place in (a) the length of participation in formal education, (b) the deleterious consequences of dropping out of formal education, and (c) who is becoming employed.

The Toronto Globe and Mail reported that "the prospects for employment ... are always better-much better-for those who have stayed in school longer and earned ... a post-secondary degree, diploma or certificate." Bruce Little of the Globe further noted that "employment for those with a university degree or post-secondary diploma has increased by 26 percent." In marked contrast, "people who merely graduated from high school" experienced "almost no change" while jobs for those with less than a high school diploma" plummeted a staggering 25 percent."

The Globe article also noted that "those with a post-secondary degree or diploma hold 49 percent of all jobs today, up from 41 percent in 1990." In contrast, "those who dropped out before earning a high school diploma have 19 percent of all jobs, down from 27 percent in 1990; jobs for them fell in every year of the 1990s." Little concluded that "the message is simple and brutal. The educated thrive in today's job market; the unschooled don't."[19]

John Kettle noted that "in 1975, more than a fifth of the 10 million people in the [Canadian] labour force had no high-school education ... [in 1997] barely 750,000 of Canada's more than 15 million workers have such little education ... and... their numbers are shrinking rapidly." He notes further that "almost as startling is the increase in workers with university degrees or other post-secondary certificates or diplomas. Only two million in 1975, these people now number 7.3 million, nearly half the labour force." Kettle attributes these changes to the "deindustrialization of the economy, which is essentially service-based, just as it was once industry-based and, before that, agriculture-based." He concludes his think piece by noting that "you can't compete in global markets without smart workers." Today's economy "has a big appetite for people with post-secondary educations. The unemployment rate for those with university degrees was merely 5.2 percent" in 1996.[20]

Thomas Homer-Dixon, of The University of Toronto, asserted

that "modern technologies are ever more intelligent and they are working their way up the skills hierarchy." He notes that "as technologies of production change, the workforce in our modern economy is bifurcating." He labels one group 'hamburger flippers' and the other 'symbol analysts.' In addition, he also writes that today's students "will probably have at least half a dozen different jobs in their lives." His rationale is worth repeating:

Jobs that require low or moderate skills are being eliminated at an astonishing rate as firms intent on maximizing profits replace labor with machines. Robots have replaced assembly-line workers on the factory floor, computerized answering devices have sharply reduced the number of directory assistance operators in telephone companies, and word-processing technology has largely eliminated traditional secretarial jobs. Experts note that new information technologies are now threatening previously secure middle-management positions. The jobs that are left are increasingly low-paid service jobs in stores and restaurants and high-paid knowledge-intensive jobs in the computer, business and consulting industries. 21

Homer-Dixon continues and identifies several desirable attributes/competencies which are germane to lifelong learning in an era of rapid technological change. He identifies:

1. characteristics of mind and personality
2. the mental agility that allows [students] to move rapidly from one problem or task to another
3. [the ability] to apply knowledge from radically different domains to practical problems
4. keen, analytical problem-solving ability

5. [the ability to] think well [and] write well
6. the flexibility to produce novel solutions to rapidly-changing problems
7. [the ability] to think about and solve problems in an interdisciplinary way
8. [the ability to undertake] conflict resolution
9. entrepreneurship 22

Jay Bryant, writing in the Montr=82al Gazette, added that "the biggest winners by far in this decade's job market have been those in two categories of highly educated workers." He identifies private sector managerial and advisory positions, including "accountants, systems analysts, management consultants," etc. The second is "a mix of private and public-sector workers ... in professions ranging from teaching to health care to social work to law." While "the ranks of managers and professionals mushroomed by 13.2 percent [between 1990 and 1996], producing more than half a million new jobs ... advisers to business managers ... showed double the growth rate of mangers themselves, perhaps in part because [of] the trend to corporate outsourcing."

"The number of business advisers jumped by 18 percent over the six-year period, while the ranks of management grew by just 9 percent." Bryan also noted that "the number of engineers and architects has actually dropped a little since the beginning of the 1990s." He indicated that the "number of scientists ... expanded by 14 percent" but that "the single occupation showing truly explosive growth is mathematics, reflecting the importance in growth areas as diverse as computer programming and the design of financial derivatives." These numbers "leapt ahead by 51 percent since the beginning of this decade."23

Jennifer Lewington of The Globe and Mail reports that the OECD found the Canadian unemployment rate for those with a university education was 5.1 percent compared to 14.1 percent for high school graduates and 9.1 percent for the total Canadian labour force.24 Bryant added an even more poignant comparison, noting that "the number of jobs available in Canada to those with less than a high school education plunged by more than 20 percent [between 1990 and 1996 while] the number of jobs available to those with either a [community] college diploma or university degree grew by almost exactly the same amount." 25

It was recently announced that the overall high school dropout rate has declined from 16 percent in 1991 to 14 percent in 1998. Stated yet another way, 84percent of students now graduate from Canadian high schools. Canada is "blessed" with one of the best 'second chance' educational infrastructures in the world. These networks of adult high schools enable many former dropouts to return to formal schools and complete their high school education. However, recent financial cutbacks, especially in the Province of Ontario, have threatened the closure of adult high schools.

In the interim, the Canadian economy is slowly recovering from the effects of the 1992-1995 recession and the impact of globalisation. The total unemployment rate, which was as high as 10 percent, has declined to 8.5 percent in 1998, reaching levels last seen in 1990. However, the unemployment rate for youth aged

15 to 24 remains at 15.7 percent.26 Average unemployment in
OECD nations in 1997 was7.7 percent, ranging from a low of 3.4
percent in Japan to a high of 22.2 percent in Spain. 27

It is ironic that such youth unemployment co-exists with
annual deficits of up to 250,000 Information Technology and
electrical/electronic engineering positions. Dana Flavelle reported
that Northern Telecom (Nortel) [the only Canadian Multi-National
Corporation (MNC) in the 'top-ten' worldwide] "hires one out of
every four computer science and electrical engineering graduates"
in Canada.   She also reports that "three out of four Canadian
computer program graduates would accept a job offer in the United
States." 28   These data suggest that smaller companies have little
recourse but to recruit internationally. In fact, recruitment of
information technology and engineering personnel from other
nations by North American companies has increased significantly
during the past decade.

A study by the U.S. Department of Commerce just reported
that the phenomenal growth of the Internet, together with other
advances in telecommunications and computing, had increased
employment in the Information Technology sector to 7.4 million,
"some of whom earn among the highest salaries in the country." It
was reported that:

> Traffic on the Internet has doubled every 100 days and Internet
> commerce among businesses will likely surpass $300 billion (U.S.)
> By 2002.

The Internet is growing faster than all other technologies that have preceded it. Radio existed for 38 years before it had 50 million listeners, and TV took 13 years to reach that mark. The Internet crossed the line in just four years.

Countries that have an insufficient supply of skilled workers will see high-skilled, high-paying jobs migrate to countries that can supply the needed talent.29

The Role of Lifelong Learning

It would be naive to assert that lifelong learning is a panacea, or 'cure all,' which will turn 'hamburger flippers' into mathematicians, scientists and Information Technology 'nerds.' However, evidence from many countries with second-chance educational infrastructures does suggest that some former dropouts have attained both post-secondary credentials and remunerative employment. This suggests that, rather than closing such second-chance institutions, indeed their programmes should be increased to provide access to even larger numbers.

This writer examined the issue of dropouts and second-chance adult learning institutions last year and noted that:

Dropouts from secondary schools at age 16-the upper compulsory age limit are as high as 30 percent in some school districts. However, this is not as deleterious as it may seem because Canada has the best second chance infrastructure in the world. Many dropouts return to a

variety of Adult and Continuing Education institutions to complete
their high school education.   Therefore, this 30 percent dropout rate
eventually is reduced to only 15 percent. Quebec reported that the
1993-94 dropout rate had declined to less than 19 percent and was
greater for males than females. **30**

Alice Lee includes "formal, non-formal, and informal
experiences, such as schooling, on-the-job training, learning by
doing, and all other everyday forms of experience" in her
conception of the lifelong learning concept.   She asserts that
"lifelong learning in the 21st century requires a strong, policy-
supported, information technology (IT) infrastructure." 31   Lee
argues "that a lifelong learning system can be the solution for
inequality within an economy," because such a system enables the
upgrading of educational qualifications in the labour force to keep
pace with technological change.32 Lee examined programmes and
institutions in Singapore, Taiwan, Malaysia and Canada for The
Asia-Pacific Economic Co-Operation Forum.

Spencer of Athabasca University describes the benefits to
workers of a lifelong learning system. These include:

1. Previously ignored skills become recognized;
2. Workers may move vertically through some skill groupings
   regardless of late entry into the workforce or lack of formal
   apprenticeship training;
3. A national scheme may free some workers from the
   restrictions of employer-specific training and allow them to
   move between jobs;

4. Schemes may include an acknowledgement of prior
   learning and transferability of credentials. 33

The Delors Report addresses the increasing need for higher
education in the changing labour market and notes that:

> Qualification requirements are constantly rising. In industry and
> agriculture, the pressure of modern technologies puts a premium on
> those capable of understanding and coping with them. The ability to
> solve new problems and to take initiative is increasingly demanded
> by employers. In addition, the service sector, which is coming to pre-
> dominate in the long-industrialized countries, often calls for a general
> education and an understanding of the human environment that makes
> new demands on education. Innovative forms of development call for
> perceptiveness and imagination. 34

Delors proposes that "the idea of a multidimensional
education" should be extended over a lifetime because "the
individual's natural and human environment is expanding to
become global." 35

Conclusions: Future Trends in Lifelong Learning

As a former educational planner, I am reminded of the
comment that the most successful planning results from "20/20
hindsight!" Prediction of future trends, therefore, is always fraught
with uncertainty and difficulty. However, having said that, we
should examine some proposed innovations which may impact
successfully upon the future of lifelong learning.

The Delors Report to UNESCO advocated "broadening the initial concept of lifelong education beyond the immediate requirements of retraining." This recommendation was a "response to the new and crucially important demand for active self-reliance in a swiftly changing society." 36 This somewhat timid recommendation may presage the creation of a fourth level of education continuing, or quaternary, education to complement the existing elementary, secondary and tertiary levels.

Delors proposed a unique variation of the "voucher" system in which "all young persons could be allocated a study-time entitlement at the start of their education, entitling them to a certain number of years of education." This extension of the voucher concept to lifelong learning is an attractive proposition, since it would facilitate return to education and training institutions to facilitate the new learning required for modernising workplaces, possibly on a "just-in-time" basis.37 Since Denmark and Sweden have been the 'pioneers' in implementing voucher systems, it is not difficult to predict that these Nordic countries may also introduce such voucher systems for lifelong learning.

The Delors Report also recommended that "funding structures be reviewed in the light of the principle that learning should continue throughout individuals' lives." 38 This recommendation addressed the broad disparity between funding for formal Kindergarten through university education and the non-formal and more informal structures which have evolved for lifelong learning. While significant workplace learning and re-training is paid for by the private sector, the contributions of public sector adult and continuing education institutions to the re-training of individuals who are unemployed, or changing employment, will require significant additional finance in the new millennium.

Spencer notes that "governments are demanding more relevance and accountability from post-secondary and adult education." One component of post-secondary and adult education lifelong learning is "seen as a key to developing the skills needed for a knowledge-based economy."[39]

Fifteen years ago, the Skill Development Leave Task Force recommended that:

> The advent of new technologies and the subsequent restructuring of the workplace, and rising unemployment and its inherent social maladies, require the learning of new skills to shape and cope with change. Paid educational leave is seen by the vast majority of Canadians surveyed as an effective mechanism to address these recurrent learning requirements. [40]

Once again, this recommendation is as viable today as it was in 1983, suggesting a prescience among the authors for the salience of the issues they addressed. The Task Force also recommended the extension of financial support to part-time adult learners, who "are often excluded from ... training support; and conversely if they receive training support are not often eligible for unemployment or welfare benefits."[41]

Finally, the issue of the impact of technological ange itself-in particular, Information Technology (IT)-upon lifelong learning needs to be examined. Here again, prediction is fraught with uncertainty. However, in view of the phenomenal growth of IT and Internet usage, noted earlier, the impact of these technologies upon all learning -- and particularly upon lifelong learning-is bound to be equally phenomenal.

If I examine my own use of these technologies, I recognise that they have changed the way I work and the way I live. I purchased my first personal computer in 1980 and now own my eleventh. The World-Wide-Web has, virtually, changed the way I undertake research and professional writing. My productivity has been enhanced exponentially. Moreover, the work style -and substance-of my four children [now all adults] also differs completely from my own at their stage of life. I have two computer-literate grandchildren, who communicate with 'Grandpa David' by e-mail. Whenever I wish, I can look at their photographs on my oldest son's personal web page.

What additional technological changes will the new millennium bring? And, what will their impact be upon lifelong learning? You can appreciate my reluctance to speculate and predict. However, finding the answers to these questions is quite likely to keep me occupied for quite some time.

Bibliography

Bryant, Jay, (1997) "Don't Be a Fool : Stay in School." Montr :
    The Gazette , 26 April 1997, p.F3.

Delors, Jacques (Chair), (1996) Learning : *The Treasure Within.*
    Paris : UNESCO.

Flavelle, Dana, (1998) "Plugging Canada's Brain Drain." Toronto:
    Toronto Star . 8 April 1998, pp.E1, E7.

Flint, Robert J., (1998) "Using rapid Prototyping Technology to
    Create Functional Engineering Prototypes, " paper read at the
    Educating the innovator Conference, Ontario Science Centre,
    4 March 1998.

Foucald, Jean-Baptiste de; Favennec-Hiry, Francoise; and
    McKenberger, Ulrich, (1996) "Work and Training : A Blurring
    of the Edges." *International Labour Review* , 135:6:665-695.

GT Global Mutual Funds advertisement, 31 December 1997.

Hatton, Michael, (1997) *Lifelong Learning: Policies, Practices,
    and Programs* . Toronto: Humber College for The Asia-
    Pacific Economic Cooperation Forum.

Homer-Dixon, Thomas, (1996) "What to Do with a 'Soft' Degree in
    a Hard JobMarket." *Toronto: The Globe and Mail.* 1 April
    1996, p.A14.

Hunter, Alfred A. and Lieper, Jean McKenzie, (1993) "On Formal Education, Skills and Earnings: The role of Educational Certificates in Earnings Determination." *Canadian Journal of Sociology* . 18:1:21-42.

"Information Technology Booming, U.S. Study Finds," Toronto: *The Toronto Star* . 16 April 1998, p.D10.

Kettle, John, (1997) "Canada Takes its Brains to Work." Toronto: *The Globe and Mail* , 13 June 1997, p.B9.

Lewington, Jennifer, (1995) "UN Invites Children into Cyberspace." Toronto: *The Globe and Mail* , 13 February 1995, p.A5.

Little, Bruce, (1997) "Youth Left Our of Jobs, Study Says." Toronto: *The Globe and Mail* , 15 May 1997, p.A8.

_____, (1996) "Why it Pays to Stay in School." Toronto: *The Globe and Mail* , 26 August 1996, p.A46.

Lubbers, Ruud F. M., (1998) *Trends in Economic and Social Globalization: Challenges and Obstacles* .http:// www. globalize.org

Mumford, Lewis, (1970) *The Myth of the Machine: The Pentagon of Power* . NewYork: Harcourt, Brace, Jovanovich.

Skill Development Leave Task Force (1983), *Learning a Living in Canada* . Ottawa: Government of Canada. Volumes I and II.

Spencer, Bruce, (1998) *The Purposes of Adult Education.* Toronto:
Thompson Educational Publishing.

Wilson, David N., (Forthcoming) "Technical Education in
Canada," in Antonio Arges (Ed.) *Trends and Challenges in
Technical Education* . Mexico City : Noreiga Editores.

_____, (1998a) "Responses to Globalisation :
Comparison of Reforms of Technological Education
Curricula." Paper read at the 1998 Annual Conference of The
Comparative and International Education Society, State
University of New York at Buffalo, 20 March 1998.

_____, (1998b) "Development of the SENAI Post-
Secondary Sector in Brazil, " Higher Education Perspectives.
(Forthcoming, Fall 1998)

_____, (1997) "Reform of Technological Education
in Canada." Paper read at National Kaohsiung Normal
University, Taiwan, 30 May 1997.

_____, (1993) "Technological Education in Canada."
*La Educacion: Revista Interamericana de Desarollo
Educativo* . No.113, pp.111-136.

_____, (1993) *The Effectiveness of National Training
Boards* . Geneva: International Labour Organisation, Training
Policies Branch, Training Discussion Paper No.109.

_____, (1976) *Report of the Industrial Manpower*

Consultant on the Feasibility of Loan Financing of the Eastern Regional Campus of the Institute of Engineering, T ribhuvan I University , Nepal. Manila: The Asian Development Bank.

Wright, Lisa, (1998) "National Jobless Rate Hits 8-year Low." Toronto: Toronto Star. 10 April 1998, pp.F1, F5.

1. Delors, Jacques, (1996), "Education: The Necessary Utopia,"
   UNESCO, Learning: The Treasure Within. Paris: UNESCO,
   p.22.

2. Lubbers, Ruud F.M., "Trends in Economic and Social
   Globolization:Challengesand Obstacles."http://www.
   globalize.org

3. Wilson, David N. (forthcoming) "Technical Education in
   Canada," in Antonio Arges (Ed.) Trends and Challenges in
   Technical Education. Mexico City : Noreiga Editores.

4. Mumford, Lewis, (1970) The Myth of the Machine: The
   Pentagon of Power. New York: Harcourt, Brace, Jovanovich.

5. Delors, op.cit., p.42.

6. Wilson, David N. (1998a) "Responses to Globalisation:
   Comparison of Reforms of Technological Education Curricula."
   Paper read at the 1998 Annual Conference of The Comparative
   and International Education Society, State University of New
   York at Buffalo, 20 March 1998.

7. Flint, Robert J., (1998) "Using rapid Prototyping Technology to
   Create Functional Engineering Prototypes," paper read at the
   Educating the innovator Conference, Ontario Science Centre, 4
   March 1998.

8. Wilson, David N. (1998b) "Development of the SENAI Post-
   Secondary Sector in Brazil," Higher Education Perspectives.

(Forthcoming, Fall 1998)

9. Wilson (1998a), op. cit.

10. Wilson, David N. (1976) Report of the Industrial Manpower Consultant on the Feasibility of Loan Financing of the Eastern Regional Campus of the Institute of Engineering, Tribhuvan I University, Nepal. Manila : The Asian Development Bank.

11. GT Global Mutual Funds advertisement, 31 December 1997.

12. Delors, op.cit., p.41.

13. Lengrand, Paul (1975), An Introduction to Lifelong Education. Paris : UNESCO. Quoted in Skill Development Leave Task Force (1983), Learning a Living in Canada. Ottawa: Government of Canada. Volumes I p.25.

14. Foucald, Jean-Baptiste de; Favennec-Hiry, Francoise; and McKenberger, Ulrich, (1996) "Work and Training: A Blurring of the Edges." International Labour Review, 135:6:665-695.

15. Skill Development Leave Task Force, op. cit.

16. Hunter, Alfred A. and Lieper, Jean McKenzie, (1993) "On Formal Education, Skills and Earnings: The role of Educational Certificates in Earnings Determination." Canadian Journal of Sociology. 18:1: 22.

17. Ibid, pp.35-39.

18. Spencer, Bruce, (1998) The Purposes of Adult Education.
    Toronto: Thompson Educational Publishing. p.48

19. Little, Bruce, (1997) "Youth Left Our of Jobs, Study Says."
    Toronto: The Globe and Mail, 15 May 1997, p.A46.

20. Kettle, John, (1997) "Canada Takes its Brains to Work."
    Toronto: The Globe and Mail, 13 June 1997, p.B9.

21. Homer-Dixon, Thomas, (1996) "What to Do with a 'Soft'
    Degree in a Hard JobMarket." Toronto: The Globe and Mail. 1
    April 1996, p.A14.

22. Ibid.

23. Bryant, Jay, (1997) "Don't Be a Fool: Stay in School." Montr:
    The Gazette, 26 April 1997, p.F3.

24. Lewington, Jennifer, (1995) "UN Invites Children into
    Cyberspace." Toronto: The Globe and Mail, 13 February 1995,
    p.A5.

25. Bryant, op.cit.

26. Wright, Lisa, (1998) "National Jobless Rate Hits 8-year Low."
    Toronto: Toronto Star. 10 April 1998, p.F1.

27. The Jobs Letter, Wellington, New Zealand, February 1997.

28. Flavelle, Dana, (1998) "Plugging Canada's Brain Drain."
    Toronto: Toronto Star. 8 April 1998, p.E7.

29. "Information Technology Booming, U.S. Study Finds," Toronto: The Toronto Star. 16 April 1998, p.D10.

30. Wilson, David N. (1997) "Reform of Technological Education in Canada." Paper read at National Kaohsiung Normal University, Taiwan, 30 May 1997.

31. Lee, Alice, (1997) "Lifelong Learning, Workforce Development and Economic Success," in Michael, Hatton (Ed.) Lifelong Learning: Policies, Practices, and Programs. Toronto: APEC., p.303.

32. Ibid., p.305.

33. Spencer, Op.cit., p.45.

34. Delors, op.cit., p.133.

35. Delors, op.cit., p.103

36. Ibid., p.109.

37. Ibid., p.32.

38. Ibid., p. 176.

39. Spencer, op.cit., p.114.

40. Task Force...op.cit., Vol. II, p.8.

41. Ibid., p.11.

快速科技改變對終生學習的影響

林志忠◎譯

前言

　　Jacques Delors主張終生學習是二十一世紀主要概念之一。這個概念超越傳統中起始(initial)和繼續(continuing)教育的劃分，並面對一個快速改變世界所提出之挑戰。本文希望探究促使科技快速改變的力量，及其對終生學習的影響。研究的對象以加拿大爲主，但基於全球力量越來越趨向一致，這些衝擊對大多數國家而言是相類似的。

　　生產、商業和資訊的全球化(globalization)已經顯著地改變過去十年間工作的性質。這種全球化的過程主要受科技快速改變的推動，而後快速科技改變與全球化進而對教育，特別是終生學習產生影響。

　　全球化是一個過程，它擴大人、資產、貨物與服務之跨國交易的型式與範圍，同時也加深全球化實體，包括私人和公共制度與政府間，彼此經濟的相互依賴。在一種全球經濟體系的挑戰中，每個國家對教育與訓練更加注意，因爲大部份的個體在其一生中，可能必須改變三至五次職業，而每種職業的改變均需要新的學習。

　　今日在加拿大或其他地方，一位十年級的中輟學生能進入農、漁、林、工、礦、甚至是服務部門，而終生就業的情況，即將結束了。自然能源部門的轉變，意味著未來的農夫、林務員、礦工至少需要十四年的教育，才能在農業、漁業發現、採礦、製造和木材切割中，操作電腦控制的設備。而且在能源、生產、服務與資訊部門中，幾乎每種職業均需要科技素養，也意味著增強教育成就、繼續學習的需要。新生產科技的介紹是推動這些趨勢的一個動力，許多農夫、林

務員、礦工和生產勞工已經回到學校去提昇或補充他們的能力。

　　在加拿大和美國另一個有趣的趨勢，是許多大學畢業生回到社區或技術學院，求取特殊職業的證書，因為文學士(Bachelor of Arts)學位無法使他們獲得雇用。

工作性質的改變

　　全球市場全面性改變源自Lewis Mumford所說之「新科技改革」(Neo-technic Revolution)，這種改革主要是透過制度化的研究與發展，有意識地創造新科技。Delors描述「設立科學和科技網路，並與主要商業企業研究中心連結」，這樣的改變也是全球化的一個層面。

　　工作性質的改變，特別在高科技領域中之工作，意指許多工作者將逐漸增加在機械環境中的操作。他們的工作將在電力與電子設計控制下，配合複雜的電腦程式的指揮，處理有關高度精確機械設備的運轉。新機械環境所要求的複雜技巧，對於工作場所之轉換，特別是全球性運轉所需之技巧、態度與知識，有重要的意義。

　　再者，一個新的領域--快速原型(rapid prototyping)，甚至完全改變設計和生產製作之原則。這是一個新科技現象，生產模式和原型分別來自3D電腦輔助設計(three-dimensional computer-aided design, CAD)模型資料、電腦斷層掃描檢查(CT)和磁振造影檢查(MRI)之掃描資料，及3D物件數位化系統(three-dimensional object digitizing systems)創造之模型資料。

中等後教育制度，現在正發展快速原型(Rapid Prototyping)相關的課程。這種生產改革的衝擊將是廣泛的，同樣地，在工作場所中要求之調整也越來越明顯。當然，這種調整的要求，也包括涉及這些過程中，一些新的與現場(on-the -job)的學習。

二十一世紀的工作者將是更具知識的工作者，他們必須運用抽象邏輯思考去診斷問題、研究和使用知識、提出解決方式、進行設計並施行解決方案，他們經常只是團隊中的一員。這樣的工作者不再局限在一個經濟中的生產部門，同樣地也逐漸在服務與資訊部門增加。1971年，十六個工作中只有一個是知識密集的工作，但在1996年時，這樣的比例已經提昇到八分之一。並且，從勞工流動之爆炸中，意味著這樣的工作者也不被局限在一個國家單一經濟制度，而是在許多經濟制度或國家中進行全球化的運轉。

在1976年亞洲開發銀行(The Asian Development Bank)之工業人力資源的調查(Industrial Manpower Survey)中，我從東尼泊爾(Eastern Nepal)國家目睹這種現象的早期發展。一個德國公司在The Pashupati Biscuit Factory設置一座完全自動化的糖果生產線，在對當地教育與訓練需要的調查中，我詢問公司的雇主：假如有問題時將會發生什麼事，他回答：「不會有問題，他們從德國引進技術師」。而後的衝擊，如同全球化對地方訓練基層組織的衝擊般，緊接著產生以下有害的趨勢。

這些趨勢對於工作場所的衝擊非常不尋常。首先，它改變先前就業與失業的模式。在加拿大，由於經濟不景氣與全球競爭導致之就業人口下降，增加50歲以上與15-24歲兩類極端

群體的失業率。十分諷刺的是，這些失業趨勢幾乎與新進勞動力衰退同時發生。雖然在最近四十年間，15-24歲群的就業人口已經減少，但真正數目之減輕是受到長時期接受正規教育，以及中等後教育比率增加的影響，這兩者教育趨勢似乎與工作場所的轉變共存。

另一個影響加拿大與其他國家的趨勢是，傳統依賴資源開發(礦業、森林與漁業)，以及農業和製造的經濟型式，已轉變成服務與資訊部門導向。雖然農業、資源開發和製造業並不是即將衰退，但在加拿大過去十年間，幾乎75%的新工作是由服務和資訊部門所創造，而不是由傳統生產部門所產生。如上所說，甚至傳統經濟部份已經遭受轉變。為了保持全球競爭力，這些部門將會繼續轉變，在這些部門的工作者將不斷的更新他們的知識，而這就是對終生學習的影響。

最後，加拿大和臺灣一樣是全世界中最依賴出口貿易的國家之一。至少有三分之一的加拿大的工作是與貿易相關的。在1996年，有40%加拿大的貨物和服務出口，到1996年有74%的經濟產品，來自出口的需求。因為這個因素，使得加拿大對任何足以影響貿易的全球事件感到敏感。Delors主張全世界在1970年到1993年間出口的成長，平均是1.5%，這個比率高於總體國民生產(GDP)，他發現世界的成長是大大出口導向的。

上述趨勢對終生學習的影響

Paul Lengrand描述終生學習的本質為：

- 需要確保繼續教育，在某種意義上是為了防止現在知識的逐漸磨損。
- 方法與方案的適應以因應每個社會特殊與原始的目的。
- 在每個教育階段形塑人類，建立容許改革、改變與轉換存在的生活。
- 各種訓練和教育方法大規模配置與使用，超越傳統義務教育的定義和制度的限制，同時在教育目標和各種式的行動間設立一種連結。

　　歐洲的Foucald和其他學者主張，後工業社會中工作與訓練的連結，是改變的核心，而且暗示從訓練到工作之推移正經歷主要的改變，兩者的分際越來越模糊。他們要求藉由人與組織不斷的調適，發展一個新的社會契約，同時也發展良好的經濟保障。這可以透過在企業體中介紹公民概念來完成，從中體認個體的多變性、自動的需求，並在工作場所關係中，設立一種新的對話與溝通型式。

　　1983年「技術發展許可專案小組報告」(The Report of The Skill Development Leave Task Force)主張，雖然有許多加拿大成人工作者在進入勞動市場時，已經具備人際溝通與社會整合的技巧，但是仍有一些人沒有。他們更進一步指出，這些入門層次的技巧，需要在工作生活中更進一步發展，包括入門、一般、特殊系統與特殊工作層次的訓練，以因應工作場所的重新建構，並熟練新的和替代的技巧。十五年前專案小組的先見，今日仍然適用。只是過去十五年間很少人表達這方面的難題，十分令人沮喪。

　　Hunter和Lieper主張，過去半世紀以上，全球有更多的人

獲得更高層次的正規教育。「好教育的公民產生一個富欲國家」之信念，幾乎是各地公共政策的基石。同樣的，確信受過更好教育者，將有更高地位、更高收入的工作，幾乎是所有人生活組織的原則。他們檢查是否文憑、學位是決定所得的重要依據，發現：

- 受過更多年學校教育賺得更多，因為他們有更好的技巧。
- 無關學校教育的長短，具有文憑和學位者賺得更多。
- 除了具備好的技巧外，受到更多學校教育，及獲得更多證書者賺得更多。
- 具有文憑和學位頭銜者，再加上額外一年的正規教育，賺得更多。

關於工作場所改變與工作場所學習的討論，Athabasca University Bruce Spencer學者，率先研究增加工作滿意度和減少雇主成本的問題。他發現工作者對其工作感到疏離，若雇主希望改變員工的忠誠度，應改善工作生活的品質(quality of working life, QWL)。而面對競爭挑戰的需要是另一個趨使力量，它引導出及時股票控制(to-just-in-time stock control)、團隊生產技術、全面品質管理(total quality management, TQM)。他主張現代人力資源管理比較人性化，對人力資源之重新重視，已經使人力資源管理成為組織成功的核心。這些創始的研究將工廠和辦公室改造成學習組織，而源自於全球化和科技改變增加的競爭需求，促成終生學習的實行。

受教之就業者與不充份受教的失業者

在加拿大與其他國家普遍存在年青人的失業問題，這使人聯想許多研究指出：具有高等文憑與學位者，往往較有就業機會，從中提示鼓勵年青繼續接受教育的策略，也是未來經濟成功的重要因素。從加拿大資料統計顯示(Statistics Canada)，參與正規教育的年限、從正規教育輟學的敝端、誰將受雇用等正是主要發生改變的項目。

The Toronto Globe and Mail 報導「就業的遠景，總是對那些停留學校時間較久，獲得中等後學位、文憑或證書者較有利」。Bruce Little更進一步指出，「具有大學學位或中等後文憑者之就業率，已經增加26%」。顯著不同的，當學歷低於高中者的工作機會，垂直降落25%時，僅是高中畢業者，幾乎是沒有就業機會。

The Globe 刊物也指出，中等後學位或文憑者掌握所有工作的比率，從1990年的41%，到今天49%的比率。相對地，未獲高中文憑者就業的比率，則從1990年27%，跌落到今日19%，對他們而言，1990年代每年的工作機會均在掉落。Little提出結論，認為這個訊息是簡單和殘忍的，受教者在今日工作市場獲得成功，未受學校教育者則是失敗的。

Jonn Kettle指出在1975年，加拿大十億勞動力中，超過五分之一沒有受過高中教育；在1997年，超過十五億的工作者中，僅有75萬人有如此低的教育水準，同時這類人的數目正急速減少中。他更注意到，具有大學學位或其他中等後證書或文憑的工作者，令人吃驚地在增加。在1975年，只有2億人

具有類似的學位，現在則是7.3億人，這幾乎是勞動力的一半。Kettle認為這些改變是經濟的反工業化(deindustrialization)，而其本質是以服務為基礎。他做了一個結論認為：若沒有敏捷的工作者，不能在全球市場上競爭。今日的經濟渴望中等後教育的工作者，那些具有大學學位的失業率在1996年僅有5.2%。

多倫多大學Thomas Homer-Dixon認為現代科技是越來越智力化，他們逐漸發展一種技巧的階級制度來。如生產科技的改變，他發現現代經濟的人力是分化的。他區分一群煎漢堡牛肉餅(hamburger flippers)和象徵的分析者(symbol analysts)。除此之外，他也認為今日的學生在他們的生活中至少有六個不同的工作，他的理論值得重讀：

> 需要低等或少量技巧的工作正以驚人的比率被排除，就像公司在最大化利益下，以機器取代勞工的情形一樣。在工廠中機器人已取代一貫作業的工作者，電腦回答設計已減少電話公司直接協助操作者的數目，文字複印科技也已經大大減少傳統秘書工作。專家們發現新資訊科技正威脅先前安穩的中級管理職位。目前被遺留下來的工作，是商店或餐廳中低報酬的服務工作，以及在電腦、企業、顧問工業中高報酬的知識密集工作。

Homer-Dixon繼續確認在快速科技改變時代中，與終生學習密切相關的幾個可欲的特質與能力。

1. 心理與人格的特徵。
2. 敏捷的智力，使學生能快速從一個問題或工作轉移到另一個。
3. 從徹底不同領域到實際問題間應用知識的能力；

4. 敏銳與分析的解決問題能力。

5. 適切思考與寫作的能力。

6. 對快速改變的問題，能彈性地產生新的解決方式。

7. 能以科際整合方式思考與解決問題。

8. 確保衝突解決的能力。

9. 企業力(entrepreneurship)。

Jay Bryant曾在Montreal Gazette中附帶提到，在近十年工作市場上最大的贏家，是兩類受高程度教育的工作者。第一類是私人部門的管理與顧問職位，包括會計師、系統分析師、管理顧問等。第二類是在私人與公共部門之專業工作者，涵蓋教學、健康醫療、社會工作與法律等領域。1990年到1996年間，當管理與專業人員階級急速增加13.2%，產生超過五千萬的新工作....，商業管理顧問，則顯示雙重的成長。

在過去六年中，當管理階級成長9%之際，商業顧問的數目成長18%。Bryan也注意到工程師與建築師數自從1990年代起，真正下降的幅度很小。而科學家的數目雖然擴張14%，但從單一職業分析，顯示真正成長的是數學家，這反映出各式各樣電腦程式與財政衍生性設計成長的重要。從十年前開始，成長的數目已超過51%。

在*The Globe and Mail* 中，Jennifer Lewington指出，「經濟合作暨開發組織」(OECD)發現在加拿大，受過大學教育與高中教育者失業的比率，分別是5.1%、14.1%，而全國勞動力的失業率是9.1%。Bryant追述一個更尖銳的比較，他認為在1990年到1996年間，對於低高中教育的整體工作數目下跌超過20%，而具有學院文憑或大學學位者幾乎有相同數目的成

長。

從最近公佈中，在1991年到1998年間，高中中輟學生的比率，從16%減少到14%，亦即，有84%的學生從加拿大高中畢業。加拿大人擁有全世界最佳第二進程教育組織，成人高級中學網路使許多先前輟學的的學生，能回到正規學校，完成他們的高中教育。但無論如何，最近財政緊張，特別是Ontario省，已經威脅到一個成人高中系統的存在。

在此期間，加拿大經濟從1992-1995年間不景氣與全球化衝擊的影響中，慢慢復甦。整體的失業率從1990年高達10%，到1998年降低到8.5%。但對於15歲到24歲年青人的失業率，仍停留在15.7%。相較於此，1997年在OECD國家平均的失業率是7.7%，包括最低失業率的日本3.4%，及高達22.2%失業率的西班牙。

非常諷刺地，與年青人失業率同時存在的，是資訊科技、電的/電子工程師職位每年不足二十五萬人。Dana Flavelle報告中指出，北美電話公司(Northern Telecom「Nortel」)，雇用四分之一加拿大電腦科學與電子工程師的畢業生。她也指出四分之三的加拿大電腦程式畢業生接受美國提供之工作機會。這些數據顯示小公司較少人力資源，但仍依賴國際間的補充。事實上，北美公司從其他國家補充資訊科技與工程師人數，在過去十年中有顯著的增加。

美國商業部門最近的研究指出，網際網路現象的成長，連結其他進步的電子通訊和計算，已經增加資訊科技部門7.4億的就業人口，其中部份人員是國家最高待遇的一群。另外，

報告中也指出：

> 網際網路的交通量每百天成長一倍，到2002年企業中網際網路的
> 商業將超過三萬億美金。

> 網際網路比其他先前存在的科技成長速度均來得快，收音機發明
> 了38年，電視存在13年，才分別擁有五千萬聽/觀眾，而網際網
> 路僅在四年間即達到這個數目。

> 若國家無法有效供應具備技巧的工作者就業機會，將使這些高技
> 術、高待遇者，移民到能供應他們需求的國家。

終生學習的角色

　　將終生學習視為一種萬能藥，期待將煎漢堡牛肉餅者轉變
成數學家、科學家和資訊科技家的想法，是非常天真的。無
論如何，在許多具有第二進程教育組織的國家，發現許多中
輟學生依此獲得中等教育後證書，並得到有報酬的就業。依
此得到的建議，不是關閉第二進程的機會，而是它們的學程
應該增加，提供給更廣大的大眾。

　　最近幾年，學者對於中輟和第二進程成人學習制度的難題
進行反省，並提到：

> 在某些義務教育最高年限十六歲的學區，從中等學校中輟的學
> 生，高達30%。但無論如何，真正的情況並不是如此遭，因為加
> 拿大有全世界最好的第二進程組織。有許多中輟學生回到各式各

樣的成人與繼續教育制度中，去完成他們的高中教育。因此，
30%中輟學生比率，應該降為15%。Quebec報告在1993-1994年間
中輟比率已經低於19%，其中女性又低於男性。

Alice Lee將正規(formal)、非正規(non-formal)與非正式
(informal)的經驗，例如：學校教育、現場訓練、做中學、及
其他每日各種型式的經驗，包含在其終生學習的概念中。她
認為在二十一世紀終生學習需要一個強硬政策的支持，以及
資訊科技的組織。Lee主張終生學習系統能解決在經濟系統中
不平等的問題，因為這樣一個系統能提昇勞動力之教育品
質，以適應科技的改變。她曾為亞太合作經濟會議研究新加
坡、臺灣、馬來西亞與加拿大之學科課程和制度。

Athabasca大學之Spencer描述工作者終生學習系統的利
益，包括：

1. 熟視先前忽視的技巧。
2. 不論否缺乏正規的學徒訓練，或太晚進入人力市場；工
   作者均能在某些技巧群體中垂直移動。
3. 國家計畫體系能使某些工作者脫離特殊使用者訓練，並
   允許他們在工作間移動。
4. 計畫中將包括先前的學習的承認和證書的轉移。

Delors報告說明了在改變的勞動市場中，增加高等教育的
需要，同時注意到：

品質的要求是持續提昇的。工業和農業，受到現代科技的壓力，
支付額外的費用，以使能理解和巧妙地應付它們。雇主要求解決
新問題的能力，以及採取主動的能力。除此之外，在長期工業化

國家處於優勢的服務部門，也經常要求一種一般教育，並理解人類環境對教育有一種新的要求。發展的改革型式是要求知覺和想像力。

Delors提出多元教育的概念應該擴展到人的一生，因為個體本性和人類環境是逐漸變成全球性的。

結論-終生學習的未來趨勢

如過去教育計畫者般，大多數評論指出大部份成功的計畫源自「20/20後見之明」(hindsight)!。因此，雖然未來的趨勢總是潛藏著不確定和困難，但無論如何，我們應該對於終生學習的未來，有成功的衝擊的改革進行檢查。

「聯合國教育科學文化組織」(UNESCO)的Delors Report，主張擴大終生教育概念，超越立即再訓練的必要。這是為因應急速改變社會中，對積極之自力更生之新與決定性的要求。這些推荐預見了第四層次教育，即繼續教育的創造，並用以補足既存之基礎、中等與第三層次的教育。

Delors提出一種獨特的傳票系統(voucher system)，在這個系統中，所有年青人從他們教育之初，即有一段研讀時間的權利，即給予特定的教育年限。傳票概念的內容對終生學習是一個具有吸引力的提議，因為它能促使人回到教育與訓練制度中，因應現代化工作場所的需求，可能是建基及時的基礎上，進行新的學習。丹麥與瑞典是實施傳票系統的先驅，不難去預測這些北歐國家也可能會從傳票系統去反省終生學習。

Delors報告中也推荐財務結構，應依照下列原則處理：即學習應該在個人生活中繼續不斷。這種建議表達了正規教育(從幼稚園到大學)，和終生學習之非正規與比較不正式的教育結構財源的廣泛不一致。在新的世紀中，當私人部門為重要的工作學習和再訓練時付出代價時，公共部門之成人教育和繼續教育制度，對於失業和改變就業個體的訓練，將需要另外之重要財源。

　　Spencer注意到政府被要求對中等後與成人教育更多的關心與會計責任，終生學習是中等後與成人教育的一個成分，在以知識為基礎的經濟中，它是發展所需技巧的一個關鍵。

　　十五年前，「技巧發展許可專案小組」(Skill Development Leave Task Force)建議：

> 新科技的出現，而後重新建構工作場所，並增加失業和它固有社會敝病，這是需要新技巧的學習，以影響和巧妙地應付這些改變。大多數加拿大人調查認為支付教育假期，是提出學習需求循環的有效機制。

　　1983學者為解決顯著難題所提出的先見，在今日仍是有用。專案小組(The Task Force)也建議擴大對部份時間成人學習者財政的支持，這些學習者目前經常從許多訓練支持排除，相反地，那些收到訓練支持者，經常無法提供失業和幸福的利益。

　　最後，科技改變對終生學習衝擊的難題，特別是資訊科技方面，需要加以探究。同樣地，預測總是潛藏著不確定，但

無論如何，資訊科技與網際網路的將對所有學習產生影響，特別是對終生學習的影響必定會是同樣非尋常的。

假如從我自身科技的使用來省察，科技它改變我工作和生活的型式，我在1980年代購買第一部個人電腦，現在的電腦是第十一部。事實上，WWW改變我從事研究與專業寫作的方式。我的著作成指數的增加，而我四個孩子的工作式與實質內容也完全與我過去那個年齡時不一樣。兩個具有電腦素養的孫子以E-Mail和他們的爺爺溝通，每次當我想起他們時，我可以從我大兒子個人網頁中看到他們的照片。

在新的世紀中，將帶來什麼其他的科技改變?它們將對終生學習產生何種衝擊? 你能感受到我不情願去思索和預測，但未來的日子中我將會忙於尋求這些問題的解答。

貳

台灣地方社會的特質與教育學習理論的發展

陳其南◎著

台灣政治經濟發展與教育問題的反思

臺灣已經走過經濟發展和民主憲政改革的高峰期，社會型態在過去的三、四十年中，也經歷了前所未有的變動，幾乎可以說完全變成了另一個世界。按理說，教育體制和教育理念也應該並駕齊驅，隨著經濟、政治與社會型態的變遷，從根本上進行相對的調整，才能幫助我們全體國民來適應這些新變化，因應即將到來的新挑戰。就在同一個時期，其他先進國家的教育改革運動，早已經歷了不同的階段，比較起來，我們沒有進展就等於落後了。

臺灣在這些年來的發展，逐漸從一個成長型的社會，要蛻化為成熟型的社會。也就是說，要從物質的富裕，轉化為生活的舒坦。那麼教育的理想就不得不走向人性化、多元化和開放性的方向。因此，教育，就不應該再是由上而下的「教」和「育」，而必須是以「學習者」和「學習過程」為主體的設計。學習的對象也不再限於學齡學生為主，每一個人一生中的不同階段，包括在職、退休、老年和婦女等，不同年齡不同階層的學習過程，都應該得到國家和社會同等的重視和資源分配。面對這些學習對象，學習的項目則應涵蓋人格發展、健康休閒、文化藝術、生活價值等內容，避免偏重知識記憶和學歷文憑。學習的場所也不限於正規學校，而應整合家庭和社區，成為一個連貫性的學習空間體系。「終生學習體制」的建立，就是要滿足這些需求。

開發中國家，因為全民教育尚未普及，學校教育體制的建立和強化顯得特別重要。可是，隨著經濟社會的快速發展，新科技、新環境、新觀念、新資訊、和新的生活型態，甚至是新人類、新新人類，都不斷推陳出新，令人目不暇給，對

於全體國民而言，每一個人都需要透過不斷的學習，才能具備新的生活價值觀，新的知識技能，以適應紛至沓來的各種新挑戰。

同時，國民所得水準提昇，大家的休閒時間迅速增加，學習機會和意願越來越高，也越來越多樣。因此，當我們從開發中國家，要邁入已開發國家時，過分偏重以學校教育為終極完結的觀念和設計，在某種程度上，已經變成是各種教育問題的癥結所在，產生諸如僵化的學校教育觀念、偏重學歷文憑的社會現象和用人制度，把學歷作為人才評價的作法，單一的教育評量標準，以及畸形發展的升學主義等等現象。以至於我們現在需要透過教育改革的運動，才能解決這些問題。

教育與學習的本質

雖然社會大眾已經慢慢知道「終生學習」這回事，從事教育行政和教育改革的工作者也體會到它的重要性，但是有些觀念仍然值得我們在這裡提出來特別強調一番。〔終生學習〕這個名詞英文叫Lifelong Learning，日本人譯作〔生涯學習〕，有些地方也稱為〔永續教育〕或〔恆久教育〕。不論如何，終生學習的最重要意涵是說，每一個人從出生到老年，終其一生的每一個階段，都是在學習，都需要學習和教育。很多人常引用孔子的一句名言--〔活到老，學到老〕--來說明這個道理。但是，由於中文的「終生」或「終身」兩個字，帶有「終結」、「終了」的意思，很多人就想到是指一個人的下半生而言，而將終生學習等同於成人教育、社會教育。看做是與學校教育互相平行或對應的兩個不同體制。為了避免引起

誤解，姑稱之爲「人生全程的學習」或「生程學習」。不論是稱爲「終生」或「生程」所指的都是「跨越生命的全程」，包括兒童、青少年、在學學生和在職青年男女，都是從事學習的重要主體，絕不限於已經離開學校的社會人士、成年人或老年人。

　　然而，「生程學習」的概念所以這麼重要，並不只是因爲它廣泛地涵蓋了各個年齡層，而是在於它所意含的教育哲學。從生程學習的角度來看，學校教育最重要目標，是要以小孩子爲主體，培養學生自我教育能力，使其在學和畢業後終生保持追求自我學習的意願、動機與習慣，學會安排組織自我學習的方法，具備發現問題並加以解決的能力，享受和體驗學習所帶來的成就與喜悅，同時也主動透過與自然、社會和人生的種種接觸與體驗，培養生活於人間社會的資質和能力，重建人生的意義和生活方式。學校教育不是人生學習階段的結束而是人生全程學習的一個較爲特殊的階段而已，它的功能乃在於，透過精心設計的教學方式、學習科目、教材內容和辦學精神，爲每一個人打好未來從事生程學習的基礎。

　　過去我們談到成人教育或社會教育，大多偏重在彌補學校教育的不足，要讓失學民眾學習識字、獲得學校證書、或擴大延伸知識技能的職業資格。學習者的動機往往是在於消極的解決文盲問題，或僅是爲了職業升遷的需要。這些固然重要，卻不是生程學習最重要的精神所在。生程學習的終極目的，乃在於增進個體自我向上的學習動機，充分發揮社會全體成員的潛質，改變社會價值觀念，培養國民之思想、道德、審美、政治和一般素養。今天，我們國人雖然有錢有自

由，但是思想觀念、行為模式和生活品味卻大部分仍然停留於相當落後的狀態，甚至連政治人物或公務員也不例外，給社會大眾很不好的示範。有些人連自我反省和向上提昇的意願都喪失了，又如何去談終生教育和生程學習呢？

不論是「終生學習」或「生程學習」，都是相對於正規的「學校教育」而言，包括了大家熟悉的所謂社會教育、成人教育、補習教育、推廣教育、繼續教育、回流教育等等。但是，生程學習並不是在於強化或是擴大既有的這些社教管道，而是一種帶有改革意涵的教育思想，是一種「教育的再發現」。首先，我們要改變過去在學校體系內由上而下的「教育」觀念，重新以尊重個人主體性，跨越人生全程的「學習」為中心，來思考整個教育問題育制度。從這個角度來看，學校教育應該只是生程學習的一個較為特殊的階段而已，生程學習不是學校教育的補充或延續。我們也不應該為了要配合或彌補學校教育的不足，才去做生程學習，甚至以學校教育型態做為指標，來規劃或影響生程學習的本質。

記得不久前國內通過一項教育立法，嘗試將幼稚園階段的教育進一步法制化，甚至視為學校正式教育向前延伸的一個階段。表面看起來是積極的作法，但從生程學習的角度來看，就可能不是很正確的觀念。怎麼說呢？如果我們想加以強調和重視的教育型態，就要把它法制化成「學校」的一部份，不僅幼稚園要學校化，夜間或空中大學也傾向於正規學校化。「學校體系」成了其他形式的學習過程要模仿和轉型的標竿。社會的認知如此，保守的教育政策制定者的觀念恐怕也是如此。我認為這樣的想法有需要調整，務期以生程學習為中心思想，建立生程學習的體制，並以此重新定位和調

整學校教育的角色、教育行政工作的階段性重點，以及教育資源的分配。觀念上要讓生程學習的架構來涵括學校體制，而不是讓學校體制來扭曲生程學習的設計。如此，我們的教育政策和教育發展才能配合社會和時代的需要。

學校教育體制的建立和擴張，有其時代和社會背景。在傳統的時期，國民知識和教育水準低落，爲國家發展需要，我們必須集中資源發展學校教育，所以學校教育要義務化，期程要從六年擴大到九年，還要普設專科大學等等。經過長年的努力，學校教育的規模和成效，可以說已經相當令人滿意。可是，時代的變遷早已使得這種教育發展政策顯得落伍，甚至衍生出許多教育問題，譬如升學競爭、聯考問題、青少年問題、學歷主義等等。這些問題已經回過頭來吞噬了我們多年來的教育成果。這也是爲什麼教育需要改革的理由。

現階段教育改革的重點，應該是在於改變傳統以學校爲主的教育思想和體制，從整個社會大環境，而不是從既有的，以學校爲中心的教育行政體系，來看教育問題，來調整教育制度。我們談升學、聯考、學歷和青少年問題，如果只就這些問題本身內部來思考，那麼只會得出可能更糟的結論，譬如一次聯考不適合，就改成爲好幾個層次的評量，最後每一種評量對學生而言，都可能變成另一個「聯考」，讓學生受更多的苦。民間教改組織不斷呼籲廣設高中大學，這種看法無可厚非，可是如果因此以爲就可以解決升學和聯考問題，恐怕也不盡然。

「鬆綁」不能只是將現有的一個「大綁」，分散成許多的「小綁」，這沒有解決根本的問題。大家都清楚，升學和聯考

的問題並不在於升學和聯考本身，而是在於學校教育體制相對於社會價值觀的過度膨脹。這個體制沒有鬆綁之前，因學校教育所產生的種種問題也不可能鬆綁。學校體制的問題，又是整個教育體制、社會制度和價值觀念的問題。因此教育的改革，最終必須要能提出一套屬於「教育」範圍內的方案和機制，促使外在整個社會和價值觀的重建，才有可能將學校教育的問題鬆綁。假如我們有一套設計可以讓社會上不同場所、不同年齡層、不同形式的學習和教育過程，都獲得充份的資源和適當的認定，並且在政府和民間的人事任用與升遷制度上產生作用，那麼學歷問題、升學問題和聯考問題，多少就可以自然減輕。這一套設計就是生程學習。所以並不一定要在社會改革之後才能進行教育改革。教育改革反而可能蘊育出社會改革的動力。

「生程學習」體制的建立，就是要把教育「社會化」和「全民化」，把全民和社會「學習化」，營造出一個「學習型」的社會，全面來改變我們的價值觀和國民生文化。同時，透過的社會化和全民化，回過頭來解決學校教育本身所產生的各種問題。教育改革為我們的社會所能帶來的最重要改變，恐怕是在於如何重新思考整個教育體系的時代性，與生程學習的定位，並設計出這樣一個新的體制來適應未來至少三十年的發展。

生程學習體制的建立，不只是在於消極地解決學校教育所衍生的問題，也是要更積極地提昇我們的社會品質和生活品質，進一步協助我們每一個國民，重新適應這個迅速變遷的時代和社會。僅管我們的學校教育發展得不錯，但整個社會生活仍然存在著不少問題，小地方像有些國民的不雅行為，

不清潔的習慣、沒有公德心、對鄉土和外界事務的無知、不懂人際溝通、缺乏生活美學品味和價值觀的素養等等。我們在經濟奇蹟和政治改革之後，要提昇國民的生活文化，建立現代國家的公民倫理，恐怕也唯有透過普遍的、全民的和地方性的「生程學習」體制之建立，才不致流於空談。

　　大家都知道，現代科技和資訊的進步，往往使得一個人離開校門，他所學的知識就立刻落伍。因此，不斷的求知和學習乃是必要的。制式的學校教育和成人教育已經無法滿足這種需求。即使是退了休的人，也需要適應退休後的新生活，也需要有人來提供資訊和指導。包括醫療衛生、休閒運動、社會福利、文化藝術、創作欣賞等知識，社會不同年齡階層的人都有需要，但是都得透過正式的學習過程才能獲得完整的知識。即使像健康教育、環境教育、消費者保護，以致憲政改革、國際和兩岸關係的知識和政策等，我們也有義務讓都市和鄉村中的所有居民，有平等的機會去學習和討論，如此我們的社會體質才會強壯起來。

　　台灣在很短的時間內，很快地從一個落後的地區，躍昇為世界上最進步的國家之一。但是，這種快速的成長也使得過去胼手胝足，為我們打下這片天地的資深國民，反而被時代拋在後頭，導致他們對許多新興的科技和現代社會環境無法適應，就像學前兒童一般。我們的社會和國家是有義務提供生程學習的設施和機會，來協助他們享受自己過去努力得來的成果。所以，生程學習體制的建立，也是要落實社會福利制度不可欠缺的一環。目前我們有關社會福利的做法，偏向把年金直接發給個人去花費，卻無法將這些資源集中做公共化的社福設施和制度的建立，到頭來這些經費消耗殆盡了，

卻沒有留下什麼給後來的人。

　　地方和社區，我們有環境景觀保育、鄉土教育、青少年活動、老人照顧、地方振興和社區營造的問題，這些都需要全體社區居民的參與。今天許多社會問題，大家都歸咎於家庭教育，但是如何做家庭教育，家長們也需要再學習。家庭教育和親職教育的再學習，就需要走向社區化。經過再學習之後，大家有了新的知識和技能，就能再回饋給地方和社會。尤其是現在有很多專業人士退休時，各方面的條件都還很好，許多在職者的餘暇時間也日益增加，如果他們能夠經由生程學習，再投入地方和社區發展事務，甚至協助建立各地的生程學習體制，那麼人力的再開發、民間活力的再運用，以及地方社區的振興就指日可待了。這也說明建立地方社區生程學習體系的必要性和迫切性。地方和社區可以說是生程學習資源的寶庫。縣市首長的重要施政工作，如果是在於振興地方的產業和居民生活環境品質的提昇，那麼生程學習體制的建立可以說是首要之務，這也是教育民主化必需走的路。

　　我們希望不久的將來可以看到生程學習在地方上紮根的成果，甚至出現一些「全民學習都市」或「生程學習縣」的範例。生程學習體系的建立，主要還是地方自治扮演的角色比較重要。當然從地方到中央，都應該對生程學習有關的設施、人才、課程和資訊加以整合成為一個體系，讓想要獲得這種學習機會的人隨時可以滿足。社區組織、民間團體和企業界也都可以積極投入，讓生程學習成為地方性的社會活動和運動，培養國人新的生活文化和社會關係，導引國人從物質富裕轉向心靈富裕的追求。

地方社區學習體系的建立

　　各級學校做為一個半獨立的教育行政體系，一直以來都吸納了太多的社會資源，包括經費和空間，但是對於學校所在地的社區社會，其開放性、參與和貢獻程度，一直頗受疵議。學校有必要藉著支援地方生程學習體系來調整其角色。我們希望學校能夠成為社區社會所擁有的學校，而不是上級教育行政單位屬下的學校。學校在地方上擁有最多的資源，如果經營運用得當，就有可能在地方社區，成為帶動學習、文化和社會活動的中心，可以推動地方社會關係的正常發展，提昇地方的形像與實質的建設，最後也把整個社區都變成為生程學習的「校園」。

　　臺灣的教育發展應該往社區和地方紮根的方向來努力，要整合學校資源、社區社會、文化生活與產業活動，來振興地方的生機與活力，在在都需要社區性和地方性的終生學習體系來支持。甚至，整個教育改革工作的落實，也有必要從地方和社區做起，從中小學校、文化活動中心、和社區的環境空間，及這些地方的社群成員，彼此之間形成一個互相開放、交流、整合的體系。學校學生可以在文化設施和社區環境中，享受其成長和發現之旅；而社區老人、退休者、婦女、兒童，都能充份利用學校和公共設施，得到各種軟硬體資源，充實自己的學習內容和環境。學校，應該是社區社會的學校；社區，更也應該是學校的社區。我們的地方社會也應該建立「學習社區」的觀念和體系，而且是「終生學習」的社區。如果可以做到這一點，那麼這就是人和社會的再造工程了。有這樣的環境，每一個成員必然會珍惜自己的社區資源，會願意，而且有能力參與地方的建設，營造自己的新社

區和新社會。

有關地方學習體系的建立，我們可以從以下幾個方向來思考：

地方和社區

地方和社區，有環境景觀保育、鄉土教育、青少年校外生活、老人照顧、地方產業的轉型和社區總體營造的問題，這些都需要全體社區居民的參與。只有透過社區學習體系的建立，才能讓所有居民準備好再投入地方和社區的發展事務，使得人力可以再開發，民間活力可以再運用。地方和社區是學習資源的寶庫，地方的產業振興和居民生活環境品質的提昇，都需要依賴學習體系的建立。

地方社會

地方社會應該建立「學習社區共同體」的觀念和體系，讓每一個成員學會珍惜自己的社區資源，而且願意參與地方建設，營造自己的新社區和新社會。地方學習體系的建立，也是教育民主化和地方自治化必須走的路。

社區學習體系

透過社區學習體系，整合學校資源、社區社會、文化生活與產業活動，振興地方，恢復生機與活力。讓中小學、文化活動中心、和社區的環境空間，及其社群成員彼此之間形成一個互相開放、交流、整合的體系，學校學生可以在文化設施和社區環境中，享受成長和發現之旅的喜悅，而社區老人、退休者、婦女、兒童，也都能充分得到各種軟硬體資源，充實自己的學習內容和環境。

社區學習體系的基礎工作

　　1.建立各類型學習設施之網路系統，並推動這些設施的複合使用和智慧化，包括學習中心的設立，地方文化中心、學校、社教館、博物館、圖書館、展覽館、活動中心、公私立演講廳和表演廳等設施之聯繫。

　　2.推動課程和學習形式之開發，以適應不同年齡階層、對象和組合之需求，運用各種輔助工具和學習方式，並協助個人和團體研擬個別學習計畫。

　　3.建立各種學習資源（設施、課程、形式、人才）訊息的蒐集、提供與諮詢服務系統，讓學習者可以輕易獲得學習機會。

各地學校

　　各地學校擁有最多的社會公共資源，包括人才、經費和空間，根據各自的條件，設計出一套機制將學校對於其所在地的社區社會做更進一步開放，讓學校能夠成為社區社會所擁有的學校，成為帶動文化和社會學習的中心，提昇地方的形象與實質的建設，使整個社區校園化。

　　1.學校經營觀念的調整，從閉鎖在圍牆內的集中教育環境，開始透過社區學習計畫和外界社會產生交流互動，也為學校本身帶來活力和生機。

　　2.學校可就教育場所設施、教育內容、活動型態和地方社區教育等，與社區社會互相支援。

　　3.從單調的「知識」和「教授」學校發展為「生活化」的

學校；教導課程中應融入地方資料案例，並設計地緣實習和體驗過程，使學校成為社區的學校，也使社區成為校園的一部份。

4.各級學校應設立地方社區聯絡協調之專職人員，負責地方學習資源資訊之收集整理，提供校內教師相關社區學習資訊，企劃執行社區學習活動，協助教師研擬校外社區教育計畫，安排校外體驗見習活動。

台灣的社區學習內容

台灣的社區學習內容應特別加強和重視下述幾個方面：群體生活體驗、公民社會觀念、環境保育、公務員之再學習、市鎮和鄉村地區之學習活動、社區寺廟之社教功能、做好家庭和親職教育的學習課程、國民生活習慣和生活美學之素養等，其目的在於重建國人的生活價值觀，提昇和維持國人的生活品質品味，已建立一個更為人性化的社會。

教育的地方化與「社區總體營造」

這些想法都與「社區總體營造」的觀念有關。「社區總體營造」的名詞和概念的提出，主要是延續先前文建會對於社區文化、社區意識、生命共同體的觀念，並加以整合轉化為一項可以在政策和行政上，實際操作出來的方案。這些年來，許多專業人士和社區志工們積極的投入和努力，社區總體營造的理念似乎已經相當普遍。我們發現地方和社區的生命力超乎想像的旺盛，知識份子和社區居民對於故鄉和土地的真摯關懷及參與意願。這些努力讓日漸惡質化的台灣仍然存在著一線彌足珍貴的生機，廢墟般的現狀有機會再回復美

麗之島的圖像，而台灣社會品質也可能再造。

　　但是，像這樣一個屬於軟體技術和邏輯思考模式的名詞，在這麼短的時間內成為流行的語彙，或甚至變成一種口號，當然也是頗令人擔心的一件事。很多粗心的行政官員，還以為把藝文活動搬到社區去演，就是社區總體營造，這恐怕是最嚴重的扭曲和誤導。如果是這樣，那麼以前的社區建設，社區發展協會或社區藝文活動早就已經存在了，那何必再提出一個新的概念、再創個新名詞？假如社區總體營造與過去已經存在的社區工作、鄉村建設或聯合國推動的社區發展沒有什麼不同的話，那麼今天也不可能引起專業工作者和地方實務工作者的認同和支持了。想要了解什麼是社區總體營造的人，最需要做的第一件事，就是先分辨清楚這個觀念和作法，跟過去的社區建設和社區工作最主要的不同點是在哪裡？

　　台灣跟日本一樣，是在上個世紀末才開始從傳統東方社會邁入西化和現代化的進程，經歷了經濟、政治和社會的大變遷，這種經驗相對於西方社會而言可以說是獨特的，許多方面日本有關地域振興和社區營造的課題，雖然十分接近西方國家的都市設計和社區發展的觀念，但是在做法上和型態上，日本和台灣都是有其獨特性，所以在日本終於統合在(Machitsukuri)這個以假名標出的新名詞和新概念，在台灣我們也基於自己的特殊條件提出了【社區總體營造】，這樣一個帶有相當學術味道的新術語。但是在具體的工作方面，台灣由於其特有的限制條件，目前仍停留在起步的階段。

　　社區總體營造最重要一個環節就是市民參與和學習的部份。在這方面，歐美國家從六０到七０年代發生了許多住民

參與社區設計(COMMUNITY DESIGN)的案例。建築與都市計畫專家對於做為主體的住戶與居民，提供充足的資訊與諮詢，建立了技術支援的制度與組織。八０年代的日本，也開始有了支援居民的具體行動。居民參與社區總體營造的方式，自從前由行政部門主導，一直發展至由居民主動自發地完成地區工作，甚至有些地方，居民自行匯集各式各樣的意見與構想，向行政部門提出具體的建議案。居民經由地域資源調查實地探勘以及各式各樣的學習活動等過程，在專業者的協助之下，按部就班的完成以生活為主體的地域營造計畫。可以說居民對營造自己週遭環境，改善生活品質，以自己的社區為傲的自覺，逐漸成熟，在各地進行了各種主題的社區營造計畫，創造了一個個充滿地域特色與活力的社區。

日本有不少充滿啟發性的案例，專業工作者常能拋棄了高高在上指導者的身段，長期穿梭於各個居民、團體以及公共部門之間，耐心地溝通、協調、整合始終分歧多於一致的意見，直接、間接地促進了婦女、老人、青少年社團組織推動休閒、文化學習活動、友誼增進等活動。居民團結的社區意識，以及持續參與、回應的熱情，則支持了專業者與居民，攜手共同走過了漫長的社區營造之路。一個令人印象深刻的案例，是掛川市以終生學習為主軸的社區營造工程。掛川市的榛村市長洞悉驅策社區營造的動力與成果的累積，應是建立於全體市民在人生各個階段，不斷提昇自我能力的基礎之上。他透過各種公共事務的課題，設計出一套各個年齡層居民均可以參與社區營造工作的機制，並以行政的支持為後盾，帶領著市民將目光與希望定著於一個可以經由大家共同努力實現的理想目標。

我們常把「社區」和「共同體」兩個用語並列，而有「社區共同體」的說法。這是一個很有意思的現象，因為「社區」和「共同體」都是從英文的Community一字翻譯過來的。事實上，「社區」是中文的譯名，「共同體」則是日文的譯名。中日兩種譯法在某種程度上，反應了兩個文化在社會意識方面的差別。比較中性的語意應該是「社群」或「社會」，同樣一個觀念在中文的理解變成了強調其空間意義的「社區」，而在日文「共同體」中則顯示其集體性和社會性的一面。很顯然，日本人對於定住在某一地理空間的社群單位，似乎在觀念上就立刻從社會關係的面向來加以理解，並視為一個相當具有集體性格的社群單位。這恐怕是跟日本人的傳統村落社會有密切的關係。德川時代的日本鄉村地區，每一個村落每年都是組織嚴密，排他性很強的社會單位。因此日本學者常常就稱之為「村落共同體」，村落就是一個社會共同體。日本傳統社會的此種性格是大家熟知的，到了日本現代化之後，許多新興的企業和民間團體組織也具備同樣的性格。

比較而言，臺灣傳統鄉村社會的集體性格並沒有如此嚴謹，尤其是在臺灣邁入現代化之後，舊的村落社會進一步瓦解，而新興社區的共同體社會又未能形成。因此我們再碰到Community一字時，就很自然地譯成較重地理空間含意的「社區」，而非重視社會集體關係的「共同體」。就是因為我們的社區社會欠缺此種共同體性格，所以我們很希望推動「社區共同體」意識的重建運動。

可是，我們也要知道，日本社會的共同體性格是源於傳統的祖、家父長式的權威結構所形成的。今天我們所要建立的，絕不是那種基於封建和地方主義的社區共同體，而是現

代化的、民主化的、具有公民社會意識的社區共同體。社區共同體意識的形成，可以說是落實民主政治和地方自治的前提，否則我們的政治改革就只能停留於投票行為和選舉活動等形式民主，而不能發展到實質的民主社會。民主政治的本質應該存在於我們的日常生活和社區社會中。

孫中山先生說過中國人就像一盤散沙，缺乏合作的群體性格。如果不從社區共同體的層次建立起新的社會結構和國家認同，那麼我們就很難擺脫這種宿命的「散沙性格」。一群中國人在一起，每一個人就像一粒沙子，看起來都一樣，都具備中國人的文化、族群和傳統特質，但每粒沙子之間卻都缺乏社會性的結構關係。社區共同體意識就是透過這些原理和關係，建立民主化的社區制度，讓社會的基底結構得以屹立不搖，不同層次和規模的社區共同體法人之間，可以根據民主的法則循序形成我們國家體制的內部結構，這是現代民主國家形成的原理。這樣才有可能一方面進行民主化和自由化的政治改革，一方面又能維繫整個社會和國家的秩序和向心力。

社區共同體在國家發展過程中的重要性，可想而知。英文的Community除指稱地緣性的社區之外，當然也包括非地緣性的社群，如職業社團、專業社群和各種市民團體。這些社群當然也是民主社會中不可或缺的一環，但是在人民的政治生活中，我們主要的對象仍然是地緣「社區」的社群。當地緣或行政社區成員具備了民主政治的素養和共同體的認同之後，那些非屬於地緣政治的社群自然就會形成自治化的另一種「社區」。如此一來，社會從上到下，從左到右，才可能完全民主化。

參 台灣全民教育實施的理念與經驗

張鈿富◎著
陳麗欣◎評論

台灣全民教育實施的理念與經驗

張鈿富◎著

摘要

　　本文的主要目的在探討台灣全民教育實施的理念與發展經驗。檢視過去的發展,以瞭解台灣的教育,在個人、社會與國家三者之間如何兼顧其發展。主要探討內容包括:台灣全民教育的理論基礎;台灣全民教育的發展概況;全民教育與機會均等之實踐;全民教育發展策略;未來在實施上將面對的課題與因應之道。

　　在面對社會多元化價值的衝擊以及國際上終身學習的趨勢,台灣教育如何在現有的發展基礎上做最有利的轉變,將是主要的課題。本文側重這些背景條件的釐清,並提出未來教育發展可能面對的問題。

Abstract

The purpose of this paper is to discuss the idea of education for all and its implementing experiences in Taiwan. Reviewing the experiences of educational development, the author tries to explain how the system to take the most advantage to develop the individual, the society and the nation. Based on the purpose, the paper focuses on the following topics: 1.What is the dominating theory of education for all in Taiwan; 2.The current education development in Taiwan; 3.Implementing the education for all and the idea of equal opportunity; 4. The strategies for implementing education for all in Taiwan; 5. Future prospected.

前言

　　本文的主要目的在探討台灣全民教育實施的理念與發展經驗。檢視過去的發展，我們可以瞭解台灣的教育，在個人、社會與國家三者之間如何兼顧其發展。近年來，面對「資訊時代的來臨」、「國際化的趨勢」、「科技知識持續暴增」以及「富裕過程中人文關懷的缺乏」等等的衝擊，我們也可以從中看到相關的因應策略，這些教育發展上的因應策略，是否與社會發展乃至國際社群發展配合？也是本文關心的重點。

　　從過去教育發展的軌跡來看，早期「全民教育」(Education for all) 口號的提出，注重國民教育的普及化，到提倡「全民的基礎教育」(Basic education for all)，延長義務教育年限的努力，這些努力似已告一段落。隨著社會的發展，近年來，高等教育的需求增加，「全民高等教育」(Higher education for all) 的呼籲已喧囂塵上，從教育統計資料我們發現，近十年來台灣的高等教育數量也已經擴張了一倍。就現階段而言，整個傳統教育體系的建構與發展已經是相當的完備。面對未來，面對新的教育理念，如何建立學習社會，代替以學校教育為唯一學習管道的教育體系已然形成。

　　從近年來的努力我們可以看到，行政院教育改革審議委員會於民國85年12月提出「教育改革總諮議報告書」，將建立終身學習社會列為建議事項之一。為協助國民成長，促進社會發展，提升國家競爭力，教育部將民國87年定為「終身學習年」，並發表「邁向學習社會」白皮書，做為行動方案。可以預見的，未來進步的社會將是學習的社會，學習將成為國民生活內涵的重心。

基於此一教育的發展趨勢，本文探討的主要內容包括：

1. 台灣全民教育的理論基礎。
2. 台灣全民教育的發展概況。
3. 全民教育與機會均等之實踐。
4. 全民教育發展策略。
5. 未來在實施上面對的課題與因應之道。

台灣全民教育的理論基礎

多元化與多元價值的衝擊

基本上，台灣的社會已經步上多元化，在多元價值的衝擊下，學校教育要根據何種理念？要實踐什麼理想？從下列的有關理論中，可以瞭解教育所根據的多元理論基礎 (Kahne, 1996)。

◎**功利主義** (Utilitarianism)

功利主義者認為教育能增進個人的幸福與社會福祉，因此強調人力資本發展的價值，要把教育與生產力的增進連上等號。教育發展是國家競爭力的後盾，透過操控、監視與追求效用的極大化為其常用的手段，教育的實施需要課程的有效安排以及成本效益的研究。這種思想下自然而然會強調課程與社會需求的關聯、職業教育與成本效益的政策。

◎**權利觀點** (Visions of Rights)

文雅觀點 (A Libertarian Perspective)：職業應由個人能力決定，強調增進自由市場系統。只要行動不干擾權利或他人的自由，個人可經歷完全的自由。只要不影響權利或他人的自由，教育應由學生的意願來引導。根據此一導向，「自由選

擇」、「競爭」、「優勝劣敗的選擇」及「自由的教育」是常
看到的概念。

功績觀點 (A Meritocratic Perspective)：文雅的均等概念強
調功績，功績是個人努力與能力的結果。他們認為教育應公
平的提供給所有的學生，教育的酬賞則是基於個人的努力與
天賦的能力來決定。「機會均等」、「補償教育」是這種理論
的基本概念。

正義觀點 (A Rawlsian Perspective)：民主的均等結合公平
的機會均等與差別原則。透過社會的制度，讓不利的情境減到
最低。補償策略是此一理念所慣用的方法。此一主張顯現於
增進「教育機會的公平性」、「反對分軌教育」、「反對黑白
分立入學」以及「學校財政的公平性」。

◎民主社群思想
尋求來自社區的支持、共同使命的意義以及隸屬感，避免
嫉妒、疏離、破壞性的競爭。此一思想的教育主張要發展社
會態度與感性。要讓學生學會分享興趣、尊重差異、把持共
同的目的以及參與重要社會議題的辯論。因此，「群體工
作」、「合作學習」、「集體的意識」、「多元文化的課程」、
「共同核心的課程」以及「民主的教育」為其所強調。

◎人本心理思想
人本以增進自我實現、潛能的瞭解、全人的成長為主，教
育是個人動態的過程，此一過程包括個人理想的成長、統整
與自主。自我實現的理想是人本課程的核心。一個人要能展
現此一品質不但要冷靜的認知，而且更需要發展審美、道德
等方面的能力。此一思想強調「自我實現」、「高峰經驗」、

「自我瞭解」、「自我知覺」與「兒童中心的學校」，並強調學生導向的學習與全人的教育。

從以上的相關理念來看，目前台灣教育的實施所根據的不是那一種理念而已，這些理念中或多或少都出現在目前的教育實施中。台灣的教育可以說是融合了多元價值的概念，企圖發展一種適合多元社會的教育新型態。

教育實踐的理念
◎追求分配的公平與正義
以社會學觀點來思考，追求分配的公平、均等、正義與合理爲其主要概念。在追求教育機會均等要考慮的是，全民的受權利究竟要如何規劃才能達到所謂的公平。也就是說，民主國家在什麼時候有權利去限制人民的活動？Parkin (1993) 認爲除了民間自行運作將產生不良後果，亦即「市場失靈」時與基於公平之考慮，而對人民之利益進行重新分配。以前者言之，爲「效率」之考慮；後者則爲「公平」之考慮。

檢視台灣的教育，政府是以「學區」來分配學生其可就讀之學校，就「學區」原本的用意，爲使學生就近選擇入學學校，如此可以避免通勤浪費時間、有更多的居家生活時間，也不必擠所謂的明星學校。但就另一角度分析，政府如此劃分學區，就能眞正達到公平與效率嗎？政府分配的保障，使得績效不良學校，繼續獲得穩定的學生來源，也使得這些績效不良學校失去了追求卓越品質的機會。就學生而言，如果所處的學區爲績效不良的學校，地方政府又因教育經費短絀，無力支援這些績效不良學校的改善工作，則這種學區的學生將在立足點上處於不平等。

◎追求市場的效率

以經濟的觀點言，教育可視爲一「市場」的機制，而此一市場的顧客爲學生與家長、居民甚至整個社區。提供服務者爲教育行政單位與學校本身。在教育市場中要獲得最大利益，勢必要考慮整個市場的「供需」、「效率」、「選擇」與「競爭」等問題。

莊勝義（1996）認爲：「在教育的市場中，自由與效率是兩個主要訴求，選擇與競爭爲主要手段，而個人福祉則是最關切之議題。」在教育市場中，學校科系、類別，甚至該學校是否有存在必要，反映顧客的需求。一旦供需失調或是供應者的品質不良，市場的供應者勢必要調整其結構，並建立自己的品質形象，才得以符合顧客的需求，否則就只好退出這個市場。

全面品質管理 (total quality management, TQM) 爲何獲得企業界的重視? 主要原因在於全面品質管理強調顧客的滿意是品質的保證，以顧客的滿意爲主要考量，並且在過程中嚴格管制品質以減少變異，藉以建立品質的形象。品質大師Deming即認爲, 低品質意味高成本。品質不佳，造成瑕疵品。不論重做與否將延誤時效，無形中造成浪費，增加不必要的成本。在此一市場的機制裡，學校需要積極地建立自己的品質形象，而不是被動地依賴學區分配的學生。Friedman（1982）以「選擇的制度」來創造競爭的市場環境，使生產者一方面能反映消費者（家長、學生）的需求與欲望，一方面又能促進效能與效率的提昇，以建立品質的文化。

以市場經濟的觀點，建立品質競爭的機制，各級學校內部的管控工作不容忽視，而校內表現指標的建立將有助學校建

立數量管理的概念。

◎實踐民主的管理

從行政學的發展來看，行政管理的模式已經從「由上而下」
(Top-down)模式轉變爲「由下而上」(Bottom-up)模式。1980年
以來，美國爲了公立中小學教育而推出的改革，歷經了三個
波段。第一波（1982~1985年）「由上而下」（Top-down）的策
略，以命定的計劃來推動教育改革。第二波（1986~1989年）
「由下而上」（Bottom-up）的策略，由學校系統內相關的人
員，尤其是專業人員，以專業的取向對整個學校系統進行根
本的改革。第三波（1990~）以學生爲重心，建立機構與專業
人員交互關連的模式，綜合各種教育資源（黃政傑，1993）。
支持Bottom-up的改革認爲「地方自主管理」（local
autonomy）、「學校本位管理」(school-based management) 是世
界各教育行政管理的重要理念與趨勢，集權式的管理已無法
滿足地區的背景與需求，且不利學區及學校的多樣化發展。

台灣全民教育的發展概況

1997年在亞洲金融風暴無情的摧殘下，台灣經濟的發展屹
立不搖，成效更讓世人刮目相看。五十年來，台灣地區國民
平均所得從美金五十元左右，升至一萬三千美元。我們已經
從戰後最貧窮的國家之一，躍升爲世界第二十五名的富有國
家。這種傲人的成就，其中一項最重要因素就是教育的普及
與人民素質的不斷提升。由於教育普及，使人民知識水準普
遍提高，成就動機增強，各類研究發明不斷，從而創造經濟
發展的有利條件。

也由於教育普及，對台灣的發展已經造成幾個重要的影響。首先是社會流動，教育的機制有利於不同階層、背景的人，獲得平等的教育機會，能夠憑著個人的貢獻而得到社會的肯定。其次是有利於國家的現代化，因為教育增進了個人的現代化態度，使人較容易適應變遷和樂於迎接挑戰。除了這些價值面的改變之外，我們也可以從一些數量的成長，來檢視近年來的教育發展概況。

學校數量的成長

民國七十五學年度至民國八十五學年度，十年來我國學校數量成長概況如表3-1。過去十年之間學校增加了866所，學校總數已有七千三百多所，在學之學生人數達五百一十多萬人。這樣的教育發展規模使得狹小的台灣，目前每平方公里擁有203所學校，從相關的數字可以看出多年來執政者對國人教育的重視。

學生人數的成長

由於教育的發展，我國已經成為一個充分教育的社會。民國40年，我國每7.16人中有一個學生，1.73％的國民生產毛額用於教育投資。至民國84學年度，每4人中有一個學生，約有6.75％的國民生產毛額用於教育投資；3-5歲年齡組人口的淨在學率為23.44％；6-11歲為99.06％；12-14歲為94.14％；15-17歲為79.15％；18-21歲為27.79％。

近年來各級教育學生占人口千分比，由於人口自然成長趨緩、出生率降低以至於產生結構性的改變。中小學生人數持

表3-1 民國75-78學年間台灣學校發展統計概況

學年	學校		教師		學生		平均每平方公里校數	教師平均每位教學生數	每千人口學生數
	所數	七五學年=100	人數	七五學年=100	人數	七五學年=100			
七五	6,491	100	191,773	100	5,045,768	100	179.4	26.3	258.6
七六	6,628	102	195,742	102.1	5,123,742	101.5	183.2	26.2	259.8
七七	6,698	103	199,806	100	5,197,002	103.0	185.1	26.0	260.4
七八	6,740	103	206,172	100	5,212,521	103.3	186.3	25.3	258.6
七九	6,743	103	212,820	100	5,279,864	104.6	186.4	24.8	258.8
八十	6,787	104	219,788	100	5,323,715	105.5	187.6	24.2	258.4
八一	6,819	105	223,418	100	5,326,519	105.6	188.5	23.8	256.1
八二	6,937	106	227,821	100	5,316,947	105.4	191.7	23.3	253.2
八三	7,086	109	232,735	100	5,274,350	104.5	195.9	22.7	249.1
八四	6,224	111	241,337	100	5,226,109	103.6	199.7	21.7	249.1
八五	6,357	113	247,246	100	5,191,219	102.9	203.4	21.0	241.2
十年來增減	866	13.3	55,473	100	145,451	2.9	23.9	-5.3	-17.4

註：八一至八三學年扣除原含國中國小籌備處校數

資料來源：http://www.edu.tw/eduinf/data/statis.htm

表3-2 各級教育學生佔人口千分比之消長情形

| 各級教育學生佔人口千分比 | | | | | | | | | 單位：0/00 |
| 學年度 | 總計 | 幼稚生 | 國小 | 國中 | 高級中等教育 | 高等教育 | | | |
						計	（計）	專科	大學以上	空補大校
七五	258.63	12.22	122.22	55.69	48.62	17.73	(19.89)	7.57	10.16	2.16
七六	259.76	12.69	122.75	55.00	49.01	18.36	(20.32)	7.81	10.55	1.96
七七	260.44	12.46	121.67	56.00	48.85	19.53	(21.46)	8.26	11.27	1.93
七八	258.61	12.05	119.31	57.08	47.20	21.06	(22.96)	9.06	12.00	1.90
七九	258.80	11.64	116.42	58.14	47.78	22.67	(24.83)	9.85	12.82	2.16
八十	258.36	11.41	112.37	58.33	49.46	24.17	(26.79)	10.57	13.60	2.62
八一	255.92	11.12	106.97	58.00	51.07	25.98	(28.88)	10.47	13.47	2.59
八二	253.24	11.33	101.80	57.85	51.74	27.41	(30.51)	12.08	15.33	3.11
八三	249.05	11.11	97.32	56.83	52.12	28.63	(31.67)	12.52	16.12	3.04
八四	244.70	11.26	93.51	55.36	51.87	29.75	(32.70)	13.06	16.70	2.95
八五	241.17	10.96	90.99	53.22	51.66	31.52	(34.27)	31.75	17.77	2.81
十年來增減	-17.46	-1.26	-31.23	-2.47	3.04	13.79	14.45	6.18	7.61	0.65

註：1.表內高等教育括弧內之數字為含專科補校及空中大學學生之資料。

2.補校及特殊學校學生分別按等級歸入幼稚生，國中小，高級中等教育欄內。

3.高級中等教育欄含五專前三年級延教班資料。

資料來源：http://www.edu.tw/eduinf/data/statis.htm

續減少，所占人口千分比反而降低。高等教育持續擴張，隨之高等教育的在學人口則不斷的增加，如表3-2。近十年來，高等教育普及化的實踐已有顯著的進步。

表3-3 台灣地區75-85學年度平均班級人數分析

學年度	平均每班學生人數											
	總平均	幼稚園	國小	國中	高中	高職	專科	大學	碩士班	博士班	特殊學校	補習學校
七五	43.78	30.25	43.88	45.09	49.57	46.31	50.61	48.83	17.90	9.57	10.55	44.46
七六	43.17	29.89	43.59	44.58	50.20	46.08	50.82	49.18	19.15	10.53	9.86	39.11
七七	43.08	29.70	43.07	44.31	50.19	46.21	50.56	49.64	19.89	10.60	9.73	41.91
七八	42.54	29.90	42.35	44.10	48.56	44.79	49.81	49.94	20.59	11.31	9.14	40.93
七九	42.37	29.25	41.95	44.12	48.33	45.38	49.35	50.00	21.66	12.19	8.96	40.72
八十	41.94	28.31	40.95	43.83	48.76	46.36	49.23	49.97	22.64	13.74	8.96	41.32
八一	41.44	27.67	39.74	43.60	48.80	47.25	49.09	49.64	23.49	14.45	9.25	41.28
八二	41.00	27.90	38.87	43.23	47.59	47.67	49.56	48.84	23.85	15.04	9.36	40.88
八三	40.21	27.76	37.57	42.59	46.31	47.68	49.88	48.23	23.81	15.07	9.61	39.41
八四	38.96	27.80	35.49	41.53	45.30	47.09	50.22	48.25	24.39	15.39	9.61	37.94
八五	38.00	27.05	34.17	40.10	44.51	46.58	50.77	48.69	23.39	15.13	9.84	37.03
十年來增減	-5.78	-3.02	-9.71	-4.99	-5.06	0.27	0.16	-0.14	5.49	5.56	-0.71	-7.43

資料來源：http://www.edu.tw/eduinf/data/statis.htm

班級人數的減少

　　降低班級人數政策的落實是教改的重要訴求，這項訴求在執行上可能面臨兩難的困境。由於台灣城鄉的發展速度不同，人口自然流動的結果造成部分都會地區學齡人口不減反增，而部分縣市學齡人口不增反減。從整體的班級平均人數來看，近年來班級人數減量的政策已漸漸顯現成效。如表3-3。不過當大家焦點集中在中小學的班級規模之際，卻忽略了高職、大專的班級教學品質，十年來高職、大專教育的班級人

表3-4 我國近十年來中小學就學率與升學率統計

年	平均每班學生人數														
	6歲適齡兒童就學率			國小畢業生升學率			國中畢業生升學率			高中畢業生升學率			高職畢業生升學率		
	平均	男	女	平均	男	女	平均	男	女	平均	男	女	平均	男	女
七五	99.51	99.50	99.52	99.04	99.47	98.59	77.13	73.96	80.50	40.98	36.31	46.45	...	...	...
七六	99.50	99.49	99.51	99.51	99.37	99.65	79.32	75.34	83.19	46.26	38.87	54.63	2.83	4.43	1.35
七七	99.64	99.61	99.67	99.09	99.16	99.02	79.51	75.70	83.52	45.53	37.29	54.86	4.57	7.72	2.05
七八	99.60	99.62	99.58	99.62	99.79	99.44	79.60	76.80	82.47	44.40	39.86	49.29	7.00	8.84	5.41
七九	99.57	99.54	99.60	99.77	99.98	99.56	84.70	81.40	88.09	48.58	46.38	50.94	12.92	12.01	13.68
八十	99.59	99.55	99.62	99.28	99.34	99.22	86.09	83.08	89.19	51.94	55.24	48.43	13.68	14.47	13.04
八一	99.58	99.56	99.61	99.54	99.37	99.71	88.32	85.17	91.58	59.15	63.61	54.29	13.71	14.87	12.78
八二	99.72	99.71	99.74	99.53	99.27	99.80	87.78	85.94	90.75	61.32	64.47	58.29	18.03	18.44	17.71
八三	99.72	99.70	99.74	99.83	99.77	99.89	88.49	85.79	91.31	57.38	55.64	59.32	16.22	16.11	16.31
八四	99.55	99.52	99.58	99.75	99.77	99.72	89.17	86.73	91.71	56.58	53.01	60.51	17.84	17.13	18.43
八五	99.65	99.61	99.69	98.89	98.70	99.09	90.70	88.59	92.91	58.88	55.31	62.71	17.71	16.67	18.58
十年來增減	0.14	0.11	0.17	0.15	-0.77	0.50	13.57	14.63	12.41	17.90	19.00	16.26	...	...	...

註：七十六年以前適齡兒童就學率僅含台灣省資料。

資料來源：http://www.edu.tw/eduinf/data/statis.htm

數並沒有太大的改變。當然數量與品質並不能完全劃上等號，這項數據所顯現的是否影響高職以及大專的教育品質，是值得大家重視的另一個問題。

就學率與升學率

　　十年來台灣地區六歲適齡兒童就學率已達99%以上，教育非常普及。國民小學畢業生的升學率亦高達99%。十年來由於高中職的擴充發展，使得國中畢業生的升學率顯現高度的增

加。至85學年度,國中畢業生的升學率已達90%。在高中高職畢業生的升學率方面,目前將近有六成的高中生將有升學的機會,高職生則將近有兩成有升學的機會。隨著高等教育的快速擴充,尤其是技職院校的增設,將直接提高目前高中高職學生到大專進修的機會。有關就學與升學率的詳細統計資料如表3-4。

全民教育與機會均等之實踐

林清江(民71)認為教育機會均等的衡量指標包括三項:

1. 進入各級學校就讀的機會是否均等?
2. 受教年限、學校類型及課程內容是否能表現機會均等的基本精神?
3. 受教的過程,是否有利於個人成為社會棟樑?

亦即教育的「起點」、「過程」與「結果」等階段的各種措施、內容是否符合均等的理想。以下就這三方面來分析台灣教育機會均等實踐的意義。

「起點」差異的比較(各級學校的入學機會與參與比例)

教育起點而言,台灣城鄉教育的問題來自於分佈區域不均與就學機會不均,針對這兩方面,做以下的說明:

◎分佈區域不均(都會大致優於鄉村)

入學機會的不均等主要在於選擇性教育階段,尤其是進入大學以上的教育機會,莊勝義(民78)就各不同區域劃分,比較高級中等教育機會的差異,發現確有不均等的現象:

北部地區國中畢業生，就讀私立高中職、五專的機會較其他地區大。

　　公私立高中教育機會，城鄉分佈不均：就高中學校數、班級數、學生數與該區人口數的比率而言，省轄市優於院轄市，院轄市又優於縣區。

　　公私立高中教育機會，地域分佈不均衡：北部地區公立高中校數不足，私立高中偏多，中部地區均顯現不足，南部地區公私立高中稍多，東部地區公私立高中已偏多，但各校的班級數與學生數頗有差異。

◎就學機會不均（都會大致優於鄉村）

　　黃昆輝與黃毅志（引自張淑美，民83）均發現：地區就學機會差異極為顯著，都市地區比鄉村地區就讀大學機會高。蔡裕敏（引自張淑美，民83）發現台北市教育機會為鄉村的2.75倍，北市就學公立大學機會為鄉村的4.64倍。林文達（民72）發現北、高兩市就讀各級學校的教育機會較多，其次為省縣轄市及鄉鎮，離島與偏遠地區最少。

　　綜上所述可以發現：在選擇教育階段，不同地區的入學教育機會有不均衡的現象，尤其是在大學教育階段，更是在交通便利、經濟、文化優勢的都會區、院轄市有利，而鄉下及偏遠地區則較不利。

「過程」差異的比較
　　教育過程的教育機會均等之衡量指標，包含師資、設備、課程、教學與經費等項，說明如下：

◎學校經費、設備的差異

學校經費與設備的差異，主要的問題包括：

財政收支劃分造成厚中央而薄地方。施清廉（民69）研究發現：各級教育經費呈金字塔型，亦即越是基層，其經費負擔越重。各縣市教科文支出的比例與教育經費支出，均較中央、省政府及台北市為高，亦即縣市的教育經費負擔甚重。其原因來自於財政收支劃分法，造成縣市地區財源不均，各縣市負擔國民教育經費比重，產生嚴重失衡現象。

偏遠地區人事經費負擔重，無力改善設備。王以仁（民71）研究發現：所在地區不同的國民小學，在學校經費上，有頗大的差異，除學校水電費與班級費外，山地鄉或離島最缺乏；在學校設備方面，山地鄉和離島地區缺乏情形最嚴重。其原因來自於偏遠地區的學校經費係依班級數撥發，扣除必要的人事經費（經常門）外，已無力改善設備（資本門），只能期待中央予以補助。

偏遠地區的補助費用缺乏彈性，流於浪費。許惠華（民83）指出：教育部依「發展與改進國民教育第二期計畫」，以指定用途專款專用方式補助地方，雖有助於硬體設備的提昇，但是補助費用缺乏彈性，忽視地方自主性，往往不切合地方實際需要，流於浪費。

冗長行政程序，緩不濟急。許惠華（民83）指出：補助計畫從教育部到省教育廳，再到縣市教育局，這後到達學校，若中間有更動或疑義，往返行政程序十分冗長，極易造成緩不濟急的現象。

學校資源分配不均，人際關係影響補助。許惠華（民83）指出：教育部所撥發的經費難免在民意代表、校長人際關係的影響下，造成過度集中或分配不均的現象。如此漫無標準的補助方式，往往造成「討中央歡心」以爭取補助款的情形。

　　中央補助款，地方重複編列預算。中央撥給省府的教育補助，省教育廳透過預算編列程序，將之變爲收入，編在預算中，成爲省對縣市的教育補助，如此造成「一加一等於一」重複編列預算的現象。

　　綜合上述可知，城鄉地區在教育經費與教育設施上確有差距，各縣市教育經費遠較中央、省、院轄市沈重，尤以偏遠及山地縣市尤然；國民教育階段由於經費不足，非得依賴中央的補助，而補助方式問題頗多。

◎師資、教學與課程的差異
師資、教學與課程的差異，主要的問題包括如下：

　　偏遠地區師資流動率高。陳天竹（民79）指出：偏遠地區因生活不便、育兒環境不佳、進修機會較少、婚姻對象難尋、設備簡陋，而使當地師資流動率偏高，服務意願低落。

　　偏遠地區師資嚴重缺乏。簡茂發（引自張淑美，民83）指出：山地國中小的教師缺額比平地學校嚴重，不合格教師比率也比平地學校高。陳天竹（民79）指出：偏遠地區學校由於班級數少，員額編制有限，各科教師無法聘齊。

　　偏遠地區師資素質低落。王以仁（民71）發現：不同地區

的國民小學，其師資素質有差異：省轄市、縣轄市的教師素質最高，山地鄉與離島的教師素質較低，且尤以山地鄉教師的學歷最低，變動性最大。瞿海源（引自張淑美，民83）發現：在山地國中任教的教師僅有19.57％係師範院校畢業，而全省國中則有29.12％；山地國中教師有25.36％為大學畢業，全省國中部分則有40.34％。其原因來自於鄉間地區留不住優良師資。

偏遠地區教學青黃不接。許惠華（民83）指出：偏遠地區因財政不充裕，退休管道無法暢通，再加上生活不便，無法吸引年輕教師久留，結果造成兩極化現象，新近教師與近退休年齡教師佔去大多數，兩者在教學與課程銜接上，造成青黃不接現象。

偏遠地區教學品質差。莊勝義（民78）發現：省立高中的師資水準與學校品質，在城鄉間與地區間有明顯差異。許惠華（民83）指出：偏遠地區缺乏文化刺激，學生學業成績普遍表現不佳，讀書風氣不振，成就感低落。

綜合上述可知：偏遠地區由於環境較為弱勢，往往無法留住優良師資，相對地在課程設計與教學活動上，也無法提供較為完善且連續的系統，因此導致該地區的教育產生不均的現象。

◎學校與社區、家長關係的差異
學校與社區、家長關係的差異，主要的問題包括：

偏遠地區的家長較不關心教育。陳天竹（民79）偏遠地區的學生家長總認為孩子應幫忙家務，協助家庭生計，因此較

不積極鼓勵孩子升學，對教育的重要性不甚瞭解。

　　偏遠地區學校與社區、家長聯繫較少。偏遠地區由於對學校教育不甚熱衷，親職教育參與率低，因此家庭與學校的合作不夠密切，學校教育改革往往無法深入社區，甚至產生學校所學不見容於社區文化脈絡。

　　綜合上述可知：偏遠地區由於社區文化環境較差，家庭與學校無法密切配合、相互合作，在社區文化無法提昇前，想要學校立即改進學生的學習品質，往往所得到的成效有限。

「結果」差異的比較
◎偏遠地區學習成就較差
　　許惠華（民83）指出：教育廳八十二年度所做調查報告顯示，都市地區學生的學業成就明顯優於其他縣市，尤其以北、高二市的表現最好。

◎偏遠地區升學率不高
　　根據教育部統計，高等教育多集中在大都會區，尤以台北市、高雄市、台中市最多，次為臨這三都會區的縣市，如台北縣、桃園縣、基隆市、新竹市、台南市等，而澎湖縣則完全沒有（教育部教育統計，民80）。在我國各級學校，學生的學業成績均是教師評定。因此，教育結果多以升學率為準，大部分的研究均顯示：人口密度高的都會區及都市，學生進入大學的比率均較其他地區的學校高。

　　綜合上述可知：偏遠地區的學校數比都會區少，居民享有的大學資源也較少，此外偏遠地區學生的學業成績，也比都會區的學生差，因此學生由於所處環境的差異而造成不均的

現象。

全民教育發展策略

　　民國八十五年所提出的「教育改革總諮議報告書」指出，未來我國教育發展的目標要以「人本化」、「民主化」、「多元化」、「科技化」、「國際化」為主。並分別以「教育鬆綁」、「把學生帶上來」、「暢通升學管道」、「提升教育品質」、「建立終身學習社會」五個策略來實踐此一跨世紀的教育改革。以當前整體教育的發展著眼，我們認為，下列幾個方面應納為現階段全民教育的主要發展策略。

實踐社會正義的精神

　　世界各國，由於受到地形、地區之限制，都有城鄉教育水準發展不均的現象，在我國國民教育階段，尤為明顯；譬如在台北市、台北縣，在地理上毗鄰相接，然教育資源卻有相當的差距，高雄市、高雄縣亦是如此。

　　此外，在山地、偏遠或離島地區，在師資或教育資源上，都將影響受教者的教育機會均等。因此，如何落實均衡城鄉教育發展，以縮短地區性教育差距，將是教育改革的重要課題。為平衡城鄉教育的發展，國內各教育改革團體提出相關意見如下：（中華民國教育報告書，民84）。

◎擴大辦理教育優先區
　　積極執行「教育優先區」工作，將地層下陷地區、地震震源地區、山地離島地特別建造學校，試辦國中技藝中心學校，為降低國民中小學班級學生人數增建校舍，財源欠佳縣

市等列入教育經費補助優先區，未來並將擴及文化不利地區、弱勢族群地區、資源相對貧乏地區之學校，期能縮短城鄉教育差距，落實教育機會均等政策（中華民國教育報告書，民84，p.44）。

◎合理統籌、規劃分配補助地方國民教育經費

在國民教育的改革中，提出均衡城鄉教育發展的政策-合理統籌規劃分配本部補助地方國民教育經費，均衡城鄉差距，落實教育優先區計畫，並加強績效考核，其中在推動教育優先區計畫方面，將以更周延、更合理的優先區指標確實找出文化不利條件之學校及弱勢族群學生，以更彈性化、更有效的補助策略，來提昇優先區學校及弱勢學生的成就水準（教育部中教司，民86）。

◎各縣市普設學前教育機構

彌補學前教育階段由於後天因素所造成的遺憾，使每個學生的幼兒階段有良好生長環境；此外，將在人口外流嚴重的小學附設幼稚部，或是在山地、離島及偏遠地區（教育優先區）增設幼稚園，而低收入家庭的學前年齡學童，將受惠於教育代金制度，接受免費的幼兒教育。

◎原住民子弟較多的地區，國民中學設學生宿舍

加強學生課後學業輔導，照顧文化不利地區的學習生活。

◎各區平衡分佈高級中學與大專院校

高級中學與大專院校的分佈到二十一世紀開始時將更為平衡，發展策略包括：

1. 台灣東部地區將以國立東華大學與慈濟大學為主幹，並將有其他文理學院、技術學院的增設。

2. 澎湖地區與金門地區亦將有專科學校及空中大學進修中心。

3. 南部地區除了國立高雄大學開始招生外，亦將增加若干技術學院，配合南部科學園區的開闢，南部高等教育學術網路將帶動此一地區應用科的研究機構的發展。

4. 中部地區，除了國立中興大學、東海大學外，國立暨南大學亦將完成第一階段建校規模，且可能有另一綜合大學的出現並將有若干新設技術學院以提供在職人士更多進修機會 (中華民國教育報告書，民84，p.212)。

◎未來公費生將以分發偏遠地區或特殊地區服務為主

今後由於師資培育法施行後，公費生將以分發偏遠地區或特殊地區服務為主，教育優先區亦將受惠於公費生畢業後分發來此服務。

縮短城鄉教育機會不均

林清江（民73）認為若要減少教育浪費，增加國家人才，必須平衡城鄉教育水準，其策略是：加強提高偏遠及鄉區學校的教育水準，使其與最佳城市學校的水準相齊一；而改善物質環境、建立合理制度及溝通價值觀念，是平衡城鄉教育水準應該兼重的工作。世界各國都普遍存在城鄉教育不均的現象，想要完全根除此現象似乎不易，以下就減緩城鄉教育不均現象，提出可行措施。

◎背景方面

均衡各地經濟、文化發展：應以全面性發展措施，平衡各地區經濟發展，使各地財源、社會文化、生活素質逐漸接近（張淑美，民83）；實施「小康計畫」，提高國民生活所得，避免貧富差距過大；改善文化環境，重視鄉村文化的存在價

值（李園會，民76）；建立「社區文化優先區」指標與輔助措施。

實施補償教育（提早規畫幼兒或教育延長義務教育年限）：改善文化不利兒童的教育環境，使其得到公平的待遇與適當期望，以便充分發揮其潛能，像是增設幼稚園、延長義務教育年限、延後教育分化時間（謝雅茹，民3；林清江，民73；李園會，民76）。

◎輸入方面

均衡各級學校的分佈：避免「重北輕南」、「重西部輕東部」、「重都市輕鄉間」的錯誤觀念，使各地區的學生都有相同機會就讀各級學校，而所在區域的學校皆有相同的水準與品質。

消除國民義務教育雙軌遺跡：由於私立教育幾乎是有利富有的都市地區，鄉鎮邊遠地區因經濟能力低弱無法進入私校，因此有必要輔導私立國中及國小改辦其他類別教育，並提高公立國中及國小的教育投資，以便平均公、私立教育水準（林文達，民72）。

◎過程方面

健全各地教育經費結構：修正財政收支劃分法，使地方自有財源增加，財政更加彈性自主，統籌分配經費的運用更合理；在計算教育經費內涵時，避免人事經費的增加而排擠教學與設備經費的比例（陳麗珠，82）。

改進經費補助制度：使真正需要補助的地區能獲得必要的協助，以便減少浪費，像是補助山地、沿海、邊遠及離島地

區的教學設備及保健器材（林文達，民72）；讓各地經費、設備、資源不因人而異（張淑美，民83）。

研擬實施「學區入學方式」或「學區、學校合併」（consolidation）的可行性：將各地區重新組合，使各地的學區在各方面條件逐漸齊一（張淑美，民83）；合併後的學校規模避免過大或過小，以免增加教師負擔或降低學生學習效果（李園會，民76）；合併的學區也可提供住宿，集中可用資源，發揮最大功效（陳天竹，民79）。

改變教師態度：偏遠及鄉區學校的教師應使「愛心、信心、耐心」與「專業精神、專業知識、專業態度」相結合，使學生在教師最適當的期望下，充分發展其潛能（陳天竹，民79）。加強各地區教育人員之養成教育與在職教育：建立公費生服務偏遠地區制度，並鼓勵優良教師至偏遠地區學校服務，增加偏遠地區教師在職進修機會（陳天竹，民79；張淑美，民83），提高偏遠地區教師的素質與教學品質（李園會，民76）。

加強學校與社區的密切合作：藉由社區再造與學校改革的密切聯繫（像是舉辦親職教育、社區講座、親子成長營…等），使社區資源與學校資源共享，以便脫離文化不利因素的羈絆，促進整體社區發展（張淑美，民83）。

◎輸出方面
實施公平客觀的升學制度：強調科學性、教育性、公平性三大原則，使偏遠地區的學生也有多元的升學機會，以便充分發揮潛能（李園會，民76），增加成就感與自我實現。

健全獎助金、助學貸款與教育券制度：對偏遠地區經濟條件不佳的學生予以直接補助，使其有公平競爭的機會參與升學（謝雅茹，民73）。

健全學校運作型態

中小學人才的培育，首先要從中小學的結構與內部運作形式的改造。未來的學校是一個開放的體系，學校與家長、社區的互動將變成頻繁而必要。傳統學校的老師被視為專家，校長被看成是行政首長，這種定位的妥當性應重新考慮。

在民主的社會裡，一種新的上下互動的方式需要專家、教師、家長一起參與，使學校不斷革新成長。校長的角色應該調整為行政領導兼首席教師，也就是校長應扮演行政領導與教學領導的角色，進行學校內外的協調，以達成學校校良好的教學成效，學校與家長良性的互動。因應未來發展的需要，中小學教育的調整應考慮下列的方向：

◎推動以學校為中心的管理

各級主管教育行政機關成立「教育法規改革小組」，以整理並大量簡化學校行政之相關規定，落實學校教育鬆綁，增加學校的自主空間。

學校內部教學相關之管理工作，以協助教學為原則。校務會議應予法制化，使教師對教學相關之管理能夠普遍參與。

研究學校設置「學校諮議委員會」之可行性，由地方教育督學、教師、家長、社區人士及校長組成此一委原會。主要功能為諮詢、申訴、考核及參與校長遴選、協助訂定學校教育目標以及與教育當局溝通。

教師進修之規劃，應配合校務發展。落實教師法之規定，每年教師進修經費之半數應直接發到學校，供各校辦理教師進修。

訂定中小學校長及行政人員培育與進修計畫，與大學教育專業、管理專業或其他教育行政領導的研究組織合作，培養經營學校所需之知能。

透過教師評審委員會，教師積極參與新任教師之評審及教學輔導，落實人事自主。

◎加強學校與社區結合

1. 學校設施有計畫地對社區開放，作為社區人士終身學習之場所，並有人員支持。
2. 提倡親師合作組織，發展親職教育，增加學生、家長、教師之互動。
3. 學生教育活動應包含認識社區及社區服務。
4. 訂定家長會設置通則，以規範家長參與學校內教育活動。
5. 鼓勵社區提供各種資源增進學校發展。

◎建立校長責任制度

校長採現行的派任制或遴選制，以家長、教師、教育行政單位及學者專家參與為原則。就具備校長專長訓練的合格人選中選派或遴選，而非普遍參與普選。詳細的規劃如下：

1. 各省市成立校長資格檢定委員會，以審查並檢定校長資格，並設計良好之校長實習培育制度。

2. 校長出缺時，宜成立遴選委員會，進行遴選適當候選人，報請主管單位任用。校長遴選邀請教育行政單位、學者、教師、社區參與為原則。
3. 校長定位為首席教學領導兼行政主管，應具教育理念及現代化管理知能。以負起辦學績效之責。
4. 教師參與校務評鑑以促進校務發展,及早發現不適任校長並提出處置方法。

◎縮小學校班級規模
以目前許多教改的意見來看，目前縮小學校班級規模方面的策略如下：

1. 降低班級規模較降低學校規模應具較高的政策優先性。
2. 學校規模方面，應優先集中解決大校問題。如果校地可能取得的話，應均衡學校發展規模，都會區超過六十班之大校，應於附近增設新校。
3. 在教育財政許可範圍內，積極規劃「降低班級學生人數計畫」。

台灣與世界各國比較，中小學班級人數確屬偏高。教育部於民國八十四年出版之《教育報告書》亦認知此一問題。降低班級人數已成為各方共識，惟如何達成各方意見不同。現階度各縣市實施條件不一，國中及國小狀況亦不同，不能混為一談，亦不能抱持從台北看天下的心態，盲目的建議作全國性統一規範。 各縣市可就本身的發展條件，提出可行的方案，再由中央在師資供應、土地取得、經費支應等因素的考量下予以實際的支援。

中小學每班人數上限之下降應分階段，分國中、國小逐次
達成。

第一階段：八十七學年度每班降至40人以下。
第二階段：每班降至30人。
第二階段之目標，各縣市應在九十至九十五學年間達成。宜由各
縣市與省、中央協調後訂定可行之方案。

國中師資未來之供應充足，應於人口下降高峰通過後，先
行達成每班30人之目標。國小則應加強擴大優良師資之培
育，最遲於九十五學年達成第二階段目標。

為達成「學校與班級規模」之縮小，各級政府應分年以特
別編列之預算支應所需之建築、人事費。目前在財政收支劃
分法尚未重新調整之際，地方所不足之人事費得由中央政府
撥支。

偏遠地區過於小型之學校，應考慮合併之可能性，以改善
學生之間的互動機會，落實五育健全的的發展。

結語

從數量的發展來看，1996年教育統計顯示，台灣全民教育
的普及率以達先進國家的教育發展水準。例如：教育經費支
出總額占國民生產毛額6%以上；各級學校7224所，每平方公
里將近200所學校；國小2523所，國中714所，高中206所，高
職203所，專科74所，獨立學院36所，大學24所。附設之研究
所664所。6歲至12歲學齡就學率已達99.9%；各級學校的比重

已經逐漸由國民教育階段往上提昇，國中小占59.86%；高中高職占14.91%；專科以上占14.37%；其他占10.86%。

　　未來全民教育的普及應配合高等教育的逐漸開放，將教育的年限延伸至高等教育階段，甚至以終身教育為訴求。為迎合此一時代趨勢，我們也不得不指出，在數量發展的背後，台灣的教育所面臨一些隱憂，例如：

面對不確定未來的衝擊

1. 全民教育的實施如何延伸為全民終身學習？
2. 在有限的教育資源下，學校學習體系如何配合終身學習體系的建立？終身學習體系是否取代傳統的學校體系？
3. 政府責任與民間參與如何釐清？才不會混淆「教育商品」與「教育公共財」的概念。
4. 回流教育容納量有多少？才能滿足全民終身學習的需求？

未來努力的方向

1. 教育口號應配合數量管理，以掌握供需的平衡。
2. 政府推動全民教育仍應扮演主導的角色，不宜放任「市場」的機制。
3. 在個人發展與經濟發展之間應有更多的協調。
4. 全民教育的實施在追求教育機會均等的過程中，不要忽略教育卓越品質所帶來的競爭優勢。
5. 教育品質、教育發展均等的掌握應建立長期追蹤的指標系統。

參考書目

行政院教育改革審議委員會 (民85)。教育改革總諮議報告書。台北: 作者。

李園會 (民76)。城鄉教育機會均等問題之研究。台中師院學報，1，1-43。

林文達 (民72)。教育機會公平，國立政治大學學報，48，87-115。

林清江 (民71)。進一步的教育機會均等。師友，203，4。

林清江 (民73)。教育機會均等理想的實現。教育文粹，11，1- 4。

周燦德 (民77)。從教育機會均等理想的實現談我國過去與當前的重要教育政策。社教雙月刊，26-28。

吳明益 (民83)。國家管制教育市場的合理地位與制度因應---以教育權的保障為中心。台灣大學法律研究所碩士論文，未出版。

吳清山、黃久芬 (民84)。美國教育選擇權之研究。初等教育學刊，4，1-26。

施清廉 (民69)。當前縣市政府教育經費之研究。台灣教育，355，5-13。

徐宗林 (民84)。人權與教育研究。教育研究所集刊，36，17-52。

張淑美 (民83)。不同地區教育機會差異之探討。高雄師大學
　　報，5，87-111。

教育部中教司 (民86)。國民中小學教育改革研討會資料彙編。
　　台北: 作者。

許育典 (民82)。論國民教育基本權利之法規範。國立政治大
　　學教育研究所碩士論文，未出版。

許惠華 (民83)。突破距離，實現教育機會均等之理想－看城鄉
　　教育資源差距問題。國立台灣大學新聞研究所碩士論文。

郭為藩 (民75)。教育機會平等的理念。國民教育，27(7)，1-4。

陳天竹 (民79)。加強偏遠地區國民教育，貫徹教育機會均等。
　　台灣教育，474，21-24。

陳麗珠 (民82)。國民教育經費分配機會公平之研究：以縣市財
　　政狀況考量。國立高雄師範大學教育系及教育研究所教育
　　學刊，10，225-259。

莊勝義 (民78)。台灣地區高級中學教育機會均等問題之研究。
　　國立高雄師範學院教育研究所碩士論文。

莊勝義 (民85)。市場導向與教育改革。國立台灣師範大學教育
　　改革學術研究會論文。

楊瑩 (民83)。台灣地區不同家庭背景子女受教機會,差異之研
　　究。教育研究資訊雙月刊，2(3)，1-22。

楊國賜 (民81)。教育建設與區域均衡。研考雙月刊,16(6),
　　10-15。

歐陽教 (民84)。教育哲學導論(十二版)。台北:文景。

薛化元、周志宏編 (民83)。國民教育權的理論與實際。台北:
　　稻香。

謝雅茹 (民73)。談教育機會公平。師友,203,5-6。

Friedman, M. (1982). The role of government in education. In
　　Capitalism and freedom. Chicago: University of Chicago.

Kahne, J. (1996). *Reframing educational policy* . New York:
　　Teachers college, Columbia University.

Parkin, M. (1993). *Economics* (2nd ed.). New York: Addison
　　Wesley.

Rawls, J. (1971). *A Theory of Justice*. Cambridge, Mass : Harvard
　　University.

「台灣全民教育實施的理念與經驗」評論

陳麗欣◎著

首先，本文作者以功利主義、權利觀點、民主社群思想，人本心理思想等理論基礎來探討多元化及多元價值對台灣全民教育之衝擊，進而提出追求分配的公平與正義、追求市場的效率、實踐民主的管理等四種理念來說明台灣全民教育之實踐，頗能說明台灣推動全民教育所根據的理論基礎。

　　作者分別以學校數量的增加、學生人數的增加、班級人數的減少及就學率及升學率等五套統計數字來說明台灣全民教育的發展現況，並稱台灣全民教育的普及率已達先進國家的教育發展水準，頗具說服性。然而，作者亦指出如果以教育機會均等之起點、過程與結果三指標來衡量台灣之全民教育時，發現台灣城市與鄉村間、中央與地方間有嚴重差異存在，尤其偏遠地區有嚴重不足之現象，因此，作者乃就實踐社會正義的精神、縮短城鄉教育機會不均、健全學校運作型態等三方面提出全民教育發展策略。

　　就全文而言，作者兼顧理論與實務，以統計數字說明台灣地區全民教育之發展頗見其用心，並且在博引眾家看法後，更進一步地綜合出精采之發展策略，誠令人讚佩。

　　惟在閱讀過程中，仍有若干感想，提請作者參考，並請各位指正：

　　1. 打字錯誤：p.3 第八行之「反對黑白分立(別？)入學」P.6倒數第二行之「每(千？)平方公里……」

　　2. 表3-1第三、五、七欄建請改為指數(七五學年=100)。

　　3. 在p.18引用84年中華民國教育報告書之發展策略等未能

考量到84年到87年間高等教育生態已有重大變化，故如能將報告書內容輔以當前資料來說明，將使本文更形完善。

4. 在p.18有關縮短城鄉教育機會不均之發展策略等，作者採用CIPP模式來說明，誠有其見地，其他二方面如能亦以此模式來建構，相信將更具一致性與組織化。

5. 作者在衡量教育均等之實踐時只考慮到城市與鄉村、中央與地方等因素，而忽略了性別、SES等因素，誠乃一遺憾：

◎性別

85學年度高中(職)以上學生人數統計表

	高中	高職	專科	大學	研究所
合計	268,066	520,153	295,843	337,837	44,873
男	130,258	248,241	136,477	175,418	32,803
女	128,808	271,912	159,366	162,419	12,070

資料來源：中華民國教育統計(民86年)

作者在其表3-4各級學校畢業生之升學率皆可看出女性之升學率皆高於男性，似乎性別不該是教育均等之重要議題，但是由下列資料，卻告訴我們：「兩性之教育均等只存在於義務教育之國小、國中階段」，其理由如下：

1. 高中、職階段-高職生女性多於男性，高中生男性多於女性，已顯示女性不再升學之可能性高於男性。
2. 大專階段-專科生女性多於男性，大學生男性多於女性，顯然女性在受高等教育時，仍延續高中之不平等。

3. 研究所階段-女性就讀研究所之比率已下降到全體研究
   生之26.9%，相信如果只以博士班的資料來分析，女性
   之比率將會更急遽地下降。此外，無論是何種階段，父
   親之教育皆明顯地高於母親之教育。因此兩性教育及義
   務教育年限之延伸，應列入實施全民教育之重要發展策
   略。

◎SES素來皆被視為教育機會均等之重要因素
   例如：楊瑩、陳麗欣(民83)即發現從高中(職)階段開始，
父母親之教育程度呈現公立大學>私立大學、高中>三專>師院
>五專>二專>高職之現象，且父親職業、家庭每月收入基本上
亦呈現此種現象，因此，SES在全民教育推動發展策略時乃是
不可忽略之要素。

   6.作者談論全民教育時，似乎有忽略幼兒教育之傾向，例
p.8指出「3-5歲年齡組人口的淨在學率為23.44%」，該比率甚
至於低於18－21歲之27.7%，然而作者在文內簡要提及，未能
加以大力呼籲，誠乃可惜。

肆

全民學習權的本質與保障

楊國德◎著
邱兆偉◎評論

全民學習權的本質與保障

楊國德◎著

摘要

　　未來社會是終生學習社會，爲當前世界各國共同追求的新世紀教育願景。終生學習社會可以提供一個理想的學習情境，支持個人在一生中繼續學習與成長，以發展社會上每一個人的潛能。因此，要使學習社會得以實現，最根本的前提必須對個人絕對地尊重，對每個人的權利盡力維護。其中全民學習權的保障乃成爲邁向學習社會的關鍵所在。

　　　　所以，本文乃針對全民學習權的本質及其保障進行探討，以期建立全民終生學習社會的理想得以實現。首先說明全民學習權的內涵與本質，強調學習權是全民的基本人權及充分發展自我潛能的基礎；其次分析全民學習權的相關概念與措施，例如全民終生教育、教育機會均等，指出學習是自主、彈性、開放的，社會提供輔助的學習措施應具有多元選擇特性；然後探究全民學習權與學習組織、學習社會的關係，解析爲因應全球化的變遷，個人與社會所需的學習機會；並提出世界各地有關全民學習權的實際保障方案與設施，作爲未來發展的基礎；最後歸納全民學習權的保障策略，以爲努力的方向。關鍵詞：全民學習權、終生學習、學習組織、學習社會

Abstract

This paper is aimed to look critically and reflectively into issues of the right to learn of all, in respect of interpretations of the essence, related concepts, and its implementation. Firstly, most of the terms which are now newly prominent in discussion about education and learning came into being some thirty years ago, in the late sixties and early seventies. International organizations, notably Unesco, the OECD and the Council for Europe, supported by scholars in universities and some policy makers in many countries, developed the concepts and language that we are using today.

Secondly, learning to live, learning to learn, so as to be able absorb new knowledge through life are important. In a recent publication from UNESCO, they focused upon the four pillars of lifelong learning for the 21st century: learning to know, learning to do, learning to be, and learning to live together. There is also increasing interest for providing an environment which reflects a 'learning organization'. Thirdly, how could our organizations create a 'seamless' set of lifespan learning opportunities for a learning society? The international bodies have returned to the issues with fresh vigour.

Finally, The issue of equity, and access to opportunity is important. The right to work, the right to learn, the right to participate. At both macro and micro levels, directly and indirectly, many nations are making efforts to move towards being a learning society, to equip its institutions to become learning organizations, and to widen opportunities for more of its citizens to learn throughout life. We have a long way to go, and above all we need clear vision and clear understanding of the right to learn of all, then to get there.

Key Words: The right to learn of all; Lifelong learning; Learning organization; Learning society

前言

　　學習權是一項基本人權，為近年來聯合國教科文組織(UNESCO)大力倡導的重要理念(UNESCO, 1996)。因此，天賦的人權就應該包括學習權，而且人人平等，生而有之，稱為全民學習權。所以，全民學習權是重視人權的民主社會所必須重視，並加以保障的，正如對生存權等人權的維護。事實上，維護人權的措施與學習權的保障更是關係密切。因為，沒有學習機會的生存權、工作權、參政權等都只是空有形式，缺乏實質的意義；也許人是活著，但是無法活得健康長壽、快樂滿足，或者是有份工作，但是無法因應變遷、發展潛能，也可能是總統的頭家，但是連自己的權利都不知如何爭取。由此可見，全民學習權的本質正是人權伸張及個人潛能發展的核心與基礎，也唯有保障全民學習權才是促進個人發展與社會進步的康莊大道。

　　全民學習權除了牽涉權利的本質外，也與學習的本質有關。學習與教育有別，除了學習強調個人自主的層面，教育重視社會互動的過程外，學習才能體現學習權的本質及其保障的重要性。因為，終生學習社會強調的是提供個人充分的學習機會，並支持個人在一生中繼續學習與成長。所以，必須將社會各種學習資源做有效的整合，塑造有利於學習的環境，使社會到處都在進行各種有意義、有價值的學習活動。如此的社會就能成為一個以學習為中心的社會。可見，要促使學習社會得以建立，最根本的做法就是保障全民學習權，使每個人能享有平等參與學習的機會，不會因為某些人為、不合理的障礙與限制，妨礙對學習活動的參與(教育部，1998)。

所以，本文乃針對全民學習權的本質及其保障進行探討，以期建立全民終生學習社會的理想得以實現。首先說明全民學習權的內涵與本質；其次分析全民學習權的相關概念與措施；然後探究全民學習權與學習組織、學習社會的關係；並提出世界各地有關全民學習權的實際保障方案與設施；最後歸納全民學習權的保障策略，並綜以結語。

全民學習權的內涵與本質

　　要說明全民學習權的內涵與本質，有必要先探討學習與教育的本質。基本上，學習是個體主觀的活動，教育則是人類社會文化的產物。而且，人類是群體的社會，個人很難完全擺脫而離群索居，因此免不了受到既有社會文化的影響。個人與社會的這種關係，便直接與間接影響到個人的學習，學習被局限於特定的環境就是相當明顯的現象，使得教育與學習糾纏不清。事實上，個人自胚胎孕育起就受到人類社會文化的影響，在日常生活上，除了天生的本能外，所表現的行為幾乎都是由學習而來。只是學習有程度之分，有些是無意識或偶然的學習，有些是有組織與計畫的學習；有些是個人因自然需要所做的學習，有些是身處社會中必要的學習，於家庭及社會的機構內做有系統的學習與參與教育活動。所以，學習較教育指涉的範圍寬廣許多。

　　進一步說，學習是個人知能上質與量的變化，其本質是相當隱私與個人化的。因為學習是將知識存入個體中，以改變個人知識的質與量，不是將知識存到別人身上。可以說學習的本質是利己而非利他，個人肯不肯將所學的知識應用在社會上幫助他人，是另外一個層面的問題。所以，學習的動力

來自個人的學習動機，而教育的設計一般都強調教育的目的與目標，是站在社會國家的立場。

　　由此可見，學習是相當主觀的歷程，在學習過程中即使有編序的教材及主導的課程來安排學習，也許會對學習內容產生影響，但學習的結果還是決定在個人，那是非常主觀的部份。因此，干預的學習不僅效果有限，而且對學習結果的衡量也不易掌握。另外，個人所知的事實上比所表達的還要豐富，如何將個人蘊藏的知識透過某些方式或管道外顯，轉為他人學習的來源，並發揮乘數作用，去蕪存精，以創造更具體有價值的知識，正是探討學習過程與組織的重點所在。

　　歸納而言，目前對學習本質的探討，強調以下幾項特點，包括：第一、學習是是持續一生的歷程，因為生活即學習，在社會化過程中學習；第二、學習是個人發展的過程，由個體展開學習旅程也擔負起學習的責任；第三、學習即有所改變，不論是新知能或是情意態度與價值觀的改變都是；第四、學習重視實際經驗與體驗；第五、學習亦有直覺的一面；第六、學習強調學習如何學習的關鍵能力；第七、學習過程中教與學是平等的；第八、學習重視學習的環境；第九、學習強調彈性化的設施；第十、學習的中心是主動與自我導向的個體。

　　至於教育活動則要在人類社會的情境中觀察，包括各種時空人與人或文化對人的影響過程與結果。家庭是每個人最先接觸的社會情境，父母親是最直接的影響者，但其影響因素已存在於長遠的時空中，包括其他與教育活動有關的要素，例如社會上的成員、事件、環境、以及文化等。所以，只要身處於社會中，能不受社會的人、事、物影響的可能性是極

小的，不過其品質與結果在各個環境的成員是有很大的不同。特別是教育的設計過去很少有持續一生的觀念，而且會認為是不必要且無法達成。所以，教育乃陷入狹隘的學校教育、教師教學、班級與教科書教學的範限之中，無法整合個人、組織、與社會各種自我導向、組織學習、文化傳遞的有計畫有目的的教育活動設計。因此，過去以為教育為兒童青少年所專有，其實從人類歷史及需要來看，成人教育早為教育活動的重要組成部分。

　　所以，學習與生活適應密切相關，人要生存必須適應環境，要適應就要有所反應與學習；教育是與社會文化的頻繁互動相連，只要與人類社會文化尚有接觸，教育的影響過程就可能存在，且值得加以設計以獲得良好的成果。可惜的是，教育的價值常受到誤解，因而便趨於強調其工具性而忽視其人文性，重視其階段化而忽略其終生化，直到終生教育思潮興起，才逐漸有所體悟。可以說，學習要持續終生，事實早已有之；教育要貫串一生，則必須以社會文化為整體的教育設計。下面會再詳細說明。

　　今日許多教育活動的確可以不在學校學習，但學校已是最有組織以傳遞人類文化遺產的場所。因此，學校教育的改革與適當地整合正規、非正規及非正式教育絕對有必要，那麼對教育活動的理論與實踐就要加以審慎探究及檢討改進。

　　平心而論，教育活動是人類社會生命律動的表現，不僅促使個體得以全人發展，並且匯聚知識成為文化長流。時至今日，開放教育、關鍵能力教育、學習習慣，以及越來越受重視的成人教育、繼續教育、老人教育等，都是強調教育與人生發展的緊密結合，可見教育的完善規劃也能與學習需求緊

密結合，充實學習的內涵。

　　有關教育的本質，克洛伯里(Cropley, 1979)曾提出下面五點看法：第一、個人的教育應終其一生；第二、導引個體有系統的獲取、更新、提升或完成知識、技能和態度，以適應不斷變遷的社會生活；第三、教育的最終目標在達成自我實現；第四、培養個體增進能力與動機從事學習，不必把大部分的學習時間花在傳統學校或類似學校機構；第五、接受所有可能的教育影響，包括一切正規、非正規和非正式的教育及各種教育活動。此一描述，事實上就是終生教育體系的特徵(Dave, 1973)，展現在兩個組織原則：第一、垂直流通：指在個體生命全程的不同時間，統合學習經驗和活動。亦即著重各級各類教育的銜接，包括學前、學校與學校後的階段，並強調自主性與獨立性的學習。第二、水平整合：指在個體生命全程的不同階段，可獲取各式各樣的教育活動和經驗。亦即建立學校和其他具教育功能的機構之關係，構成一個學習網。換言之，終生教育的制度，一方面是垂直貫穿的特性，強調學習是不間斷的連續過程，包括各級各類教育，從幼兒教育至成人暨高等教育；另一方面是水平整合的特性，強調學習網的組織與規劃，除學校外，還要有其他教育設施與教育功能的機構或組織。

　　因此，教育與學習可以結合的相當密切，正如Cropley(1980)指稱終生教育的四個面向：第一、教育時間：學習為終生的歷程；第二、教育型態：整體教育之體系化，學習在各種情境發生；第三、目標與結果：獲得個人的價值、社會、情緒、知能身體各方面之發展，並達到自我實現目標；第四、實施：提倡自我導向學習，培養個人學習的意

願，並強調自主性與獨立性的學習。所以，終生教育已經強調使個人可在一生中繼續不斷地進行有計劃、有組織的學習活動，亦即教育得以貫串個人的一生，從出生至死亡爲止，作人生全程的規劃。即聯合國教科文組織所指的終生教育，也特別提到以下幾個要項：即持續個人一生、系統性學習以應變遷需求、達成自我實現目標、增進自我導向學習的能力與動機、以及融合正規非正規與非正式的教育設施等(Candy, 1991)。所以，教育應該包括正規、非正規和非正式的教育型態；從時間和空間的領域來統整和貫穿所有教育的階段和架構，其特徵爲在時間、空間和學習的技巧上皆具彈性。因此，需要作自我導向的學習，並採取各種學習方式和策略才能達成。

由此觀之，若要眞正瞭解教育的內涵，應從時間、型態、結果、實施等層面來探討，確認學習是終生的歷程、學習在各種情境中發生、實現終生教育的條件是個人要終生的學習。根據以上的說明，終生教育的實施旨在保障個人的學習權利，不斷地增進個人的新知，獲得生活必需的技能，建立正確的價值觀念及增進個人的健康，其目的係在社會變遷過程中，促進個人的成長，達成自我實現，進而建立學習社會，增進社會的福祉。可見，教育與學習共同的特性是(黃富順等，1996)：第一、開放性：向全民開放，沒有資格的限制；第二、整體性：包括個人一生中所有的教育活動；第三、連貫性：強調各種教育體系的連繫貫串；第四、統整性：各種教育型態作有機的協調與統整；第五、彈性化：在學習目標、方式、時間、地點、內容及過程多具有彈性；第六、生活化：強調教育的內容與生活、工作相結合。

所以，為了實踐全民學習的理念，必須突破傳統教育的限制，矯正正規教育的偏差；將各種學習機會組織為貫穿個人一生既統整、又開放、有彈性的新體系，以利全民的終生學習。此一體系，對象上是全民參與的；時間上是終生需要的；內容上是人生全部的；方式上是全面學習的。由此，終生學習體系才能形成為一個人人學習、時時學習、事事學習、處處學習的新學習社會。如此全民學習權的內涵與本質即較為明確，正如伊利希(Illich, 1971)強調的三項：第一、提供所有個人在其一生當中，隨時在任何時間想要學習都可以獲得各種教育資源；第二、賦予有能力者分享其所知，向想學習的人傳授其知識；第三、提供學校以外的學習機會。具體而言，教育與學習活動的規劃如下：第一、從幼稚教育到老人教育的各級各類教育，不僅具有同等重要地位，而且還要加以整合；第二、從個體發展觀點看，學習是一種終生歷程，不能劃分為成人期與兒童期的二分法學習階段；第三、對個人的學習做積極主動評量與探究，是具有專業能力的指標；第四、在任何時間與地點所學到的知識與經驗，都具有其價值性，包括在家庭、工作場所、社區等；第五、正規教育體系要有意願承認或認可成人透過非正規與非正式體系的學習成果；第六、能接受在民主社會中培養批判思考的重要性(Brookfield, 1994)。

全民學習權的相關概念與措施

　　根據以上的說明可知，全民學習權與不少概念密切相關，特別是全民終生教育與教育機會均等兩項。全民終生教育的理念，自一九六〇年代末以來，在聯合國教科文組織、經濟

合作發展組織(OECD)等國際團體的倡導下，成爲世界主要國家教育改革的原動力及指導原則。在過去二、三十年中，涵蓋歐美日等地區分別出現不少終生學習報告書、立法、推動策略及倡導團體等，以期積極規劃新世紀的教育體制(楊國德，1996)。終生學習提倡個人應培養終生繼續學習的能力與習慣，與全民學習權的理念相一致。

　　另外一個相關概念是教育機會均等。根據美國學者柯爾曼(James Coleman)的看法，教育機會均等的內涵至少包括四大要素：第一、提供免費的教育到一定水準，使受教者可以由此獲得基本謀生能力；第二、提供所有學童共同的課程，無論其社會背景如何；第三、透過有效規劃，於人口密度較低地區，讓不同出身背景兒童就讀同一學校；第四、運用地方稅收，使同一地區的學校提供均等的教育。此種定義主要基於以下的假設，即：第一、以免費的學校教育消除造成機會不均的經濟因素；第二、機會不均也呈現於特定的課程上；第三、兒童將來會有不同職業，應享有各種類的課程內容；第四、均等是建立在進入相同學校的機會；第五、均等是建立在某種學校教育的效果上。此種理念的背景正可以從歷史的發展加以分析。

　　追根溯源，學校教育，無論在我國或是西方，都是在教育活動持續了一段時期之後才形成的。而且無分中西，都是先有大學和小學兩級，在這兩級之間，最初並沒有中間的一段。而從學校設立與經營來看，初由具學識者自設私塾或應聘於富豪之家，對象是社會有權勢的家庭及階級，方有受教機會；然後，在中國由帝王諸侯設置或以私人講學方式爲多，在西洋則與基督宗教結合，受其影響甚大；迨國家體制

和民主政治興起後，學校多入於政府掌握，而由國家經營，其干涉亦接踵而來。爲了個人與社會的永續發展，國民如何參與教育，以及現代學校如何實踐必要之獨立自主權與責任，乃成爲重要課題。

學校的出現，在我國是治者爲了教育自己的子弟和培養優秀的人才而起的。其特點是除學生外，有了確定的教師和教學場所，亦即有了固定的形式。學校教育被稱爲「正規的教育」(formal education)，便是由此而來。從教育史考察，我國學校教育發源甚早。以司徒掌邦教，唐虞時代已有；國學鄉塾，三代更已具備。當時所謂庠、序、學、校都是學校的名稱，以明倫及養老爲最終目的，這是中國教育的特色，很明顯不是兒童青少年的教育。在西方，學校(school)係由希臘語演變而來，原是有閒階級消磨閒暇的場所，以遊戲及讀書爲方式，爲西洋學校的濫觴，亦非現代學校制度的僵化觀念。

我國舊式學校的發展，以帝王諸侯設立的大學，比較有規模、有體制；私人講學雖形同大學，卻沒有持續的發展與體制。至於小學，因爲記載少，無法明確見出體制；而中學更無名實可資稽考。後來新式學校的發展，則是模仿歐美國家的體制，先規劃好學校系統，再讓適齡合資格者依規定入學。若從西方學校制度的發展看來，發展最早的亦是大學，其次是大學的預備學校，然後才有小學，以及居於中間的中學與職業學校。而且形成爲雙軌的學制，一條由上向下發展，先有大學次有預備學校，爲貴族或上流社會子弟所設；一條由下而上，先有小學後成立高等科、以及種類繁多的職業學校，爲平民或勞工階級子弟就讀(楊國德，1997)。後來隨著統一學校及民主化運動的進行，從初等、中等、到高等的

學校教育單軌體制乃告完成。

　　學校是一個正式組織(formal organization)，與家庭的最大不同是：具有明確的外在追求目標，有正式的權威型態，有正式的法令規章，以及非正式關係與規範的存在。就以歐洲大學的興起而言，始自十一、二世紀的遊學集團，學者集團到處流浪，受政治領袖的招待；後來這些集團中逐漸有了組織，並停留在一個固定的地方，就成了法國巴黎大學，英國的牛津、劍橋大學等。歐洲中等學校的興起，源自於中世紀的寺鎮學校、寺院學校、和拉丁學校，後來演變成中學，逐漸把這個階段的學校教育，介於大學和小學之間，而成了中間的一段。此外，最初的學校，受教者限於少數人，學科簡單，制度不甚完備，經長時間的發展，不僅學生大眾化，學校組織、課程、教學、師資及設備亦日趨進步，學校教育成為有機的體系，以符合實際需要。雖然學校類型與修業年限等設計因社會需求各有不同，但整個體系的學習階段有共同的趨勢，依受教者身心發展程度與教育水準分為：學前教育、初等教育、中等教育、及高等教育。

　　所以，現在不論那一個國家的學制，一般均區分為上述各階段。此種區分大致係依據年齡，較之過去的學校，依據身分或階級分別設置要進步許多。各國學制之形成，也與其政治、社會、經濟等條件有關，而且都有長期歷史。因為人類社會的制度至為複雜，都是經過相當長時期的演進而來。

　　從西歐社會開始的學校制度、平民學校之所以急速發展，係因應產業革命，在此之前也有為民眾辦理的學校。英國自十七世紀末即有慈善學校，亦有個人經營的學校；慈善學校係宗教團體向中產階級募捐，教導一般民眾的兒童學習宗教

的教義、讀、寫等課程，有時還供應衣食。當時學校的教學方法係以個別指導為主，由兒童分別到教師處，教師給予學習課題，以背誦教義為主。此種效率低，接受指導時間亦少，學習進度慢，程度無法提高。從學校經營的層面看，所需的

教育經費甚高。同時，由於宗教改革以來，閱讀聖經的需求，對社會大眾也有很大的影響，而非僅是學校的兒童。之後，社會對平民教育需求日益高漲，統治者與民眾均有所感。開始採用集多數人於一堂共同實施教學的方式，這是將工廠利用機器大量生產的方式運用到教育進行集體教學，也像軍隊帶兵操練的設計。英國於十九世紀初倡導的導生制度即是代表，不過個別教學的學校亦同時存在。

以前就學人數少，入學時間及年齡亦參差不齊，在學期間因兒童而異，每個人的進度和學習內容亦不一致。產業革命後，就學人數大增，便集合同一程度之兒童編成學習團體一齊施教。所以，產業革命促成平民教育，平民教育需要集體教學乃成為一種趨勢。

不過，以往依學力程度來編組，後來的班級教學概以年齡為依歸。在有選擇性的教育環境尚能符合，到十九世紀後半期，當時產業比較進步的國家開始建立義務教育制度，首先興起於普魯士，然後英國、法國等亦相繼實施。由於兒童入學年齡及在學期間大致相同，齊一學力程度轉為齊一年齡，形成今日的班級教學。

此一從通知入學到分配班級、編訂教學綱目、以及同時指導的程序，正是學校教育從實際到理論，由理論而實踐的典

範。由於缺乏對個體的瞭解與尊重，教學以課本為中心，教師以固定的方式傳授知識，學習者缺乏自發性及積極性的傾向。可見，自從現代教育制度興起，逐漸形成一種以學校制度為主軸的教育典範。學校是教育歷程中的主要學習場所，教師是教育歷程中的教學主體，課本是學生知識的主要來源，教學和學習活動主要在校園中進行，教學評量是以學生學習成效為評量目標。這就是奠基於學校教育、班級教學、教師與教科書為主的學校教育，使得學習窄化及個人受教機會有甚多因素的限制。

這種依照社會上對下的體制，由長輩成人規範的教育，在自然主義時代，就受到盧騷(J. J. Roasseau)等人的批判；至本世紀初杜威(J. Dewey)等人更深刻的加以反省，強調學校與社會的關係，以及尊重學習者的需求。之後，所謂兒童中心的觀點，如尼爾(A. S. Neill)等人所提倡的開放教育，雖遭受不少批評，但其價值已得到肯定，至於技術則可以因時因地因事制宜。事實上，尊重與瞭解學習者，不是針對特定對象，而是要普及到所有個人。

所以，過去強調基本教育機會的均等，而有基本教育全民化的要求與政策，先是初等教育全民化(primary education for all)，然後是中等教育全民化(secondary education for all)，現在則逐漸有大眾高等教育(mass higher education)或高等教育全民化(highereducation for all)的趨勢。實現的措施，即包含入學機會、收費負擔、課程內涵、學習品質與成果等各項革新與改進。其實，就全民學習權的方向來說，最終的目標就是學習全民化(learning for all)，人人有學習機會，不受其出身背景影響，如此才能符合學習社會的需求。

全民學習權與社會發展

　　從上面的敘述可知，反學校教育的學者對學校教育有不少批判，認為一個人大部分的學習，並不全在學校裡，而是來自生活參與的結果。一直到現在，教育與學習的本質仍有可能被曲解。因此，哈欽斯(Hutchins, 1968)有感於教育始終被當作經濟發展的工具，強調教育不應該是為個人將來就業而準備，提出反教育投資論，主張通識教育，認為未來工作的時間愈來愈短，休閒時間增加，更需要重視人格陶冶教育，使每個人成為有人性的人。不過要成為有人性的個體，就必須繼續學習，政府應建立彈性而終生的教育體系，才能實現以充分發展每個人能力為目標的學習社會。所以，全民學習權與社會的發展息息相關。因為每個人都是文化長河的一個小部分，受到社會文化的影響很大。個人尚未出生，影響的力量已經發生作用於其上一代，並會一代一代影響下去，因而教育與文化遺傳相當密切。同時，學習的範圍包括個人、組織與社會，以下分別就全民學習權與學習組織、學習社會的關係提出說明。

全民學習與學習組織

　　首先，就學習組織方面而言，其實學習型組織的概念仍在形成中，時常不斷地擴充與變化。不過，簡單地說，學習型組織是組織不斷地學習與轉變自己(Watkins & Marsick, 1993)。也可以說，學習型組織是增進工作場所能長期學習的組織，其目的在使成員覺醒、鼓勵合作與團隊學習、增進公開的討論及重視個人與組織及社會的互動。這種工作場所提供的學習機會早已有之，並非二十世紀才發明的概念。可以說工作本身，就有一些活動是為了確保工作人員獲得需要的技能而

設，例如學徒的活動。經過一段時期，由於世界大戰的激烈需求，工作場所學習這個專門而多學科的領域即開始成長。學習組織概念的興起更是統整又多樣化，強調組織中學習與工作經過整合，成為系統而持續的型態，使個人、團隊以及組織不斷的變革與進步。根據聖吉(Senge, 1990)的分析，學習型組織至少要有五項基本的修練，即共同願景、心智模式、自我超越、團隊學習、以及系統思考，彼此間又互有關連、相互影響。可見學習型組織的要義則除了個人的學習，還包括組織層面的學習與發展，這與全民終生學習希望個人的學習與成長，以及促使工作、組織及社會的發展與進步，理念一致。

事實上，外在環境一直在變，敏銳的企業界，意識到必須徹底改變傳統的方法。想保持優勢，就必須比對手學習得更快。因此，組織學習的理論及實務，在企業組織特別受重視。雖然目前尚在發展中，其周延性與適用性仍有待觀察，但的確可以有許多啟示。聖吉(Peter Senge)從一九七八年以來，即結合麻省理工學院的一群工作伙伴及企業界人士，致力於將他的老師佛瑞思特(Jay Forrester)的系統動力學和整體動態搭配的管理新觀念，與組織學習、創造原理、認知科學、深度對話及模擬演練相融合，發展新的組織管理概念：即學習型組織的修練。認為在學習型組織中，人們可以不斷地擴展創造未來的能量，培養全新、前瞻而開闊的思考方式，以全力實現共同的願望，並持續學習如何共同學習。

所以，學習型組織並不是依法令而形成的(Marsick & Watkins, 1994)，卻是經由檢視當前組織運作的實務歸納而得。學習型組織是有機的成長體，重視學習過程、強調共享

實際的行動與經驗；因為每個組織都有不同的型態，學習型組織需要成員像雕塑家一樣，從心做起，形塑其結構，持續不斷的學習，以創建、維持到革新來增進組織永續發展的能力。因此，學習就包含人際互動，從溝通、合作、相互影響，來重塑人群結構的關係與組織文化的規範。

在學習型組織中，學習是不斷的，是有策略運用的過程，和工作整合來進行。學習不斷與日常工作結合、發展、以及策劃即時的行動。從學習可以增進工作規劃、生涯發展途徑、以及表現績效，獲得應有的獎勵。同時，強調任何層次的成員都應發展學習的習慣、學習問問題、以及不斷回饋。也要透過各種網路架構、團隊合作、電子公布欄與人共享學習活動，以逐漸成為組織的長期記憶，裨益於未來的成長與進步。學習型組織的記憶是重要的，整理組織機構的檔案以儲存資訊，成為歷史紀錄以及經驗傳承的重點。尤其透過現代科技的應用，學習循環可以順暢的運作，表現在三個層面，即個人、團隊、及組織的學習。所以，組織文化中鼓舞成員作決定，因而增進團隊工作的績效。由此可見，學習的收穫是豐富的，可以透過學習文化的規劃與支持，讓成員公開地面對冒險、嘗試、與合作而有所訓練。

人類不能離群索居，其所在的家庭、社區、教育、工作、社會、休閒機構組織，事實上都可以發展為學習型組織，以發揮功能及確保組織永續發展的基礎。茲以家庭、學校、社區、社團、企業為例，說明學習型組織的內涵與發展(楊國德，1997)。

人的一生從家庭的組織開始，父母是最早也是最重要的教師之一，家庭更是終生學習的主要場所。家庭在人生發展上

扮演各種角色，發揮教育、經濟、休閒等各類功能。各種教育協助國民在婚前婚後、生育養育的各階段適時提供合宜的學習情境，讓家庭教育得到更多滋養的機會。因此，學習就從家庭紮根，培養基本生活知能，以及主動求知的習慣與態度。為了向下紮根，除了家庭成員踴躍參與各種學習活動外，更應協助家庭成為充滿學習機會的組織，包括：發行家庭教育研習與自學材料，分送社區內家庭；辦理家庭式研習會及成長團體，加強社區家庭聯繫與交流心得；倡導家庭讀書風氣，配合圖書機構或學校送書到家，安排親子讀書會，成立家庭圖書博物室，充實與珍惜家庭文化；運用家庭識字方案，協助低識字家庭改善學習環境。如此，使家庭生活與學習緊密結合，效果最顯著。

學校是正規教育的完整系統，不管公私立、營利或非營利，均以教育為主要功能，讓學習者能按部就班進行有計劃的學習。所以，學校系統以其能提供各級各類教育與學習的機會，乃建立終生學習體系的骨架。例如：從中小學獲得基本教育，從職業、技術及高等教育機構獲得社會生活與就業有關的專門教育；然後，一生中還有很多機會返回學校繼續不斷參加進修或推廣教育，以更新生活及職業知能。回流教育的實施，使學校與社會大眾互動頻繁，是終生學習的主體組織。另外，有關綜合性的社區高等機構相當重要，可培養社區人才及高等教育機會。同時，成為社區教育的中心，與區域內學習組織密切聯繫合作，提供區域內組織協助與輔導措施；或與大學合作辦理更多元化且銜接性的服務，以加強深度與廣度。至於大學，因為具有豐富資源，不僅本身可成為重要的學習組織典範，亦可加強社會服務。

社區是居民休戚與共、彼此溝通往來的生命共同體，為了彰顯其手足情愛的精神，宜從愛鄉親、惜鄉土著手，以重振社區的生命力。從出生到臨終，我們都是某一社區的成員，而且有意或無意地參與各種教育與學習的活動。可見，我們與社區及學習是分不開的，回流教育的實施，將社區與終生學習緊密聯結起來，進而強調社區是終生學習的核心組織。社區的個人必須學習，社區的組織也在學習。由此建立居民共有的價值，是社區存在的基礎，也是形成社區特色的主要重點。同時，學習活動可以增進居民與團體間互動的過程及聯繫的行為；社區主要的團體如家庭、教會、政府、及教育機構，均圍繞於此核心，充分發展學習機會，以共襄盛舉。學習使社區及個人都帶來希望、尊嚴，及對社區與生命力產生責任感，增進個人對社會的關心，對個人、團體、社區都有深遠的影響。

社團是現代社會中重要的組成，也是維繫組織成員情感的良好方式。在學校、社區等社會結構內，社團扮演非正式組織的角色，對成員的影響力有時更大於正式的組織體系。因此，善用社團的組織與特性，發展為學習組織乃相當重要。終生教育的實施，促使很多專業社團的興起與結合，大多本於共同的興趣或利益，以加強彼此聯繫及合作。例如：專業人員組織專業社團，聯絡各種資源提供成員繼續進修新知的機會；又如學生社團、社區自主性團體，規模雖小，但對成員學習機會的開展卻有莫大的助益，尤其是對領導幹部的訓練、資源統合的學習經驗，絕對較其他學習組織更為深刻。因此，在學校或社區中有必要加強輔導此種組織之發展。包括：培訓領導人才，建立聯繫組織，發行通訊，相互觀摩學習；共同關懷特定議題，與當地教育機構通力合作，以常保

活力及永續經營；組織自助團體以關懷特殊對象或社區難題，除了尋求關鍵人物、機構的支持與協助外，也加強志願服務工作者的徵選與培訓，增進自我成長與服務社會能力。

經濟發達及民主進步的社會，企業體的資源與活力相當可觀。在教育與訓練上，不僅針對本身員工提供在職訓練研習，以增強企業的功能運作與績效；同時，也積極參與教育文化的推廣活動，以增進企業與社區的互動及瞭解。由於回流教育的實施，企業體必須發展人力資源管理部門，建立完善的在職訓練及升遷體系，加強與學校的建教合作管道，以及增進與社區體系的共存共榮關係。因此，企業成為有影響力的學習組織，運用其豐厚資源，扮演終生學習重要的資源組織，使員工與社區民眾緊密生活與學習在一起，提昇職業技能，規劃生涯發展，共同分享企業成功的喜悅。此外，企業也能為照顧退休或失業的人員，聯合相關機構辦理各種轉業訓練；或為休閒及特殊需求的人員，提供各種內涵的成長課程時，企業成為有情有意的人際組織，使員工與社區民眾更願意奉獻心力，以企業為家，發展更加蓬勃。

從上面的說明可知，學習型組織與全民學習權關係相當密切。學習型組織理念之興起是有鑑於在變動不居的時代，學習是因應變局、永保卓越的關鍵。過去片段局部的思考模式容易造成組織智障，不但嚴重影響組織的生機、學習與成長，甚而可能造成組織解體毀滅。學習型組織強調每一個人都是天生的學習者，偉大的團隊並非一蹴可幾，是透過學習、創造所致。可以說，學習型組織最終的目的不只是重視學習的組織，而是要建立學習的觀念，進行合適的學習，以便組織成員在工作中活出生命的意義，突破自己能力的上

限。

　　在聖吉的《第五項修練》一書問世後，引起許多企業的矚目，並實際加入修練的行列。不僅是教育發展的動力，也是落實終生學習的基本活力。加上佛斯(J. Vos)與戴頓(G. Dryden))的《學習革命》(林麗寬譯，1997)一書，結合終生學習的觀點，正掀起了一股學習革命。該書有一句話頗令人深思：學校是過去五十年來，始終沒有太大改變的地方。所以，前面提及各種組織都應發展為學習型組織，以便拓展學習的視野，不再局限於學校所提供的教育；為了全民學習權，學校機構更要有化危機為轉機的體認，積極發展為學習型組織，以免為時代潮流所淹沒，或為社會所唾棄。

全民學習與學習社會

　　其次，就學習社會而言，全民學習權與學習社會的建立更是相輔相成。因為資訊的發達、國際化的衝擊、科技知識的變遷，知識與技能扮演重要的角色，學習社會是必然趨勢。所以，社會必須充分提供每個人一生中任何時間的學習機會，以期全面發展個人潛能，達成自我實現，進而促進社會和諧、進步與發展。在學習內容、方式、場所、組織上，均有統整連貫的彈性多元設計，成為人人學習，時時學習，處處學習，事事學習的社會。

　　現代社會需要終生學習，不僅是個人的需求，也是社會進展的結果，更是時代的潮流及全球邁向新紀元的趨勢。因為個人在迅速變遷的社會上，面臨一連串挑戰，為因應此種變革與困境，必須要終生的學習；而社會與經濟的發展，則面對結構性的改變及國際上強烈的競爭，知識與學習在社會與

經濟建設的重要性與日俱增。每個人要活得自在、有尊嚴、有價值，在人生的每一階段都要有充分發展的機會。面對人類壽命的延長、社會變遷時距的縮短、資訊社會的衝擊、以及就業行業結構的改變，現代的個人有許多前所未有的人生挑戰。終生學習的機會和管道，才能滿足每個人求知意願的自我實現，引導個人建立正確的人生價值觀，協助全民的生涯規劃，以促進社會安定與發展。因此，有計畫的終生學習設施，可以滿足個人尋求發展的需要。

加上科技發展一日千里，使得知識與技能快速過時，社會大眾必須繼續學習，才具有適應社會變遷的能力。如果有越多成員不求新知，一定落伍，不僅跟不上生活與工作的需要，也影響社會的進步。在經濟由農工產業進展到服務業的過程中，對知識的依賴程度日深。越是高度工業化的國家或地區，越是以學習及知識為經濟發展的動力。終生學習已是個人與社會經濟求生存進步不可或缺的活動。

歸納來說，現代社會的學習活動，就是要符合個人與社會對開放性、延續性、以及發展性的要求。從開放性來說，終生學習是每個人都可以也必須接受；為適合每一個人的需要，教育設計一定要妥慎規劃，以真正做到有教無類、而全民共享。從延續性來說，終生教育的對象、內容及型態應該包含學校教育及各種成人及繼續教育，構成涵蓋有正規的、非正規的、及非正式的體系；當然是活到老，學到老，與個人生命共始終。從發展性來看，不僅社會演進是動態的，每個人的生涯規劃也是動態的。因此終生學習的內容與方式也要與時俱進，動態發展，以期隨著不同階段的需求而成長與發展。所以，透過全民學習權理念的倡導與實際推動，可以

促使人類潛能的充分發展，終生學習社會的成長。

　　過去，由於先天的不平等及後天的機會不均等，造成社會成員貧富差距懸殊、發展機會明顯有別，產生甚大的隔閡而阻礙社會整體的進步。要改善此種現象，有賴終生學習社會的安排。讓每個人從早年就有成功學習的機會，並導引出成年後的繼續教育動機。過去落伍的觀念，認為人生三階段：兒童及青少年時是接受教育、成年時投入生產、老年時退休不再生產，如此刻板的看法將影響社會經濟的發展，對人力發展有相當大的限制，而且也造成人力浪費。因為隨著社會變遷及事實的需要，人力的結構與素質已快速變化，最明顯的就是人口結構的改變、科技文化的變遷與人類壽命的延長。可見由於知識爆炸與科技發達，不論教育如何有效，只依賴兒童青少年時期的教育已無法適應一生中個人與社會上的需求；迫切需要進一步達成教育機會均等理想的措施。因此，終生學習的理念已不再視教育為狹隘的學校教育，把教育當作提供終生學習，促進生涯發展，完成自我實現的歷程。終生學習社會可以提供各種學習機會，鼓勵全民終生學習，促進個人生涯發展，以及社會整體的進步。

　　所以，運用學習科技於學習環境是發展學習社會的重點。網路學習科技的創新一日千里，如果能妥善加以應用，則終生學習領域的發展實未可限量。學習社會的理想亦非一蹴可幾，但是只要適切予以規劃，則貫串生活、工作與休閒的學習體系不難實現。因此，若能將兩者緊密地結合起來，那麼學習科技的有效應用即可促進終生學習社會的早日實現。下面再加以說明。

全民學習權的保障方案與設施

　　前面提及，終生學習是每個人都可以也必須接受；為適合每一個人的需要，教育設計一定要妥慎規劃，以真正做到有教無類、而全民共享。因此，教育的對象、內容及型態應該包含學校教育及各種成人及繼續教育，構成涵蓋有正規的、非正規的、及非正式的體系。同時特別強調彈性化的學習，在入學機會、學習內容、傳送管道、評量型態等力求人性化、自由化，以符合民主開放社會所需。如何運用學習科技來建立以學習者自學為主的學習系統，在知識爆炸時代，能表現高度彈性，就是學習的極佳途徑。

　　目前終生學習、學習組織、學習社會又熱門起來，實際上早在三十年前的六、七十年代即有討論，國際的組織，如教科文組織、經濟合作發展組織、歐洲理事會，在大學學者及決策人員支持下就提出很多相關的理念。只是受限於經濟及其他社會的因素，並沒有太多實踐的方案。之後國際組織再次對此一議題展現強烈企圖心，是自一九八五年起聯合國在第四屆成人教育會議上，決議支持世界各國的全民學習權，一九九七年舉辦的第五屆會議更積極倡導。經濟合作發展組織也同時於教育部長會議提出全民終生學習報告及政策，顯現新一波的風潮又起。

　　基本上，在歐美國家持續進行的教育活動，一直往這方面落實，所以瑞典提倡的回流教育、英美發展的擴充教育及社區學院體系，都是顯著的例子。至於聯合國，在不少地區也積極推展此類設施，例如亞太區的全民教育方案，起自一九八七年，從各地方、區域、國家加以規劃，以達到普及化的初等教育、掃除文盲、繼續教育活動。各種全民教育的分

析、政策方案及統計資料也都持續進行，以量化及質性的分析，積極推動對離校青少年的教育、職業訓練與繼續教育，以及實施偏遠區域的功能性文盲方案(PROAP, UNESCO, 1991；Sakya & Meyer, 1998)。希望透過這些方案，使全民教育的需求滿足，提昇生活品質，以培養公民責任、繼續學習及高生產力的地球村民。

此外，為確保擁有高品質的高等教育與終生學習，各國的教育部門必須成為高效率的組織，使所有國民加強學習、創新及合作。聯合國教科文組織強調新世紀終生學習的四大支柱，學會求知、學會做事、學會相處、學會發展，受到很大的迴響。這些學習生活、如何學習、吸收新知、批判思考、喜愛世界、熱愛人都為全民終生教育與學習提供新的里程碑。因為學習如何生活，不是為少數青少年、兒童所設，也不是為經濟富裕者專屬，而是為保障全民學習權最值得推展的行動。所以，現在各國也普遍重視提供學習環境，以形成學習型組織，期盼新教育活動帶領我們進入一個嶄新的學習社會。

根據研討，開發中國家為達到聯合國所訂的目標，面臨不少問題。這從已開發及開發中國家在文盲率的差距，以及男女受教權不均就明顯看得出來，甚多難題有待解決，例如功能性文盲、人口激增、教育擴展不夠、缺乏資源、浪費於行政措施而課程活動不足等。總而言之，全民學習的設計在實施地點多樣化、實施時間彈性化、教學方法革新而充分運用科技媒體情況下，特別是強調多種方式、多媒體的結合運用，提供各種可供選擇的學習方式與環境。

事實上，教育的提供者可以包括為數眾多的出版及發送學

習材料的機構或個人。此一現象在今天的網際網路上已可看出，那些注重教育的深度與廣度者，除了傳統的管道外，都在全球資訊網上建立首頁，以傳達訊息及提供互動機會。就成人教育而言，範圍即相當的廣泛。根據聯合國教科文組織的說法，成人教育旨在提供社會成人有組織的教育歷程，以協助其發展潛能、充實新知、改進技能、提升專業資格、導引新的發展、或促使態度和行為上的改變；不管其內容、程度和方法，是正式或非正式，是學校外教育或學校教育的延長，都是成人教育的範圍(楊國德，1996)。因此，為了適應成人不同的需求，各種各樣的機構乃提供多元化的學習內容與方式，成為很明顯的發展方向。實際上，各地方實施成人教育與終生學習的發展緊密結合，使得成人教育的對象全民化，成人教育的內容多樣化，成人教育的方式彈性化，成人教育的任務多元化，以及成人教育的體系開放化，以期塑造無障礙的成人學習環境。

全民學習權的保障策略

　　由上可知，問題在我們如何建構一個提供無縫的終生學習環境，以邁向學習社會。多年以來，大多只是口惠而實不至，全民終生學習未能成真，參與者更是少數人口。如何才能大力擴展，讓全民終生學習不再只是個夢想。可喜的是，目前不管鉅觀或微觀，直接或間接，多數國家都以建立學習社會為努力的目標，讓機構團體塑造為學習型組織，以增加全民學習的機會。雖然仍有很長遠的路要走，但是已有清晰明確的願景，只要充分瞭解全民學習權的本質與保障策略，相信必能達成目標。

事實上，歐美日各國爲規劃全民學習的體制，早自一九八〇年代即已開始(楊國德，1996)。以英國爲例，其終生教育架構，主要在維持技術更新，邁向學習社會，以及塑造終生學習文化，分爲八大重點方向(楊國德，1997)：

設定全國性學習目標

訂定國家學習目標時，由顧問委員會討論，雇主可以參與考核，迨一致同意後徹底實施，這是眞正需要的教育與訓練的基礎建設。例如訂立全國性教育與訓練目標(National Education and Training Targets, NETTs)，又建立人力投資者(Investors in People, IiP)標準以爲追蹤，使終身學習成爲個人、企業、國家邁向未來的關鍵。

進行制度統整連貫

部門之間要進行統整，設立教育與就業部即是顯例。如果缺乏統整，網路系統無從建立。目前由一個部門負責教育與訓練政策，將十六到十九歲視爲重點群體，發展普通國家職業證照(General NationalVocational Qualifications)，以開創第三條進路，使教育到工作緊密結合。由於同時具有入學資格與具備求職的核心知能，因而除學術性向與國家職業證照(National Vocational Qualifications)外，多了一條暢通的管道，另外也有學習積分(learning credits)的運用。

鼓舞個人自我開展

除了進行制度統整連貫外，也要鼓舞個人自我開展，因此必須補助學習積分。讓教育與訓練的過程，有政府補助的經費，以期個人開展能力、提高動機、增進統整。所以，提供

經費的補助與學習成果的獎勵已成為必要的設計。

開創社會市場機能

　　競爭可以讓企業活力四射，促進經濟發展。所以，如何激發教育與訓練機構善於適應變遷的競爭力，顯得特別重要。在1960及1970年代的人力規劃，事實上是劃地自限，並無法因應技術更新，以建立廣泛轉換技能的能力。為培養彈性適應快速變動社會的新知能，應要求教育與訓練機構給予即時性(just-in-time)的必要培訓。不過因需求背景複雜，壓力必然異常沉重；特別是現在的政治環境，政府既要減稅又要擴大支出。提昇效能與效率是唯一的出路，以期提高公務部門發揮服務業的競爭力。目前提倡社會市場概念，就要因應個人與社會的需要，同時不能受市場所奴役，以追求更好績效表現，而非全以金錢為考量。因此，以下幾點原則最為重要(Bradshaw, 1995)：

1. 補助架構要確保績效責任與獎優懲劣。
2. 明確定義與可測量的產出。
3. 建立買賣雙方清楚的體制，以確保品質而增強服務，不能同一人球員兼裁判。
4. 鼓勵各種各類機構參與，互相激盪維持高品質。
5. 以可靠的績效資料，向社會公開由學習者選擇。

建立國家資格認證

　　為倡導自我開展與學習文化，就要重視自主管理的責任，儘量提供自我負責的學習機會，不是白做工的教育過程。如果未逐步建立終身學習文化，實在無法激發學習動機與奉獻精神。因此透過生涯教育與輔導、國家證照體系，尤其職業

證照體系都是技術革新的關鍵，除了可記載成績、知識與能力，也能提供生涯發展階梯，促進終身學習的動力，以提高競爭力。讓工作與知識結合，訂立能力本位證照，而非常模參照的學術能力，由企業需求標準來決定，必能加強實施在職或工作場所的訓練。

提倡社區學習管道

社區學習管道是重要的基礎建設，過去偏重全國性與大企業而忽視地方性小企業，目前訓練與企業委員會(training and enterprise councils)或地方企業組合(Local Enterprise Companies)，目的就是要讓企業參與教育與訓練，以建立社區學習的管道。

擴展機構實務效能

為邁向學習型組織，必須推廣優良實例。所以，各個機構要界定成果與能力、轉換技術的核心能力、學分累積、學術與職業進路轉換等，來擴展自信與彈性，都非常重要。以能力本位證照系統、有效而持續的訓練、定期評鑑、依績效獎勵等實務經驗，英國希望二千年時讓百分之七十以上的工作者都具有職業證照，更多的企業能成為學習型組織。

建立教育訓練願景

除了第一項訂立學習的目標外，整體架構也為二千年或更遠的未來，塑造共同發展的願景。例如：希望2010年技能競爭名列前矛，兩千年時百分之四十的青年進入高等教育體系，百分之七十五的管理人員具有能力證書，百分之五十的小企業都參與員工訓練，而至少五十家以上的大企業是學習

型組織，百分之九十的受雇者時時能自我更新知能並進行團隊合作學習。

所以，今年英國「學習時代」的教育報告書也再次提及這些要點，以保障全民終生學習。使社會上的不同機構與個人均能發揮其功能、角色及責任，包括：政府、學習者、組織、家庭、社區、其他公共部門、提供教育訓練的機構各安其位，各守其份，擔負重要的學習責任，透過評鑑、成就認證、科技的應用等，精益求精，積極創新(fryer, 1997)。如此發展，除了理念層次之外，必須涉及的項目還有政策與成本和經費、人員參與和教育設施、組織建構、個人的發展與學習、教育科技的運用、以及評鑑與評量等(Tuijnman, 1996)。最重要的是，發揮學習社會的特性，有「學習不限於學校」的正確觀念，並提供多元學習的管道，使各種學習管道得以相互交流；同時，要開放高等教育的門戶，建立回流教育體制，推動帶薪教育假制度；並積極建立支持學習的體系，協助解決學習者的學習障礙，如此全民學習權才能獲得更大的保障(教育部，1998)。

結語

為迎接新世紀，教育改革勢在必行，邁向學習社會是我國當前的改革目標與教育發展願景。令人失望的是，這些概念與發展趨勢卻大多停留在理念階段，尤其是成人繼續教育的領域中討論較多。事實上，這是全民終生學習的課題，不是特定人或特定階段的教育革新，而是要全面與制度化的建構一個學習新體系。三十年前的一波浪潮，似乎對我們影響不大，這一次已不能置身事外，否則將遭淘汰。過去，此一理

念未能與學校教育內容緊密結合，即使今日，仍然發現影響我們未來那麼多國民的大中小學教育，還是不夠重視終生學習的議題。所以，當務之急是要宣導保障全民學習權的理念於所有的機構與國民，並激發學習經驗與需求的討論與反省。

所以，保障學習權的策略，重點就在從觀念、行動、到形成制度，如何從現在的基礎，導正觀念，引發行動，重視個人學習，保障其平等的學習機會，進而強調組織的學習，由學習家庭、社區、社團到學習社會，都是我們努力的目標。特別是社區學習體系的發展，更是追求工作權、學習權、參與權的重要憑藉，值得深切的體認與落實。

參考文獻

中華民國比較教育學會等主編(1998)。社會變遷中的教育機會均等。台北：揚智文化。

中華民國成人教育學會主編(1996)。終生學習與教育改革。台北：師大書苑。

中華民國成人教育學會主編(1998)。中華民國終身學習年國際終身學習學術研討會論文集。台北：作者。

邱貴發(1998)。網路世界中的學習：理念與發展。教育研究資訊，6(1)，20-27。

林麗寬譯(1997)。學習革命。台北汐止：中國生產力。

教育部編印(1998)。邁向學習社會白皮書。台北：作者。

黃富順等(1996)。終生教育的意義、特性及體系。教育部委
　　託。嘉義：國立中正大學。

楊國德(1996)。成人教育發展策略。台北：師大書苑。

楊國德(1997)。終生學習社會。台北：師大書苑。

Benson, G.M. Jr. (1994). The lifelong learning: Investing in the
　　new learning technology market sector. Stephentown, N.Y. :
　　Learning Systems Engineering.

Bradshaw, D.C.A. (ed.) (1995). Bringing learning to life : The
　　learning revolution, the economy and the individual. London:
　　The Falmer Press.

Brookfield, S. (1994). Lifelong education in the United States.
　　International Journal of University Adult Education, 33(1),
　　23-47.

Candy, P.C. (1991). Self-direction for lifelong learning : A
　　comprehensive guide to theory and practice. San Francisco :
　　Jossey-Bass.

Cropley, A.J. (1977). Lifelong education : A psychological
　　analysis. Oxford : Pergamon.

Croply, A.J. (ed.) (1979). Lifelong education : A stocktaking.
　　Oxford : Pergamon.

Cropley, A.J. (ed.) (1980). Towards a system of lifelong education : Some practical consideration. Hamburg : Unesco Institute for Education.

Dave, R.H. (1973). Lifelong education and the school curriculum. Hamburg : Unesco Institute for Education.

Dave, R.H. (ed.) (1975). Reflections on lifelong education and the school.

Dave, R.H. (1976). Foundation for lifelong education. Oxford : Pergamon.

Department for Education and Employment (1996). Lifetime learning : A policy framework. London : Author.

Department for Education and Employment (1998). The learning age : A renaissance for a new Britain. London : author.

Duke, C. (1992). The learning university : towards a new paradigm? Milton Keynes : SRHE and Open University.

Edwards, R. (1997). Changing places? flexibility, lifelong learning and a learning society. London and New York : Routledge.

European Commission (1995). Teaching and learning : Towards the learning society. Brussel : author.

Faure, E., et al. (1972). Learning to be : The world of education today and tomorrow. Paris : UNESCO.

Fryer, R.H. (1997). Learning for the twenty-first century. First report of the National Advisory Group for Continuing Education and Lifelong Learning.

Hasan, A. (1996). Lifelong learning. in A.C. Tuijnman (ed.). International encyclopedia of adult education and training. Oxford : Elsevier Science.

Hutchins, R.M. (1968). The learning society. N.Y. : Britannica.

Illich, I. (1971). Deschooling society. N.Y. : Harper & Row.

Lengrand, P. (1970). An Introduction to lifelong education. Paris: UNESCO.

Longworth, N.& Davies, W.K. (1996). Lifelong learning. London : Kogan Page.

Marsick, V.J. and Watkins, K.E.(1994). The learning organization: An integrative vision for HRD. Human Resource Quarterly, 5(4),353-360.

Marsick, V.J. and Watkins, K.E. (1996) Adult educators and the challenge of the learning organization. Adult Learning, 17(4), 18-20.

Mayor, F. (1990). Education for all : A challenge for the year 2000. Prospects, 20(4), 441-48.

Principal Regional Office for Asia and the Pacific,

UNESCO(1991). Malaysia. National Studies. Asia-Pacific
Programme of Education for All. (ED380332)

Sakya, T.M. & Meyer, G.R. (1998). Continuing education under
the UNESCO programme 'Asia-Pacific Programme of
Education for All' (APPEAL). International Journal of
Lifelong Education, 17(1), 2-20.

Senge, P.M. (1990). The fifth discipline : The art and practice of
the learning organization. N.Y. : Doubleday.

Tuijnman, A.C. (ed.) (1996). International encyclopedia of adult
education and training. Oxford: Elsevier Science.

Titmus, C.J. (ed.) (1989). Lifelong education for adults : An
international handbook. Oxford : Pergamon.

Uden, T. (1996). Widen participation : Routes to a learning society.
Leicester : NIACE.

UNESCO(1996). Learning : The treasure within. Report to
UNESCO of the international Commission on Education for
the Twenty-first Century. Paris : author.

U.S. Department of Education (1994). Strategic Plan for the U.S.
Department of Education. Working Document. (ED381565)

Wardman, K.T. (1994) Reflections on creating learning
organization. Cambridge, MA : Pegasus Communication Inc.

Watkins, K.E. and Marsick, V.J. (1993) Sculpting the learning organization. San-Francisco : Jossey-Bass Publishers.

Webb, T. (1995). A strategy to achieve lifelong learning. In D.C.A. Bradshaw (ed.). Bringing learning to life : The learning revolution, the economy and the individual. London: The Falmer Press.

「全民學習權的本質與保障」評論

邱兆偉◎評論

國立中正大學楊國德教授針對全民學習權的本質及其保障進行探討，首先說明全民學習權的內涵與本質；其次分析全民學習的相關概念與措施；然後探究全民學習權與學習組織、學習社會的關係，解析為因應全球化的變遷，個人與社會所需的學習機會；接著又提出世界各地有關全民學習權的實際保障與設施。楊教授廣引博徵地說明全民學習權及終身教育的需求與重要性，並列舉一九六○年代末以來國際合作組織，譬如聯合國教科文組織、經濟合作發展組織之類，倡導全民終身學習的理念，乃成為世界主要國家教育改革的原動力及指導原則。本文的內容充實、立論精闢，非常值得肯定。

再者，本文的最精華處，在〈全民學習權的保障策略〉一節，楊教授以英國為例，其終身教育架構，主要在維持技術更新，邁向學習社會，以及塑造終身學習文化，分為八大重點方向，即：

1. 設定全國性學習目標。
2. 進行制度統整連貫。
3. 鼓勵個人自我開展。
4. 開創社會市場機能。
5. 建立國家資格認證。
6. 提倡社區學習管道。
7. 擴展機構實務效能。
8. 建立教育訓練願景。

個人認為，有關學習權的保障策略，已成為世界各國教育改革努力的一項重點，如能在上述架構上，納入各國的理念

與措施，則更加充實、具體。譬如，美國一九九四年《目標二〇〇〇年：教育美國法案》（*Goal 2000：Educate America Act*），包括：入學預備，完成學業，學生成就與公民素養，師範教育與專業發展，數學與科學，成人讀寫與終身學習，安全、有紀律及免受毒害之學校，家長參與等，共有八項全國教育目標，把終身學習納入其中。又，一九九一年《美國二〇〇〇年教育策略》，其第三項策略〈為其餘的我們（昨日的學生/今日的工作主力）：學生之國〉，涉及終身學習教育的具體策略。

再者，教育部在民國八十四年二月公布的《中華民國教育報告書：邁向二十一世紀的教育遠景》，其第七章〈社會教育〉，就我國社會教育主要課題與發展策略，提出十四項，其第一項就是：規劃生涯學習體系，建立終身學習環境。行政院教改會在民國八十五年發表的《教育改革總諮議報告書》，其第三章〈綜合建議〉的第五節〈活到老學到老：建立終身學習社會〉，包含了終身學習社會的教育理念，以及具體建議五方面。又，民國八十七年三月教育部發表《邁向學習社會：推展終身教育，建立學習社會》，其第三部份〈建立終身學習社會的具體途徑〉，包括了十四項。

以上，所列舉的重要文獻，可以供楊教授進一步研究之參考。

伍

在理想與現實之間：
關於21世紀終生教育的思考

桂勤◎著
魏惠娟◎評論

在理想與現實之間：
關於21世紀終生教育的思考

桂勤◎著

近幾十年來，與人人終身學習相關的終身教育理論及其實錢問題，一直是聯合國各類教育報告及會議探討的主題，如同這次會議一樣，人們已將二十一世紀的教育與人人終生學習緊密地聯繫在一起。眾多國家教育改革的目標亦是確立與發展人人終生學習的教育體系。但在理想與現實之間，存在著相當的距離。此路不僅又遠、又長，且充滿坎坷與荊棘，甚至會使我們誤入歧途而迷失方向。二十世紀的歷史不乏此類經驗、教訓，乃至悲劇。為此，本文僅以理想與現實之間的距離問題為視角，從比較的觀點談談對新世紀終生教育的思考。

　　在理想與現實之間，距離問題，關係到理想能否實現、怎樣實現、多久才能實現。從現實出發，在理想與不同的現實相結合的具體化過程中，理想會變形，甚至會扭曲、落空。本世紀原蘇聯社會主義改革與建設的歷史演變可謂最好的例證。就教育而言，中國大陸馬克思全面發展的教育理想及其具體化的實踐值得回顧。

　　馬克思關於全面發展的人與全面發展的教育的學說，是中國大陸半個世紀來的教育理念與追求，依馬克思的理論，全面發展的人，是相對資本主義機器化大生產尤其是社會分工使人成為片面發展的人而言。他是與社會生產、生活發生全面、豐富的關係，體力、腦力或身心都得到充分發展沒有異化的人。他可以自由地支配自己的時間，可以隨心所欲地從事自己喜愛的工作、活動。全面發展的教育，就是要造就全面發展的人。它是腦體結合、身心和諧發展的教育，是學習與社會生產勞動及社會生活相關聯的教育。而全面發展的人及其教育的實現，則有賴於社會的生產得到極大發展，產品極為豐富。私有制消亡，而生產資料為公有；人與人之間不

再是異化的商品、交換關係，而是彼此均作為人的關係；社會產品將實現按需分配。階級、分工、國家都以沒有存在的必要而消亡。這一理想，在大陸特定的歷史背景下曾引發了五十年代有關全體人、每個人各方面平均發展還是重視個人個性、特性發展的論爭；曾具體化為「身體好、學習好、工作好」的「三好」及「又紅又專」的全面發展觀；具體化為「我們的教育方針應該使受教育者在德育、智育、體育幾方面都得到發展，成為有社會主義覺悟、有文化的勞動者」的教育方針；具體化為文革時期的「學生以學為主，兼學別樣。即不但學文，也要學工、學農、學軍，也要批判資產階級」的「多面手」觀。

理想在現實中的這種變形及其所產生的困惑、問題，令人深思。

就終生教育而言，不同的國家或地區因其現實的教育與社會背景的差異，實現理想的道路自然有別。但距離的存在是普遍的、共同的。

當代終生學習、終生教育的理想產生於工業發達的社會。依據已得到廣泛認可的聯合國教科文組織及其相關專家的論說，終生學習主要是指：

1. 有意識、有計劃的學習不再只發生於人生的特定階段，而是貫穿人整個一生。
2. 正規學校的學習僅是生活中各種場合學習的一個部份。
3. 各種學習具有縱向的接續性及橫向的相關性。
4. 自學具有特殊重要的地位。
5. 能隨時隨地依自己所需進行學習。

（Knapper and Cropley, 1991, 1985, Lengrand, 1986, 1975; Faure, et al., 1972）這種終生學習觀主要源於科學技術革命及相關的社會、政治、經濟、文化等方方面面的迅猛變化，是人們對所謂後工業社會或信息社會、學習社會對人生存與發展提出挑戰的認知與反映。其目的是使人人作為人類的一分子能夠跟上社會的巨變，分享人類已創造的一切文明成果，充分發展自我的潛能，並能夠為創造人類社會更美好的明天作出貢獻。Knapper and Croley（1991）甚至詳論了在接續性和相關性方面終生學習者應具備的特徵，即：

1. 自我終生學習的意識及進一步學習的動力，學習被視為持續的過程，通過有計劃的學習獲取經驗及通過自評決定下一步的學習。

2. 視生活中的學習與正視學習相關，可在不同環境中學習，其他學習者視為有價值的知識來源，能有機組合不同學科的材料解決問題，用廣泛的社會標準價人的進步。

為此，對這種終身學習有所認知並提供滿足手段的教育成為終身教育。終身教育因此被視為具有如下特徵：

1. 運用各種教育形式並使其相互聯繫。

2. 各個階段的教育具有接續性。
3. 各種教育目的及目標能有機組合。
4. 教育內容和生活環境緊密相關。
5. 終身學習的態度、能力、興趣、技術是學習的核心。
6. 學習者有選擇自己所學科目之自由。

7. 各種資歷與背景的人可隨時有機會學習。

8. 教師是終身學習的諮詢家、促進者、協作者。

9. 學習者分擔教育管理職責。

10.具有推動社會健發展並使學習者具有和平世界之價值
　　的功能。

(Chapman and Aspin, 1997; Knapper and Cropley, 1991,
1985：Lengrand, 1986, 1975; Faure, et.al, 1972)

　　面向二十一世紀，以這樣終身教育爲理想，思考不同國家
的教育與這一教育理想之間的距離及其爲實現這一理想所做
的選擇、遇到的特殊問題，會加深我們對理想與現實之間距
離的認識，更明確理想實現所需具備的可能性及必備條件。

　　在眾多國家中，本文選擇中日兩國。兩國的現代化程度不
同，教育的普及與發展水平有別，其新世紀實現人人終身學
習籌教育自然存在差異。這從兩國政對終身學習倡導、推行
的時間、教育改革的方案便一目了然。(日本文部省1985,
1986, 1987, 1990, 1996, 1997; 中國中央政府1985, 1993, 1995)但
兩國又面臨著某些共同的問題，最突出的便是如何從應試教
育走向終身學習的教育。其共同涉及的變革是:

1. 人事制度與勞動制度的變革。

2. 教育評價尤其是升學考試的變革。

3. 正規學校教育與其他各種教育的地位與價值的變革。

4. 教師的作用與地位的變革。

結論

　　無疑，當一個國家或地區能以最快的速度，最小的代價，探尋到實現人人終身學習理想的獨特道路，實現了從現實出發又超越現實的體系變革時，那麼，他們就贏了新世紀。

「在理想與現實之間：
關於21世紀終生教育的思考」評論

魏惠娟◎評論

此題目讓我精神爲之一振，因爲個人最近一段時間一直在理想與現實之間掙扎，所以這樣的題目讓我非常喜歡。剛才從桂教授的報告中，可以感受到她在終生教育美好的理想與如何落實當中有一些的衝突與掙扎。會不會像馬克思主義在大陸實踐的結果，使教育的理想扭曲，她提出這樣的思考，我覺得相當的好。

個人從另一個角度來思考，我覺得終身教育是個理想，如何實現是個重要問題，但要多久才能實現？我認爲是不可能實現的，是沒有這一天的。因爲終身教育是個發展的過程，如同個人在發展的過程中，不可能有人在某年某日發展完成。是以終身教育就是這樣的一個過程。因此，我倒不擔心何時才能落實。但我認爲如何實現比較重要，已有許多學者提出作法與具體可行的策略，終身教育在現實中要落實，當然有很多東西要改。改的層面很廣，有時會有無力感的原因就是想改的很多，改的很大，什麼都想改，而且同時來改，所以的確很難實現。我們不需要同時，也不用做那麼多。學習型組織給予我以下的啓示：個人從能做的地方，可以切入的、省力的、可以持續去做的點，相信就可以發揮影響力。以學校教育而言，終身教育要落實於正規教育，學校教育是很重要的，而如果學校當中的老師可以有終身學習的觀念與理想，可以在班級上就來做。若以此點出發，每一個人都可以爲終身教育的理想做一些努力。以此角度出發終身教育是可以實現的。

陸

終生學習權的保障與分配

王政彥◎著
吳夢鯨◎評論

終生學習權的保障與分配

王政彥◎著

摘要

　　終生教育是全民教育，終生學習權是人人的基本權利。當政府大力推展終生教育之際，終生學習權是否能夠公平地被保障並分配到不同內外在在條件的個人，尤其是弱勢族群，值得探討。從政府推動成人教育的經驗，以及目前實務界的情況觀之，終生學習權的保障及分配仍是亟得研究與改進的課題。終生學習能否落實，必須回歸到每一位個人。然而個人在身心與環境等內部在條件的差異卻可能影響到終生學習權的高低，而導致教育不公平的問題出現。雖然在現有及擬議中的法令與政策已注意到學習權與教育機會公平等議題，然終生學習權的保障與分配仍有待努。終生學習權所強調者乃是個人從生命起點到終點的全程，均應有學習的機會與權利。然從現存的學前教育、學校教育，以迄成人教育各階段分析之，學習機會與權利不均等的現象時有所聞。尤其是在四歲以前胎兒在母體孕育階段，是否可充實胎嬰幼兒的學習，值得研究。而佔個人生命全程最主要部分的作人教育，則直接攸關個人終生學習權的保障與分配。作者逐一分析個人生命全程各階段的學習權利與機會的不均等現象外，並提出的改進策略以為建議。

Abstract

Lifelong education is people education and lifelong learning is a basic right for everyone. After the Government has announced this year as Lifelong Learning Year of Republic of China and has been developing adult education systematically since 1992, it is time to examine the equality and distribution of lifelong learning right. Although there have been legislation and policies to protect everyone's learning right, unequal phenomena still can be found in practices. The conditions of everyone for learning are different but his/her learning right cannot be unequal due to these differences. The focus of lifelong learning right should be protected and distributed equally from the start to the end of his/her life. The author analysed the potential inequality existing in current education system from preschool education to adult education. Especially, at the stages of baby's growth in womb and of adult education, there are many issues to be researched and improved. After discussed one stage by one stage in education, the author then raised strategies for promoting personal lifelong learning right as recommendations.

前言

　　今年是中華民國終生學習年，教育部發表「邁向學習社會」白皮書，揭示推展終生教育，建立學習社會為當前教育施政的主軸目標(教育部，民87)。從歷史的角度來看，這是自傳統「學海無涯，唯勤是岸」及「活到老，學到老」的說法，以迄當代對終生學習最具體的政府政策規畫。事實上，終生學習在我國的發展，並非從無到有，各式各樣的學習活動所在多有，只是缺乏政府及公部門有系統地加以推展，並提升其專業化。簡言之，終生學習的基本概念是延長傳統過度倚賴學校教育的學習加以向前紮根並向後延伸，讓學習與個人生命的歷程相始終，使得從生命的起點到生命的終點，個人都有各類的學習活動，以滿足各種的需求，達到不同的目的。即以佔個人終生學習最主要部份的成人教育(生理年齡十八歲以上)為例，終生學習年的規畫是教育部自民國八十一年「發展及改進成人教育五年計畫」以來，對成人教育及終生教育的系統化及全面性推展，不僅契合當前及未來我國社會及經濟等發展條件的需要，更是與世界教育發展及改革的潮流並駕齊驅，值得國人支持參與，以落實各項具體的教育政策。

　　終生教育的對象是全民的，所以終生教育是全民教育(people education)。終生學習是每個人的權利，因此終生學習是個人的基本權利(basic right)。終生學習權(the right for lifelong learning)應普及每個人，成為人人基本的權利。睽諸實際，即使以具強迫性質的九年國民教育為例，至今國中的就學率及畢業率都未達百分之百，此等就學率隨著教育階段的晉升而下降，有不少人離開學校後就喪失了學習機會，若非個人缺乏意願自動放棄，其終生學習權利自也受到損害。再

以學前教育為例，在仍不隸屬學制的情況下，民間背負比政府更多的教育責任與功能，卻也讓社會大眾付出更高的成本來取得學前教育機會，相對地減少教育機會分配的空間，影響了學前教育階段的終生學習機會。再以成人教育為例，近五年來在各方面的發展可謂是如雨後春筍，此起彼落，其成果也是有目共睹。但不少的實務工作者與教育提供者卻也已發現，參與繼續學習的成人具有相當的重疊性。換言之，參與者恆參與，不參與者恆不參與，有繼續學習的成人仍侷限在某些社經背景的族群，例如：女性、中產階級及都會地區。除了因參與意願與動機外，是否終生學習權利分配不均，值得深入分析。筆者日前訪視高雄市市民學苑業務，即發現參與相同課程與班級達兩次以上者，並非少數。雖然他們也都歷經激烈的排隊競爭後才取得學習機會，但吾人卻要反省，為何學習資源被同一群人在重複使用？有限的學習機會究竟分配的情形為何？

　　本文即以終生學習權為主題，企圖探討此一議題在我國實務面的情況，並以學習權利的保障、分配與均等等項目，分析弱勢終生學習族群的存在，以及如何發掘及因應等問題。本文旨在凸顯現存可能的終生學習權利不均等，分列在不同條件下的弱勢族群，以供政府及教育提供者正視可能的機會不均等，關懷不同類別的弱勢族群，讓終生教育成為真正的全民教育，讓終生學習確實成為每個人的基本權利，而不再落入傳統菁英教育的窠臼。

終生學習權的分佈

　　若與學習權相較，終生學習權著重在「終生」一詞，意指

此種學習權乃是歷經個人的生命全程，分佈在個人人生的不同階段，正是所謂從生命的起點到終點，與一般泛指學習的權利之學習權有別。再與全民學習權相較，終生學習權仍指歷經個人生命全程的學習權利，與全民學習權強調「全民」此一對象有所差別。然終生學習權乃是以全民為對象，所謂終生者係指全體民眾每個人的終生，所以終生學習權與全民學習權仍有重疊之處，只是兩者所強調的重點不同；一者指歷程，一者指對象。

在1985年，聯合國教科文組織(UESCO)即指出，學習是個人的基本權利，在「學習權利」(The Rights to Learn)的宣言上列舉六種權利：學習讀寫；學習質疑與分析；學習想像與創造；學習解讀個人的內心世界並寫歷史；擁有獲得教育資源的路徑；發展個人及群體的技能。此六種學習權利包含了基本到應用的權利。在1992年，聯合國大會(The United Nations General Assembly)通過對屬於國家、種族、宗教及語言等不同少數族群權利的保障宣言，呼籲各相關國家藉由教育的途徑以鼓勵對上述各少數族群歷史、傳統、語言及文化等了解，認為少數族群應有足夠的機會獲取有關整體社會的知識。此聲明是首次全球化共同保障少數族群權利的具體做法(Jardon, 1997)。可見，保障個人基本的學習權利，尤其是對於處於弱勢的少數族群，更應給予特別的照顧。而隨著終生學習觀念的漸次發展與成為國際潮流，前述的學習權實際上已被轉化成終生學習權，強調學習權的保障不應侷限在傳統正規教育的學校或管道，而應擴及到個人的生命全程，從生命的起點到終點，個人的學習權都應受到保障。

歐洲終生學習促進會(European Lifelong Learning Initiative)

揭示了十項促進終生學習的原則，其在開宗明義的第一、二原則便指出：全體歐洲人民能夠學習並發展他們的潛能；全體歐洲人民應該享有學習資源(Longworth and Davies, 1996)。強調終生學習應顧及全體民眾，保障全民的基本學習權利，而不應有等級差別，凸顯終生學習乃是全民的基本權利。再以終生學習的發展目標－學習社會為例，更是以人人享有公平的終生學習權利及機會為其根本的條件。Van Der Zee (1991)即指出，在學習社會，學習應該是一種權利而非特權(learning should be a right not a privilege)，全體民眾不論其社會地位、收入、教育訓練、出身、性別與派別等因素，均應給予公平的學習機會，以在其終生的生涯中發展潛能及增進能力。易言之，人人均應享有公平的終生學習權利，而不應受到個人內外在因素而被剝奪或減少了學習機會。因此，學習社會乃是屬於每個人的社會，而不是只屬於少數菁英份子的社會(Macrae, Maguire and Ball, 1997)。學習社會的概念不應僅從人力資本及社會成本的角度立論，而忽略了類似具有學習困難之成人等弱勢族群(Riddell et al, 1997)。可見，終生學習社會的建構乃植基於人人享有公平的學習權利，在個人不同的人生階段，都能擁有豐富的學習資源，以開發潛能，獲致各種不同的學習目的。亦即終生學習權乃是分佈在個人人生的各個階段，並不限於國民義務教育階段，或是傳統的學校及正規教育的部份。

若以個人生命的全程來分析，從生命的起點到終點，個人可能擁有不同的學習機會。在人生不同的階段，終生學習權有不同的分配。根據從生命的起點到終點的說法，起點不在於嬰兒呱呱墜地才開始，而是要上溯至精子與卵結合後在母體的子宮孕育就開始。至於生命的終點則蓋無疑義，是指死

亡而結束了生命。此歷程正與英文所謂之「from womb to tomb)(從子宮到墳墓)的說法相吻合。依此個人生命的全程，終生學習權(或機會)的分佈如圖6-1所示：

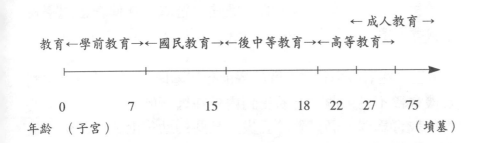

圖6-1 個人生命全程與終生學習權的分佈

圖6-1以個人生命全程及其各階段所對應之可能教育為架構，形成終生學習權的分佈情形，其中生命的終點係以目前國人平均壽命七十五歲為概略值。從圖6-1可知，個人年齡中的七、十五、十八及廿二是較具代表性的年齡點。其中七歲是個人入小學的年齡、十五歲是國中畢業的年齡、十八歲是進大學的年齡，廿二歲是大學畢業的年齡。圖中的廿七歲作為代表研究所階段的結束(以五年計)。依圖6-1所示，就個人在不同人生階段的學習權分佈情形，可再歸納為下列四點：

一、在形式上，全民都享有九年的國民義務教育，人人都有至少九年的學習機會，其權利似乎是公平與均等的。但在實質上，在國民教育階段仍存在著教育機會不均等，以及學習權利不公平的事實。例如國中就學與畢業率仍未達百分之

百，而且性別、個人身心特質、學校大小及學校所在地區等內外在因素都可能導致實質學習權利的不公平。

二、隨著年紀的增加及教育階段的拾級而上，學習權與機會的分佈差異及不公平的現象將更明顯。例如擁有高級中等學校與大專院校學習機會的人數隨之遞減，在傳統正規學校的教育管道上，個人學習權利及機會的差異也隨之拉大。

三、在零歲到七歲之間的學前教育階段，個人的學習權利及機會較不足，個人更易受到內外在因素的影響。以目前的學前教育為例，仍只限於五歲到七歲的幼稚園或少部份三歲到五歲的托兒所的階段。然由於學前教育仍不在學制之內，此階段教育的提供是以私人為主。亦即，個人要付出更高的代價及成本才能享有此階段的教育，普及性的缺乏，使得教育機會不均等的現象更普遍，問題也更嚴重。若再向前推，從零歲到三歲之間的胎嬰幼兒教育，則主要在家庭進行，父母肩負著最主要的教育責任，個人所能擁有的學習權利及機會，更容易受到父母教育程度及家庭社經背景的影響，教育機會不均等的情況也更加明顯。

四、成人教育是提供個人終生學習的最主要階段：若以生理年齡十八歲作為成人的界定，以十八歲以上成人為對象之成人教育，佔著個人生命歷程的最主要部份。從十八歲到七十五歲，合計有五十七年，超過個人一半以上的生命歷程。因此，就個人終生學習權利的分佈來看，成人教育可謂是提供、補充及加強個人終生學習的最主要階段。為成人提供教育機會，以增加個人終生學習的歷程，正是成人教育受到重視與推展的原因之一。

從圖6-1之個人終生學習權的分佈來看，相較而言，在個人的生命全程中，以國民教育階段的學習權利及機會較能獲得保障，其次是後中等教育(高中職)、學前教育、高等教育及成人教育等階段。然其中的學前教育階段，又以零歲到三歲之間，尤其是胎兒在母體的子宮孕育到出生這段時間，個人的學習權利更是受到忽略。進而言之，即使在國民教育階段上，仍有實質的學習權利與機會不均等的現象存在，而在其他階段的正規、非正規及非正式的各種教育管道上，個人的終生學習權利更是受到內外在等因素的影響。換言之，個人終生學習權受到其主客觀因素的影響，而在學習權利與機會上受到差別得遇及不公平的現象出現。此等因素可能來自個人本身的相關條件及背景，也可能受到外在環境及其他條件的左右。

弱勢終生學習族群的形成

弱勢族群(the disadvantaged)並非在終生教育領域才出現，在傳統的教育體系上便早已存在。這些教育的弱勢族群在教育機會及資源的應用上，比其他多數人不足或相對處於較不利的條件下，因此而需要特別的關懷與照顧，類似特殊教育、教育優先區或教育不利族群的概念便源起於此。論及終生教育，因係以全民為對象，不像傳統分階的教育，有其特定的服務對象，而是不論個人的身心、社經、居住區及教育程度等內外在條件，每個人享有公平的教育機會與學習權利。因此，就終生教育來說，對於弱勢族群就更應該照顧，協助他們排除可能的不利因素，確保他們的學習權利，以求教育機會的均等。

終生學習歷終個人生命的全程。從英文來看，此終生是縱斷面的生命歷程(lifelong)，也是橫斷面的生命全部 (lifewide 及 lifespan)，含蓋個人生命中所有的活動空間與範圍。所以，與傳統的學校教育相較，終生教育的弱勢族群將更為廣泛與多樣，尤其是在成人教育此一部份。

歸納來說，導致終生學習弱勢族群的原因可區分成三大類。第一類是與個人直接相關的各種因素，可統稱為單一的內在因素。第二類是與個人間接相關的各種因素，雖然不是源自個人，但卻對個人產生影響，可統稱為單一的外在因素。前二類因素乃分別是單一的成因所形成，第三類因素則可能結合了一個以上的原因，可統稱為多重的內外在因素，此類因素的形成較具複雜性。以下分別依此三類不同的成因敘述。

單一的內在因素

形成終生學習弱勢族群的最主要也是最基本的因素乃是源自個人本身的內外在條件，這些與個人直接相關的各種因素，或是與生俱來，或是後天形成，都可能直接影響到個人學習權利的有無，以及教育機會的高低。此等因素也正是傳統教育社會學對教育公平性與教育機會均等之研究的主要重點。此類單一的內在因素可能包括個人之：性別、年齡、種族、技能、職業、信仰、生理條件、心理條件、教育程度、居住地區、角色職位及社經地位等等。上述個人的內外在條件可能成為影響終生學習權的因素，個別對權利高低及機會多寡產生影響。此類因素直接成為個人內外在條件的一部份，或直接影響到個人的終生學習，可謂是相較之下最基本的影響因素。

單一的外在因素

　　與內在因素相對，此類單一的外在因素係指與個間接相關，但不屬個人內外在條件的一部份之其他可能成因，含蓋了法令、制度、政策及環境等領域的相關因素。具體言之，可能影響個人終生學習權的單一外在因素包括：法制規範、行政措施、政策方案、資源分配、社會期望、經濟條件、社會發展、教育管道、課程內容、教育人員及教學設施等等。此等因素可能個別對個人產生影響，導致個人在終生學習權利及教育機會等方面的受損。與單一的內在因素相較，此等因素的影響範圍較大，影響對象較廣，其影響的普遍性較高，個人也往往較難去駕馭或改變。

多重的內外在因素

　　多重者乃指其因素個數不是單一而是二個以上，重疊或交互作用而對個人的終生學習權利造成影響，讓個人成為弱勢族群。前述單一的因素乃是個別產生影響，多重的因素乃是共同產生影響，其複雜度自然較高。分類言之，此種多重的內外在因素可能有三種組成。其一，結合了二個以上的個人內在因素；其二，結合了兩個以上的個人外在因素；其三，結合了兩個以上的內外在因素，此等三種情況分別有之，因素之間一起或交互作用對個人的終生學習權利造成影響。諸如連結了個人的性別與年齡等因素；外在的法制規範與政策方案等因素，以及個人的職業與經濟條件及社會發展等因素。相較而言，多重的內在外因素的成因較複雜，影響的層面也較廣泛。

　　綜合前述可能影響個人終生學習權的三類因素，可歸納成表6-1：

表6-1　形成終生學習弱勢族群的潛在因素

單一內在因素	單一外在因素	多重內外在因素
1.1 性別	2.1 法制規範	3.1 性別+年齡
1.2 年齡	2.2 行政措施	3.2 政策方案+資源分配
1.3 種族	2.3 政策方案	3.3 種族+經驗條件
1.4 技能	2.4 資源分配	3.4 職業+教育管道+居住地區
1.5 職業	2.5 社會期望	
1.6 信仰	2.6 經濟條件	
1.7 生理條件	2.7 社會發展	
1.8 心理條件	2.8 教育管道	
1.9 教育程度	2.9 課程內容	
1.10 居住地區	2.10 教育人員	
1.11 角色職位	1.11 教學設施	
1.12 社經地位		

　　表6-1臚列了可能形成終生學習弱勢族群的三大類潛在因素，每一類因素又列舉了個別的潛在因素。表6-1的目的不在於歸納「所有」可能形成終生學習弱勢族群的因素，而是在凸顯其中「主要的」代表因素，以作為探討學習權利保障與分配等相關議題的參考。表6-1可進一步再從以下幾點來補充說明：

◎因素的源起不同，其所能改變的程度有別

　　表6-1所列的三大類中各因素的源起可區分為先天與後天，個人與環境等不同類別，其中後天的因素較可能改變，而環境的因素較具普遍性，較難依個別狀況而改變。先天的因素則率多與天俱來，其可能改變的空間較小；而個人因素較不具普遍性，可依個別情況來因應。例如：個人的生理因素如外在條件及肢體殘障等，不論是先天或後天都不易改變。

◎**各因素可能以單一型態產生影響但以多重因素的方式較常見**

以終生教育推展的時空因素來看,其所涉及的因素與條件相當龐雜,可能包含了有關個人、環境與法制等內外在的不同因素。因此,表6-1的各潛在因素又以第三類的多重內外在因素較常發生。易言之,造成終生學習弱勢族群的因素可能是單一的,但更常見的是多元的因素。例如住在偏遠地區的原住民老年婦女此一族群對象為例,造成她們終生學習權利不均的因素包括了性別、年齡、種族、居住地區、資源分配、社會期望與經濟條件等可能的潛在因素。

◎**多重內外在因素的組成及其影響力大小值得深入分析**

由於多重內外在因素的普遍性與複雜性,有待加以實證的檢視與分析,釐清不同潛在因素的組成情形,以及交互作用的影響力高低,以作為對症下藥,克服導致終生學習權利不均的各種因素。首先各類因素群有待蒐集客觀化的實證資料,運用因素分析與集群分析(cluster analysis)等資料處理方法,以歸類不同的因素群,並比較各因素群的可能影響力大小。尤其是兩個以上因素之間的交互作用,更有待探討釐清。

其實,導致教育機會不均等或影響教育公平性等原因探討之研究並非完全闕如,只是偏重單一內在或外在因素的尋找與蒐集,對於多重因素的組成及交互影響力的分析則是有如鳳毛麟角,屈指可數。誠如前述,終生教育是全民教育,係以全民為對象,涉及具有內外不同條件的個人,自易受到多種潛在因素影響其權利大小及機會多寡。事實上,政府當局及教育行政單位並非完全漠視學習權利及教育機會,只是較缺乏從個人生命全程的觀點,強調終生學習權的保障。我們可進一步從政府相關的文件逐一加以檢視討論。

對終生學習權的相關規定與強調

我國憲法第一五九條明文規定：國民受教育之機會一律均等。由於憲法乃是一切法令的母法，基於上述規定，國民均等之受教權紛紛在各種教育法令上受到保障。除了各級學校教育法之外，研擬中的「教育基本法」開宗明義便揭示學習權的保障，在其條文更直接指出個人擁有終生學習的權利。再以草擬中的「成人教育法」為例，更直接在第一條明列對弱勢成人族群學習權利的保障。誠如前述，成人教育佔個人生命全程最主要的階段，該法令草案對弱勢族群學習權利的保障更具有實質的意義。其實，雖然上述「教育基本法」及「成人教育法」都仍是草案，但由於憲法直接對全體國民受教權的保障，即可作為確保個人終生學習權的法源依據。

在其他政府或教育當局對有關終生教育及成人教育的主要政策方案及計畫，不難發現對保障個人終生學習權的強調。筆者曾以「以終生學習為導向的成人教育中程發展計畫」、「教育改革總諮議報告書」、「成人教育法(草案)」、「邁向學習社會白皮書(初稿)」、「推展終生教育及建立終生學習社會中程計畫(草案)」等主要代表文件為對象，以終生學習權為指標，逐一分析各文件對個人終生學習權的有關規定(王政彥，民87a)。歸納各文件對個人學習權利的有關規定及主張如下：

1. 確定成人教育優先對象。
2. 了解偏遠地區成人教育機會。
3. 加強為偏遠地區及不利處境者提供成人學習機會。
4. 積極規劃弱勢群學習設施。
5. 終生學習強調對學習主體的尊重，提供所有學習者一生

學習的機會，強調全人教育，重視個人自由發展。

6. 加強辦理國民補習教育及成人基本教育研習班。

7. 加強推展婦女、老人原住民及偏遠地區國民等對象之終生學習活動。

8. 成人基本教育教科用書，由各級主管機關編輯或審定之，免費供應。

9. 保障不同學習者的學習權利。

若再以教育部(民87)已發表之「邁向學習社會」白皮書為例，這份當前教育部推展終生學習的最主要政策藍本，在開發國家的教育願景上，臚列「保障全民學習權」的目標；在建立終生學習社會的具體途徑上，明列「開拓弱勢族群終生學習機會」；在十四項的行動方案上，更直接提出「推展矯正機構內學習型組織方案」。上述各主要代表性文件對個人終生學習權利的強調與主張，其成敗的關鍵在於如何縮短在應然與實然上的差距，讓個人終生學習權可以具體獲得保障並實現(王政彥，民87a)。

學習社會的建立是推展終生學習的理想目標，而學習社會的重要條件之一便是人人都享有公平的學習權利，亦即個人的終生學習權應獲得保障。胡夢鯨(民87)列舉十項學習社會的願景，其中第二項即是學習權利獲得充分保障，強調每一個國民在人生任何一個階段想要學習時，均有充分、適當而均等的機會供其學習。英國政府也將邁向學習社會當作成人教育及終生教育的願景與政策，在「學習時代」(The Learning Age)的大纛下，目前執政的工黨政府係秉持六項主要的基本原則：

1. 投資學習讓人人受益。

2. 排除學習的障礙。

3. 視民眾為第一優先。

4. 與雇主、員工及社區分擔責任。

5. 獲致世界級的標準與經濟效益。

6. 以共事合作開啟成功之路(Fryer, 1998)。

其中的第一、二及三項，實即在保障個人的學習權利及機會，將學習者個人列為第一優先，協助個人排除學習障礙，讓個人從終生學習中滿足各種目的。英國的成人繼續教育研究學會(National Institute for Adult Continuing Education)也配合政府的施政目標，在其1998-2001的策略計畫(Strategic Plan 1998-2001)中直接臚列三項與確保成人學習者公平的學習權利與機會的目標：1.增進參與及資源，以確保成人學習者的公平性；2.擬定經費補助策略，以增加成人學習者的公平性；3.確認被排除在學習參與之外的各種弱勢族群，並擬具策略為其克服參與障礙(NIACE, 1998)。就佔著個人生命全程最主要部分的成人教育而言，上述對學習權利及機會公平性，以及弱勢族群權益的重視，對個人終生習學權利的保障與增進可謂良有裨益。

雖然從已定案或研擬中的相關法令及政策規畫來看，對於個人學習權及機會的保障，以及對弱勢族群學習權的分配，率多已有載及或強調，但更重要者，這些在應然面的規定及計畫，是否已在或能夠於實然面呈現出來。換言之，個人歷經生命全程的學習權是否確實能夠獲得保障，以及學習權的分配能否普及到全民，尤其是因個人內外在條件不利所導致的弱勢族群，此等課題乃是真正的重點所在。再者，論及終

生學習權的分配，吾人所關心者乃是在個人生命全程中，學習權的分佈情況為何？就不同弱勢族群的類別來看，那些特定的族群所分配到的學習權較不足？如何加以調整因應？凡此有待進一步檢視分析。

增進均等的終生學習權

　　誠如前述，即使相關法令計畫對個人的終生學習權的保障，以及均等分配各種學習權利及機會都有規定或強調，但問題的重點乃在於如何在實務面落實各種理想，讓終生學習權得以公平地分配，個人能享有均等的學習機會。誠如Cross(1981)所強調，不論就各國或國際上的各種報告書或建議書來看，在成人教育的議題上，機會的公平性正是最受到關切的部份，我們可從前述英國與聯合國的官方文件獲得證實。而從圖6-1可知，可能的各類終生學習權利與機會分佈在個人生命全程的各個階段，如何增進個人均等的終生學習權，亦可從生命歷程的不同階段逐一檢視。

均等旨在求平等並不意謂著相等

　　所謂均等的終生學習權乃在追求學習權利的公平分配，保障個人基本的學習權，其目的是在獲得平等的待遇，此平等乃是立足點的真平等，而不是齊頭式的假平等。易言之，個人的終生學習權不應受表6-1所列之各種內外在因素的影響，而損害了其權利的大小與機會的多寡；但是，均等終生學習權利的保障與分配，不能被量化的齊頭式平等所迷思，仍必須考量個人的身心背景特質，確實依據其意願、需求、資源運用與消化能力等條件，提供不違背個人自主性，切合個人真

正需要的學習機會。對於不平等的質疑，也不應被量化比較的假象所混淆，而應深入作質化的分析，以獲致眞平等的目的。此種釐清類似於Bagnall (1995)對後現代主義偏見(postmodernist discrimination)的看法，將情境的敏感性(situational sensitivity)作爲一個原則，強調對存在的各種事件的回應，成人教育工作者必須具備批判性的自我了解、包容與人本精神、知識的多元性，以及對偏見事實的折衝。均等的終生學習權也有賴此種情境的敏感性，藉以分析對弱勢族群的可能偏見所在，進而獲得眞正的平等。

探索零歲到三歲的終生學習

個人零歲到三歲的階段，可謂是終生學習的初始及啓蒙階段，然在這方面的研究探討仍然相當不足，尤其是個人呱呱墜地出生前在母親子宮的懷胎十月。胎兒出生前在母親的子宮裡除了生理的發展孕育外，是否有可能進行學習的心智活動。雖然傳統上有胎教之說，但由於科學研究的不足，致使胎教的說法有迷思的出現，例如：懷孕的母親常看畫展可以培養胎兒的繪畫能力，多聽音樂可以增進胎兒的音樂素養。然而吾人卻也難免質疑，我們目前對胎兒的了解仍遠不如於他(她)的實際表現，我們有可能太低估胎兒的能力了。Maurer and Maurer所著「嬰兒的感官世界」(The World of the Newborn)(蕭德蘭譯，民87)一書便指出，嬰兒的感官能力遠超乎我們的想像，他們也可以在睡眠中學習。或許我們太「小」看胎兒了，如果他們隨著生理的發展，心智等學習能力可以隨之增加，我們是不應該忽略他們的學習權利。即使是胎兒呱呱墜地出生後，一直到三歲之間，他們的學習能力及可能性更是隨著增加，發展心理學的研究早已指出，在此階段嬰幼兒需要多樣的學習刺激來成長他們的心智。但是，尤其是

在胎兒部分，仍有待醫學、生物學及遺傳學等相關領域的結合研究，以進一步揭開胎兒在子宮世界之謎，讓有關胎教的研究更具科學及客觀化。

　　除了胎嬰幼兒外，影響零歲到三歲此一階段個人終生權利的主要來源是家庭中的父母。因此，如何增進準父母及父母在家庭實施親職教育，為子女提供初始的學習機會至為重要。政府更應從成人教育的途徑，為男女兩性提供親職教育能力培養的相關課程，讓準父母及父母有能力扮演個人終生學習的啟蒙教師，確保胎嬰幼兒的學習權利。所以，類似研擬中的「家庭教育法」，既有的家政系所、幼兒教育系所、新設嘉義師院之家庭教育研究所，應能從法令及實務反映上述需求，以增進男女兩性落實家庭教育的能力，確保個人從零歲到三歲的學習權利。

加強四歲到六歲的幼兒教育

　　正如中華民國教育報告書(教育部，民84)所言，幼兒教育是我國各級教育中較弱的一環。在八十五學年度，台閩地區有立案之幼稚園共有2,660所，學生人數235,830人。在八十四學年度的淨在學率為23.44%(教育部，民86a)。而由於目前政府未將幼稚教育納入義務教育，僅在國民小學陸續增設幼稚園，以附設兼辦的方式，為四歲到六歲的學齡前幼兒提供教育機會。因此，目前學前教育主要的機會與教育資源係由民間提供；然也因此而遭致個人必須付出更大的學習成本才能享用教育機會，個人參與學習的空間因而更可能受到內外在因素的影響，導致終生學習權利受損。即以23.44%的淨在學率來作比較，在國小以上到高等教育階段，幼稚教育更敬陪末座(國小，99.06%、國中，94.14%、後中等教育，79.15%、

高等教育，27.79%) (教育部，民86a；民86b)。若再從有限的
幼稚教育資源的分佈來看，在台灣省的廿一縣市中，幼稚園
校數最多的前三縣市分別是：台北縣(714所)、桃園縣(514
所)、台南縣(478所)；最少的前三縣市分別是：澎湖縣(75
所)、嘉義市(103所)、新竹市(134所)(教育部，民86a)。當然，
絕對數字並不是顯示教育資源分佈的唯一指標，但卻反映了
幼稚教育機會的分配確實與區域及其社經人口條件息息相
關，吾人可以發現，愈往台灣的南部、東部及離島地區，幼
稚教育的資源也隨之遞減。這種資源分配與機會多寡自易影
響四至六歲此一幼兒族群的終生學習權利。

　　將目前義務教育年限由九年延長，已不是新的主張。不論
是延長爲十一年或十二年，究竟是向下紮根或向上延伸仍未
有定論。就終生學習權的保障與分配觀之，將幼稚教育納入
學制，成爲義務教育的一環，使四歲到六歲或三歲到六歲的
幼兒享有政府所提供的教育機會，將是值得倡議的方向。當
前幼稚教育或稱學前教育的主要問題正是在政府未肩負主要
的責任下，由於民間辦學的素質參差不齊，加以政府的評鑑
未落實，導致不少弊端的發生。就幼兒此階段的終生學習權
來說，自易受到個人內外在因素的左右。政府應繼續研議向
下延伸義務教育的可行性，分析目前幼稚教育資源分佈的情
況，針對弱勢的幼兒族群，提供補償性的教育機會，以確保
他們的終生學習機會與權利。

落實國民教育的終生學習權
　　在九年的國民教育階段，因係義務及強迫教育，每位國民
在「理論上」都應該接受，但在「實際上」，目前國民教育的
淨在學率是98.36%(國小，99.06%，國中，94.14%)，顯然仍有

1.64%左右的漏網之魚(教育部，民86a)。尤其是在國中階段，由於學生身心變化所導致的行為偏差問題，以及升學壓力或社會環境所帶來的負面影響，使得在沒有留級制度的國中階段，學生的輟學率也較國小嚴重，致使在前教育部長吳京任內，企圖要把國中的輟學生找回來，或研議設置中途學校，以留置蹺家(校)的學生。然而98.36%乃是表面上的數據，一方面可能與實際情形仍有差距，而更重要者，即使七歲至十五歲的學童都有九年的形式上教育機會，但在實質上的學習權利方面，則可能受到個人內外在因素的影響，而有教育機會不均等及教育不公平的情事發生。這正是為何我國已自民國五十七年將義務教育延長為九年，但截至目前仍致力於教育公平性的追求的原因，顯示此一理想仍未完全實現。而為照顧身心障礙等弱勢的學齡兒童，政府以專設特殊學校及國中小附設特殊班等雙管齊下的方式提供補償性的教育機會。以八十五學年度為例，各類啓明、啓聰、啓智與仁愛學校共有17所，學生人數5,203人。附設有國中小的體障、啓智及資源班共有1,430校，學生數34,656人(教育部，民86a；民86b)。雖然特殊學校與特殊班的附設未必可完全解決國民教育階段，七歲至十五歲弱勢學童的教育機會與學習權利不均等的所有問題，但對他們終生學習權的保障與分配不無裨益。

政府教育當局應深入分析現行對國民教育階段弱勢特殊族群的教育資源分配情形，例如再以台灣省每一縣市特殊學校的分佈作比較，從大區域來看，北區是29.41%，中區是29.41%，南區是35.29%，東區則是5.88%。但以縣市分析之，台中縣及彰化縣最高，同是11.76%；台北縣、桃園縣、台南縣、花蓮縣、台中市、嘉義市及台南市都是5.88%，其餘十二縣市都為0(教育部，民86a)。如此的特殊教育資源分配是否合

理公平？現存及潛在的教育不公平性何在？凡此有待從學術研究及實務檢視等方面深入檢討、分析與改進，以確保七歲至十五歲此一年齡群學童的終生學習權，並增進教育機會的公平分配。

提昇後中等教育的終生學習權

後中等教育是指由高級中等學校(含高中及高職)所提供的正規學校教育，廣義來說，還包含傳統五專的後二年階段。後中等教育由於已非屬義務教育階段，學習者必須通過入學考試，才可取得在高中或高職的就學機會。就此一階段的終生學習權而言，若侷限於正規學校教育，則容易受到個人的內外在條件而影響學習權利及教育機會。據統計，在後中等教育或說高級中等教育的淨在學率為79.15%，台閩地區總計有217所高中，204所高職。若從學校在各區的分配比來看，高中部分：北區44.19%、中區20.00%、南區31.63%、東區4.19%。高職部分：北區35.47%、中區24.63%、南區34.48%、東區5.42%。高中職的分配比例在四個區大致相當(教育部，民86a)。如此高中職分流的後中等教育事實上已逐漸式微，合流的綜合高中已受到政府的鼓勵。自八十五學年起試辦綜合高中，計有18所學校開辦，學生6,568人(教育部，民86b)。

對於身心條件弱勢的特殊族群，除了前述啓明、啓聰、啓智及仁愛等特殊學校提供至高級中等教育階段的教育外，在八十五學年度，計有27所高職設有啓智班，以附設的方式為弱勢的特殊族群提供補償及發展的教育，計有學生數586人(教育部，民86a)。由於後中等教育階段並非義務教育，個人的學習權在正規學校教育上受到限制，雖然目前淨在學率已達近80%，而且設有特殊學校及特殊班為弱勢族群提供教育機會，

保障他們的學習權利。但是，數據背後個人實際的終生學習權利情況及其分配，仍有待深入分析檢討。而目前廢除高中職聯考，以及多元入學方式等倡議，都有助於拓寬個人在此階段的學習權利。然在為大多數人研議新方案時，仍需針對少數弱勢族群的教育機會及學習權利有所保障與分配，以提昇十六歲至十八歲此一年齡群的終生學習權利。

增加高等教育的終生學習權

　　高等教育包括：專科學校、獨立學院、大學及研究所，這是傳統學校教育最高的階段，其中又以四年制大學教育最具代表性。依教育部統計，在三十九學年度時，計有大專院校七所(大學一所、獨立學院3所、專科學校3所)及大學附設之研究所3所，學生6,665人。到了八十五學年度，校數已達137所(大學24所，獨立學院43所、專科學校70所)及附設之研究所709所，校數增加18.6倍；學生增加至795,547人(教育部，民86b)。在八十四學年度，高等教育的淨在學率為27.79%。若以1991年的資料作比較，該年我國高等教育的淨在學率是20.90%、美國30.30%、英國14.30%、德國8.70%、法國26.60%、澳洲19.00%、紐西蘭19.40%，與先進國家相較，我國高等教育淨在學率並不亞於其他國家(教育部，民86a)。尤其是自民國六十三年起，陸續增設公立大專院校國立工業技術學院等13校；私立長庚醫學院等17校。就高等教育教育機會的量來看，國人可謂享有更多此一階段的教育資源及學習權利。

　　除了量的增長外，政府也陸續拓增高等教育機會的路徑，例如：大學多元入學方案(如推薦甄選)、空中大學的設立(免試入學及授與學位)、普通、技職及推廣教育並進的三條教育國

道，以及自林部長清江上任後所強調之回流教育，規畫更彈性的入學管道、大學推廣教育及研究所學分班、選讀班與分流的學位班，旨在提供更多元彈性的高等教育機會，例如：類似實務取向與學術取向等不同碩士學位課程的設計。可見，一方面由於以往大學窄門過小，社會大眾對高等教育機會的需求極為殷切，增加此階段多元化與彈性化的學習機會，已是政府反映社會需求的既定政策。然而就實質的高等教育機會分析，從分佈來看，以大學及學院的分配比為例，台北市達26.87%，高雄市只有4.48%；台灣省廿一縣市中，最高者台中市達10.45%，卻仍有宜蘭縣、新竹縣、苗栗縣、澎湖縣及嘉義市都為0.00%。當然，大學及學院的分佈應與國民義務教育不同，不見得要在每一縣市出現，但前述數據卻也凸顯了高等教育資源分佈的地區差異。再從對象來看，我國特殊學校的教育階段只到高級中等教育，到了高等教育階段，特殊學生只好「回歸主流」，與一般生競擠大學窄門。雖然部份殘障生享有考試與計分上的優惠，但升學與學習路仍走得相當辛苦。對特殊學生來說，他們在高等教育階段的學習權顯然受到影響。再以日前引起大學生及輿論關心或抗爭的大學學費問題，以及如何從獎學金、助學金、貸款、補助、減免或教育券等方式，為清貧(寒)、社經地位較低及其他因個人內外在因素影響的弱勢族群，補償或增加高等教育機會，凸顯了存在已久的教育公平性及社會正義等問題。類此議題有待教育當局從學術與實務方面深入檢討，並從教育及非教育層面分析大學學費的合理定位。再者，如既定的大學財務自主與自籌經費等政策，是否應衡量大學屬性與分佈位置等立足點不一致的相關條件，避免過度市場自由化而導致強者恆強，弱者愈弱等犧牲社會正義的結果出現。確保個人在高等教育階段的機會公平，以及終生學習權利，也是應該

顧及的重點。

充實成人教育的終生學習權

　　如圖1所示，成人教育佔著個人生命全程最主要的部分，直接攸關個人終生學習權的保障與分配。再者，前述從高級中等教育到高等教育階段，係單一傳統的學校教育為主，至於非學校傳統教育的非正規及非正式教育資源，正是以成人教育為主幹，協助個人藉由永續的學習參與來連結終生學習的歷程。雖然成人教育主要是以生理年齡十八歲以上的族群為服務對象，但一般將義務教育後到十八歲此一青少年族群納入，如此更使成人教育的歷程向前延伸三年(從十六歲開始)。

　　自教育部根據民國八十一年「發展及改進成人教育五年計畫」大力推展成人教育以來，確實為成人大眾增加了不少的學習機會。從政策面來看，教育部係以對象來區分優先的服務對象，其中又以不識字者、老人、婦女及勞工等在教育程度、年齡、性別及職業處於不利地位的弱勢族群為優先對象，揭示成人基本教育、老人教育、婦女教育及勞工教育為成人教育的重點項目。例如在民國三十九年，我國的不識字率(文盲率)達43.99%，到了八十四年已降為5.99%(教育部，民86a)，並往降低至5.00%以下邁進。若以25歲以上人口教育程度結構作比較，我國的不識字與自修的分配比是10.30%(1993)、美國4.00%(1995)、日本0.00%(1990)、澳洲0.90%(1971)，仍比先進國家高(教育部，民86a)。

　　目前教育部推展成人教育係依據「以終生學習為導向的成人教育中程發展計畫」，除揭示終生學習作為成人教育的重點

外，教育部應結合學術與實務各界，針對第一個五年計畫作深入的檢討與評鑑。例如：在識字教育已呈現成效後，不應滿足於降低的文盲率，而應進一步根絕可能的負面影響因素，諸如社經地位較差的家庭，父母親的內外在條件不佳，恐怕影響到下一代的教育。因此，類似以父母親及其子女為對象，以家庭為學習單位之家庭識字教育(family literacy education)，便值得探討，此議題在英美國家已日受重視(Buckeridge, 1996; Rosenberg and Alworth, 1995; Sticht, 1995)。當教育部(民87)將「推展學習型家庭方案」列為十四項行動方案下，有必要對家庭識字教育加以合併探討。再者，我國女性在各級學校教育機會上並不亞於男性，與先進國家比較亦毫不遜色。例如：在1996年，我國女性在各級教育所佔比例分別是：學前教育47%、初等教育49%、中等教育49%、高等教育51%。美國於1993年則依序是47%、49%、49%、54(1990)；日本於1993年依序是49%%、49%、49%(1991)、40%(1991)；法國於1993年依序是48%%、48%、50%、55%(教育部，民86a)。然而從成人基本教育班的學生看來，則是以年老的女性居多，反映了早期我國女性教育機會不均等的現象。因此，類似組合多重個人背景變項的弱勢族群，例如年老或高齡女性、女性勞工、女性原住民、外籍新娘及女傭等，便成為新的研究議題。尤其是日漸增多的外籍新娘與女傭，也使得原有的識字教育對象應擴大其涵意為功能性的文盲，除基本的讀寫算外，應包括文化風俗等素養，以協助外勞(男女性)及外籍新娘適應我國的生活。

此外，對於在先進國家已面臨及藉由成人教育研究的特殊弱勢族群，諸如待失業者(Finn, 1992; Hughes and Schofield, 1994; Neville, 1994)；遊民(homeless)(Baird, 1994; Coare and

Jones, 1966; Gabb, 1997; Karinshak, 1996)；特殊及身心障礙成人(Chapman et al, 1994; Preece, 1993)，以及受刑人(Ryley, 1997; Williams, 1994)等都有待加以正視。其中以身心障礙成人為對象的成人教育探討仍相當不足，而「邁向學習社會」白皮書已臚列「推展矯正機構內學習型組織方案」，至於以待失業者及遊民為對象，從成人教育為角度討論學習參與等議題者，則仍是一片處女地。誠如前述，成人教育乃是連結個人終生學習歷程的主要部分，如以其中非正規及非正式的教育為管道則含蓋甚廣且具彈性，對個人終生學習權的保障及分配影響甚距，對於少數弱勢成人族群有直接及深遠的影響，自宜分列重點對象，檢討目前成就與問題，落實以終生學習為導向的成人教育推展。

轉化消極的補償為積極的發展功能

　　傳統我國的弱勢特殊族群的工作係由內政部社會行政系統主其責，主要是從社會福利的救濟、補償與安養的角度提供服務，諸如身心殘障者、老人及婦女等。即使是由教育行政主其事，例如特殊教育及其他特殊成人族群的教育，仍不失補償教育的色彩。雖然從成人教育發展的歷史來看，補償功能的成人教育，例如以不識字者、勞工及婦女等為對象者，率多在追求社會公平與正義的理想，企圖從補償的觀點，增加其教育機會，以確保其終生學習權。然而，成人教育及非義務教育之終生教育的推展，除了補償的功能外，應賦予更積極的發展功能。

　　一味地從補償、安養與救濟的角度為弱勢族群提供服務，不僅過於消極；所謂給魚吃，不如教人捕魚，而且因類似成人教育並非義務教育，在政府財政緊縮下，容易受到犧牲，

而影響到教育資源的分配，對於弱勢族群學習權利的損害將更大。而且從發展的觀點，藉由成人教育與終生學習可讓弱勢族群「學會捕魚」，提升個人身心的價值與技能，對於多重學習需求與生活目的的滿足有所裨益，以開發人力資源。一旦個人的潛能開發了，不但政府可減輕原有社會福利較消極面的支出，這種人力資源開發，對個人及國家社會等多方面都能有積極的效益(王政彥，民87b)。

從個人生命全程來看，終生學習乃是從生命的起點到終點，學習權利的分配與保障跨越人生不同的階段。在傳統的各級學校教育，除國民教育外，在非義務教育部分，隨著教育階段的升級，個人終生學習權也隨之減少；雖然對於少數弱勢族群仍有特別的補償與照顧。而對連結個人終生學習最主要部分的成人教育來說，目前的利基是政府已正視並大力加以推展，惟對於少數特定的弱勢族群仍需要特別的關照，以確保個人的終生學習權。然值得強調者，吾人所企求之終生學習權保障與釾配的均等，乃是立足點平等的真平等，而不是齊頭式的假平等或相等。而更重要者，終生學習權的保障與分配應改變傳統救濟、安養及補償的消極觀，而代之開發人力資源與發展潛能的積極觀。

結語

在教育部已訂今年為終生學習年並發表邁向學習社會白皮書後，吾人所關心者是自民國八十一年以來政府大力推展成人教育，以及傳統在各級學校教育與社會教育方面的成就紛紛呈現之後，個人的終生學習權究竟如何？終生學習可向下延伸到胎兒在母體子宮孕育的階段，以迄生命的結束，在此

個人生命全程的各階段中，終生學習權的保障與分配情形爲何？個人在內外身心條件原本就有優劣的不同，在學習權利與機會上不應此等條件的差異而導致處於弱劣勢者仍較爲不利，而成爲「第二次傷害」。基於此等共識，政府在相關的法令政策都不乏對個人學習權與教育機會的保障，企圖維護社會正義與追求教育公平。然理想上的規畫與實際上的現況仍有差距，尤其是從個人生命全程的學習權與教育機會來評估，教育機會不均等及學習權利高低不同等情事則更明顯。因此，如何保障個人終生學習權，並且分配均等的終生學習權乃是重要且亟待探討的問題。本文即檢視了目前我國有關終生學習權的規定與做法，分析影響個人終生學習權的可能因素，並且從生命全程的角度逐一討論，同時也揭櫫了可能的改進做法與方向，以作爲建議。

參考資料

王政彥(民87a)。終生學習的應然與實然。發表於國際終生學習學術研討會，87.3. 26-3. 27。台北：中央圖書館。

王政彥(民87b)。成人教育的經濟效益－開發人力資源。輯於高雄市公教人力資源發展中心主編，人力資源發展(pp.1-34)。高雄：高雄市公教人力資原發展中心。

胡夢鯨(民87)。學習社會發展指標之建講。發表於國際終生學習學術研討會，87.3. 26-3. 27。台北：中央圖書館。

教育部(民84)。中華民國教育報告書：邁向廿一世紀的教育遠景。台北：教育部。

教育部(民86a)。中華民國教育統計指標。台北：教育部。

教育部(民86b)。中華民國教育統計。台北：教育部。

教育部(民87)。邁向學習社會白皮書。台北：教育部。

蕭德蘭譯(民87)。嬰兒的感官世界。台北：天下文化。

Bagnall, R.G.(1995). Discrimination justice and responsibility in postmodernist adult education. Adult Education Quarterly, 45 (2), 79-94.

Baird, I.C.(1994). The humanities for homeless women : A paradox in learning. Adult Learning, 5 (3), 13-15.

Buckeridge, G.(1996). Family literacy-A secondary initiative the archway project. Adults Learning, 8 (1), 10.

Chapman, A.R. et al.(1994). Provision for adults with learning difficulties, Adults Learning, 6 (3), 82-83.

Coare, P and Jones, L.(1996). Inside-outside. Adults Learning, 7 (5), 105-106.

Cross, K.P. (1981). Adults as learners : Increasing participation and facilitating learning. San Francisco, Ca : Jossey-Bass Inc.

Finn, D. (1995). Studying while unemployed. Adults Learning, 69, 264-266.

Fryer, R.H.(1998). Lifelong learning in the United Kingdom. Paper presented at International Conference on Lifelong learning, 26.3.1998 - 27.3.1998. Taipei, National Library.

Gabb, S.S. (1997). Silencing street voices. Adult Learning, 8 (3), 16-20.

Hughes, K. and Schofield, A. (1994). What has Dylan Thomas got to do with getting people back to work? Adults Learning, 5 (5), 124-125.

Jard'on, de L.K.(1997). Diversity in adult education : Some key concepts in minority and indigenous issues. Adult Education and Development, 49, 43-52.

Karinshak, C.B. (1996). Teaching homeless adults : Pedagogical consideration. Adult Learning, 8 (1), 28-29.

Longworth, N. and Davies, W.K.(1996). Lifelong Learning. London: Kogan Page.

Macrae, S., Maguire, M. and Ball, S.(1997). Whose learning society? A tentative deconstruction. Journal of Education Policy, 12 (6), 499-509.

Neville, C. (1994). Achille's heel: Developing provision for unemployed men. Adults Learning, 5 (8), 207-209.

NIACE (1998). Strategic plan 1998-2001. Leicester, England: NIACE.

Preece, J. (1993). Making the connection with higher education. Adults Learning, 4 (5), 126-127.

Riddell, S. et al.(1997). The concept of the learning society for adults with learning difficulties : Human and social capital perspecitve. Journal of education Policy, 12 (6), 473-483.

Rosenberg, S.O. and Alworth, M.(1995). A Texas State initiative for family literacy. Adult Learning, 6 (3), 17-18.

Ryley, J. (1997). PCs in prison. Adults Learning, 9 (4), 18-19.

Sticht, T.G. (1995). Adult education for family literacy. Adult Learning, 2 (2), 23-24.

UNESCO (1985). International conference on adult education, 4th. Paries, Final report. Paries: UNESCO.

Van Der Zee (1991). The learning society. International Journal of Lifelong Education, 10 (3), 213-230.

Williams, D.(1994). Informal education with young offenders. Adults Learning, 6 (2), 70-71.

「終生學習權的保障與分配」評論

吳夢鯨◎評論

本篇文章主要是談終生學習權利的本質和保障問題，進而探討學習權利在各個階段分配的情形，可歸納成幾個重點：

1. 終生學習權在各個階段的分配，引用了許多文獻說明終生學習權的內容到底是什麼。
2. 從弱勢族群的角度，探討這些族群的學習權利如何受到不利的影響，以及一些形成因素的分析。
3. 從整體宏觀的角度，探討終生學習權相關的規定和法規，從整體宏觀的角度探討終生學習權保障的問題，這樣的探討非常能切入要點。
4. 最後，將人生從子宮開始，劃分成幾個重要的階段，並深入地探討每一階段學習權分配的情形。

　　針對本文所提主張，個人提出幾點問題或補充。

　　本文中的關鍵問題「終生學習權的保障和分配」未能清楚地釐清，若題目改成終生學習權的保障與教育機會（或資源）的分配，是否更為清楚？因為文中有時談到終生學習權的分配問題，有時又談到終生學習權的保障問題，終生學習權的「權」在於個人，也是一種基本人權，權利的保障目的是在保障個體享受充分、均等和公平的教育機會，也就是分配並非權利的問題，而是機會和資源的問題。以分配的概念來看權利，似乎有待斟酌。但若以分配來檢視教育機會或教育資源的概念，這樣的應用似乎較為正確。

　　在本文圖6-1，個人生命全程與終生學習權的分布，有兩個問題：

1. 此圖似乎只適用於我國，因圖中所標示的入學年齡或各

階段情形與英、美等國並不相同。

2. 終生教育的分布僅僅探討了正規教育，較爲可惜；因爲成人教育包含了正規教育、非正規教育以及非正式教育三大系統的統整，包含三者才是終生學習的體系建構，若只探討了正規教育而忽略了非正規教育的學習權利，若有所缺。

在本文表6-1的因素分析非常精采，但有兩個問題：

1. 三大類的因素可能對學習權形成負面影響，但也可能會造成正面影響，因爲有些人獲得這些因素之後，反而形成有利因素，所以這些因素並非全然是對弱勢族群造成負面影響，而有可能會形成正面貢獻，此爲辯證問題。

2. 因素間的區隔並非十分明顯，例如職業、居住地區和職位角色可能是外在因素，而非內在因素。

相關法規中，對應然和實然的落差分析較少。文中所提的法規都保障學習權，但實際上的落實究竟如何？值得進一步分析。

無論是中等教育、高等教育或成人教育中，較爲忽略的是入學機會或管道的公平性問題，若能進一步探討，則更能掌握重點。在成人教育中，尚有在職者的工作職場問題等。

柒

推展終身教育之策略

黃明月◎著
林明地◎評論

推展終身教育之策略

黃明月◎著

摘要

　　由於社會急遽變遷，人類的生命週期也受到相當的影響，傳統直線式的教育已無法滿足現代人類的需要，於是終身教育成為必然的趨勢。

　　然而終身教育的推展，除了需要以理論為基礎外，也需具體實踐的策略或途徑。本文參考相關文獻與實務，歸納出我國推展終身教育的理論基礎，包括：

　　(1)在哲學基礎上須兼顧人文主義和實用主義，一方面肯定人們追求自我成長以實現自我的需求，但一方面不可忽視現實生活充實職業知能及改善生活環境的需要性。

　　(2)在社會學基礎上，以終身教育來促進社會的流動並兼顧社會適應力，以促進社會和諧發展。

　　(3)在心理學基礎上，肯定人類認知發展的潛能及社會互動的需要性。此外，並重視參與學習動機在終身教育推展上的功能。

　　根據Miller的動機勢力理論和Cross的連鎖反應模式，本文以減少負向勢力（障礙），增加正向勢力（能力、機會、資源

等）為概念基礎，並參考Candy(1993)促進學習社會三向度的模式，以提昇學習者能力，保障學習權利以及提供學習資源三項作為推展終身教育的策略。此外本文建議建立合適的指標與評鑑系統，以具體實踐終身教育。

關鍵字: 終身教育 理論基礎 策略

Abstract

Due to the transition of the society, life circle has been changed. Therefore, lifelong education has the place of traditional linear model of education. This paper attempts to construct the concept map to enhance lifelong education.

First of all, the fundamental theories of lifelong education have been explored, including philosophy, sociology, and psychology. Then based on Miller's theory of learning motivation and Candy's model for enhancing self-directed learning, this paper proposes a concept map of enhancing lifelong education. The main idea in the proposed concept map is to increase the positive forces to encourage people to participate in educational activities. The positive forces are raising competence, increasing rights and providing resources. Some examples in practice are cited for elaboration.

Finally, this paper suggests a formative evaluation system or indicators be constructed to ensure the success of lifelong education.

Keywords: lifelong education, theory, strategies

終身教育一詞，在英語中首度出現係在1920年代。1919年，英國成人教育重建委員會報告書，特別指出教育是終生的過程，是國家的重要工作(Dave, 1976)。其後，終身教育名詞，在各種文獻和論著中廣泛出現，1929年英國成人教育學者Yearxlee出版《終身教育》(*Lifelong Education*)一書，1926年美國學者Lindeman出版《成人教育的意義》(*The Meaning of Adult Education*)，對終身教育的理念大加闡揚而使終身教育的名詞日趨普遍。1944年，英國的教育法令中反映了終身教育的思想。1956年，法國的議會立法文件中，也首次出現了「終身教育」的概念。至五〇年代末，六〇年代初，終身教育已在歐洲形成一種重要的教育思想。

　　一九六五年聯合國教科文組織(UNESCO)在巴黎召開「第三屆國際成人教育推展委員會」，法國著名的成人教育家Lengrand提出推展「終身教育」的議案，獲得肯定。自此，聯合國教科文組織開始大力提倡終身教育，展開了一系列的活動，使終身教育的思潮迅速擴展到世界各地，同時也促進終身教育學術理論，獲得高度的發展。

　　一九七二年，聯合國教科文組織中由Faure所主持的國際教育發展委員會，出版了一份有關教育改革的報告書－學會生存(Learning to be)。該書對於當時的教育提出批評，主張以終身教育理念作為各國制訂教育政策的主導思潮。該書出版後，兩年內被譯成三十三國文字，成為終身教育理論的代表作，加上教科文組織的大力倡導，終身教育理念迅速成為各國組織全部教育活動的原動力與指導原則。

　　根據Faure報告書的架構，終身教育主要是由垂直整合、

水平整合及民主化等三個概念形成的。換句話說，一個整合垂直、水平及民主制度的教育就是所謂的終身教育(Boshier, 1998)。Dave(1976)認為終身教育係以整體的觀點來看教育。它包括正規的、非正規的和非正式的教育型態。終身教育從時間和空間的領域來統整貫穿所有的教育階段，在學習的時間、空間、內容和技巧上皆具彈性。因此，需要自我導向的學習，並採取各種方式和策略。換句話說，終身教育具有下列幾個特性(Dave, 1989)：

1. 所包含的場合及服務對象的整體性(totality)和普遍性(universality)。
2. 教與學方法和材料的動態性(dynamism)和多樣性(diversity)。
3. 重點在促進學習者終身學習的個人特質，例如：動機、自我影像、價值和態度等。

事實上終身教育的意義因不同作者使用在不同途徑而有不同的含義（葉學志，1988）。在美國通常認為終身教育與成人教育或生計教育相關聯，例如：在1976年終身學習法案，曾經與多種彈性的教育活動相關聯。在歐洲終身教育更常與學習及工作相關，特別與回流教育(recurrent education)、繼續教育(continuing education)或者空中大學的開放學習(open learning)的規定相關聯（葉學志，1988）。有人認為終身教育是一個概念(concept)(Lengrand, 1975)，但也有人認為終身教育是一種政策(polity)(Lawson, 1982)。此外還有「理論」或「實務」之間的爭論(Cropley, 1979)。例如：Cropley(1979)曾提出下列幾個值得討論的問題：

1. 終身教育是一種教育哲學，還是一組操作性的原則；或者二者都是，或者二者都不是？
2. 終身教育是與任何的政治哲學、社會哲學相容呢？或者它暗示著人性的某些特質？
3. 終身教育對當前教育理論是否有特殊的貢獻？
4. 關於「終身教育」是否已有一些共識達成了？有那些關鍵議題和問題是必須了解的？什麼樣的途徑最有效？

從Cropley的這些問題可以看出，終身教育不僅是教育理念，也是一種教育政策。有它發展的理論基礎，也必須有途徑與策略來實現它。因此本文擬從終身教育發展的背景及理論基礎加以分析說明，進而探討推展終身教育的具體策略。

終身教育興起的背景因素

終身教育何以在二十世紀受到如此的重視，基本上是受到下列幾個因素的影響(Knapper & Cropley, 1985)：

現代生活的急速變遷

現代社會、經濟與文化生活的變遷速度遠超過以前的傳統生活，這是促進終身教育發展的原因。這種變遷Stoneir認為包括日常生活的兩大革命：一是科技的變遷，一是資訊支配的變遷。從人類文化進化過程來看，這樣的變遷呈現出兩種影響，其一是變遷的速度遠快過個人的生命週期，個人終其一生要經歷多次的變遷，使得生活適應更為困難。其二是目前的變遷是全球性的，國際間交互影響顯著，於是過去所接受的教育，所累積的知識與經驗已不能滿足現代社會變遷的需

要。因此，人們有必要終身教育。

職業知能需求變遷

由於科技進步，生產技術改良，產品不斷創新與知識爆炸等，使得各種行業所需的基本知能也急速變遷。因此個人過去的接受的學校教育或職業經驗，往往也無法應付各個行業技能的變遷。換句話說，傳統直線式教育模式，亦即受完正規學校教育再就業的生涯發展，則必須改為循環式，亦即進入職場後仍需不斷的接受在職的職能訓練課程，或參與回流教育(recurrent education)的終身教育(Blang & Mace, 1987)。

社會文化的變遷

由於大眾傳播與資訊網路的發展，使得社會規範、價值體系及人際關係均受到相當的衝擊。個人若不能適應變遷，將會造成價值的解體並產生心理的危機。透過終身教育，將可協助個體滿足其社會的、情緒的與審美的需求，甚至可隨時適應快速變遷的社會。

特殊族群的需求

社會變遷，民主意識高漲，使得過去在傳統教育體制下的不利族群意識覺醒；同時經濟的成長，使得社會福利受到重視，於是對特殊族群的需求，這些族群包括：老人、婦女、身心障礙者、低社經地位者、居無定所的勞工、移民等。透過終身教育可提昇其生活素質，獨立性與競爭力。

職業階層流動的需求

Gelpi(1982)認為教育制度和生產制度具有互動的關係，通

常工作者專業知能水準愈高，則升遷機會愈大。而透過終身教育便使工作者增進其知能，進而影響其職位的提升。

　　總之，終身教育的產生主要是由於社會迅速變遷，而以上有關終身教育受到重視的因素至今仍然存在著。根據歐盟(European Union)在1996年終身學習年所發表的「教與學：邁向學習社會」白皮書(Teaching and Learning: Towards a Learning Society)中也指出，歐洲社會受三種重要因素的影響，正轉型為另一種新社會。第一，資訊技術的變遷及資訊社會的來臨，大為改變歐洲社會的工作性質及生產組織。第二，國際化的趨勢加強歐洲在世界舞台的地位。第三，科學及技術的進步，帶來廿世紀末的隱憂，要求形成適當的科技文化和倫理。因此白皮書中特別提出二項重要的對策，一是讓每個人都有機會學習廣博的知識，二是讓每個人都能建立就業及經濟生活的能力。由此可以看出，終身教育是適應社會變遷的主要策略，除了工具性的目的外，從長遠的目標看，終身教育積極的意義在培養個人主動自學的態度與能力(Cropley, 1979)。而這樣的願景必須是建立在人們具備學習能力的假設上；此外，終身教育的倡導必然需要在一些哲學、心理學等的基礎上，以下擬分別加以探討。

終身教育的理論基礎

哲學基礎

　　哲學理念對教育目的性具有引導作用，同時對教育活動的實施也有實質性的影響。如果從終身教育興起的背景因素來分析的話，不難發現終身教育工具性的目的與人文的關懷。

以適應職業知能需求的變遷與促進職業階層流動的觀點而言，終身教育似乎以實用主義（工具性目的）為基礎，然而以促進個人生活適應能力與滿足特殊團體的需求而言，終身教育似乎又是奠基在人文主義的基礎上。

根據Cropley(1979)的分析，終身教育的教條是

1. 學習者在學習過程中是個主角（主動者），而不是被動的接受者而已。
2. 終身教育的目的在促進學習者主動、自學的能力。
3. 終身教育的最終目的在邁向社會的民主化。
4. 終身教育的目的在促進人類的生活品質。

此外，Dave(1976)也認為終身教育的重點在促進學習者終生學習的個人特質，包括學習動機、自我概念等，以實現自我。

從Cropley和Dave等人的分析，可以肯定的是終身教育是以人文主義為基礎。

在1996年歐洲終身學習年白皮書上即明確指出，歐洲未來的社會是學習社會。在這方面，教育體系中的教師及其他社會參與者應扮演重要的角色。教育與訓練是個人自覺、歸屬感形成、自我改進及自我實現的主要管道。個人得自正式教育、在職教育或非式管道的學習，都是決定自己前途與未來發展的關鍵因素（林清江，1997）。

在我國1998年「邁向終身學習社會白皮書」中指出終身教育的必要性乃基於經濟生活富裕之後，人們必定尋求精神的

充實與全人的發展。充實精神與發展全人的最佳途徑是學習。透過個人不斷的學習，可以持續獲得新知識，學習新技能，建立新觀念，激發新潛能，使全人得到圓滿的發展。換言之，經濟富裕過程的人文關懷，最基本的就是要提供國民均等的教育機會及全人發展的理想環境，來幫助每一個人開發其最大的潛能，實現其人生的理想（教育部，1998）。

從這二份白皮書的宣示可以看出人文主義的影響性。然而從其具體的建議、策略或方案，卻又顯示出實用主義(pragamaticism)與進步主義(Progressivism)的精神。例如歐洲白皮書中建議推動「個人技能卡」，由高等教育學府、工商企業單位、地方商會等單位共同配合辦理，使各領域的學習有共同的認定標準，在個人獲得知識與技能，即有記載及認知(European Union, 1995)。

此外，白皮書中亦建議加強學校與工商企業的關係，協助學生認識工作環境、了解企業性質。並利用學徒訓練方案，讓在傳統教育中失敗者獲得新的學習機會，並在公司環境中獲得在職的教育經驗(European Union, 1995)。

在我國的白皮書中除了上述二項具體方案外，還建議建立回流教育制度方案，藉以開拓在職人士多元化的彈性入學管道，建立教育機構與用人機構合作培育員工的模式，以利在職進修的推廣（教育部，1998）。

從以上的文獻中可以肯定，終身教育的哲學基礎需兼顧人文主義與實用主義。換言之，一方面不能忽視科技變遷的事實，排除講求效率的需要；一方面又不能拋棄人類的人文價值，受到工具性的宰制。唯有二者平衡發展，互為挹注，取

得協調，才是終身教育發展模式。

社會學基礎

從終身教育概念的倡導到這一、兩年各國終身學習白皮書的提出，「促進個人社會適應與社會流動」被認為是終身教育主要的功能(Knapper & Cropley, 1985; European Union, 1995, 教育部，1998)。

基本上，從社會學的觀點來分析終身教育的功能，大致可從社會演進(social evolution)和個人地位取得的角度加以探討。

◎社會演進

社會演進的探討有功能論的平衡模式和衝突論的衝突模式。功能論者以教育的主要功能在社會化，使其分子能適應社會的生活，進而確保社會的生存、穩定與均衡(Turner, 1974)。而終身教育在急速變遷的職業結構、價值觀念與社會角色方面，發揮其功能，以維繫整個系統的平衡，促使社會穩定發展(Janne, 1982)。而衝突論者以教育是社會系統再造的工具，教育反映生產關係，每個人被教導去扮演其固有的角色。以此而論，因為統治階級支配著生產關係，教育的角色在維持地位的分配，於是教育體系本身就埋下衝突的因子。而從另一個角度來看，教育是權力體系的再造，而權力體系支配了生產分配，形成階級制度。則教育乃是決定變遷的因素，在階級衝突的架構中，可以為未來的變遷擬定了策略（邱天助，1988）。由此可見，不論從功能論或衝突論的觀點，終身教育是社會演進的基礎之一。

此外，從結構分析的角度的看，社會結構是一個結構瓦解(destruction)和重建(restruction)交替產生的動態過程，亦即建構化的過程(Giddens, 1979)。而新結構的產生通常需具備下列三個條件(Giddens, 1979)：

1. 社會中的成員不斷的產生循環。
2. 知識不斷的成長。
3. 社會分化(differentiation)一再發展。

三者當中以知識成長最為重要（葉啓政，1981）。

傳統學校教育注重年輕人的學習，學校畢業即是學習的終止，於是代與代之間的知識鴻溝容易產生，在意識理念上也容易形成對立與衝突。終身教育的功能，在於整合知識的發展，使代與代間的知識連貫開展，以促使社會和諧與成長。

◎個人地位的取得

就個人地位的取得而言，教育具有傳襲與中介的功能。傳統的學校教育結構通常是依既有的社會形態而設計，以導致不同階級的產生，不同的職業安置，不同的生產分配，不同的權力體系與文化層次。更由於學校教育中，學生來源與課程內容的選擇，大都是當前社會優勢成員意識型態下的產物，因而教育只是當前社會複製的工具。於是社會優勢成員子弟，透過自身所占的有利位置，享有大部分的教育資源，成為鞏固自己出身地位的獨佔利器(Bowles, 1972)。相對的，居於劣勢階級的成員往往缺乏文化刺激，或缺乏教育機會訊息管道，甚至由於家庭經濟的影響，無法獲得充分的教育，使其原有潛力無法發揮，失去向上流動的機會。

終身教育的理念，將學習的時間延伸爲終生，將學習的場所超越學校的圍牆，將學習的內容擴展爲多元性，顯出學習的活潑與朝氣，使教育的資源不受原來的社會結構所侷限。個人從終身教育中取得社會地位，以促進其社會流動。

心理學基礎

　　從心理學的觀點，終身教育的基礎在於人類的學習能力以及學習動機。基本上人類的心理發展具有繼續性與互動性。繼續性例如人的認知發展隨著個人的成長不斷的發展，不同階段其性質有相當的不同，但需建立在先前發展的基礎上(Rybash, Hoyer & Roodin, 1986)。而互動性強調心理發展是在與環境互動中形成與改變。

　　◎認知發展的繼續性

　　認知是指人們主動尋求、組織、闡釋、儲藏和重新使用訊息的過程。認知成長基本上之智力結構的改變，同時隨著年齡的增加能力愈加分化。此外，認知成長是一種調和、連續的過程，每一個階段的發展彼此緊密關聯。根據基模理論，先前的知識和經驗的質與量均會影響學習，因此終身教育與個體認知發展間具有相輔相成的功能(Merriam, 1991)。

　　此外，在智力發展方面，Cattell提出流體智力和晶體智力說，顯示大多數人在二十歲以後流質智力逐漸衰退，但若持續從事學習活動，晶質智力仍持續成長（黃富順，1989）。這些理論具體的支持終身教育的發展。

　　◎社會發展的互動性

　　個體社會發展的階段與順序Erikson, Freud, 及Harvighurst等人皆有不同的描述，基本上可分爲階段論和週期論。階段

論者認為個體發展的結構、組織和能力均呈一種有秩序、有順序的開發，其受有機物體本身的影響大於外在環境的影響。週期論以四季比喻個體生命的演進，認為生命每個時期如同季節有其不同的特性。

階段論者以終身教育的材料要符合學習者的發展階段。而週期論者以生命不同階段具有不同的任務要達成，因而創造學習的契機。亦即終身教育是支持個體社會發展的必要手段，協助個體解決其發展任務上的問題。

總之，個體社會發展是一個終生的歷程，人們在與環境中的人、事、物持續的互動中，不斷的改變自己、成長自己，以期新層次的超越。

此外，在當前急遽變遷的社會中，人們必須時常與其原有的環境分離，去面對種種短暫而陌生的環境，因而形成個人不確定感與心理威脅。從終身教育的觀點，這些心理威脅正是參與學習的契機。換句話說，人們為了減少種種壓力，可藉由教育的力量來獲得舒緩，這也就是終身教育最實際的心理基礎。因此以下擬以參與學習動機理論為出發點，探討如何推展終身教育。

參與學習動機理論與終身教育

動機是個體驅使自己作些行為或追求某些目標的一種狀態或情境 (Kidd, 1976)或指協助個體選擇目標並使其行為朝向此目標的引發動力 (O.E.C.D., 1979)。Knox和Videbeck(1963)認為環境提供了許多明確的參與選擇，但並非各種選擇對每一個

體都是可能的。個體可能參與的範圍和活動是有限的，部份
受到物質條件，例如：距離、金錢、時間、設備和空間等的
限制；部份受制於個所扮演的角色與社會地位。故個體無法
利用環境中的每一個機會，而必須有所選擇。其決定選取那
一個機會，依其心理取向和對該機會所作的評價而定。由此
可見個體參與社會活動受到環境、物質資源、存在的機會、
和個體的社會角色、地位及心理取向等變項的交互影響。

　　Miller(1967)認爲個人願意自動參與教育活動，顯示其本
身具有某些需求存在。而個人的需求，來自於其生活所在的
社會結構和勢力。個人需求和社會勢力兩個重要變項的交互
作用，可用以預測參與繼續教育動機的強弱。

　　Miller並利用Lewin的正向和負向勢力(positive and negative
forces)的概念以解釋動機力量的強弱。圖7-1爲Miller對低社會
階級者爲培養職業能力而參與教育活動的動機勢力之分析。
圖中正向勢力有四種，即生存需求。技術改變。婦女的安全
需求。政府對改變階級結構的努力。負向勢力有五種，即：
男性文化活動的取向。對教育和中等階級目標取向的敵視。
在訓練完成後，沒有立即的、特別的工作機會。欠缺通往教
育活動的徑路。家庭結構不健全。兩種勢力的交互結果以中
間水平線表示，圖中的水平線相當低，顯示參與教育活動動
機不強。

負向勢力

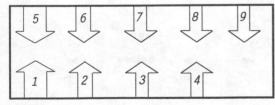

圖7-1　Miller對低社會階
級參與教育活動勢力之分
析（資料來源：Miller, 1967,
p.21.）

正向勢力

Cross(1982)也提出一個架構，試圖說明影響參與學習活動的有關變項及其交互關係，她把此種理論稱為連鎖反應模式(COR)。她認為參與行為像一道連續的水流，而非一系列各自獨立的事件。參與的動力開始於個人的內部，並依一定的次序向外發展。此模式有七個要素，即自我評鑑，對教育的態度、參與行為可能達成重要的目標與期望、生活轉換、機會和障礙、訊息和參與等。

　　Cross認為自我評鑑是形成參與的起點，經由過去的研究顯示，某些穩定的人格特質在成就動機上扮演重要的角色，而教育也是一種成就動機，故自我評鑑與成人參與學習活動的行為有關。Cross的自我評鑑著重於個人的信心和成就動機。她指出凡對自己能力缺乏信心者，為避免能力接受考驗，不會自動地參與學習，以免自尊心受到威脅。以終身教育最終的目標在培養學習者自我導向學習的能力，因此學習者所需的關鍵學習能力是非常必要的。有基本學習能力，自然會提昇其自信與成就動機。因此本文稍後將以此為探討重點之一，作為推展終身教育的重要策略之一。

　　此外，機會和障礙在個體的學習行為上也扮演重要的角色。Cross指出如果個體具有強烈的參與欲望，則足以克服障礙；反之，若動機微弱，則參與可能為障礙所排除。因此，參與動機和機會、障礙間亦有交互作用存在見圖7-2。

圖7-2　COR成人參與學習活動模式（資料來源：Cross, 1982, p124）

根據研究，美國參與成人識字教育方案的成人每年減少百分之五，主要的原因有機構的障礙，資訊的管道不足和教育態度的問題其中以對教育的態度問題最為嚴重(Park, 1998)。這牽涉到學習資源與策略設計的問題，本文亦將於後討論。

　　從以上有關參與學習動機理論的探討可以發現終身教育的倡導必須要掌握三個 重點(Candy, 1993)：

◎學習者能力的提昇
　　發展學習者的學習技能，促使個人能在多元的學習背景中從事學習。學習者應具備基本的學習能力同時也要能夠發展出更高層次的學習技能，進而成為自我導向的學習者。

◎學習權利的保障
　　在終身學習的社會中，學習者具有兩種權利，就意識型態而言，學習是個人不可讓與的權利，是文化的一部分。人們有權利去認識社會中的各種面向及生活中的各種衝擊。就立法權和法律層面而言，人人具有自由學習的權利且享有均等的學習機會。

◎學習資源的提供
　　要提倡終身教育，除了要培養學習者的能力和保障學習權外，學習資源的提供與運用是不可或缺的。學習資源含蓋層面很廣，要讓學習者知道，而且懂得如何運用。

　　本文將以這三項來提昇學習動機中正向的勢力，減少負向的勢力，作為推展終身教育的策略。

推展終身教育之策略

學習者能力的提昇

　　學習者終身學習的能力對終身教育的提倡具有關鍵性的影響。Pan(1997)認為主要理由為，第一，促進個人成功地終身學習是推展終身教育的基礎，而個人若要成功地學習，提高學習能力是不可忽略的必要條件；第二，學習社會的建構應以人人具備終身學習的能力為目標及條件。終身學習能力的重要性，亦從終身學習系統模式分析之。如圖7-3所示，此系統包含期望、學習需要、學習方法、及學習能力等四個要素，四者共同運作即構成終身學習活動的發生。

圖7-3　終身學習週期 (Pan, 1997)

　　至於關鍵的終身學習能力包括那些呢？Candy(1994)以大學畢業生為例，認為終身學習能力包括：

◎求知慾

1. 熱愛學習。
2. 好奇心及勇於發問。

3. 有批判精神。
4. 具備自我評鑑與掌控理解之能力。

◎前瞻性

1. 了解事件間之交互關聯性。
2. 至少在某一學習領域了解知識的建立及其研究方法與限制具有寬闊的視野。

◎資訊素養

1. 至少在某一學習領域能掌握主要的最新資料。
2. 至少在某一學習領域能架構出可茲研究之問題。
3. 在一定範圍的背景資料中，有能力找尋、評估、管理及利用資料能利用各種媒體來檢索資訊

◎自我管理的能力

1. 對自己有正面的認知、有能力且有自治力。
2. 具備自我組織的技巧（時間管理、目標設定等）。

◎學習技巧的儲備

1. 認清自己的優缺點及偏好的學習型態。
2. 在任何情況下能具備一定範圍的學習策略。
3. 了解學習深淺層次的不同。

澳洲的Curtin大學在教學計畫(Teaching and Learning Plan)中明訂計畫目標為：「邁向卓越的教學、使學生具備終生學習的能力、對社會有積極的貢獻」由此所衍生出的具體目

標，為首的即學生要有能力展現出：

1. 對知識的評價、精熟及應用。
2. 對科技（含資訊科技）的了解與掌控。
3. 溝通技巧。
4. 批判性計鑑。
5. 創造力、解決問題能力、決策制定能力。
6. 獨立及團隊工作能力。
7. 具備服務觀、社會正義感及倫理。
8. 對澳洲及全球社區有積極貢獻。

發現發展並應用本身的專長及能力，學生應具備以下能力：

1. 發現發展並應用本身的專長及能力。
2. 設定自我學習目標。
3. 能獨立完成自我設定的學習目標。
4. 隨時監控評估自我學習。
5. 經常接觸並應用知識來源及資訊系統。
6. 珍惜並投入終生學習行列。

這份教學計畫已行之有年，對於改造教學、傳遞校方理念、提供課程認定及檢討架構等等，提供了非常有價值的參考資料(Latchem, 1998)。

國內賴麗珍(1998)根據相關文獻歸納出四項終身學習的關鍵能力：

◎**基本認知能力**

這部份能力包括：概念形成、記憶、組織概念及抽象思考等等。

◎**學習如何學的能力**

這部份能力包括：自我覺知、自我監控、以及省思。自我覺知是指學習者對自己的認知能力和過程的理解；自我監控是對於學習進度和方式的掌握；省思能力則是指在學習過程中對學習歷程和結果，運用創造思考、批判思考或問題解決歷程加以反省。

◎**動機與情緒的管理**

這部份能力為學習歷程中情感層面的認知和處理能力。在動機的管理部份，牽涉對自我學習動機的辨認、以及促進學習動機的策略使用；在情緒管理方面，則以運用情緒管理技巧做好學習前的準備、有效應付學習的挫折、以及適時紓解學習壓力等為重點。

◎**學習遷移能力**

此部份能力著重在將目前所學的內容除去特定情境的聯繫，而使學習的結果可以在相同的學習範疇中應用、或者經由對情境因素的重新組織而能將所學應用到不同的學習範疇。

根據1996年聯合國教科文組織(UNESCO)所出版的 *Learning: the Treasure Within* 一書中則推出終身教育是居於未來社會的中心位置，人們必須進行四種基本學習，亦即：

1. 學會認知(learning to know)：具備廣博的知識。

2. 學會做事(learning to do)：具有應付各種情況和共同工作的能力。
3. 學會共同生活(learning to live together)：尊重多元化，和平解決衝突。
4. 學會發展(learning to be)：具備較強的自主能力和制衡能力。

從宏觀的角度，這些能力的養成是終身教育的願景，同時也是個人接受終身教育的應具備的能力。

基本上這些能力的培養應該從小做起，亦即在學科的教學中同時培養學習者這些關鍵能力。因此除了課程內容外，教學方法與多元化的評鑑方式都是培養學習終身學習關鍵能力的途徑。由此可見，教師本身具備終身教育的素養是非常重要的。

在我國的白皮書中有關建立終身學習社會的具體途徑部份，即提出「加強培育教師終身學習素養」這一項。一方面在師資培育過程中，開設有關終身教育科目，加強終身學習理念的培養與終身學習方法的探究；另一方面在教師在職進修過程中加強終身學習素質的培養。唯有各類型的教師具備終身學習理念與素養，才能幫助每一個學生及成人具備終身學習的能力，以實現終身教育的理想。

此外，在1996年歐盟的終身學習年所發表的白皮書和我國1998年所提出的邁向終身社會白皮書中均強調學習外語的重要性。歐盟以學習他國語言可以增廣見識、開闊心胸、激發心智潛能，拓廣文化視野，因此建議外語能力的學習應從小

學階段開始，並在中學開始學習第二外國語，然後在職業及繼續性的職業訓練中學習，而且要建立評鑑系統以提高歐盟外語能力水準。在我國的白皮書中也提出推廣全民外語學習方案，使國人具備完整的國際觀及豐沛的地球村知能，以提昇生活素養，由此可見外語能力是終身學習的關鍵能力。換句話說，外語能力的培養是終身教育重要的一環。

為鼓勵基本能力的養成，應輔以認可制度。歐盟建議界定關鍵技能，建立知識認可制度，以激發不願或不能在傳統教學環境中學習者的動機，並協助社會成員在獲得正式學校文憑外，也能獲得學習其他知能的證書。這樣的制度使教育的管道多元化，使終身教育體制得以建立。在我國的白皮書中也提出二個方案，一是研究建立成就知能的認證制度。這兩項方案均是激勵學習者自我導向學習的策略，以及鼓勵各機構組織發展其終生學習的系統。這些方案若能透過立法程度予以建制化成合法化，那麼對我國終身教育體制的建立將有促進功用，使學者權利更獲得保障。

學習權利的保障

促進終身教育的首要工作在保障學習權利，而保障學習權利的具體措施是立法和建制化(Thomas, 1989)。亦即透過立法或制度，使終身教育理念具體化（林清江，1997）。以歐洲白皮書所提「知識認可制度」則必須透過高等教育學府，工商企業單位、地方商會及其他社會相關單位共同研擬規範、辦法才得以推行。

至於我國教育制度一向比較傾向中央集權法制，因此終身教育的倡導也須仰賴立法與制度化的過程以確保學習權利。

明顯的例子就是我國的白皮書中提出「統整相關法規，研訂終身教育方案」來保障全民學習權。另外將修訂預算法，鼓勵機關、學校、各種機構以代收代付的經費編列方式推展終身教育，以鼓勵企業或個人參與終身學習。

在制度層面，則以放寬入學管道與調整課程教學方案來促成學校轉型的目標，使學校之終身教育體制得以建立。此外，以建立回流教育制度之方案來鼓勵在職進修，藉以統合學校內外的教育體制。這些制度的建立也必須相關的主管機關，執行機構間共同研訂辦法，以保障國民終身教育的權益。在白皮書中所提的具體辦法包括：

1. 鼓勵學校與企業簽訂建教合作契約書，提供企業員工在職進修的機會。
2. 主管教育行政機關授權學校進行工作經驗學分的認證，並採認作為入學抵免課程修習之用。
3. 訂立鼓勵辦法，由學校提供名額，使具一定工作經驗且經認證績優者享有保送入學機會。
4. 協調相關單位研究公私立機構普遍推動員工帶薪進修可行性。

回流教育反映了終身教育人文與實用主義的哲學理念，透過制度化，使各種教育型態得以整合，以確保終身教育的權利(Boshier, 1998)。在歐洲早已實施，然而對我國而言，回流教育制度的建立，的確使終身教育權利獲得更大的保障。

學習資源的提供
終身教育最終的目標在培養自我導向學習，而促進自我導

向學習的主要策略之一便是提供豐富的學習資源(Rowntree,
1997)。在當前電腦網路發達的時代,利用電腦網路提供學習
資源已是世界各國的趨勢,這其中包括學習機會的資訊以及
學習材料本身。此外各類型的社教機構也提供了豐富的學習
資源;而各機構所提供的學習課程,或學習型組織所提供的
學習機會也都是學習資源。從人文主義的觀點,豐富的學習
資源使得學習者依其需求獲得學習。

　　根據我國邁向學習社會白皮書,有四項具體方案來開拓學
習資源,分別說明如下:

◎全面整合學習資訊方案
　　收集終身學習資訊,建立資源網路或資訊刊物,方便民眾
獲取資訊,以便參與學習。

◎結合圖書館推動讀書會活動方案
　　輔導鄉鎮市區圖書館成為社區終身學習資源中心,並輔導
各工作領域的機構皆能建立屬於各自領域的全國讀書會體
系,培養全民讀書風氣,建立非正式終身教育體系。

◎推動企業內學習組織方案
　　輔導企業建立學習型組織與進修制度,以塑造企業的學習
環境,提昇企管生產力與競爭力。

　　根據研究,百分之九十的企業內的學習活動與其職業知能
直接相關(洪榮昭,1996)。甚至許多著名的大型企業設立所
謂企業大學,提昇其員工工作知能,並做為職位晉升的依
據。如能輔導企業提供職能外的博雅教育課程,則「全人」
的終身教育理想當可實現。

◎普設終身學習場所方案

於社區普遍設立終身學習場所，以方便社區民眾就近參與學習，以建構社區終身教育體系。

總之，可得性、方便性與經濟性是提供學習資源的基本原則，為促進終身教育理念之實現，學習資源之規劃與提供是不容忽視的(Candy, 1993)。

終身教育指標與評鑑系統的建立

指標對終身教育的規劃具有引導功能，而評鑑體系的建立才能具體責成終身教育的實施。Dave等人在這方面著墨很深，不但組成研究小組，而且研訂詳細的評鑑內容與方法。我國的白皮書中教育部已擬定多項具體方案來推動，方案中均詳列目標、方法與行動步驟等三項。本文建議每一項方案應建立評鑑的系統或指標，以形成性評鑑過程來促使各個方案的具體實現，以落實推展終身教育。

結語

由於社會急遽變遷，人類的生命週期也受到相當的影響，傳統直線式的教育已無法滿足現代人類的需要，於是終身教育成為必然的趨勢。

然而終身教育的推展，除了需要以理論為基礎外，也需具體實踐的策略或途徑。本文參考相關文獻與實務，歸納出我國推展終身教育的理論基礎，包括：

在哲學基礎上須兼顧人文主義和實用主義，一方面肯定人

們追求自我成長以實現自我的需求，但一方面不可忽視現實生活充實職業知能及改善生活環境的需要性。

在社會學基礎上，以終身教育來促進社會的流動並兼顧社會適應力，以促進社會和諧發展。

在心理學基礎上，肯定人類認知發展的潛能及社會互動的需要性。此外，並重視參與學習動機在終身教育推展上的功能。

根據Miller的動機勢力理論和Cross的連鎖反應模式，本文以減少負向勢力（障礙），增加正向勢力（能力、機會、資源等）為概念基礎，並參考Candy(1993)促進學習社會三向度的模式，以提昇學習者能力，保障學習權利以及提供學習資源三項作為推展終身教育的策略。

如果把現階段終身教育看成是一項政策的話，政策的成敗與否應視其規劃，執行與評鑑三者間的關係而定。

今年是中華民國終身學習年，教育部已擬定多項具體方案來推動。方案中均詳列目標、方法與行動步驟，本文建議每一項方案應建立評鑑的系統或指標，以形成性評鑑過程來促使各個方案的具體實現，以落實推展終身教育。

參考書目

林清江(1997)。評一九九六歐洲終身學習年白皮書。中日終身教育國際研會論文集 (頁79-89)。國立臺灣師範大學社會

教育系。

邱天助(1988)。終生教育的理論基礎。載於中華民國比較教育學會主編 終生教育(頁23-50)。台北: 臺灣書店。

教育部(1998)。邁向學習社會。

黃富順(1989)。成人心理與學習。台北: 師大書苑。

葉學志(1988)。終生教育的興起。載於中華民國比較教育學會主編 終生教育(頁1-21)。台北: 臺灣書店。

葉啓政(1981)。二十年來臺灣地區中國文化發展的檢討。載於朱岑樓編 我國社會的變遷與發展。台北: 東大圖書公司。

賴麗珍(1998)。終身學習所需關鍵學習能力之分析。載於中華民國成人教育學會主編1998國際終身學習學術研討會論文集(頁151-172)。

Boshier, R. (1998). Psycho-cultural factors that facilitate and inhibit the deployment of lifelong education in Asian countries. Paper presented at the 1998 International Conference on Adult and Continuing Education in the University, Taipei.

Bowles, S. (1972). Schooling and inequality from generation to generation. Journal of Political Economy,80, 219-251.

Candy, P.C. (1993). Self-direction for lifelong learning. San Francisco: Jossey-Bass.

Cropley, A.J. (1979). Lifelong education: a stocktaking. Hamburg, UIE Monographs, 8.

Cross, K.P. (1986). Adults as learners. San Francisco: Jossey-Bass.

Dave, R.H. (1976). Foundations of lifelong education. Oxford: Pergamon Press.

European Union (1995). Teaching and learning: towards the learning society.

Faure, E. et al. (1972). Learning to be : the world of the education today and tomorrow. Paris: UNESCO.

Gelpi, E. (1982). Education and work, preliminary thoughts on encourgement of productive work in the educational process. International Journal of Lifelong Education, 1(1), 53-63.

Giddens, A. (1979). Central problems in social theory. CA: University of California Press.

Janne, H. (1982). Theoretical foundations of lifelong education. In R.H. Dave (eds.). Foundations of lifelong education. N.Y.: Pergamon Press.

Knapper, C. & Cropley, A. J. (1985). Lifelong learning and higher education. London: Croom Helm.

Latchem, C. (1998). Developing lifelong learners through open and flexible learning. Paper presented at the 1998

International on Adult and Continuing Education in the
University, Taipei.

Lawson, K. (1982). Lifelong education: concept or policy?
International Journal of Lifelong Education, 1(2).

Lengrand, P. (1975). An introduction to lifelong education.
London: Croom Helm.

Merriam, S.B. & Caffarella, R.S. (1991). Learning in adulthood.
San Francisco : Jossey-Bass.

Miller, N. (1967). Participation of adults in education: a force-field
analysis. Boston: Center for the Study of Liberal Education
for adults. Boston University.

Pan, D.Y. (1997). Lifelong learning: the whole DAMN cycle- a
Singapore perspectives. Inn M.J. Hatton(Ed.). Lifelong
learning. Ontario, Canada: School of Media Studies at
Humber College.

Park, R.J. (1998). Critical issues in adult and continuing education
in the United States: policy implications for the university for
the university systems in the US and Taiwan. Paper presented
at the 1998 International Conference on Adult and Continuing
Education in the University, Taipei.

Rowntree, D. (1997). Making materials-based learning work.
London: Kogan Page.

Rybash, J.M., Hoyer, W. J. & Roodin, P. A. (1986). Adult
    cognition and aging. New York: Pergamon Press.

Thomas, A.M. (1989). Legislation and adult education in Canada:
    a comparative study. International Journal of Lifelong
    Education, 8(2), 103-125.

Turner, J.H. (1974). The structure of sociological theory.
    Homewood, IL: The Dorsey Press.

「推展終身教育之策略」評論

林明地◎評論

本文從終身教育興起的背景因素，及其哲學、社會學、心理學之理論基礎，分析終身教育的重要性，並以學習者參與學習之動機理論為主要考量依據，指出未來推動終身教育所應把握的三種策略，即為提升學習者之能力、保障學習權利，以及提供學習資源，全文條理清晰，論述精闢，令人欽佩。個人能有機會搶先目睹此一大作，深感榮幸。茲以個人立場，指出本文對於未來推展終身教育的重要啟示如下。

首先，本文對於終身教育的重要性，以及其成為必然趨勢的論述，詳盡且理由充分，足以說服讀者。特別是作者從終身教育的發展緣起，及各種理論基礎出發，更可以讓讀者看出終身教育過去與現在的發展，以及未來推動的迫切性，尤其作者特別指出這種趨勢是一種「國際現象」，「擋都擋不住」，說服力很強。

其次，本文作者認為終身教育在哲學理念上應兼顧其實用目的及人文發展，並應儘可能取得平衡，換言之，終身教育的推展雖然不能忽略其實用取向，但也不能全以實用目的為唯一導向，有關人文素養的提升亦應兼顧。個人以為此一觀點足以作為我們推動終身教育的主要原則。

第三、作者在終身教育的社會學理論基礎中，提出「終身教育的理念，將學習的時間延長為終生，將學習的場所超越學校的圍牆，...，使教育的資源不受原來的社會結構所侷限。...，以促進其社會流動」，這樣的論述，更讓人覺得終身教育非推動不可。

最後，作者以參與學習的動機理論，提出一般人之所以參與學習是因為有需求存在，而這種需求的存在，正是推動終

身學習在策略訂定，或策略採用上必需加以考量的，個人亦覺得這樣觀點值得加以推廣。

其次個人也以學習的心態提出下列幾項問題，以向作者請教。

第一個問題是，本文實際上涉及終身教育的「理論基礎」與「推廣策略」兩大部分，但從題目…「推展終身教育之策略」…中卻無法看出其「理論基礎」的內涵，作者訂定此一題目時，使否有特別的考量？

第二、本文第二頁提出終身教育有所謂的「理論」與「實務」的爭辯，而作者亦指出，「終身教育不僅是教育理念，也是一種教育政策。有它發展的理論基礎，也必須有途徑與策略來實現它」（頁2），換言之，推展終身教育時，應根據其理論基礎，訂定適當的推展策略，但本文在分析終身教育的實施策略時，僅以參與學習動機理論（較屬於心理層面）為參考依據，而省略從社會學或哲學基礎所引伸出來的推動策略，不知道有沒有特別的理由？

最後，本文於終身教育的推展策略之末提出「終身教育指標與評鑑系統的建立」乙項策略，個人覺得相當重要，但它卻不屬於前述三項推展策略的任何一項，而且作者對此策略著墨不多，相當可惜。建議作者再詳予發展研究。

以上三項粗淺的問題與看法，敬請作者以及各位前輩不吝指正，謝謝。

捌 | 全民教育或全民和平教育? [1]

M. Ginsburg◎著
方永泉◎譯
楊深坑◎評論

Education for All or Education All for Peace

Mark B. Ginsburg

Education for Whom AND for What

The theme of this international symposium is " education for the New Century: Lifelong Learning for All." The symposium, thus, draws at least part of its inspiration from an international conference, organized by four key organizations of the United Nations (UNESCO, UNICEF, UNDP, and the World Bank) and held in Jomtien, Thailand, in March 1990. The theme of the Jomtiem conference, "education for all," has become the celebrated goal - or at least the popular slogan - of educators and policy-makers throughout the world. Participants at the "World Conference on Education for All" called for an "expanded vision" for meeting the "basic learning needs" of all: "Every person -- child, youth, adult - shall be able to benefit from educational opportunities designed to meet their basic learning needs."2

Of course, the commitment to the goal of universal education is not new, having been signaled, for example, in the 1948 United Nations' declaration that education is a basic human right. And as emphasized in the World Declaration on Education for All, moreover, education is not to be treated as synonymous with the narrower concept of schooling, but also includes nonformal and informal education in families, religious groups, community or occupational organizations, computer-based electronic mail networks, and the mass media: "[B]asic learning needs of youth and adults are diverse and should be met through a variety of delivery systems [including] skill training, apprenticeships, and formal and nonformal education programmes."3

The goal of education for all is a laudable one, but by itself may be too limiting to guide our efforts as educators, policy-makers, and citizens. What we need to do, I argue, is to combine our concern about education for whom with considerations about education for what. 4 Having provided an ambitious answer to the question of education for whom (viz., all people), we should offer an equally ambitious response to the question of education for what (viz., peace). This response is in line with Article I of UNESCO's Constitution, where education's purpose is stated to be furthering "universal respect for justice, for the rule of law and for the human rights and fundamental freedoms which are affirmed for the people of the world, without distinction of race, sex, language, or religion." Similar ideals about education have been expressed by many international declarations and documents5 and has been pursued by millions of people who have participated in local-, national-, and global-level peace and justice movements.6 Most recently, the "Declaration" of the ministers of education at the forty-fourth session of the UNESCO's International Conference on Education expressed deep concern about:

> the manifestations of violence, racism, xenophobia, aggressive nationalism and violations of human rights, ... religious intolerance, ... the upsurge of terrorism in all its forms and manifestations, and ... the growing gap separating wealthy countries from poor countries, phenomena which threaten consolidation of peace and democracy, both nationally and internationally and which are all obstacles to development

and then pledged to "strive resolutely" to:

base education on principles and methods that contribute to the development of the personality of pupils, students, and adults who are respectful of their fellow human beings and determined to promote peace, human rights and democracy.7

The Education for All conference did contain calls for change from the status quo, such as that people's "needs cannot be met by a simple quantitative expansion of educational programmes that now exist" and that a "'business-as-usual' approach to basic education policies and programmes simply will not work."8 And there was some reference to goals beyond merely attending educational programs. For example, the "basic learning needs" referenced in the quote at the end of the first paragraph (above) are explained as follows:

> These needs comprise both essential learning tools ... and the basic learning content ... required by human beings to be able to survive, to develop their full capacities, to live and work in dignity, to participate fully in development, to improve the quality of their lives, to make informed decisions, and to continue learning.9

However, the formal conference discussions and the "Declaration"10 developed from the conference do not generally reflect a strong, social-critical and change-oriented perspective. For example, Ramdas critiques the conference from a feminist perspective, indicating that "a large number of nongovernmental organizations (NGOs) present struggled to make our voices of dissent heard ... [but] most of these efforts were blocked effectively."11 Ramdas continues that the documents adopted by the conference propose an "adaptive rather than [a] transformative role of education" focusing on "techno-managerial manifestations of the problem."12 The three monographs produced for UNESCO based on the "thematic" and "illustrative" roundtable sessions that took place at the Jomtiem conference provide support for Ramdas' claim. While one is devoted to the purpose and context of basic education -- emphasizing science and technology, environmental, population, and health education, the other two, respectively, focus on the issue of expanding the vision of the range of educational delivery systems and the issue of the resources needed to provide education through one of these forms.13

Moreover, since the 1990 conference much activity that has been inspired by (or at least done with reference to) the World Conference on Education for All has given emphasis to the question of who should be educated (viz., all people), while neglecting or relegating the question of what that education should be. For example, James Grant, Executive Director of UNICEF, focused on the expansion (or re-expansion) of school attendance in reporting that since the Jomtien conference:

> many nations began to give greater priority to universalizing primary education. Figures for 1992 suggest that the proportion of the developing world's children now completing at least four years of primary schooling has reached 71 percent.14

And Frederico Mayor, Director-General of UNESCO,

highlighted a similar quantitative focus when noting that "in December 1993, the nine most populous developing countries of the world met in New Delhi, at the highest level, to declare that they must double their investment in education for all by the year 2000"15

Further evidence that the legacy of the 1990 Jomtiem conference highlights quantitative access to education rather than the goals and content of education is provided in the announcement and call for papers for the 1993 international conference on "Towards Education for All." The four subthemes listed in this document are: 1) "Meeting Basic Learning Needs for All," 2) "Quality Education for All," 3) "Programme development for Special Groups to Achieve Education for All," and 4) Strengthening International Co-Operation and Partnership to Achieve Education for All." Similarly, the mission statement of the United States Coalition for Education for All (USCEFA) stresses gaining access to, rather than the nature of the content of, the formal and hidden curriculum of education, stating that: "USCEFA is a group of U.S.-based individuals and organizations working at the community, national, regional, and international levels to promote access to opportunities for quality, basic education and lifelong learning."16

These developments are disconcerting in that "education for all" seems to have become associated with a more limited goal of universal access to schooling as it now operates, rather than with the more ambitious goal of involving all people in educational experiences that through their organization, content, and processes consistently promote a commitment and capacity to enhance the quality of life.17 If educating all in a particular manner resulted in increased violence, rather than serving as a catalyst for peace, we should not favor that kind of "education for all."

Peace and Forms of Violence

In working toward educating all for peace, we need to consider carefully what we mean by the concept of a " peace." We would begin by noting that peace has a broader meaning than the absence of war or other forms of physical violence.18 As Pam McAllister writes: "It is crucial that we begin to understand peace to mean, not only an end to war, but an end to all the ways we do violence to ourselves, each other, ... [and] the earth."19 And Danilo Dolci comments similarly: "It goes without saying that there will never be peace - organic peace, so long as the world knows hunger, poverty, ignorance, exploitation, unemployment, and social systems that hinder [hu]man's fulfillment."20 The general point is also made by Boutros Boutros-Ghali, Secretary General of the United Nations, in his 1992 report, An Agenda for Peace. He draws careful attention to "the continuing and devastating problems of unchecked population growth, crushing debt burdens, barriers to trade, drugs ... growing disparity between rich and poor ... disease, famine, oppression and despair" in prefacing his statement that "the efforts of the Organization to build peace, stability, and security must encompass matters beyond military threats.21

The broader notion of peace employed here is related - representing the opposite side of the coin - to a broader notion of violence than the more restricted definition often proposed: "acts of physical force aimed at severe injury or destruction of persons, objects or organizations."[22] The broader notion of violence includes "nonphysical acts of 'violation.'"[23] At its core, then, violence involves violation of "the most fundamental natural rights of persons"[24] and can be exercised through the use of physical force as well as the use of language or other nonphysical forms of human interaction or social relations, what some have termed structural violence.[25]

To clarify, one reduces structural violence (and, thus, extends and improves the quality of life) to the extent that there is a sufficient level and a just distribution of satisfaction of the following interrelated[26] components of human needs or wants: [27]

a. good health and nutrition [28]
b. symbolic or cultural resources (literacy, knowledge, group identity, status) [29]
c. productive and unalienating involvement in the economy [30]
d. material resources (shelter, clothing, food, etc.) [31]
e. well-developed and appropriately used technology [32]
f. harmonious, sustainable, and mutually beneficial relations with nature and the physical environment [33]
g. human (political/legal) rights [34]
h. civic/political participation [35]
i. quality interpersonal (caring, cooperative, supportive, and mutually responsible) relations [36]

j. quality of aesthetic and spiritual experiences 37

k. appropriate sport, travel, and leisure activities 38

For a "peace" to exist, then, there must not only be an absence of interpersonal and intergroup physical violence, but also each of these wants or needs must be sufficiently satisfied for each person and any variation (above the level of sufficiency) in satisfaction of any of these needs or wants must be done in a just manner with respect to men and women, racial/ethnic/religious groups, rural/urban dwellers, and national populations.39

To recapitulate, peace involves not only the absence of physical or direct violence, but also the absence of structural or indirect violence.40 Structural violence refers to the nonphysical forms of violence that cause premature death and/or diminish the quality of people's life.41 Both forms of violence, physical and structural, operate at macro (intergroup) and micro (interpersonal) levels.42 Thus, the goal of "peace" involves the elimination of: a) macro-level forms of physical violence,43 b) micro-level forms of physical violence,44 c) macro-level forms of structural violence, and d) micro-level forms of structural violence.45 Examples of each form of violence, which would need to be eliminated to achieve peace, are presented in Table 1, below.

Educating all for a "peace," therefore, is concerned with empowering all people to satisfy these needs or wants through individual and collective action at the micro- (interpersonal) and macro (local, national, and global intergroup) levels. However, to achieve a "peace," we must employ a "transforming" kind of

TABLE 1: FORMS OF VIOLENCE WHICH WOULD NEED TO BE
        ELIMINATED TO ACHIEVE PEACE

	Physical Violence	*Structural Violence*
Macro-Level	international, interregional, intergroup combat; genocide	governmental or other institutional policies and practices that create or perpetuate illiteracy, poverty, environmental degradation
Micro-Level	battering of women, children, and the elderly in households;corporal punishment in schools and work places; rape; assaults with weapons in community settings	interpersonal verbal and nonverbal behaviors that deny others' dignity or silence their voice which degrade, or otherwise deny other people's identity, dignity, and life chances

power. Educating all for "peace" is not concerned with developing people's capacity to dominate others - to exert "power over" -- but with enhancing people's ability to work cooperatively with others, to engage in "power with."[46]

Goals, Strategies, and Consequences

In this section we draw on a range of literature to briefly discuss the goals, strategies, and consequences of various types of educational activities around the world with respect to their supporting or undermining people's commitment to and capacity for creating and sustaining various aspects of "peace?"

Goals

Fostering one or more aspect of what we have defined as peace has been identified as important goals of education. For example, in the field of environmental education,47 educators working with children in schools have sought, through a strategy of "sustainable development,"48 to create a "new society," in which:

> natural limits are respected and human beings seek to live their lives in ways that nurture, rather than jeopardize, the ecological systems that support them. ... Both old and new technologies within this society would be carefully evaluated on the basis of their potential impact on the environment. ... The primary aim of the economy, itself, would be the fulfillment of basic human needs for shelter, nourishment, and health care, rather than the multiplication of creature comforts.49

Adult educators have stated their aims in a similar fashion:

> to develop practical orientations in helping adults to cope with technological changes; to eradicate illiteracy; and to help solve major problems facing the world - the search for a durable peace, international understanding, human rights, socio-economic development, the quality of the environment, and democratization of society for the ultimate democratization of education for all."50

The Association for Progressive Communication, which encourages information sharing and other forms of education via computer-based electronic mail networks, is also committed to serving people working toward peace, defined as:

the prevention of warfare, elimination of militarism, protection of the environment, furtherance of human rights and the rights of peoples, achievement of social and economic justice, elimination of poverty, promotion of sustainable and equitable development, advancement of participatory democracy, and nonviolent conflict resolution.51

Those concerned with the mass media as an educational mechanism have articulated a related set of goals:

The mass media have an essential part to play in the education of young peoples in a spirit of peace, justice, freedom, mutual respect and understanding, in order to promote human rights, equality of rights as between all human beings and nations, and economic and social progress.52

Strategies and Consequences

No matter what goals have been identified for them, however, educational programs can support or undermine broader efforts at achieving peace. Thus, we need not only to identify the goals, but also concentrate on analyzing the organization, content, and processes of various educational efforts - in schools, nonformal education programs, computer networks, mass media, families, and organized sport - to determine what impact they have on different groups of people who do and do not participate in them.53 The point is that no particular strategy for medium of education necessarily promotes peace or necessarily fosters violence. Most forms of education can contribute in either way; it depends on the nature of the organization, content, and processes of the particular educational activity.

Schools and universities 54 can function to facilitate or undermine efforts toward educating all for peace. Government-organized formal education often promotes, or at least condones, ideas (e.g., nationalism,55 competition, materialism) and practices (verbal and physical violence) that may foster nonpeaceful modes of relating to other human beings and the environment. This may explain why "the same countries responsible for the main threats facing humankind today, ecocide and genocide, are also the ones with the highest formal education or schooling."56 This may also account for the fact that:

> [m]any crimes against society and nature are committed by educated people. Pollution, weapons of mass destruction, wasteful consumerism, and 'entertainment' which degrades human values are all products of some 'educated' and materially 'successful' individuals and societies.57

Other evidence of formal education not contributing to a "peace" includes the fact that access to schooling is unequally distributed by social class, gender, race/ethnicity, and center/periphery location within and between nations. Partly as a consequence of unequal access, but also because of the cultural biases built into the organization, content, and processes of schooling, social inequalities between social classes, gender groups, racial/ethnic groups, and people residing in the center or periphery are often reproduced (both perpetuated and legitimated) through formal education.58 In this way, certain groups may encounter "symbolic violence" in school as their groups' cultures are devalued in comparison to the knowledge, values, language, and styles of thinking and interaction favored in curriculum, pedagogy, and exams.59

In contrast, some research indicates that women's participation in formal education is associated with greater participation in the labor force, higher earnings, better health, and a longer life expectancy.60 Other investigations have demonstrated that even while major features of the structure and culture of formal schooling (and society) may work against educating all for peace, it is possible for teachers, administrators, students, and community members to influence how education functions so that progress toward a peace is fostered.61 And there is some evidence of successes of UNESCO's Associated Schools Project, which facilitates the creation of networks of schools to promote education for peace, human rights and democracy.62

More generally, teachers have been found able to institute curriculum, pedagogy, and evaluation procedures that "transform" an emphasis on "power over" to one on "power with," and thus encourage the development of peace in interpersonal and broader social relations.63 For Berman,64 such an educational approach would involve seven factors "that make social responsibility a core element of the curriculum, the climate of the classroom, and the daily life of the school:65 Educating for the Development of Social Consciousness, Understanding Our Interdependence,66 Opportunities for Social Contribution, Opportunities to Be a Responsible Member of a Community, Developing Basic Participatory Understanding and Skills, Stepping Out of One's

Own Perspective, and Exploring Real World Issues. Similarly, Rearden emphasizes "the development of seven essential capacities for peacemaking ... reflection, responsibility, risk, reconciliation, recovery, reconstruction, and reverence."[67] And according to Collinge, such an educational approach:

> would not only include in its curriculum an understanding of peace, it
> would also have to be conducted in as democratic and open a way as
> possible, with the inequalities between teachers and students
> minimised. The institution must have a concern for social justice, for
> democratic participation and for students' responsibility.[68]

Nonformal education may be defined as "any organized, systematic educational activity carried on outside the framework of the formal system to provide selected types of learning to particular subgroups in the population, adults as well as children."[69] Various international, national, and local nongovernmental organizations have been engaged with varying degrees of success in developing nonformal programs for youth and adults to foster international understanding and to promote an anti-war orientation as well as to develop capacities for nonviolent conflict resolution and nonviolent forms of progressive social change.[70] Nonformal education programs for women have been used successfully to enhance the nutrition and health of children in Indonesia, for example.[71] There are also contrasting outcomes, however. And, as was noted above with respect to formal education, scholars and policy makers continue to debate whether nonformal education increases productivity, fosters economic growth, leads to a more equitable distribution of income, and promotes political empowerment or whether it reproduces economic and political inequalities and legitimates governments' unequal development strategies.72

La Belle has identified three types of nonformal education, which have different implications for promoting or not promoting peace: human capital, revolutionary change, and popular education.73 Human capital or social maintenance programs increase worker productivity, but do not really challenge social inequalities within or between societies. Revolutionary change programs seek to recruit and socialize participants as part of a movement to radically change existing, unequal political and economic social structures, often through violent means. Popular education programs tend to raise the consciousness of subordinated and oppressed groups to motivate them to seek reforms in society, normally through nonviolent means. Stromquist stresses that nonformal education literacy programs may either help women to develop empowering attributes of "assertiveness, self-esteem, and egalitarian beliefs," or they may inculcate more traditional qualities of "sacrifice, abnegation, living for others, love, softness."74

Computer Networking has in recent years become a means of educating and mobilizing concerted action by those involved in promoting various aspects of peace. While there remains a significant problem (a form of structural violence because of tremendous inequities in the distribution of computers, adequate telephone lines, and thus information transmitted via electronic mail, discussion groups or the World Wide Web), it is clear that a growing number of peace activists in some regions of the world are able to communicate with each other. Such networks as "PeaceNet" and "EcoNet," promoted and facilitated by organizations like the Institute for Global Communications and the Association for Progressive Communications, allow those involved in global social movements for peace to interact almost as effectively, instantaneously, and inexpensively as the corporations and governments whose policies and practices they may be challenging. And as Smoker[75] has also reported, "research has shown that effective use of information [obtained from electronic mail networks] in the local context can contribute significantly to the success of local peace movements." It should be noted, though, that individuals and groups who condone or encourage various forms of physical and structural violence also make use of this modern form of educational communication.

Family socialization practices, television programs (and other *mass media*), and organized *sports* activities may encourage the use of violent or nonviolent forms of conflict resolution. For instance, as Carlsson-Paige and Levin observe: "virtually all American children are exposed to [second hand violence] through the media and toys and the popular youth culture."[76] And Shupe and Hadden argue that :

> the media community may actually contribute to a rise in interfaith hostility rather than promote tolerance. This is because ... the mass media ... focuses on caricature and the particularlistic. Its two-dimensional format encourages simplistic reductions of issues into black and white. It not only understands conflict better than

cooperation, it perceives reality in these terms. Conflict, rather than harmony, is commercially marketable 'news.'77

While generally many existing practices, programs, and activities are found to promote nonpeaceful interpersonal and international relations, there is some evidence that peace may be fostered in the family, on television, and through organized sport.78 Torney-Purta and Hahn report that "many ... students are taught values of cooperation, leadership and working for the good of the whole through sports."79 More generally, for peace to be fostered, boys and girls would have to be "taught to care, share, and relate to other human beings and animals ... and at the same time [be] educated to stand up for their rights, to assert themselves."80

The Possibility of Educating All and the Possibility of "Peace"

An important question to be addressed as we envision "education for the new century" is: Can this lofty goal of a "peace" be achieved - at all, let alone through educational activities? Some, like Graeme Newman,81 respond negatively to this question based on a widely shared (but debatable) assumption that violence is and, therefore, has to be a fundamental element of human experience,82 at least among males of the species.83 However, even if we allow this assumption for purposes of argument, this does not render irrelevant efforts to reduce or eliminate violence - to strive to achieve peace. Indeed, such efforts become even more crucial, both to test this assumption and to make the world a better place.

The contemporary global scene provides too many illustrations of macro- and micro-level physical and structural violence to deny the tremendous need for all of us to intervene to promote movement toward, if not achievement of, peace. Some believed that the end of the "cold war" would usher in an era without war, but the continuation of warfare death, injury, and destruction, for example in Haiti, Iraq, Ireland, Palestine, Rawanda, Somalia, and the former Soviet Union and Yugoslavia, remind us that macro-level physical violence continues to challenge us to find solutions.84 Micro-level physical violence also seems to be escalating. Women and children continue to be targets of physical abuse in homes around the world. In many cities in the "developed" and the "developing" world people of different racial and ethnic groups increasingly have reason to fear being shot, raped, or otherwise violently attacked.85 Government and other organizational policies and practices as well the beliefs and actions of individuals continue to perpetrate structural violence as well. In a broad range of settings the quality of life is deteriorating. Human beings are being denied a sufficient level and a just distribution of the following components of human wants or needs: good health and nutrition; symbolic resources (e.g., literacy, knowledge, group identity, status); productive and unalienating involvement in the economy; material resources (e.g., shelter, clothing, food); well-developed and appropriately used technology; harmonious, sustainable, and mutually beneficial relations with nature and the physical environment; human (political/legal) rights; civic/political participation; quality interpersonal (caring, cooperative, supportive, and mutually) relations; quality of aesthetic and spiritual experiences; and appropriate sport, travel, and leisure activities.

These circumstances cry out for our action. As educators, policy-makers, and citizens, we must systematically reflect and draw on our collective understanding of why violence is a part of human experience and how violence can be avoided, reduced or eliminated. Moreover, we must use such knowledge to promote through education (and other means) our own and others' commitment to the capacity for reducing (if not eliminating) micro- and macro-level forms of physical and structural violence. We cannot remain passive in the face of violence by and against humanity and our natural environment. It is also not enough merely to work to incorporate all people into existing educational institutions and programs. If in the 21st century we are to educate all for peace, we will need to rethink and redesign educational institutions and programs so that they contribute to and do not detract from promoting peace.

It is important to acknowledge, nevertheless, that education alone cannot be entirely successful in extending and improving the quality of human life, in achieving peace. As Wulf observes:

> Peace cannot be brought about by changes in human consciousness alone. Belligerence and violence are so deeply anchored in social structures that they cannot be overcome solely by people's will to have peace. Concerted political action that diminishes the structures

of violence in society and the international system is also necessary.[86]

Moreover, existing conditions constrain efforts designed for educating all for peace. For example, "[w]ar and political repression[,] ... continuing inequalities between Northern industrialized countries and the states of the South and ... divisions and inequalities within societies" have been identified as "obstacles that stand in the way of education for all."[87] And as some of the participants in the World Conference on Education for All noted, the following problems have historically prevented progress toward achieving education for all: "mounting debt burdens, the threat of economic stagnation and decline, rapid population growth, widening economic disparities among and with nations, war, occupation, civil strife, violent crime, the preventable deaths of millions of children and widespread environmental degradation."[88]

Nevertheless, various forms of education in a variety of settings around the world have at least the potential to contribute to the development of peace. As we move forward to achieve education for all in the new century, we need to examine carefully how the organization, content, and processes of various forms of education can be developed in order to foster a commitment to and a capacity for creating and sustaining peace.

Endnotes

1. Revised version of paper presented at the Annual Meeting

of the American Educational Research Association, San Francisco, CA, 18-23 April 1995. This paper was developed in the context of a research project being organized in Cooperation with the UNESCO International Bureau of Education (IBE) and the World Council of Comparative Education Societies (WCCES). In July, 1992, in Prague, Czech and Slovak Republic, the WCCES Executive Committee voted to encourage the development of this project and in March, 1993, in Kingston, Jamaica, the WCCES Executive Committee voted to support the project. This project is being coordinated by the members of a WCCES-appointed Committee: Mark Ginsburg (chair, USA), Lee Sung-ho (Korea), Fayez Morad Mina (Egypt), Y.A. Aluwole (Nigeria), Nelly Stromquist (USA), and Margaret Sutherland (United Kingdom). Helpful advice was also obtained through liaison with key individuals representing the organizations cooperating on the project, Juan Carlos Tedesco (Director, IBE), Toshio Ohsako (Specialist, IBE), Wolfgang Mitter (President, WCCES), Raymond Ryba (General-Secretary, WCCES), and from other colleagues, including Birgit Brock-Utne, Bud Hall, Werner Kohler, Peter Lemish, Douglas Ray, Norma Tarrow, and Henk Van daele.

2. Inter-Agency Commission (1990) World Declaration on Education for All. (Document adopted by the World Conference on Education for All: Meeting Basic Learning Needs, Jomtien, Thailand, 5-9 March, 1990). New York: Inter-Agency Commission, p. 3.

3. Inter-Agency Commission (1990) World Declaration on Education for All. New York: Inter-Agency Commission, p. 6.

4. See also Judith Torney-Purta (1987) "Human Rights and Education Viewed in a Comparative Framework: Synthesis and Conclusions," in Norma Tarrow (ed.) Human Rights and Education (pp. 225-230). New York: Pergamon.

5. See United Nations (1959) Declaration of the Rights of the Child. New York: United Nations; UNESCO (1974) Recommendation on Education Concerning International Understanding, Cooperation and Peace and Education Regarding Human Rights and Fundamental Freedoms; UNESCO (1989) Education for International Understanding, Cooperation, Peace and Human Rights. Bangkok, Thailand: UNESCO Principal Regional Office for Asia and the Pacific; and other documents referenced by Werner Koehler (1992, July) "Access to and Creative Application of Standard Setting Documents and Topic Materials on Issues of Humanistic and International Education," World Congress of Comparative Education, Prague, Czech and Slovak Republics.

6. See April Carter (1992) Peace Movements: International Protest and World Politics Since 1945. London: Longman; C. Fink (1980) "Peace education and the Peace Movement since 1885." Peace and Change 6 (2): 66-74.

7. "Declaration of the Forty-Fourth Session of the International Conference on Education," adopted in Geneva, 3-8 October 1994.

8. Inter-Agency Commission (1990) Meeting Basic Learning Needs: A Vision for the 1990s. (An official background document

for the World Congress of Education For All). New York: Inter-Agency Commission, pp. 5-6.

9. Inter-Agency Commission (1990) World Declaration on Education for All. (Document adopted by the World Conference on Education for All: Meeting Basic Learning Needs, Jomtien, Thailand, 5-9 March, 1990). New York: Inter-Agency Commission, p. 3.

10. Inter-Agency Commission (1990) World Conference on Education for All: Meeting Basic Learning Needs. (Conference proceedings for the World Congress of Education for All). New York: Inter-Agency Commission

11. L. Ramdas (1990) "Gender Issues and Literacy: An Analysis," Convergence 23 (4), p. 37.

12. Ibid., pp. 44-45.

13. Sheila Haggis (1991) Education for All: Purpose and Context. Paris: UNESCO; Paul Fordham (1992) Education for All: An Expanded Vision. Paris: UNESCO; Douglas Windham (1992) Education for All: The Requirements. Paris: UNESCO. [Reviewed by Steven Vago (1994) in Comparative Education Review 38 (3): 413-415.]

14. James Grant (1994) "Mutual Understanding and Tolerance," introductory statement to "Major Debate III: Educating for Mutual Understanding and Tolerance," at the Forty-Fourth

Session of the International Conference on Education, Geneva, 3-8 October 1994. [Abridged version published in Educational Innovation and Information, International Bureau of Education, Number 81 (December 1994), p. 3.]

15. Frederico Mayor (1994) "Education for International Understanding," presentation opening "Major Debate I: Towards a Culture of Peace, Human Rights and Democracy for All," at the Forty-Fourth Session of the International Conference on Education, Geneva, 3-8 October 1994. [Abridged version published in Educational Innovation and Information, International Bureau of Education, Number 81 (December 1994), p. 2.]

16. "USCEFA Profile," p. 4 See also EFA Today, the newsletter of the United States Coalition for Education for All (e.g., Issues Number 2, January-March 1993).

17. A similar call was sounded in Asia and the Pacific Programme of Educational Innovation for Development (1991) Science for All and the Quality of Life. Bangkok, Thailand: UNESCO Principal Regional Office for Asia and the Pacific.

18. Ironically and unfortunately, to "existing powers in the modern political arena, 'peace is the continuation of war by other means,' the time of intensive development of the techniques and technology of war" [Duane Cady (1989) "Positive Peace" in From Warism to Pacifism: A Moral Continuum. Philadelphia: Temple University Press, pp. 77-78].

19. Pam McAllister (1982) Reweaving the Web of Life. New York: New Society Publishers, p. 3.

20. Danilo Dolci (1974) A New World in the Making. Westport, CT: Greenwood, p. 30.

21. Boutros Boutros-Ghali (1992) An Agenda for Peace: Preventive Diplomacy, Peacemaking, and Peace-keeping. New York: United Nations, p. 13-14. Boutros-Ghali's words echo those of Archibald McLeish, which he uttered at the first General Conference of UNESCO: "Peace means something more than a mere absence of overt hostilities. It means a condition of solidarity, harmony of purpose, and coordination of activities in which free men and women can live a secure and satisfactory life" [quoted in J. Swell (1975) UNESCO and World Politics: Engaging in International Relations. Princeton: Princeton University Press, p. 115].

22. John Spiegel (1971) "Toward a Theory of Collective Violence," in Jan Fawcett (ed.) Dynamics of Violence. Chicago: American Medical Association, p. 20. See also J. Glenn Gray (1970) On Understanding Violence and Other Essays. New York: Harper and Row, p. 12; and Gerald Priestland (1974) The Future of Violence. London: Hamish Hamilton, p. 10.

23. Nevitt Sanford (1971) "Collective Destructiveness: Sources and Remedies," in Gene Usdin (ed.) Perspectives on Violence. New York: Brunner/Mazel, p. 44. Sanford actually employs the term, destructiveness, for this broader meaning of

violence. While it may be etymologically correct that the Latin root of the English word "violence" is violencia (physical force) rather than violatio (violation) [Graeme Newman (1979) Understanding Violence. New York: Lippincott, p. 3], the issues here are as much political as they are technical. For example, Kenneth Grundy and Michael Weinstein [(1974) The Ideologies of Violence, Columbus, OH: Charles E. Merrill, p. 113] note that the "most basic pattern is for defenders of constituted authority to use more restrictive definitions of violence and for opponents of constituted authority to use broader definitions."

24. Newton Garver (1968, June 24) "What is Violence?" Nation 206, p. 819.

25. Charles Rivera and Kenneth Switzer (1976) Violence. Rochelle Park, NJ: Haden Books, p. 15.

26. The components of human wants and needs are distinguished to provide emphasis to each component and not to suggest that policies and practices to satisfy them are separate or unrelated. For example, L. Dubbeldam [(1990) "Culture, Education and Productive Life in Developing Countries," in A. Boeren and K. Epskamp (eds.) Education, Culture and Productive Life. The Hague: Centre for the Study of Education in Developing Countries, 1990, p. 31] makes reference to items a, c, d, f, and i when he states that: "People have to learn to be productive in the sense that they can produce food and goods but also make an active contribution to a harmonious survival of the community and to good relations with the natural and supernatural environment."

27. For an in-depth discussion of the notion of human wants and needs in relation to conceptualizing and measuring the "quality of life," see Ramkrishna Mukherjee (1989) The Quality of Life Research: Valuation in Social Research. New Delhi: Sage. For a recent attempt to measure the quality of life in various nations see United Nations Human Development Program (1993) Human Development Report. Cary, NC: Oxford University Press.

28. G. Griffin and L. Light [(1975) Nutrition Education Curricula: Relevance, Design, and the Problem of Change. Paris: UNESCO, p. 7] describe "the nature and scope of nutrition problems in the world and the central role of education in working toward solutions which contribute to national development and world peace." See also UNESCO (1982) Education for Rural Development--A Portfolio of Studies (Volume 3): Health and Nutrition Education. Bangkok: UNESCO Regional Office for Education in Asia and the Pacific; and Trevor Williams (1990) Food, Environment, and Health: A Guide for Primary Teachers. Geneva: World Health Organization.

29. See Agneta Lind (1990) Mobilizing Women for Literacy. Geneva: IBE; Asian-South Pacific Bureau of Adult Education (1990) "Literacy for Peace and Human Rights," Special issue of the Asian-South Bureau of Adult Education Courier 49-50; and D.A. Wagner (1989) The Future of Literacy in a Changing World. Oxford: Pergamon. Torney-Purta [(1987) "Human Rights and Education Viewed in a Comparative Framework: Synthesis and Conclusions," in Norma Tarrow (ed.) Human Rights and Education (pp. 225-230). New York: Pergamon] indicates that maintenance of

one's culture should be considered a human right.

30. See A. Boeren and K. Epskamp (1990) Education, Culture, and Productive Life. The Hague: Centre for the Study of Education in Developing Countries; W.U. Chandler (1985) Investing in Children. Washington, D.C.: Worldwatch Institute; I. Fagerlind (1983) Education and National Development: A Comparative Perspective. Oxford: Pergamon; George Psacharopoulos (1988) "Critical Issues in Education: A World Agenda," International Journal of Education Development 8: 1-7; and World Bank (1986) The Quality of Education and Economic Development. Washington, D.C.: World Bank.

31. See Frances Moore Lappe and Joseph Collins (1977) Food First: Beyond the Myth of Scarcity. New York: Ballantine.

32. See J. Holbrook and D. Chisman (eds.) (1987) Advances in Science and Technology Education. Hong Kong: International Council of Associations for Science Education; K. Riquarts (ed.) (1987) Science and Technology Education and the Quality of Life (3 volumes). Kiel, Germany: Institute for Science Education; and UNESCO (1991) Science for All and the Quality of Life. Bangkok: Asia and the Pacific Programme of Educational Innovation for Development.

33. Michael Redcliff [(1987) "Learning from the Environmental Crisis in the South," in Colin Lacey and Roy Williams (eds.) Education, Ecology and Development (pp. 22-27). London: The World Wildlife Fund and Kogan Page] calls for a

program of re-education in all countries to clarify the nature of the 'environmental crisis' in the South, to examine the role that ideas and practices from the North have played in exacerbating the crisis, and to explore the contributions that the knowledge of indigenous peoples in the South might make toward ameliorating the crisis. See also Organization for Economic Cooperation and Development (1991) Environment, Schools and Active Learning. Strassbourg: OECD; Organization for Economic Cooperation and Development (1993) Environmental Education: An Approach to Sustainable Development. Paris: OECD; Betty Rearden and Eva Nordland (Eds.) (1994) Learning Peace: The Promise of Ecological and Cooperative Education. Albany, NY: State University of New York Press; Gregory Smith (1992) Education and the Environment: Learning to Live With Limits. Albany, NY: SUNY Press; and UNESCO (1988) International Strategy for Action in the Field of Environmental Education and Training for the 1990s. Paris: UNESCO and United Nations Environmental Programme (UNEP).

34. See Norma Bernstein Tarrow (ed.) (1987) Human Rights and Education. New York: Pergamon Press; and UNESCO (1978) Algunas Sugestiones sobre la Ensenanza acerca de los Derechos Humanos. Paris: UNESCO. Felisa Tibbitts [(1994b) "Human Rights education in Schools in the Post-Communist Context," unpublished manuscript, p. 6] makes the interesting observation that "unlike the premise of political education, which is based on the notion of 'the citizen,' human rights education takes as its sole premise the individual as a member of the human race."

35. See Marcy Fink and Robert Arnove (1989, March-April) "Current Issues and Tensions in Popular Education in Latin America," paper presented at the annual meeting of the Comparative and International Education Society, Cambridge, MA; David Reed (1981) Education for Building a People's Movement. Boston: South End Press; J.C. Saxena and J.L. Sachdeva (eds.) (1990) Adult Education: A People's Movement. New Delhi: Indian Adult Education Association; and Carlos Alberto Torres (1990) The Politics of Nonformal Education in Latin America. New York: Praeger.

36. In his volume, Education and the Environment: Learning to Live with Limits [(1992) Albany, NY: SUNY Press, p. 110], Gregory Smith emphasizes that educators should create "opportunities for children to form mutually supportive relations with others within school ... [and thus] begin the process of helping their students master habits of care, social responsibility, and commitment." See also Nell Noddings (1988) An Ethic of Caring and Its Implications for Institutional Arrangements. Stanford, CA: Center for Educational Research at Stanford.

37. See Thomas Curtis (1981) Aesthetic Education and the Quality of Life. Bloomington, IN: Phi Delta Kappa Educational Foundation; Bennett Reimer and Ralph Smith (eds.) (1992) The Arts, Education, and Aesthetic Knowing, NSSE Yearbook. Chicago: University of Chicago Press; Anson Shupe and Jeffrey Hadden (1988) "Religion and Social Change: The Critical Connection," pages vii- xx in A. Shupe and J. Hadden (eds.) The Politics of Religion and Social Change: Religion and the Political

Order, Volume II. New York: Paragon Press.

38. See Council on Standards for International Education Travel (1986) Advisory List of International Education Travel and Exchange Programs. Reston, VA: CSIET; and J.C. Pooley (1984) "Physical Education and Sport and the Quality of Life," Journal of Physical Education, Recreation and Dance 55(3): 45-48.

39. See Lotty Edering and Jo Kloproggee (1989) Different Cultures, Same School: Ethnic Minority Children in Europe. Amsterdam: Swets & Zeitlinger; Brian Holmes (1985) Equality and Freedom in Education: A Comparative Study. Boston: Allen and Unwin; and Gaby Weiner (ed.) (1990) The Primary Schools and Equal Opportunities: International Perspectives on Gender Issues. London: Cassell.

40. Here I subsume the notion of psychological violence under the rubric of structural violence. For a discussion that separates these, see Ian Harris (1993) "Peace Education: A Modern Educational Reform," paper presented at the Annual Meeting of the American Educational Research Association, Atlanta, Georgia, 12-16 April.

41. The absence of structural violence is termed "positive peace," while the absence of physical violence is labeled "negative peace." Thus, here the concept of peace is a comprehensive one in that it includes both positive and negative peace. For a discussion of these concepts, see Birgit Brock-Utne (1989) Feminist Perspectives on Peace and Peace Education. New York: Pergamon;

and Johan Galtung (1969) "Violence, Peace and Peace Research," Journal of Peace Research 6: 167-91. For a critique of the use of the concept of positive peace, see Kenneth Boulding (1977) "Twelve Friendly Quarrels with Johan Galtung," Journal of Peace Research 14: 75-86. The notion of "positive peace" has more appeal to European and Third World scholars, while the narrower notion of "negative peace" is more often employed in the United States; see J.D. Sethi (1989) "Peace Education and Research," in Gandhian Critique of Western Peace Movements (pp. 112-127). Delhi: Chanakya; and Carolyn Stephenson (1989) "Perspectives on the Curricular Agenda," in Daniel Thomas and Michael Klare (eds.) Peace and World Order Studies: A Curriculum Guide, 5th edition (pp. 9-19). New York: Westview Press.

42. Gerald Priestland (1974) The Future of Violence. London: Hamish Hamilton; Charles Rivera and Kenneth Switzer (1976) Violence. Rochelle Park, NJ: Haden Books

43. See Birgit Brock-Utne (1985) Educating for Peace. New York: Teachers College Press; David Hicks (ed.) (1988) Education for Peace. London: Routledge; Nordenstreng Kaarle (1984) The Mass Media Declaration of UNESCO. Norwood, NJ: Ablex; and Betty Reardon (1988) Comprehensive Peace Education. New York: Teachers College Press.

44. Birgit Brock-Utne (1989) Feminist Perspectives on Peace and Peace Education. New York: Pergamon.

45. Garver [(1968, June 24) "What is Violence?" Nation 206,

p. 819] presents a similar typology of violence, employing the labels, respectively: overt institutional, quiet institutional, overt personal, quiet personal. For example, "overt personal violence" is the "overt physical assault of one person on the body of another" (p. 819), and "quiet institutional violence" occurs when persons "are systematically denied access to social options open to others" (p. 822).

46. See Seth Kreisberg (1992) Transforming Power: Domination, Empowerment, and Education. Albany: SUNY Press; see also Gustavo Benavides (1989) "Religious Articulations of Power," pages 1-12 in G. Benavides and M. Daly (eds.) Religion and Political Power. Albany, NY: State University of New York Press.

47. Environmental education and human rights education deal with a similar range of goals and strategies that we are discussing here in terms of education for peace. On the former, see also R. Sharma and M. Tan (eds.) Sourcebook in Environmental Education for Secondary Teachers. Bangkok: UNESCO Principal Office for Asia and the Pacific. On the latter, see also Douglas Ray (ed.) (in press) Education and Human Rights. Paris: UNESCO/IBE; and Norma Tarrow (ed.) (1987) Human Rights and Education. Oxford: Pergamon.

48. Sustainable development has been defined as "development that meets the needs of the present without compromising the ability of future generations to meet their own needs" [World Commission (1987) Our Common Future. Oxford:

Oxford University Press, p. 7]. "[T]raining for the rational management of the environment in the view of achieving sustainable development" is a primary objective of UNESCO-sponsored environmental education initiatives [UNESCO (1988) International Strategy for Action in the Field of Environmental Education and Training for the 1990s. Paris: UNESCO and UNEP, p. 6]. See also J. Disinger (1990) "Environmental Education for Sustainable Development? Journal of Environmental Education 21 (4): 3-6; Michael Redclift (1987) Sustainable Development: Exploring the Contradictions. London: Methuen; and Wolfgang Sachs (1992) "Environment," in W. Sachs (ed.) The Development Dictionary: A Guide to Knowledge as Power (pp. 26-35). London: Zed Books; UNDP et al. (1980) World Conservation Strategy: Living Resource Conservation for Sustainable Development. Gland, Switzerland: United Nations Development Program, United Nations Environmental Program, World Wildlife Fund, and International Union for Conservation of Nature.

49. Gregory Smith (1990) Education and the Environment. Albany, NY: SUNY Press, p. 90. Smith notes, furthermore, that such a new society "does not require the elimination of the forms of knowledge generated by contemporary science" (p. 76) nor does it require "the abandonment of technology" (p. 79), though it does necessitate "the adoption of an epistemological stance of 'identification with' rather than 'detachment from'" the social and physical world (p. 80) and an orientation of "cooperation rather than competition" (p. 81). See also Riitta Wahlstrom (1993-94) "Promoting Commitment for Peace and Environmental

Responsibility." The International Journal of Humanities and Peace 10 (1): 24-27.

50. UNESCO (1985) Fourth World Conference on Adult Education; cited in H.S. Bhola (1988) World Trends and Issues in Adult Education. Paris: UNESCO, p. 25.

51. This excerpt from a draft of the constitution of the Association for Progressive Communications is quoted from Paul Smoker (1992) "Possible Roles for Social Movements," in K. Tehranian and M. Tehranian (eds.) Restructuring for World Peace on the Threshold of the Twentieth Century, Cresswell, NJ: Hampton Press, p. 98.

52. UNESCO (1978, 22 November) Declaration of Fundamental Principles Concerning the Contribution of the Mass Media to Strengthening Peace and International Understanding and the Promotion of Human Rights and to Countering Racialism, Apartheid and Incitement to War. Paris: UNESCO.

53. The importance of examining the effects of peace education has been stressed by William Eckhardt (1987) "The Task of Peace Education: A Value Theory of Peace Education," Bulletin of Peace Proposals 18 (1): 63-71; and Ian Harris (1992) "The Challenge of Peace Education: Do Our Efforts Make a Difference?" Educational Foundations 6 (4): 75-98.

54. For historical overviews of peace studies programs in higher education and related professional organizations see George

Lopez (1989) "Trends in College Curricula and Programs," The Annals of the American Academy of the Political and Social Science 504 (July): 61-71; Carolyn Stephenson (1989) "Perspectives on the Curricular Agenda," in Daniel Thomas and Michael Klare (eds.) Peace and World Order Studies: A Curriculum Guide, 5th edition (pp. 9-19). New York: Westview Press.

55. For example, see Felisa Tibbitts (1994a) "Education in the Making: Moral Education in Post-Communist Societies." Comparative International Education Society Newsletter, May, p. 12.

56. Birgit Brock-Utne (1989) "Feminist Perspectives on Peace Education in the Formal Sector," in Feminist Perspectives on Peace and Peace Education. New York: Pergamon, p. 155.

57. Richard Sidy (1993-94) "All Education Must Produce Peace," The International Journal of Humanities and Peace 10 (1): 41.

58. See Philip Altbach and Gail Kelly (eds.) (1978) Education and Colonialism. New York: Longman; Basil Bernstein (1975) Class, Codes and Control. London: Routledge & Kegan Paul; Samuel Bowles and Herbert Gintis (1976) Schooling in Capitalist America. Boston: Routledge and Kegan Paul; Martin Carnoy and Henry Levin (eds.) (1976) The Limits of Educational Reform. New York: Longman; R. Dale, G. Esland, R. Fergusson, and M. MacDonald (eds.) (1981) Education and the State, Volume 2:

Politics, Patriarchy and Practice. London: Falmer; Margaret Gibson and John Ogbu (1991) Minority Status and Schooling: A Comparative Study of Immigrant and Involuntary Minorities. New York: Garland; John Hawkins and Thomas La Belle (eds.) (1985) Education and Intergroup Relations: An International Perspective. New York: Praeger; Gail Kelly and Carol Elliot (eds.) (1982) Women's Education in the Third World: Comparative Perspectives. Albany: SUNY Press; and John Ogbu (1978) Minority Education and Caste: The American System in Cross-Cultural Perspective. New York: Academic Press.

59. Pierre Bourdieu and Jean-Claude Passeron (1977) Reproduction in Education, Society, and Culture. Beverly Hills, CA: Sage.

60. See S.H. Cochrane, D.J. O'Hara, and J. Leslie (1980) The Effects of Education on Health. (World Bank Staff Working no. 405). Washington, D.C.: World Bank; and George Psacharopoulos (1984) "The Contribution of Education to Economic Growth: International Comparisons," in J.W. Kendrick (ed.) International Comparisons of Productivity and Causes of Slowdown (pp. 335-355). Cambridge, MA: Ballinger.

61. See Robert W. Connell (1985) Teachers' Work. Sydney: Allen and Unwin; and Kathleen Weiler (1988) Women Teaching for Change: Gender, Class and Power. South Hadley, MA: Bergin & Garvey.

62. "Report on Round-Table III: The UNESCO Associated

Schools Project: A Viable Network to Promote Education for Peace, Human Rights, and Democracy," at the Forty-Fourth Session of the International Conference on Education, Geneva, 3-8 October 1994. [Summary published in Educational Innovation and Information, International Bureau of Education, Number 81 (December 1994), p. 11.]

63. Seth Kreisberg (1992) Transforming Power: Domination, Empowerment and Education. Albany: SUNY Press.

64. Shelley Berman (1990) "The Real Ropes Course: The Development of Social Consciousness," in ESR Journal (pp. 7-15). Cambridge, MA: Educators for Social Responsibility.

65. Note the evidence on both the formal curriculum and the hidden curriculum -- the messages conveyed by the social relations of life in schools and classrooms. For further discussion of how messages in the formal and hidden curriculum of schools do not (but could) promote peace, see Ian Harris (1988) Peace Education. Jefferson, NC: McFarland & Co.

66. Berman [(1990) "The Real Ropes Course: The Development of Social Consciousness," ESR Journal, p. 9] mentions global education, environmental education, multicultural education, and cooperative learning movements as paralleling peace education in attempting to develop understanding of interpersonal, intergroup, and international interdependence.

67. Betty Reardon (1988) Comprehensive Peace Education:

Educating for Global Responsibility. New York: Teachers College Press, p. 61.

68. James Collinge (1992) "Controversial Issues: The Case of Peace Education," in Roger Openshaw (ed.) New Zealand Social Studies: Past, Present, and Future (pp. 111-112). Auckland: Dunmore Press.

69. Thomas La Belle (1986) Nonformal Education in Latin America and the Caribbean: Stability, Reform, or Revolution? New York: Praeger, pp. 5-6.

70. Elise Boulding (1988) Building a Global Civic Culture: Education for an Interdependent World. New York: Teachers College Press.

71. W. Toisuta (1982) "Interdisciplinary Research, Materials Development and Training for Rural Development Linked with Post-Graduate Studies," in Education for Rural Development--A Portfolio of Studies (Volume 3): Health and Nutrition (pp. 14-30). Bangkok: UNESCO Regional Office for Education in Asia and the Pacific.

72. See J.C. Bock and G.J. Papagiannis (eds.) (1983) Nonformal Education and National Development. New York: Praeger; and Carlos Alberto Torres (1990) The Politics of Nonformal Education in Latin America. New York: Praeger.

73. Thomas La Belle (1986) Nonformal Education in Latin

America and the Caribbean: Stability, Reform, or Revolution? New York: Praeger.

74. Nelly Stromquist (1990) "Women and Illiteracy: The Interplay of Gender Subordination and Poverty," Comparative Education Review 34, pp. 99 and 106.

75. Paul Smoker (19??) "Possible Roles for Social Movements," in K. Tehranian and M. Tehranian (eds.) Restructuring for World Peace on the Threshold of the Twenty-First Century. Cresswell, NJ: Hampton Press, p. 97.

76. N. Carlsson-Paige and D. Levin (1992) "Making Peace in Violent Times." Young Children 48 (1): 4-14, p. 4.

77. Anson Shupe and Jeffrey Hadden (1988) "Religion and Social Change: The Critical Connection," pages vii- xx in A. Shupe and J. Hadden (eds.) The Politics of Religion and Social Change: Religion and the Political Order, Volume II. New York: Paragon Press, p. xii.

78. Birgit Brock-Utne (1989) "Feminist Perspectives on Peace Education in the Nonformal Sector," in Feminist Perspectives on Peace and Peace Education (pp. 107-154). New York: Pergamon.

79. Judith Torney-Purta and Carole Hahn (1988) "Values Education in the Western European Tradition," in W. Cummings, S. Gonipathan, and Y. Tomoto (eds.) The Revival of Values in Education in Asia and the West (pp. 79-114). New York:

Pergamon.

80. Birgit Brock-Utne (1989) "Feminist Perspectives on Peace Education in the Nonformal Sector," in Feminist Perspectives on Peace and Peace Education. New York: Pergamon, pp. 152-53.

81. Graeme Newman [Understanding Violence. New York: Lippincott, 1969, p. 264] argues that we cannot achieve what we have termed peace "because it ... is not at all clear that if, say, it were possible to effect a change which reduced a particular form of violence ... then other aspects of violence would [be reduced or even] remain the same."

82. See Hannah Arendt (1969) On Violence. New York: Harcourt, Brace and World, p. 5; Raymond Aron (1975) History and the Dialectic of Violence: An Analysis of Sartre's Critique de la Raison Dialectique (translator: Barry Cooper). New York: Harper and Row, p. 191; J. Bronowski (1968) The Face of Violence. Cleveland, OH: Meridian Books, p. 76; Piotr Hoffman (1989) Violence in Modern Philosophy. Chicago: University of Chicago Press, pp. 139-41; and J. Krishnamurti (1973) Beyond Violence. New York: Harper & Row, p. 74.

83. As Leah Fritz (1975: 17) notes in Thinking Like a Woman (Rifton, NY: WIN Books; distributed by Free Life Editions) rather than violence being "some kind of norm, ... for thousands of years it has been quite an eccentric quality in half of the human population [quoted from Pam McAllister (1982) "Introduction," in Reweaving the Web of Life: Feminism and Nonviolence.

Philadelphia: New Society Publishers, p. vi]. See also John Gunn (1973) Violence. New York: Praeger, p. 87.

84. We should also remember that "[n]early all of the 130 wars since World War II were fought in the Third World. About 22 million women, men, and children suffered war-related deaths; by the late 1980s, three-fourths of the dead were civilians" [Holly Sklar (1992) "Brave New World Order or Fair New World Order," in K. Tehranian and M. Tehranian (eds.) Restructuring for World Peace on the Threshold of the Twenty-First Century. Cresswell, NJ: Hampton Press, p. 222).

85. It is worth restating how structural violence is one of the causes of physical violence: "Street violence can be prevented by education, housing, employment, and other conditions that avoid the alienation that leads to street gangs and violence" [John Burton, "Restructuring as a Political Process: Ethnicity as a Case Study," in K. Tehranian and M. Tehranian (eds.) Restructuring for World Peace on the Threshold of the Twenty-First Century. Cresswell, NJ: Hampton Press, p. 305.

86. Chistoph Wulf (in press) "Education for Peace," in T. Husen and T.N. Postlethwaite (eds.) The International Encyclopedia of Education: Research and Studies. New York: Pergamon.

87. Sarah Graham-Brown (1991) Education in the Developing World. London: Longman, pp. 276 and 303. T. Schofthaler [(1986) Socio-economic Aspects of the Democratization of

Education. Paris: UNESCO Division of Educational Policy and Planning] makes a similar point: "it seems essential to link the notion of 'education for all' ... to the democratization of economy and society as the prerequisites of democratic implementation of the educational process and use of the thus resulting qualifications" (pp. 15-16).

88. Inter-Agency Commission (1990) World Declaration on Education for All. (Document adopted by the World Conference on Education for All: Meeting Basic Learning Needs, Jomtien, Thailand, 5-9 March 1990). New York: Inter-Agency Commission, p. 1.

全民教育或全民和平教育？ (註一)

方永泉◎譯

爲誰而教育以及爲何而教育

這次國際研討會的主題是「新世紀的教育：終身的全民學習」。這個主題的部份靈感應該是來自於1990年三月時在泰國賈姆亭(Jomtien)所舉行的國際會議，該次會議中由四個重要聯合國組織組成（UNESCO, UNICEF, UNDP及世界跟行等）。賈姆亭會議中的主題就是「全民教育」(education for all)，這個目標至今已變成全世界教育工作者及政策制訂者的著名目標—至少是流行的口號。參加「全民教育世界會議」的人士進一步提出滿足全民基本需求的看法：「每個人—兒童、青年、成人—都應該能從爲了滿足其基本學習需求所設計之教育機會獲得福祉。」(註二)

當然，這種欲達成普遍教育目標的努力並不是新的口號，例如，在1948年聯合國的宣言中就已揭示出教育是一種基本的人權。同樣地在「全民教育世界宣言」(World Declaration on Education for All)，就曾更進一步地強調—教育不應被視爲狹義的學校教育，而應包括非正規或非正式的家庭、宗教團體、社會或職業組織等非正規教育，其他如電腦之電子郵件網路與大衆媒體等也都是非正規的教育：「青年與成人的基本學習需求是不同的，所以應該透過不同的傳遞系統，如技能訓練、藝徒制度及正式與非正規教育性方案來滿足他們的學習需求。」(註三)

全民教育的目標是值得稱許的，但是就其本身而言，似乎會對身爲教育者、政策制訂者與公民的努力方向有所限制。我認爲，我們現在所應該作的，是將「爲誰而教育」及「爲何而教育」的問題共同予以考量(註四)。在已經爲「爲誰而教

育」之問題提供了一個甚有雄心的答案後(也就是「所有的人們」)，我們也應該為「為何而教育」之問題提供相同雄心的答案(也就是「和平」)。這個問題的答案是與聯合國教科文組織(UNESCO)憲章的第一條精神是相同的，該條文認為，教育的目的應該是促成「對於正義、法律的規則及人權與基本自由的普遍尊重，而這些都是世上人們所應具有的，無論其種族、性別、語言或宗教的區分。」此外，在其他許多國際性的宣言與文件(註五)中也表達了相同的觀念，而且數以百萬計的人們也已投身從事區域的、國家的、全球的等不同層次的追求和平與正義的運動(註六)。晚近，在UNESCO的國際教育會議之第四十四次教育部長會議中，對於下列表達了深切的關切：

> 「暴力的出現、種族主義、仇外心理、侵略性的民族主義、對於人權的危害、...宗教的仇恨、...種種形式之恐怖主義的發生..以及富國與窮國之間日益擴大的鴻溝等，這些現象都對於和平及民主的鞏固造成了威脅，無論是在個別國家或是國際的層次上，它們都是發展的障礙。」

因此，要求大家能毅然地奮鬥，以便能：

> 「將教育建基於有助學童、學生及成人之人格發展的原理及方法上，這些學童、學生及成人對其同伴們都應有所尊重，並且也能決心去促成和平、人權與民主。」(註七)

全民教育會議中包括了要求現況有所改變，如人們的「需求不能單從現有的教育計畫中「量」的擴充而完全得到滿足，基本的教育政策與計畫若走商業取向，是不管用的。」

(註八)其中某些內容的目標超越了教育計畫的參與之外。例如，前面第一段中所提到的「基本需求」即被解釋如下：

> 「這些需求由基本的學習工具..及基本的學習內容所構成，人類需要滿足這些需求，以使他們的生命得到延續、發展出完整的能力、在尊嚴中生活與工作、在發展中完全地參與、促進其生活品質、作出睿智的抉擇及繼續不斷的學習。」(註九)

然而，這個正式會議中的討論及所謂的「宣言」(註十)並不能普遍地反映出一種強力的、社會—批判的、與變遷—導向的(change-oriented)觀點。舉例來說，拉姆達斯(Ramdas)從女性主義的觀點來批判這次會議，指出：「有許多非政府的組織(NGOs)致力於使我們的不同聲音能夠被聽見，...但大部分的努力都受到阻礙。」(註十一)拉姆達斯認為這次會議中採用的文件資料所主張的是一種「教育的適應性角色，而不是改造性角色」，其焦點是置於「問題的技術性—管理性呈現」(註十二)。拉姆達斯的觀點從UNESCO基於賈姆亭會議中主題式與說明式的協商會議後，所提出的三篇論文來看，即可獲得證實。這三篇論文中，其中一篇是在探討基本教育的目的與脈絡—強調科學與技術、環境與人口及健康教育。另外兩篇，則分別探討了教育傳遞系統範圍的拓展及透過這些形式來提供教育所需資源的問題(註十三)。

甚而有之，自從1990年會議之後，許多的活動都受到了這次全民教育會議的鼓舞(至少與其有關)，雖然開始強調誰應該受教育（也就是「所有的人們」）的問題，但卻同時忽略或輕視了「教育應該是什麼」的問題。例如：格蘭特(James Grant)—ＵＮＩＣＥＦ的執行理事，他在說明自從賈姆亭會議後，

對於學校入學人數擴展(或再擴展)的重視如下：

> 「許多國家開始優先重視初等教育普遍化的問題。1992年的數字
> 顯示，發展中國家兒童完成至少四年之初等學校教育的人數比率
> 已經到了百分之七十。」(註十四)

而梅爾(Frederico Mayor)──UNESCO的理事長，也舉出了
一個類似的「量」的觀點，他指出：「在1993年十二月，九
個人口最多之發展中國家的高層人士在新德里(New Delhi)會
晤，他們宣稱在2000年之前，要把在全民教育方面的投資加
倍！」(註十五)

從該會議的聲明，進一步顯示出，1990年的賈姆亭會議加
強了對於教育的「量」的重視，而不是對於教育目標及內容
的重視，此點從其對1993年「邁向全民教育」(Towards
Education for All) 國際會議的徵稿看出。其所列出的四項子題
如下：滿足全民基本學習需求。注重品質的全民教育。對於
特殊團體的計畫發展，以達成全民教育的目標。加強國際合
作以達到全民教育。同樣地，在美國全民教育同盟(USCEFA)
的任務說明中，亦強調獲得教育之正式與潛在課程的「機
會」，而不是其內容的本質，它說：「USCEFA是一個以在社
區的、國家的、區域的及國際的等層次上，致力於提高有品
質的基本教育與終身學習之教育機會的美國個人及團體，所
組成的一個團體。」(註十六)

由前所述，可以看出所謂的「全民教育」似乎已與狹義的
學校教育中入學機會的普遍化之目標密切相連；全民教育的
目標不再是下列的目標──全民共同參與教育經驗，透過他們

的組織，教育內容與過程可以不斷提高其增進生活品質的能力與投入(註十七)。這種情形令人感到不安，如果當我們以某種特定方式來推行全民教育而不是將全民教育當成是和平的觸媒時，並因而造成暴力問題的增加時，我們不應該再接受這樣的「全民教育」。

和平與暴力的形式

在致力和平的全民教育(educating all for peace)時，我們必須小心地審視何謂「和平」(peace)。我們所指的「和平」有著較廣泛的意義，而不僅指「沒有戰爭」或是「沒有身體的暴力」(註十八)。如麥克艾利斯特(P. MacAllister)所說的：「這是很重要的，當我們開始理解『和平』不僅是戰爭的終結，而是所有我們以暴力方式施行於自己身上或他人...(及)地球時的終結。」(註十九)而達西(D. Dolci)也有類似的意見：「只要這世界仍然知道何為饑餓、貧窮、無知、剝削、失業及妨礙人類實現的社會系統，不消說，永遠不會有真正的和平— 根本的和平。」(註廿)此點在聯合國秘書長蓋里(B. Boutros Ghali)1992年的報告「和平動議」(An Agenda for Peace)中也予以陳述。蓋里注意到未經節制之人口成長所帶來的持續性及具有殺傷性的問題、巨大的債務負擔、貿易障礙、藥物...、貧富不均日益擴大、..疾病、饑荒、壓迫與絕望等問題，之後他認為「聯合國組織在建立和平、穩定性與安全方面所作的努力中，應該包括軍事威脅以外之事物。」(註廿一)

「和平」一詞的廣義用法與「暴力」的廣義用法有關—代表硬幣的另一面。在將和平一詞從廣義來看時，暴力一詞也

不應限制於一般的看法—將暴力視為一種身體力量之行動，「其目標在對於人們、物體或組織造成嚴重的傷害或毀滅。」(註廿三)其實，暴力一詞的核心觀念是在於「對於人類最基本自然權利的侵犯」(註廿四)，因此這種侵犯可以透過身體力量的使用而造成，也可以透過語言或人類互動、社會關係中之其他非身體形式所造成，後者有些人稱之為「結構性暴力」(structural violence)(註廿五)。

為了進一步澄清暴力的影響，人們應該將結構性暴力減少到（因而能擴展及增進生活的品質）一個程度，而能充份地供應「與」公平地分配下列彼此相關(註廿六)的人類需求或欲望之物：(註廿七)

a. 良好的健康與營養(註廿七)
b. 符號性或文化性的資源(識字、知識、團體認同、地位)(註廿九)
c. 在經濟生活中有著生產性而不又疏離的參與(註卅)
d. 物質性的資源(遮風蔽雨之所在、衣物、食物等)(註卅一)
e. 高度發展與適切使用之技術(註卅二)
f. 與自然及物理環境間持續維持和諧、互惠的關係(註卅三)
g. 人權(政治/法律)(註卅四)
h. 公民/政治性的參與(註卅五)
i. 高品質的人際關係(包括：照顧、合作、支持、彼此負責等)(註卅六)
j. 高品質的審美與精神經驗(註卅七)
k. 適當的運動、旅行與閒暇活動(註卅八)

因此，如果要讓「和平」存在，我們不僅要致力於消除人

表8-1 為了達成和平，而需要加以消除的暴力形式

	身體暴力	結構性暴力
鉅觀層次	國際性的，區際性的，不同團體間的戰爭；種族屠殺。	由於政府或其他機構的政策與施行，因而產生了文盲、貧窮、環境惡化。
微觀層次	在家庭中毆打婦女、兒童與老人；在學校及工作場所施行體罰；強暴；在社區中攜械攻擊。	在人際間，以口頭或非口頭的行為貶抑他人的尊嚴或使他人緘默；要不然就否定其他族群的地位、尊嚴與生存機會。

際或團體間的身體暴力，也應該讓前述的需求或欲望能充分地滿足每一個人，當我們要去作某些改變時，這些改變也應該是以一種公平的方式進行，無論對象是男人與女人、不同種族/民族/宗教團體、城市或鄉村居民與國家的人口(註卅九)。

　　再次重述，和平不僅是與身體或直接暴力的消除有關，它也與結構性或間接性暴力的消除有關(註四十)。結構性暴力指的是非身體形式的暴力它會造成早夭和/或降低人們的生活品質(註四一)。 兩種暴力包括身體的與結構性，在鉅觀(團體之間)與微觀(人際)都有可能發生(註四二)。因此和平的目標應該包括下列暴力形式的清除：鉅觀層面的身體暴力(註四三)。微觀層面的身體暴力(註四四)。鉅觀層面的結構性暴力與。微觀層面的結構性暴力(註四五)。每一個暴力形式的例子，如表8-1。

為了和平而進行的全民教育，所關心的是在使所有的人們都能夠透過個人及團體的行動，來滿足其需求與欲望，包括了微觀(人際)的或是在鉅觀(地區的、國家的、全球性的團體)的層次。然而為了要達成和平，我們必須運用某種「改造的」力量。和平的全民教育不是在發展人們支配他人的能力—對於他人的控制力量(power over)—而是希望強化人們與他人共同合作的能力，也就是與他人一同進行工作的力量(power with)(註四六)。

目標、策略與結果

在本部分中，我們將用一些文獻來簡要地討論這世界中不同型式之教育活動的目標、策略與結果，看看這些教育活動到底是對和平的創造或維繫有所幫助還是會造成傷害？

目標部分

我們過去一直將和平的某個或更多的層面定義為教育中的重要目標。例如，在環境教育的領域(註四七)中，學校中的教育工作者與兒童共同透過「永續發展」(sustainable development)(註四八)的策略，以創造出一個「新的社會」，在這樣的社會中：

> 「自然的限制受到尊重，而人類則尋求一種方式來過活。這種方式是要去維持滋養整個維繫人類生存的生態系統，而非破壞整個生態系統。....在這樣的社會中，不管舊的或新的科技，都會基於其對於環境的潛在影響來予以評估....經濟方面的優先目標，是在滿足人類對於安全、營養、健康照顧的基本需求，而不是人類生活的加倍享受。」(註四九)

至於成人教育者也以相同的方式來陳述其目標：

「要發展幫助成人足以應付技術變遷的實用取向；要消除文盲；
幫助其解決在面對世界時的主要問題—追求一種長久的和平、國
與國間的了解、人權、社經發展、環境品質、與社會的民主化，
為的是達成全民教育的民主化」(註五十)

而進步傳播學會 (Association for Progressive
Communication) 則除了鼓勵透過電腦的電子郵件網路進行資
訊共享與其他形式的教育外，也主張應投入工作使人們能邁
向和平。他們將「和平」定義為：

「戰爭的預防、軍國主義的消滅、環境的保護、人權及族群權利
的加強、社會與經濟正義的完成、貧窮的消滅、永續與均衡發展
的促進、參與式民主的提昇與以非暴力方式來化解衝突。」(註
五一)

他們將大眾傳播媒體視為一種教育機制，並由此形式一連
串與和平有關的目標：

「在和平、正義、自由、相互尊重與了解的精神下，大眾媒體在
青年人的教育方面應占有重要的角色，透過大眾媒體，可以促進
人權及所有人類與國家和經濟進步、社會進步之間權利的平
等。」(註五二)

策略與結果

儘管目標是定了下來，但是教育計畫仍能決定是否對於和
平的達成有所促進或妨礙。因此，我們所需要的不僅是訂出

這些目標，而是應該致力於分析不同教育工作中的組織、內容與過程—在學校的非正式教育計畫、電腦網路、組織性的運動(organized sport)， 以決定其對於不同團體的人們(無論是否有參與其中)的影響(註五三)。要注意的是，關於教育媒體，沒有某些特定的策略會必然地促成和平或造成暴力。大部分的教育形式的影響都是擇其中之一發生，這主要與該特定教育活動中的組織、內容與過程的本質有關。

　　學校與大學(註五四)可能會在全民的和平教育中有所影響。由政府所組織的正式教育常常會造成，或至少是容忍那些可能會產生非和平方式(包括：對他人及環境的非和平方式)的觀念：如民族主義（註五五）、競爭、唯物論—與教育實際(包括：口頭的與身體的暴力)。這點或許可以解釋為什麼「那些必須對造成人類最大威脅（包括：生態的破壞與族群滅絕）負責之國家也往往同時是那些有最高等的正式教育或學校教育的國家」(註五六)。這或許也可解釋下列的事實：

> 「許多違反社會或自然的罪行都是由一些受過教育的人所犯下。污染、具強大傷害力之武器、浪費的消費習慣、及貶抑人類價值的娛樂等都是某些有教養或是在物質上似乎頗有成就之個人與社會的產物。」(註五七)

　　其他的證據也顯示出正式的教育對於「和平」的促進並無貢獻。例如：接受學校教育的機會會隨著社會階級、性別、種族／族群、位於國家或國際之中心／邊緣而有著分配不均的現實。社會的不平等，包括：社會階級、性別團體、種族／族群團體、與居住在中心或邊緣與否等，常會透過正式教育而被再製(包括獲得維繫與合法化)(註五八)，這其中部分是由

於受教機會不等的緣故，部分也是由於學校教育之組織、內容與過程中所內含的文化偏見。以此方式，某些團體當其團體文化受到貶抑，特別是與其他在課程、教學與考試中受到偏愛的知識、價值、語言、思考與互動方式相比時，他們或許會在學校上碰到「符號暴力」的問題。(註五九)

相反地，某些研究也顯示出，女性對於正式教育的參與也與其愈來愈多參與勞動力、高收入、良好的健康及較長的生命期望有關 (註六十)。其他的研究也顯示出，即使當正式學校教育(與社會)中的結構及文化的主要特質可能會對於全民和平教育造成不好的影響時，對於教師、行政者、學生與社區成員來說，他們仍有可能去影響教育的進行，使其向和平的方向進展(註六一)。另外，從ＵＮＥＳＣＯ的聯合學校計畫所獲致的成就看來，透過學校網路的創建來推展和平教育與人權及民主的教育也是可能的(註六二)。

更普遍地說，教師可以透過課程、教學與評量的程序來將「對於他人的控制力量」(power over)轉化為一種「與他人合作的力量」(power with)，因而激起了人際和平與更廣泛之社會關係和平的發展(註六三)。對於柏曼(Berman)(註六四) 而言，這樣的教育取向包括了七個因素，而這七個因素使得社會責任成為課程、教室氣氛與學校日常生活中的核心因素(註六五)：社會意識的發展、對於人際間相互依賴性的理解(註六六)、為社會貢獻的機會、成為一位負責之社區成員的機會、發展基本的參與理性與技能、走出個人自己的觀點、探索現實世界的重要課題等。有些類似的是，里爾登(Rearden) 也強調「發展七種維持和平的重要能力....反省、責任感、冒險、和解、恢復、重建、尊敬」(註六七)。根據柯林吉的看法，這樣的教

育取向：

> 「不僅在其課程中包括了對於和平的理解，也應該儘可能地以民
> 主及開放的方式來進行。在過程中，教師與學生間的不平等應降
> 至最低，而這樣的教育制度則應該關注社會正義、民主參與及學
> 生的責任心。」(註六八)

　　非正規的教育也許會被定義爲「在正式體系架構之外所進
行的任何有組織、有系統的教育活動，它提供了經過選擇的
學習型式給母群中特定的次級團體，其中包括成人與兒童。」
(註六九)在過去，不同的國際性、全國性與區域性的非政府組
織已經提供非正規教育計畫予年青人與成人，來增進他們的
國際性理解與反對戰爭的心向，同時也發展出了非暴力式的
解決爭端與漸進社會變遷的方式(註七十)。此外，爲女性提供
的非正規教育計畫也已經成功地提高了印尼(舉例言之)地方兒
童的營養與健康(註七一)。不過，其中當然也有些相反的結
果。如同前面所提到之與正式教育有關的部分，學者們與政
策制訂者不斷地爭論著非正規的教育到底是否具有增進生產
力、提高經濟成長、導致經濟收入有著更平均的分配與提昇
人民之政治能力的作用；此外，他們也常爭論非正規教育到
底是否再製了經濟與政治上的不平等，並且將政府之不平等
的發展策略予以合法化的問題(註七二)。

　　拉貝爾(La Belle)將非正規教育分爲三種類型，這三種類型
對於是否促進和平有著不同的蘊義：人類資本、革命性改變
與大眾教育(註七三)。人類資本或是社會維持的非正規教育計
畫主要目的在增加生產力，但並未對於社會中或不同社會間
的不平等情形提出質疑。革命性改變的非正規教育計畫則在

「徵召」與「社會化」那些參與者，使得參與者成為激進運動的一部分，來對現存之不平等的政治與經濟社會結構進行挑戰，其所使用的方法通常是暴力的方法。大眾教育的非正規教育計畫則在喚醒附屬者及受壓迫者群體的意識，鼓動他們，使得他們能主動尋求社會中的改革，通常所使用的是非暴力的方法。史壯姆奎斯特(Stromquist)強調，非正規的識字教育計畫要不便是幫助婦女發展出「肯定、自尊與平等主義的信念」，要不然就是傳授給她們更為傳統的特質如「犧牲、克制、為他人而活、愛、柔弱等」(註七四)。

近年來，電腦網路在促進和平的不同層面上，已經成為一種具有教育性與推動力的一致性行動。雖然仍然存在著重大的問題（由於電腦、電話線路量分配的不平均，因而產生透過電子郵件、討論群體或WWW 傳遞資訊量的不平均，並進而產生某種形式的結構性暴力），但是藉著電腦網路的發達，世上各地愈來愈多的和平運動者能夠彼此地溝通。有些網路如「和平網路」(PeaceNet)、生態網路(EcoNet)，其產生是由諸如全球傳播研究所(Institute for Global COmmunications)或進步傳播學會等單位所推動的，這些網路使得全球各地推動和平的社會運動者在面臨政府或企業公司所推行政策的挑戰時，可以有更有效、更立即與更節省金錢的互動。正即史莫克(註七五)所說的：「研究顯示，透過與當地脈絡有關之資訊的有效運用（這些資訊乃由電子郵件網路取得），可以對於當地的和平運動有所貢獻。」不過除此之外，我們也必須正視某些坐視甚或助長身體暴力與結構暴力發生的個人和團體，有時也會運用電腦網路這項具有現代形式的教育傳播工具。

家庭社會化的過程、電視節目(與其他大眾傳媒)與其他組

織性運動的活動也會同時助長暴力或非暴力。舉例來說,如卡林—培傑(Carlsson-Paige)與李文(Levin)所觀察的:「幾乎所有的美國兒童都因著傳播媒體、玩具與流行的青年文化,而曝露在二手暴力之下。」(註七六)而蘇佩(Shupe)與哈登(Hadden)也認為:「媒體社群真正產生的是不同宗教信仰間的敵意而不是容忍。原因在於....大眾媒體... 將焦點放在諷刺與特例上,而它的兩面化格式使得它們將複雜的事情予以簡單的黑白二分。它不僅瞭解衝突更甚於合作,它也用這些字眼來看待現實。衝突(而不是和諧)在商業上是具有市場性的『新聞』。」(註七七)

　　一般來說,現存的許多制度的實施、計畫與活動都會促進非和平性的人際關係與國際關係,然而也有某些證據顯示,無論在家庭中、電視上或是透過組織性的運動(註七八),和平仍然可以獲得某些滋長。通尼—普塔(Torney-Purta)與哈恩(Hahn)就報導說:「許多學生被教以合作、領導、及透過運動來達成整體利益的價值。」(註七九)更普遍地說,為了要培養學生的和平,男孩與女孩必須被教以能夠去照顧、分享、與其他人類及動物發生關係..同時也應該被教以能夠堅持其權利、肯定他們自己。」(註八十)

全民教育的可能性及和平的可能性

　　當我們去設想一個新世紀的教育時,其中有一個重要的問題是:僅僅透過教育的活動,和平這樣高遠的目標可以達成嗎?某些人士,例如:紐曼(Graeme Newman)(註八一) 即基於一種多數人的看法(但有爭議性)認為暴力一直是也必須是人

類經驗中的重要因子(註八二)至少是男性(註八三)，而對此問題作出了負面的答案。不過，即使我們為了論辯而作出這樣的假定，我們仍然可以致力於暴力的消除—以奮力達成和平。的確，當我們要去測試這個假定並且使世界成為一個更好的場所時，我們所作的努力也會更艱鉅。

　　當代世界的光景有著太多暴力的例子（包括：鉅觀與微觀的身體及結構性暴力），這些例子彷彿都否定了我們為了朝向和平發展（如果沒有完成）所作的努力。某些人相信「冷戰」的結束預示了一個無戰爭的時間，但是我們仍可從海地、伊拉克、愛爾蘭、巴勒斯坦、索馬利亞、前蘇聯及前南斯拉夫等處戰爭所造成的傷亡與毀滅，看到鉅觀層次的身體暴力仍在繼續著挑戰我們尋求解決的能力(註八四)。微觀層次的身體暴力似乎也不斷地在昇高當中。在許多地方，婦女與兒童仍然是家庭中身體虐待的對象。在許多「已發展」與「發展中」的國家，不同種族或族群的人們日益懼怕遭到槍殺、強暴或是受到暴力的攻擊(註八五)。政府和其他組織的政策與推行，以及個人的信念與行動也不斷地造成了結構性的暴力。從一個更大的脈絡來看，人類的生活品質愈來愈差，人類在下列欲望與需求方面也不能作到充足與公平分配—良好的健康與營養；符號性資源（亦即識字、知識、團體認同、地位等）；在經濟方式有著生產性與非疏離性的參與；物質資源（也就是人身安全、衣物與食物）；發展良好與適度使用的科技；與自然炭物理環境有著和諧的、永續的與互惠的關係；政治與法律上的人權；公民／政治的參與；高品質的人際關係（照顧的、合作的、支持性的與相互的）；高品質的審美與精神經驗；適當的運動、旅行與閒暇活動。

現在的這些環境要求我們有所行動。身為一位教育工作者、政策制訂者與公民，我們必須系統地反省，去理解為何暴力是人類經驗的一部分與暴力應如何被避免、減低或消除。我們甚至必須去運用這些知識，透過教育(與其他的方式)來增進我們自己及他人在降低（如果不是消除的話）暴力(包括：微觀與鉅觀層面的身體及結構暴力)時所作的努力。在面對暴力違反人性及環境的種種作為時，我們不能依然保持被動狀態，單單只是致力於將所有的人納入現存的教育制度與計畫中是不夠的。如果在廿一世紀時，我們想要從事全民的和平教育，我們需要重新思考與重新設計教育的制度與方案，以使它們能對和平的促成有所貢獻，而不是遠離和平的道路。

然而我們也應該承認，單只靠教育，在拓展與增進人類生活的品質與和平方面並不能完全地獲得成功。如伍爾夫(Wulf)所觀察的：

「和平不能只靠著人類意識的轉變而發生。好戰與暴力已深植入社會結構之內，使得單只憑著人們追求和平的意志時並不能克服戰爭與暴力。為了消除社會與國際體系中的暴力結構而進行的共同政治性行動也是必要的。」(註八十六)

更進一步來說，現有的環境也會對人們在設計全民和平教育時所作的努力有所限制。舉例言之，「戰爭與政治上的壓迫... 延續了北方工業化國家與南方國家間的不平等情形，....也延續了社會之內所存在的區分與不平等」。這種戰爭與政治上的壓迫已經被認為是「全民教育的障礙」(註八七)。而參加全民教育世界會議的部分人士也注意到了在某些歷史性的問

題會阻礙全民教育的完成：「日漸攀高的債務負擔、經濟遲滯與衰落的威脅、快速的人口成長、國與國間經濟差距的擴大、戰爭、職業、社會不安、暴力犯罪、數以百萬計兒童的死亡、普遍的環境惡化」(註八八)

不過，對這世上各種環境中的不同教育型式來說，它們畢竟仍有著促成和平發展的潛能。當我們向著新世紀的全民教育邁進時，我們需要謹慎地省察不同教育形式中組織、內容與過程的發展過程，以培養人們具有創造及維繫和平的能力和投入此項工作的精神。

附註

◎註一：本文為作者提交一九九五年美國教育研究學會之年會報告的修正版本(the Annual Meeting of the American Educational Research Association, San Francisco, CA, 18-23 April 1995)。這篇報告的發展源由是來自與ＵＮＥＳＣＯ之國際教育局(International Bureau of Education, IBE)與世界比較教育學會委員會(World Council of Comparative Education Societies, WCCES)的合作研究計畫。 在一九九二年七月於布拉格，WCCES 的執行委員會投票通過，要求發展此一研究計畫，而一九九三年三月在牙買加的京斯頓(Kingston, Jamaica)，WCCES執行委員會又投票通過支持此一計畫。這一計畫目前正由WCCES所指定的委員會成員共同協調合作進行，其中成員包括: Mark Ginsburg (主席, USA), Lee Sung-ho (Korea), Fayez Morad Mina (Egypt), Y.A. Aluwole (Nigeria), Nelly Stromquist (USA), and Margaret Sutherland (United Kingdom)。此外IBE及

WCCES組織中的重要成員也提供了一些有益的建議，包括下列等人：Juan Carlos Tedesco (Director, IBE), Toshio Ohsako (Specialist, IBE), Wolfgang Mitter (President, WCCES), Raymond Ryba (General-Secretary, WCCES), 其他同僚如Birgit Brock-Utne, Bud Hall, Werner Kohler, Peter Lemish, Douglas Ray, Norma Tarrow,及Henk Van Daele等人。

◎註二：參見Inter-Agency Commission (1990), World Declaration on Education for All. (Document adopted by the World Conference on Education for All: Meeting Basic Learning Needs, Jomtien, Thailand, 5-9 March, 1990). New York: Inter-Agency Commission, p. 3.

◎註三：參見Inter-Agency Commission (1990),World Declaration on Education for All. New York: Inter-Agency Commission,p.6.

◎註四：參見 Judith Torney-Purta (1987) "Human Rights and Education Viewed in a Comparative Framework: Synthesis and Conclusions," in Norma Tarrow (ed.) Human Rights and Education (pp. 225-230). New York: Pergamon.

◎註五：參見 United Nations (1959), Declaration of the Rights of the Child. New York: United Nations; UNESCO (1974), Recommendation on Education Concerning International Understanding, Cooperation and Peace and Education Regarding Human Rights and Fundamental Freedoms;以及UNESCO (1989), Education for International Understanding, Cooperation, Peace and Human Rights. Bangkok, Thailand: UNESCO Principal Regional

Office for Asia and the Pacific;其他相關文件則參見Werner Koehler (1992, July) " and Creative Application of Standard Setting Documents and Topic Materials on Issues of Humanistic and International Education," World Congress of Comparative Education, Prague, Czech and Slovak Republics.

◎註六：參見April Carter (1992), Peace Movements: International Protest and World Politics Since 1945. London: Longman;以及C. Fink (1980), "Peace education and the Peace Movement since 1885." Peace and Change 6 (2): 66-74.

◎註七："Declaration of the Forty-Fourth Session of the International Conference on Education," adopted in Geneva, 3-8 October 1994.

◎註八：參見Inter-Agency Commission (1990), Meeting Basic Learning Needs: A Vision for the 1990s (為世界全民教育會議之官方背景文件) New York: Inter-Agency Commission, pp. 5-6.

◎註九：參見Inter-Agency Commission (1990), World Declaration on Education for All. (Document adopted by the World Conference on Education for All: Meeting Basic Learning Needs, Jomtien, Thailand, 5-9 March, 1990). New York: Inter-Agency Commission, p. 3.

◎註十：參見Inter-Agency Commission (1990), World Conference on Education for All: Meeting Basic Learning Needs. (Conference proceedings for the World Congress of Education for

All). New York: Inter-Agency Commission.

◎註十一：參見 L. Ramdas (1990) "Gender Issues and Literacy: An Analysis," Convergence 23 (4), p. 37.

◎註十二：同前註, pp. 44-45.

◎註十三：參見Sheila Haggis (1991), Education for All: Purpose and Context. Paris: UNESCO; 以及Paul Fordham (1992), Education for All: An Expanded Vision. Paris: UNESCO; 以及 Douglas Windham (1992), Education for All: The Requirements. Paris: UNESCO. [Reviewed by Steven Vago (1994) in Comparative Education Review 38 (3): 413-415.]

◎註十四：參見James Grant (1994), "Mutual Understanding and Tolerance, " introductory statement to "Major Debate III: Educating for Mutual Understanding and Tolerance," at the Forty-Fourth Session of the International Conference on Education, Geneva, 3-8 October 1994. [Abridged version published in Educational Innovation and Information, International Bureau of Education, Number 81 (December 1994), p. 3.]

◎註十五：參見Frederico Mayor (1994), "Education for International Understanding," presentation opening "Major Debate I: Towards a Culture of Peace, Human Rights and Democracy for All," at the Forty-Fourth Session of the International Conference on Education, Geneva, 3-8 October 1994. [Abridged version published in Educational Innovation and Information, International Bureau of Education, Number 81 (December 1994), p. 2.]

◎註十六：參見 "USCEFA Profile," p. 4 亦見之於EFA Today, the newsletter of the United States Coalition for Education for All (e.g., Issues Number 2, January-March 1993).

◎註十七：相同的迴響亦見於亞太教育革新發展計畫(Asia and the Pacific Programme of Educational Innovation for Development, 1991) , Science for All and the Quality of Life. Bangkok, Thailand: UNESCO Principal Regional Office for Asia and the Pacific.

◎註十八：有些反諷與不幸的是，「在當今政治領域中現存的權力中，『和平成為戰爭延續的另類方式』，和平成為密集發展戰爭技術與科技的時期。」參見Duane Cady (1989), "Positive Peace" in From Warism to Pacifism: A Moral Continuum. Philadelphia: Temple University Press, pp. 77-78.

◎註十九：參見Pam McAllister (1982), Reweaving the Web of Life. New York: New Society Publishers, p. 3.

◎註廿：參見Danilo Dolci (1974), A New World in the Making. Westport, CT: Greenwood, p. 30.

◎註廿一：參見Boutros Boutros-Ghali (1992), An Agenda for Peace: Preventive Diplomacy, Peacemaking, and Peace-keeping. New York: United Nations, p. 13-14. Boutros-Ghali的話回應了Archibald McLeish的話。McLeish在ＵＮＥＳＣＯ的第一次總會議中說：「和平意味著不只是沒有明顯的敵意。和平所意味著是一種目的和諧與統合的條件，它也意味著一種行動的協調，在這樣的行動中自由的男人與女人能夠過著一

種安全與滿足的生活。」(引自UNESCO and World Politics (1975): Engaging in International Relations. Princeton: Princeton University Press, p. 115)

◎註廿二：參見John Spiegel (1971) "Toward a Theory of Collective Violence," in Jan Fawcett (ed.) Dynamics of Violence. Chicago: American Medical Association, p. 20. 亦見於J. Glenn Gray (1970), On Understanding Violence and Other Essays. New York: Harper and Row, p. 12; 以及Gerald Priestland (1974), The Future of Violence. London: Hamish Hamilton, p. 10.

◎註廿三：參見Nevitt Sanford (1971), "Collective Destructiveness: Sources and Remedies," in Gene Usdin (ed.) Perspectives on Violence. New York: Brunner/Mazel, p. 44. Sanford 確實使用「毀滅性」(destructiveness)此一字眼，來表示廣義的「暴力」(violence)。從字源上來看，英文violence的拉丁字源的確是 violencia 而不是violatio (violation)(參見 Graeme Newman (1979), Understanding Violence. New York: Lippincott, p.30), 此處的論點不只是技術性的也是政治性的。舉例來說，Kenneth Grundy and Michael Weinstein(1974)在其 The Ideologies of Violence, (Columbus, OH: Charles E. Merrill, p. 113)指出：「對於結構性權威的防衛者而來，最基本模式就是要使用『暴力』中最狹義的定義，而反對結構性權威的人則會使用廣義的權力。」

◎註廿四：參見Newton Garver (1968, June 24) "What is Violence?" Nation 206, p. 819.

◎註廿五：參見Charles Rivera and Kenneth Switzer (1976), Violence. Rochelle Park, NJ: Haden Books, p. 15.

◎註廿六：人類需求與欲望的組成之所以要予以區分，在於強調每一個組成部分，而不是說政策與其推行時，必須要將其分開處理，彷彿將它們看作彼此不相干似的。例如L. Dubbeldam (1990), "Culture, Education and Productive Life in Developing Countries," in A. Boeren and K. Epskamp (eds.), Education, Culture and Productive Life. The Hague: Centre for the Study of Education in Developing Countries, 1990, p. 31 中就提到了a, c, d, f,i 等項，他說：「人們必須學得更有生產力些，從這個角度來看，一方面固然指他們應該能生產食物與物品，但也應對社區的和諧生存及人類與自然和超自然環境間的良好關係作出主動的貢獻。」

◎註廿七：若要對於人類需求與欲望及「生活品質」之概念化與測量有著更深入的討論，可參見 Ramkrishna Mukherjee (1989), The Quality of Life Research: Valuation in Social Research. New Delhi: Sage. 至於近來在不同國家中進行生活品質測量的嘗試，則可參見United Nations Human Development Program (1993), Human Development Report. Cary, NC: Oxford University Press.

◎註廿八：參見G. Griffin and L. Light (1975), Nutrition Education Curricula: Relevance, Design, and the Problem of Change. Paris: UNESCO, p. 7，其中描述了「世界上營養問題的本質與範圍以及教育在促進國家發展與世界和平中的重要角色」。亦見於 UNESCO (1982), Education for Rural

Development--A Portfolio of Studies (Volume 3): Health and Nutrition Education. Bangkok: UNESCO Regional Office for Education in Asia and the Pacific; 以及Trevor Williams (1990) Food, Environment, and Health: A Guide for Primary Teachers. Geneva: World Health Organization.

◎註廿九：參見Agneta Lind (1990), Mobilizing Women for Literacy. Geneva: IBE; Asian-South Pacific Bureau of Adult Education (1990), "Literacy for Peace and Human Rights," Special issue of the Asian-South Bureau of Adult Education Courier49-50; 以及D.A. Wagner (1989), The Future of Literacy in a Changing World. Oxford: Pergamon. Torney-Purta於1987年的"Human Rights and Education Viewed in a Comparative Framework: Synthesis and Conclusions," (in Norma Tarrow (ed.) Human Rights and Education (pp. 225-230). New York: Pergamon)亦指出要維繫個人的文化應該考慮到人權。

◎註卅：參見A. Boeren and K. Epskamp (1990), Education, Culture, and Productive Life. The Hague: Centre for the Study of Education in Developing Countries; 亦見於W.U. Chandler (1985), Investing in Children. Washington, D.C.: Worldwatch Institute; 以及I. Fagerlind (1983), Education and National Development: A Comparative Perspective. Oxford: Pergamon;和 George Psacharopoulos (1988), "Critical Issues in Education: A World Agenda," International Journal of Education Development 8: 1-7; 與World Bank (1986), The Quality of Education and Economic Development. Washington, D.C.: World Bank.

◎註卅一：參見Frances Moore Lappe and Joseph Collins (1977), Food First: Beyond the Myth of Scarcity. New York: Ballantine.

◎註卅二：參見J. Holbrook and D. Chisman (eds.) (1987), Advances in Science and Technology Education. Hong Kong: International Council of Associations for Science Education;以及 K. Riquarts (ed.) (1987) Science and Technology Education and the Quality of Life (3 volumes). Kiel, Germany: Institute for Science Education; 以及UNESCO (1991), Science for All and the Quality of Life. Bangkok: Asia and the Pacific Programme of Educational Innovation for Development.

◎註卅三：參見Michael Redcliff(1987), "Learning from the Environmental Crisis in the South," in Colin Lacey and Roy Williams (eds.) Education, Ecology and Development (pp. 22-27). London: The World Wildlife Fund and Kogan Page。其中呼籲在所有國家中進行再教育的教畫，以釐清南方國家「環境危機」(environmental crisis)的本質，並且考查了北方國家在加深此項危機時所扮演的觀念與實務，而且進一步探索南方國家人民具備之知識在改良此項危機時所具有的貢獻。亦見 Organization for Economic Cooperation and Development (1991), Environment, Schools and Active Learning. Strassbourg: OECD; 以及Organization for Economic Cooperation and Development (1993), Environmental Education: An Approach to Sustainable Development. Paris: OECD; 與Betty Rearden and Eva Nordland (Eds.) (1994), Learning Peace: The Promise of Ecological and Cooperative Education. Albany, NY: State University of New

York Press;以及Gregory Smith (1992), Education and the Environment: Learning to Live With Limits. Albany, NY: SUNY Press; 和UNESCO (1988), International Strategy for Action in the Field of Environmental Education and Training for the1990s. Paris: UNESCO and United Nations Environmental Programme (UNEP).

◎註卅四：參見Norma Bernstein Tarrow (ed.) (1987), Human Rights and Education. New York: Pergamon Press; 以及 UNESCO (1978), Algunas Sugestiones sobre la Ensenanza acerca de los Derechos Humanos. Paris: UNESCO. Felisa Tibbitts(1994b), "Human Rights education in Schools in the Post-Communist Context," unpublished manuscript, p. 6 中亦有下列有趣的觀察：「不像政治教育的前提一樣，政治教育的前提是基於『公民』 (the citizen)的觀念，人權教育(human rights education)將身為『人類成員的個人』視為唯一的前提。」

◎註卅五：參見Marcy Fink and Robert Arnove (1989, March-April) "Current Issues and Tensions in Popular Education in Latin America, " paper presented at the annual meeting of the Comparative and International Education Society, Cambridge, MA; 以及David Reed (1981), Education for Building a People's Movement. Boston: South End Press; 以及J.C. Saxena and J.L. Sachdeva (eds.) (1990) Adult Education: A People's Movement. New Delhi: Indian Adult Education Association; 以及Carlos Alberto Torres (1990), The Politics of Nonformal Education in Latin America. New York: Praeger.

◎註卅六：在其著作 Education and the Environment: Learning to Live with Limits(1992), Albany, NY: SUNY Press, p. 110 中Gregory Smith強調教育工作者應該創造出「在學校中兒童與他人間形成相互支持關係的機會」，...並進而開始幫助其學生熟練照養、社會責任與投入的習性。亦可參見Nell Noddings (1988), An Ethic of Caring and Its Implications for Institutional Arrangements. Stanford, CA: Center for Educational Research at Stanford.

◎註卅七：參見 Thomas Curtis (1981), Aesthetic Education and the Quality of Life. Bloomington, IN: Phi Delta Kappa Educational Foundation; 以及Bennett Reimer and Ralph Smith (eds.) (1992), The Arts, Education, and Aesthetic Knowing, NSSE Yearbook. Chicago: University of Chicago Press; 以及Anson Shupe and Jeffrey Hadden (1988), "Religion and Social Change: The Critical Connection," pages vii- xx in A. Shupe and J. Hadden (eds.) The Politics of Religion and Social Change: Religion and the Political Order, York: Paragon Press.

◎註卅八：參見Council on Standards for International Education Travel (1986), Advisory List of International Education Travel and Exchange Programs. Reston, VA: CSIET; 以及J.C. Pooley (1984), "Physical Education and Sport and the Quality of Life," Journal of Physical Education, Recreation and Dance ,55(3): 45-48.

◎註卅九：參見Lotty Edering and Jo Kloproggee (1989), Different Cultures, Same School: Ethnic Minority Children in

Europe. Amsterdam: Swets & Zeitlinger; 以及Brian Holmes (1985), Equality and Freedom in Education: A Comparative Study. Boston: Allen and Unwin; 以及Gaby Weiner (ed.) (1990), The Primary Schools and Equal Opportunities: International Perspectives on Gender Issues. London: Cassell.

◎註四十：在此處我將「心理暴力」(psychological violence)的觀念置於「結構性暴力」的標題之下。至於將其分開的討論，則參見Ian Harris (1993) "Peace Education: A Modern Educational Reform," paper presented at the Annual Meeting of the American Educational Research Association, Atlanta, Georgia, 12-16 April.

◎註四一：結構性暴力(structural violence)消除，稱之為「積極的和平」(positive peace)，而身體暴力(physical violence)的消除則名為「消極的和平」(negative peace)。故本文所講的「和平」具有統整的意義，因為它包括了積極與消極兩種意義。關於這些概念的討論，參見Birgit Brock-Utne (1989), Feminist Perspectives on Peace and Peace Education. New York: Pergamon;以及Johan Galtung (1969), "Violence, Peace and Peace Research," Journal of Peace Research 6: 167-91. 關於「積極的和平」概念的批判，參見Kenneth Boulding (1977) "Twelve Friendly Quarrels with Johan Galtung," Journal of Peace Research 14: 75-86. 「積極的和平」觀念對於歐洲及第三世界的學者具有更多的吸引力，而「消極的和平」的狹義觀念則較常被美國的學者所使用; 參見J.D. Sethi (1989) "Peace Education and Research," in Gandhian Critique of Western Peace Movements (pp. 112-127). Delhi: Chanakya; 以及Carolyn Stephenson (1989)

"Perspectives on the Curricular Agenda," in Daniel Thomas and Michael Klare (eds.) Peace and World Order Studies: A Curriculum Guide, 5th edition (pp. 9-19). New York: Westview Press.

◎註四二：參見Gerald Priestland (1974), The Future of Violence. London: Hamish Hamilton; 及Charles Rivera and Kenneth Switzer (1976), Violence. Rochelle Park, NJ: Haden Books.

◎註四三：參見Birgit Brock-Utne (1985), Educating for Peace. New York: Teachers College Press; ;以及David Hicks (ed.) (1988), Education for Peace. London: Routledge;和Nordenstreng Kaarle (1984), The Mass Media Declaration of UNESCO. Norwood, NJ: Ablex; 以及Betty Reardon (1988), Comprehensive Peace Education. New York: Teachers College Press.

◎註四四：參見Birgit Brock-Utne (1989), Feminist Perspectives on Peace and Peace Education. New York: Pergamon.

◎註四五：Garver 在其 "What is Violence?" (1968, June 24), Nation 206, p. 819 中提供了一個類似的「暴力」概念的分類，他使用了下列的名稱：明顯的制度方面 (overt institutional)、暗地的制度方面 (quiet institutional)，明顯的個人方面(overt personal)，暗地的個人方面(quiet personal)。舉例言之，明顯的個人暴力 (overt personal violence)就是「一個人對於另一個人的身體進行明顯的身體攻擊」(p. 819)，而暗地的制度性暴力("quiet institutional violence)則是發生於當個人

「被有系統地否定其可以對他人表達其社會意見的機會」（p. 822).

◎註四六：參見Kreisberg (1992), Transforming Power: Domination, Empowerment, and Education. Albany: SUNY Press; 亦見於Gustavo Benavides (1989), "Religious Articulations of Power," pages 1-12 in G. Benavides and M. Daly (eds.) Religion and Political Power. Albany, NY: State University of New York Press.

◎註四七：環境教育與人權教育所處理的目標與策略與我們在本文中所討論的和平教育中所用的目標與策略是類似的。在前者方面，可參見R. Sharma and M. Tan (eds.), Sourcebook in Environmental Education for Secondary Teachers. Bangkok: UNESCO Principal Office for Asia and the Pacific. 在後者方面可參見Douglas Ray (ed.) (in press), Education and Human Rights. Paris: UNESCO/IBE; 以及Norma Tarrow (ed.) (1987) ,Human Rights and Education. Oxford: Pergamon.

◎註四八：永續發展(sustainable development)一詞一直被定義爲「這種發展可以適合目前的需求，但又不會犧牲下一代需求的滿足」。參見World Commission (1987) ,Our Common Future. Oxford: Oxford University Press, p. 7]. 「從達成永續發展觀點出發所進行的對於環境的理性管理訓練是UNESCO所贊助之環境教育動機的一個主要目標。參見 UNESCO (1988), International Strategy for Action in the Field of Environmental Education and Training for the 1990s. Paris: UNESCO and UNEP, p. 6. 亦參見 J. Disinger (1990), "Environmental Education for

Sustainable Development? Journal of Environmental Education 21 (4): 3-6;以及 Michael Redclift (1987), Sustainable Development: Exploring the Contradictions. London: Methuen; 與Wolfgang Sachs (1992) "Environment," in W. Sachs (ed.) The Development Dictionary: A Guide to Knowledge as Power (pp. 26-35). London: Zed Books; 以及UNDP et al. (1980), World Conservation Strategy: Living Resource Conservation for Sustainable Development. Gland, Switzerland: United Nations Development Program, United Nations Environmental Program, World Wildlife Fund, and International Union for Conservation of Nature.

◎註四九：參見Gregory Smith (1990), Education and the Environment. Albany, NY: SUNY Press, p. 90.其中Smith進一步注意到這樣的一個新社會，「所需要的不是去消除那些由當代科學所發展出來的知識形式」(p.76)，它也不需要「去放棄科技」(p.79)，雖然它主張一種「認同」(而非「遠離」)於社會與物理世界的知識論觀點(p. 80)，它也主張一種「合作」而非「競爭」的導向(p.81)。參見Riitta Wahlstrom (1993-94), "Promoting Commitment for Peace and Environmental Responsibility." The International Journal of Humanities and Peace 10 (1): 24-27.

◎註五十：UNESCO (1985), Fourth World Conference on Adult Education; 在H.S. Bhola (1988) World Trends and Issues in Adult Education. Paris: UNESCO, p. 25. 亦對此有所引用。

◎註五一：這段來自進步溝通學會(Association for Progressive Communications) 規程的引文，引自 Paul Smoker

(1992), "Possible Roles for Social Movements," in K. Tehranian and M. Tehranian (eds.) Restructuring for World Peace on the Threshold of the Twentieth Century, Cresswell, NJ: Hampton Press, p. 98.

◎註五二：參見UNESCO (1978, 22 November), Declaration of Fundamental Principles Concerning the Contribution of the Mass Media to Strengthening Peace and International Understanding and the Promotion of Human Rights and to Countering Racialism, Apartheid and Incitement to War. Paris: UNESCO.

◎註五三：考查和平教育之成果的重要性，在 William Eckhardt (1987), "The Task of Peace Education: A Value Theory of Peace Education," Bulletin of Peace Proposals 18 (1): 63-71. 中被強調; 重要性亦可見於Ian Harris (1992), "The Challenge of Peace Education: Do Our Efforts Make a Difference?" Educational Foundations 6 (4): 75-98.

◎註五四：若欲對高等教育及其他相關專業組織所進行的和平研究計畫有著歷史性的概觀，可參見George Lopez (1989), "Trends in College Curricula and Programs," The Annals of the American Academy of the Political and Social Science 504 (July): 61-71; 以及Carolyn Stephenson (1989), "Perspectives on the Curricular Agenda," in Daniel Thomas and Michael Klare (eds.) Peace and World Order Studies: A Curriculum Guide, 5th edition (pp. 9-19). New York: Westview Press.

◎註五五：舉例言之，參見Felisa Tibbitts (1994a),

"Education in the Making: Moral Education in Post-Communist Societies." Comparative International Education Society Newsletter, May, p. 12.

◎註五六：參見Birgit Brock-Utne (1989), "Feminist Perspectives on Peace Education in the Formal Sector," in Feminist Perspectives on Peace and Peace Education. New York: Pergamon, p. 155.

◎註五七：參見Richard Sidy (1993-94), "All Education Must Produce Peace," The International Journal of Humanities and Peace, 10 (1): 41.

◎註五八：參見Philip Altbach and Gail Kelly (eds.) (1978) ,Education and Colonialism. New York: Longman;以及Basil Bernstein (1975) , Class, Codes and Control. London: Routledge & Kegan Paul; 以及 Samuel Bowles and Herbert Gintis (1976) , Schooling in Capitalist America. Boston: Routledge and Kegan Paul; 以及 Martin Carnoy and Henry Levin (eds.) (1976), The Limits of Educational Reform. New York: Longman; 以及R. Dale, G. Esland, R. Fergusson, and M. MacDonald (eds.) (1981), Education and the State, Volume 2: Politics, Patriarchy and Practice. London: Falmer; 以及 Margaret Gibson and John Ogbu (1991), Minority Status and Schooling: A Comparative Study of Immigrant and Involuntary Minorities. New York: Garland; 以及 John Hawkins and Thomas La Belle (eds.) (1985), Education and Intergroup Relations: An International Perspective. New York: Praeger; 與Gail Kelly and Carol Elliot (eds.) (1982), Women's

Education in the Third World: Comparative Perspectives. Albany: SUNY Press; 和John Ogbu (1978), Minority Education and Caste: The American System in Cross-Cultural Perspective. New York: Academic Press.

◎註五九：參見Pierre Bourdieu and Jean-Claude Passeron (1977) , Reproduction in Education, Society, and Culture. Beverly Hills, CA: Sage.

◎註六十：參見 S.H. Cochrane, D.J. O'Hara, and J. Leslie (1980), The Effects of Education on Health. (World Bank Staff Working no. 405). Washington, D.C.: World Bank; 以及George Psacharopoulos (1984) "The Contribution of Education to Economic Growth: International Comparisons," in J.W. Kendrick (ed.) International Comparisons of Productivity and Causes of Slowdown (pp. 335-355). Cambridge, MA: Ballinger.

◎註六一：參見 Robert W. Connell (1985), Teachers' Work. Sydney: Allen and Unwin; 以及 Kathleen Weiler (1988), Women Teaching for

◎註六二：參見 "Report on Round-Table III: The UNESCO Associated Schools Project: A Viable Network to Promote Education for Peace, Human Rights, and Democracy," at the Forty-Fourth Session of the International Conference on Education, Geneva, 3-8 October 1994. [Summary published in Educational Innovation and Information, International Bureau of Education, Number 81 (December 1994), p. 11.]

◎註六三：參見Seth Kreisberg (1992), Transforming Power: Domination, Empowerment and Education. Albany: SUNY Press.

◎註六四：參見 Shelley Berman (1990), "The Real Ropes Course: The Development of Social Consciousness," in ESR Journal (pp. 7-15). Cambridge, MA: Educators for Social Responsibility.

◎註六五：注意正式教育與潛在課程兩方面的証據—學校及教室生活中社會關係中所傳達的訊息。關於正式與潛在課程中訊息的討論並不會(但可能)促進和平。參見Ian Harris (1988), Peace Education. Jefferson, NC: McFarland & Co.

◎註六六：參見 Berman(1990), "The Real Ropes Course: The Development of Social Consciousness," ESR Journal, p. 9. 其中提到了全球教育、環境教育、多元文化教育與合作學習運動，將它們視為與和平教育同時發展，並且企圖發展對於人際、團體間與國際間相互依存關係的理解。

◎註六七：參見Betty Reardon (1988), Comprehensive Peace Education: Educating for Global Responsibility. New York: Teachers College Press, p. 61.

◎註六八：參見James Collinge (1992), "Controversial Issues: The Case of Peace Education," in Roger Openshaw (ed.), New Zealand Social Studies: Past, Present, and Future (pp. 111-112). Auckland: Dunmore Press.

◎註六九：參見Thomas La Belle (1986), Nonformal

Education in Latin America and the Caribbean: Stability, Reform, or Revolution? New York: Praeger, pp. 5-6.

◎註七十：參見Elise Boulding (1988), Building a Global Civic Culture: Education for an Interdependent World. New York: Teachers College Press.

◎註七一：參見 W. Toisuta (1982), "Interdisciplinary Research, Materials Development and Training for Rural Development Linked with Post-Graduate Studies," in Education for Rural Development--A Portfolio of Studies (Volume 3): Health and Nutrition (pp. 14-30). Bangkok: UNESCO Regional Office for Education in Asia and the Pacific.

◎註七二：參見J.C. Bock and G.J. Papagiannis (eds.) (1983), Nonformal Education and National Development. New York: Praeger; 以及Carlos Alberto Torres (1990), The Politics of Nonformal Education in Latin America. New York: Praeger.

◎註七三：參見 Thomas La Belle (1986), Nonformal Education in Latin America and the Caribbean: Stability, Reform, or Revolution? New York: Praeger.

◎註七四：參見 Nelly Stromquist (1990), "Women and Illiteracy: The Interplay of Gender Subordination and Poverty," Comparative Education Review 34, pp. 99 and 106.

◎註七五：Paul Smoker (19??) ,"Possible Roles for Social Movements," in K. Tehranian and M. Tehranian (eds.),

Restructuring for World Peace on the Threshold of the Twenty-First Century. Cresswell, NJ: Hampton Press, p. 97.

◎註七六：參見 N. Carlsson-Paige and D. Levin (1992), "Making Peace in Violent Times." Young Children 48 (1): 4-14, p. 4.

◎註七七：參見 Anson Shupe and Jeffrey Hadden (1988), "Religion and Social Change: The Critical Connection," pages vii-xx in A. Shupe and J. Hadden (eds.) The Politics of Religion and Social Change: Religion and the Political Order, Volume II. New York: Paragon Press, p. xii.

◎註七八：參見Birgit Brock-Utne (1989), "Feminist Perspectives on Peace Education in the Nonformal Sector," in Feminist Perspectives on Peace and Peace Education (pp. 107-154). New York: Pergamon.

◎註七九：參見 Judith Torney-Purta and Carole Hahn (1988), "Values Education in the Western European Tradition," in W. Cummings, S. Gonipathan, and Y. Tomoto (eds.), The Revival of Values in Education in Asia and the West (pp. 79-114). New York: Pergamon.

◎註八十：參見 Birgit Brock-Utne (1989) "Feminist Perspectives on Peace Education in the Nonformal Sector," in Feminist Perspectives on Peace and Peace Education. New York: Pergamon, pp. 152-53.

◎註八一：在 Graeme Newman的 Understanding Violence. New York: Lippincott, 1969, p. 264. 中論述我們不能達成我們所謂的和平，「因為它一點也不了解，如果有可能發動單一的改變而使得某一特定形式的暴力降低，那其他方面的暴力也會(降低或甚至)維持原樣。

◎註八二：參見 Hannah Arendt (1969), On Violence. New York: Harcourt, Brace and World, p. 5; 以及Raymond Aron (1975), History and the Dialectic of Violence: An Analysis of Sartre's Critique de la Raison Dialectique (translator: Barry Cooper). New York: Harper and Row, p. 191; 以及J. Bronowski (1968), The Face of Violence. Cleveland, OH: Meridian Books, p. 76; 以及 Piotr Hoffman (1989), Violence in Modern Philosophy. Chicago: University of Chicago Press, pp. 139-41; 以及 J. Krishnamurti (1973), Beyond Violence. New York: Harper & Row, p. 74.

◎註八三：如 Leah Fritz (1975: 17) 在「Thinking Like a Woman」 (Rifton, NY: WIN Books; distributed by Free Life Editions)所提的，暴力不是「某種常規，...幾千年來它一直被視為代表一半人類人口的古怪行為。」(引自 Pam McAllister (1982), "Introduction," in Reweaving the Web of Life: Feminism and Nonviolence. Philadelphia: New Society Publishers, p. vi.)亦見於John Gunn (1973), Violence. New York: Praeger, p. 87.

◎註八四：我們應該也記得「自二次世界大戰以後以來，幾乎所有的一百卅次戰爭都是在第三世界中發生。大約有二千二百萬的婦女、男人與兒童的死亡與戰爭有關。到1980年代晚期為止，死者中有四分之三是平民。」參見Holly Sklar

(1992), "Brave New World Order or Fair New World Order," in K. Tehranian and M. Tehranian (eds.), Restructuring for World Peace on the Threshold of the Twenty-First Century. Cresswell, NJ: Hampton Press, p. 222.

◎註八五：我們應該重述結構性暴力(structural violence)是如何成為身體暴力(physical violence)的一個成因：「教育、安居、就業與其他的條件能夠預防街頭暴力的發生。因為它們可以避免疏離份子成為街頭幫派與暴力。」參見John Burton, "Restructuring as a Political Process: Ethnicity as a Case Study," in K. Tehranian and M. Tehranian (eds.) ,Restructuring for World Peace on the Threshold of the Twenty-First Century. Cresswell, NJ: Hampton Press, p. 305.

◎註八六：參見Chistoph Wulf (in press) "Education for Peace," in T. Husen and T.N. Postlethwaite (eds.) The International Encyclopedia of Education: Research and Studies. New York: Pergamon.

◎註八七：參見 Sarah Graham-Brown (1991) , Education in the Developing World. London: Longman, pp. 276 and 303. T. Schofthaler 在其[(1986) Socio-economic Aspects of the Democratization of Education. Paris: UNESCO Division of Educational Policy and Planning]也有相同的論點：「它看來是重要的，就是將『全民教育』的觀念與經濟、社會民主化連在一起，使其成為教育過程與運用成因條件之民主實現的必要條件。」(pp.15-16).

◎註八八：參見Inter-Agency Commission (1990) , World

Declaration on Education for All. (Document adopted by the World Conference on Education for All: Meeting Basic Learning Needs, Jomtien, Thailand, 5-9 March 1990). New York: Inter-Agency Commission, p. 1.

「全民教育或全民和平教育?」評論

楊深坑◎評論

Mark B. Ginsburg的「全民教育或和平教育」從1990年泰國Jomtien的「世界全民教育會議」所揭普及教育理念之分析開始，指出當前全民普及教育的理念應將「為誰而教」(education for whom)和「為何而教」(education for what)合併考慮。前者的雄心壯志理想是「所有人均受教育」，後者則為「為和平而教」。Ginsburg批判了當前全民教育的理念只著眼於有限的全民是否能夠全部入學的較狹隘目標，而未考量更寬廣的使全民的教育經驗足以促進全民有能力而樂於獻身於生活品質之提昇。Ginsburg提出了極為精審的見解：如果全民教育某些特殊方式造成暴力的增加，而非成為和平的觸媒時，我們寧可不要這樣的全民教育！(p.5)

至於「和平」的概念，Ginsburg也有極為週延的分析。他認為和平不只是指沒有戰爭或沒有其他形式的軀體或直接暴力而已，也指沒有結構上或間接的暴力。他又從鉅觀和微觀兩個層面來分析軀體和結構的暴力。小至於體罰(軀體)、言辭貶抑(結構)，大至於國際戰爭(軀體)、政策失當導致文盲、貧窮、環境惡化(結構)等各種形式暴力之消除，均屬於和平教育所應關心。為達和平教育之旨，Ginsburg提出了相當重要的觀點：和平教育並不是要發展控制他人(power over)的能力，而是增進與人合作的能力，亦即和他人「共同施展力量」(power with)的能力(p.9)。這種論點也正符應了1996年UNESCO報告書「Learning: The Treasure Within」所揭面向21世紀的四大教育支柱(Pillars of Education)之一：學習與人共處(Learning to live together, learning to live with others)。這個教育支柱也是在這報告書中認為特別重要。

接著Ginsburg分析各種類型教育活動目的、策略與結果對

於促進或阻礙培養獻身以赴和平的熱誠與能力。Ginsburg認為雖然舉世仍存在著鉅觀或微觀的軀體或結構性暴力，不過他認為面向廿一世紀全民的和平教育仍舊可能，其可能性在於必須重新審愼考量，重新規劃教育制度與課程，以便開展全民爲創造並維繫和平全力獻身以赴的熱誠與能力。

整體而言，Ginsburg結合了全民教育和和平教育對全民教育的新詮解，見解頗爲獨到，對和平的意義與暴力類型也有週延的分析，對各種類型教育活動促進或阻礙和平也有精審的探討，對於和平教育的未來也充滿了樂觀的展望。惟其中仍有下述問題有待進一步深層的探討：

一、Ginsburg教授提出了全民和平教育相當崇高的理想：即全民教育不在於發展控制別人的能力，而在於發展與人共處或與人共同「施展力量」的能力。稽諸現在世界性的教育改革趨勢，這種理想要想達到幾乎不可能。現在世界性的教育改革莫不強調以商品邏輯、效率邏輯的機制來調節教育組織與結構，以提昇國家的競爭力，以競爭力提昇爲主軸的教育，實即爲Ginsburg教授所說的發展控制他人(exert "power over")能力的教育。這也難怪最近UNESCO的報告書「Learning: The Treasure Within」也指出要想在學校中教導非暴力(teaching non-violence)是件困難的工作，學校教育往往對於「競爭」作了錯誤解釋，而助長了衝突與敵意。爲消解此種衝突之危機，UNESCO的報告書也提出了兩個可能的途徑：逐漸的發現他人(Discovering others)和終身與他人共享或共同致力於共同的目的(Working towards common objectives)。不過這只是原則性的宣示，具體的行動策略仍有待於審愼的探討。比較教育自Marc-Antoine Jullien de Paris 以降一直有透過國際

合作教育研究，增進相互了解，促進世界和平的崇高理想，現在世界性的比較組織，世界比較教育學會聯合會(WCCES)更應秉持這個崇高的傳統，糾集各國比較教育學者，共同研究具體可行之和平教育策略。

　　二、Ginsburg教授對正規教育(formal education)的分析似乎是相當悲觀而負面的，認為正規教育往往助長了結構性的暴力，而無助於和平之促進。然則，正規教育難道對和平教育沒有正向功能？即使正規教育組織、結構、課程內容有阻礙和平教育的功能，眼前急迫的任務應該是研究出有效的策略來防止結構性或軀體暴力在正規教育過程產生。

　　三、Ginsburg對於非正規教育(nonformal education)持較為正向的看法，認其可以補正規教育之失，而有助於和平之促進。然則，在現代商品化邏輯宰制的社會，不少非正規的教育方案，仍難脫助長競長與衝突之嫌。如何愼防其弊，發揮其正向功能，正是當前社教工作者所亟須探討的課題。

　　四、Ginsburg教授對於電腦網路促進和平教育也持較正向看法，雖然Ginsburg也提出了網路不均可能產生結構性的暴力問題。但更嚴重的問題恐不在於分配不均，而更在於色情與暴力透過網路而傳佈，助長了Physical abuse和組織性的暴力。即就正統(orthodox)教育網路而言，也恐因非面對面的人際互動，而助長了疏離傾向，而有害於「to engage in "power with"」的和平教育之推展。如何避免網路教育之失，正是當前從事網路成人教育者所亟待克服的難題。

　　五、Ginsburg教授對於未來世界各種不同教育形式貢獻於

世界和平，採取相當樂觀的看法。但爲了教育全民致力於世界和平，須審愼的重新檢視各類教育的組織、內容與過程，重新設計與規劃。至於設計與規劃的策略，Ginsburg文中並未提及，這種具體策略的規劃，恐有待於WCCES整合各國研究人力，共同合作進行規劃，中華民國比較教育學會秉於過去積極參與國際活動之傳統，自當樂於參與這項崇高的規劃工作。

玖 | 高等教育之大眾化及其發展趨勢

戴曉霞◎著
楊瑩◎評論

高等教育之大眾化及其發展趨勢

戴曉霞◎著

摘要

　　第二次世界大戰結束以降，因爲人口成長、民主化浪潮和現代化理論、人力資本論的影響，以及後工業時代經濟發展對專業人才的需求，全球的高等教育歷經了史無前例的快速擴張。持續的擴張使高等教育在許多國家已經由精英型走向大衆型甚至普及型教育。高等教育的大衆化造成政府財政的沈重負擔，爲了減輕負擔及確保公共資源的有效利用，歐美及日本等國逐漸調整以往由政府主導高等教育的模式，解除對公私立大學的各項管制，賦予高等教育機構更大的自主空間。政府在高等教育所扮演的角色逐漸由控制轉向監督，同時也將市場機制引入高等教育，讓競爭引導高等教育機構積極回應市場的需求，以增強彈性、提昇效率。這股高等教育市場化的浪潮使政府、高等教育機構和消費者之間的關係起了巨大的改變。本文旨在探討高等教育大衆化如何改變了政府的高等教育政策，而使高等教育邁向迥異於過去的發展方向，以及這種發展趨勢對高等教育可能帶來的衝擊。

　　關鍵字：高等教育政策，大衆化，市場力量

Abstract

Since the end of World War II, higher education has undergone an unprecedented world-wide sustained expansion due to population increase, the tide of democratization, the influence of modernization theory and human capital theory, as well as the need of the post-industrial economy. The heavy financial burden of the massification of higher education forced many governments to change their higher education policy in order to make higher education institutions more self-regulatory and more responsive to the needs of their consumers and the society as a whole. In addition to the devolution of power, governments are increasingly turning to market forces as a means of coordinating universities. This article intends to analyze the new context that higher education is facing and explore the trend of its development.

Key words: higher education policy, massification, market forces

前言

　　自從第二次世界大戰結束以來，全球的高等教育歷經了史無前例的快速擴充。根據聯合國科教文組織的估計，1960 年代全世界大學生的人數是一千三百萬，到了1991年已經增加到六千五百萬，預計公元二千年全球將有八千萬學生接受高等教育。其次，就大學生占同年齡層的比例來看，在已開發國家，從1969年的15%提高到1991年的40.2%；在開發中國家，則由7.3% 增加到14.1%（UNESCO, 1995）。以我國而言，預估在公元二千年，大學生人數為三十九萬八千人，占同年齡層的百分之二十，若再加上專科學校部份，其比例將高達百分之四十（教育部，1995）。高等教育在人數方面的擴充，使得高等教育的特質在下列五個方面有了根本的轉變：第一，高等教育在許多國家已經由就學率百分之十五以下的精英型（elite type），走向就學率百分之十五至百分之五十的大眾型（mass type），甚至就學率百分之五十以上的普及型（universal type）教育。第二，高等教育的功能已經不止於社會領導階層的培育，而涵蓋職業的準備。第三，傳統精英式大學已無法完全符合社會多元化的需求，高等教育必須採取多樣性的發展，在學生類別、學習年限、課程內容、教學方法、經費來源、研究取向及機構規模等方面必須重新定位以因應不同的需求。第四、高等教育的擴充造成沈重的財務負擔，政府支助高等教育的能力普遍降低，高等教育機構自籌財源的比例逐年上升。 第五，為了提昇教育資源的分配及使用效率，高等教育的內部效率（例如：學生單位成本）及外部效率（例如研究成果及畢業學生之類別及品質， 能否配合社會及經濟的需求），逐漸成為社會關注的焦點（戴曉霞，1998）。

爲了減輕財政的負擔及確保公共資源的有效利用，並維持高等教育品質以追求社會持續發展，各國高等教育的發展方向有了顯著的轉變。首先，各國逐漸調整以往由政府主導高等教育的方式，解除對公私立大學的各項管制，賦予高等教育機構更大的自主空間。換言之，政府和高等教育之間的互動已經由政府控制模式（state control model）轉向政府監督模式（state supervising model）。其次，政府將市場邏輯引入高等教育，讓競爭與價格機制引導高等教育機構回應市場的需求，以增強彈性、提昇效率。最後，政府積極建立有關高等教育機構教學與研究的評鑑制度，一方面提供高等教育消費者更充份的資訊，另一方面也形成高等教育必須注意品質及績效責任的壓力。

　　政府角色的轉換、經費的緊縮及市場的壓力帶給各國高等教育機構空前的挑戰，大學經營的企業化及知識、課程與學位的商品化固然提昇了經濟效益，卻也使高等教育的目標與功能成爲必須重新界定的議題。隨著高等教育的大眾化及環境的劇烈變遷，顯然高等教育已經走上迥異於過去的發展路徑，近年來已經引起高等教育學界密切的注意及廣泛的探究。本文擬由高等教育的大眾化、高等教育與政府及市場的關係、高等教育面對的新環境及其挑戰等面向探究高等教育發展之趨勢。

高等教育的擴張

　　從大學的歷史來看，大學的社會責任並不像今日這般重大，它們的功能及任務相對而言狹窄許多。除了真理的追求，大學的主要工作是由中上社會階層招收學生，讓他們未

來能勝任特定工作,包括教會的神職人員、政府的行政官員、法律和秩序的監督者及健康與衛生的維護者等。因此在二十世紀之前,高等教育基本上只和各個社會中的一小群人相關。舉例來說,在十六和十七世紀的歐洲各國,大學生佔男性同年齡層的比率一般多不超過百分之二(當時女性尚未獲准進入大學)。此一比率到了十八及十九世紀甚至降低為百分之一(Shils, 1992, 1256)。此外,就科學的發展而言,在十九世紀之前,大學和其他機構例如觀測站、博物館、植物園、圖書館及皇家學會等比較起來,並不特別重要(Dill & Sporn, 1995)。

高等教育的發展及其和社會的關係到了二十世紀,特別是在第二次世界大戰之後,發生了劇烈的改變。首先,高等教育體系經歷了史無前例的快速擴張。根據研究者的估計,在西元1200年到1985年之間設立的1854所大學之中,有1101所,約佔總數的百分之五十九,是在1950年到1985年之間成立的(Ramirez & Riddle, 1991)。不但新的大學如雨後春筍般的在各國興起,舊有大學的規模也擴大兩倍甚至三倍,同時各國大學就學率也不斷上昇。

高等教育在1950年代以來的快速擴張,除了和全球人口的成長密切相關之外,還有三個主要原因:

第一,第二次世界大戰期間,德、英、美等國學術界對國家的貢獻使得社會對高等教育所能扮演的角色及發揮的功能有了一個全新的觀點。以往社會對大學在追求真理、促進世界之理解、保存及傳遞文化的尊崇之心,逐漸為學術研究也能帶來實質利益的期望取代。這種對大學的期望使得政府願

意挹注大筆經費提昇大學的規模與素質。

第二，第二次大戰之後興起的民主浪潮使得平等主義的觀點深入人心，社會流動成爲一種普遍的需求。在這種氛圍之下，歐美各國政府無不盡力提供社會成員接受高等教育的機會。舉例來說，美國政府在戰後提供「復員獎助金」（demobilization grants），協助解甲歸田的軍人進入高等教育機構就讀。此一措施不但彌補因爲戰爭而錯失就讀大學之機會的中上階層子弟的缺憾，更爲那些原來根本沒有機會上大學的中下階層子弟廣開大學之門。另外，英國在1963年出版的「羅賓報告書」（Robbins Report）就明確表示「每個青年，只要能力及學業成就適合接受高等教育，都應該享有此種機會。」(Robbins Report, 1963, 49）。

第三，除了歐美國家高等教育的擴充之外，在1950及1960年代引起普遍注意的現代化理論（modernization theory）及人力資本論（human capital theory），是促使第三世界國家擴展教育的理論基礎。現代化理論是指1950年代及1960年代非馬克思主義學者用來探討第三世界發展問題之觀點的總和（Harrison, 1988）。這些不同的觀點可以歸納爲二大面向：一是現代社會結構之探討，二是現代人特質之分析。不論是由現代社會之結構或現代人之特質來探討現代化的問題，現代化理論視社會變遷爲單一方向的（unidirectional），也就是每個社會都會經歷相同的現代化過程，發展出相似的現代化特質。人力投資論則主張經濟成長的關鍵因素，不再是古典經濟學所認定的土地或資本，而是人力素質的改變和提昇。因此，模仿工業先進國家擴展各階段教育以有效地改善人力素質，就成爲開發中國家掙脫貧窮、追求現代化的捷徑。

表9-1 1955-1985年全球各地區高等教育註冊率（％）

	1955	1965	1975	1985
全球	2.1	5.0	9.0	13.1
已開發國家	6.0	13.7	21.5	25.0
開發中國家	0.9	2.4	5.2	9.0
西歐	4.5	10.3	19.5	24.3
東歐	5.7	15.6	17.6	17.3
拉丁美洲	2.5	4.5	12.4	18.4
加勒比海地區	0.2	4.0	10.6	8.1
中東/北非	1.1	3.7	6.1	14.3
非洲(撒哈拉沙漠以南)	0.04	0.2	0.9	1.4
亞洲	1.9	4.2	5.8	11.9
美國、加拿大及澳洲 紐西蘭	12.5	24.3	36.6	46.8

改編自F. O. Ramirez 及 J. Boli-Bennett (1991)

　　雖然高等教育的擴張也面對不少阻力，包括：來自教師及學生團體維護精英教育的特權、政府經費不足、某些社會階層試圖阻斷社會流動等，但是在促進教育機會均等、提昇人力素質以加速現代化的導引之下，各國的教育在 1950 年代到 1970 年代之間快速的成長，Ramirez及 Boli-Bennett甚至將此一教育的擴充稱爲「教育的革命」(Ramirez & Boli-Bennett, 1982）。由表9-1可以看出，1955至1975二十年之間，不論已開發國家或開發中國家的大學註冊率都大幅度成長，朝向大眾化、甚至普及化邁進。

　　高等教育的精英時期因人數少，即使每個學生的單位成本高，但因整體的社會負擔小，並不特別引起社會的注意。不過當高等教育邁入大眾化時期，情況就不一樣了。這時不但

受影響的社會成員人數大增，對社會資源的需求也和以往大不相同。因此，社會對於高等教育的目標及經營等問題的興趣與關心日濃。特別是在1970年代之後，大多數已開發國家面臨經濟停滯的困境，不但高等教育的經費受到限制，學者也開始質疑到底高等教育是有利於社會整體，還是主要是對個人有利（Freeman, 1971）？此外，W. Meyer和J.W. Ramirez（1977）及W. Meyer 和 M.T. Hannan(1979）的研究也認為高等教育和工業化、都市化、經濟發展之間的關係並不顯著。因此，到了1980年代，歐美各國對高等教育的觀點已由公平性的考量，轉而強調大學的效率及品質，以及對科技及經濟發展的貢獻。例如：H. Perkin就認為導致高等教育持續擴張的基本原因乃是經濟性的考慮，包括：經濟發展對科技及管理人才需求孔急。後工業時代的來臨不但使服務業對高級人才的需求大增，農業及製造業的現代化與自動化一樣需要能運用科技的專業人才（Perkin, 1991）。換言之，經濟的發展使 D. Bell所說的「知識工作者」（knowledge workers）取代了工業時代的工廠工人，也使政府及工業界對高等教育的興趣大增，更進一步改變了社會整體和高等教育之關係。

政府、市場與高等教育

雖然高等教育的大眾化甚至普及化是各國提昇國際競爭力必然的發展途徑，但是不可否認的，高等教育人數的急速擴張也造成政府財政的沈重負擔。對大多數已開發國家而言，使財務問題更加棘手的另一個因素是社會的高齡化。隨著出生率的下降，無工作能力的依賴人口群所形成的依賴率（dependency ratio）日益惡化。舉例來說，德國在1980年代後

期的依賴率約為三比一，也就是每三名就業人口負擔一名無工作能力者。此一比率預估到了西元2010年左右將會達到一比一，其他西歐各國也有類似的發展趨勢。人口老化會給政府帶來以下的挑戰：社會資源必須由年輕人口重新分配給老年人口。提昇勞動力的生產力。降低行政費用。提高勞動力的資歷。確保相當比例的勞動人口能有符合規定的資格。提昇勞動人口的生產年限(Neave, 1995)。社會老化所帶來的挑戰及因此產生的排擠效應，迫使政府以往花在高等教育的經費必須轉移一部份給社會福利及保險，例如：失業、疾病、老人年金等。 在這種情況之下，雖然高等教育的學生數不斷成長，但是政府已無力再給予全額補助。除了宣導使用者付費的觀念之外，政府也促使大學校院藉由募款、推廣教育、建教合作等方式籌措不足的經費。

　　為了減輕財政的負擔及確保公共資源的有效利用，歐美及日本等國逐漸調整以往由政府主導高等教育的方式，解除對公私立大學的各項管制，賦予高等教育機構更大的自主空間。政府在高等教育所扮演的角色逐漸由控制轉向監督，同時政府也將市場機制引入高等教育，讓競爭引導高等教育機構積極回應市場的需求，以增強彈性、提昇效率。這股高等教育「市場化」（marketization）的浪潮已沛然成形， 正由美國經過歐洲、日本撲向世界各國，可說是主導新世紀高等教育發展最主要的力量之一（戴曉霞，1998）。這股力量也使政府、高等教育機構和消費者之間的關係起了巨大的改變。

　　有關高等教育與政府及市場之間的關係，Burton Clark曾經提出一個廣為引用的高等教育「協調之三角」（the triangle of coordination）（如圖9-1）的模式，來說明在每一個高等教育

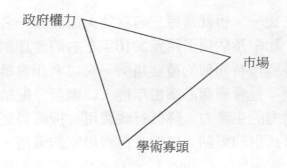

政府權力

市場

學術寡頭

圖9-1 高等教育「協調之三角」 取自 B. Clark (1983)

體系內，政府權力（state authority）、學術寡頭（academic
oligarchy）及市場是三股影響各國高等教育形貌及發展方向的
主要力量（Clark, 1983）。政府權力所代表的是社會的集體意
志、學術寡頭係由資深教授組成，其影響力來自知識和專業
的權威、市場則是個別消費者的意願。不同國家的高等教育
體系在這三角關係中各有所偏，比較極端的包括解體之前的
蘇聯（偏向政府權力）、義大利（偏向學術寡頭）及美國（偏
向市場）。其他國家則在這三股勢力的消長之間各有其位，例
如歐陸各國的高等教育傳統上是由國家主導，由政府訂定入
學標準、教師資格、課程標準等。但是國家的權威也因為學
術界對研究經費、教師聘用及課程核可的非正式影響力而受
到相當的節制，因此其高等教育體系可說是介於政府權力和
學術寡頭之間。

　　雖然 Clark 的三角模式在比較影響各國高等教育之力量是
一個有用的工具，卻無法顯示自從1980年代以降，各國高等
教育三角關係的動態改變。因此 Gareth L. Williams（1995）乃

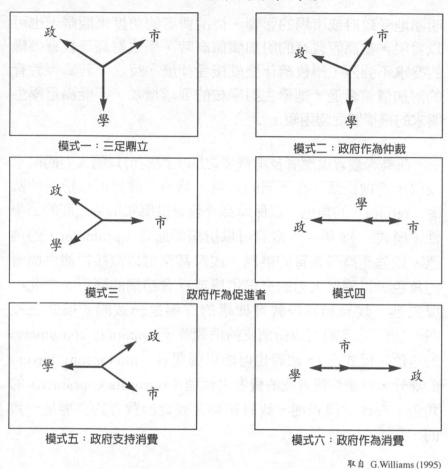

政：政府　市：市場　學：學術

模式一：三足鼎立　　　　　　　　模式二：政府作為仲裁

模式三　　　　　政府作為促進者　　　模式四

模式五：政府支持消費　　　　　　模式六：政府作為消費

取自　G.Williams (1995)

圖9-2　政府、市場與高等教育之關係模式

依據 Clark 的模式再發展出六個細部模式，來說明政府、市場
和高等教育之間關係的變遷（如圖9-2）。根據Williams 的看
法，當高等人才的需求大於供應之時，或政策有利於高等教
育供應者時，高等教育機構的勢力就會擴大，精英式的高等
教育即屬此類。反之，若高等人才供應充足，或政府削弱對
高等教育機構的保護時，高等教育機構的力量就會變弱，較

明顯地受政府或市場的影響。從消費者的角度來觀察，也可以發現，當高等教育的附加價值高時，學生對高等教育機構的要求不強烈，學校給什麼就接受什麼。反之，若高等教育的附加價值衰退，則學生對學校的要求增加，不能滿足學生需求的機構將面臨困難。

　　在高等教育供應者及消費者之間，政府可以隨人力的需求及政策導向扮演三種不同的角色：第一、政府可以扮演仲裁者（referee）的角色，以保障高等教育供應和消費之間的公平性（模式二）。第二、政府可以扮演促進者（promoter）的角色，以強化高等教育的供應。政府甚至可以直接扮演供應者的角色，以確保人力的充份供應或社會結構的穩定。在此一模式裡，政府和高等教育機構的立場是一致的（模式三及四）。第三、政府可以扮演支持消費者（supporting consumers）的角色（模式五），政府也可能以獨買者（monopsony buyer）的身分，扮演消費者或消費者之代理（surrogate consumer）的角色。在此一模式裡，政府和高等教育消費者的立場是一致的。

　　舉例來說，傳統上英國政府在高等教育所扮演的角色屬於模式二，高等教育機構對於學生、課程、研究、評量及教師徵聘等事項享有自主權，政府則提供經費以維護大學自主。大多數歐陸國家的高等教育屬於模式三及四，事實上，政府就是高等教育的供應者。政府聘用教師，設定學生的入學標準、對課程及考試也加以管制。換言之，政府和高等教育機構之間有相當程度的重疊。然而，在最近幾年，各國政府在高等教育上所扮演的角色有了顯著的轉變，由以往對高等教育機構的支持轉變爲對消費者的支持。例如原本直接撥付給

高等教育機構的經費，有一部份轉化爲獎學金、學生貸款、教育券等方式直接補助學生，以強化其購買力，增加選擇的機會。此外，政府提供的高等教育經費預算也逐漸強調產出或表現，經費的獲得端視其滿足消費者的程度。就如同美國高等教育研究者 Robert Zemsky 和 William F. Massy 所說的：「就像市場力量曾經造成許多產業的重整，市場的需求將引導高等教育的改變。換言之，高等教育的主要消費者 -- 學生、家長、畢業生的雇主、購買研究結果的公私立機構，將是改變高等教育的主要動力。」（Zemsky & Massy, 1995）。

政府、市場和高等教育機關係之轉變主要是立基在「經濟理性主義」（economic rationalism）的觀點，相信和政府的干預比較起來，市場力量能迫使高等教育機構更有成本概念、更注重管理、更積極地回應消費者的需求。不過和一般商品不同的是，政府從來沒有把高等教育完全交由市場力量來運作。畢竟高等教育和國家發展的關係太密切，即使經濟學家也認爲高等教育若走上完全市場化或私有化之路，並不能使社會整體獲得最大利益（Rivlin, 1992；Thurow, 1996）。換言之，在高等教育領域中，高等教育機構、政府、消費者一直是三者並存的，只是它們之間的關係是動態的，是隨著高等教育的發展、社會的需求及時代思潮而與時推移的。市場化的趨勢基本上是政府將其發揮的功能做了某些調整，由以往仲裁者、高等教育機構的支持者、甚至是高等教育供應者的角色，轉而支持高等教育的消費者、甚至以獨買者的身分充當消費者的代理。因此，就高等教育而言，純粹的市場是不存在的，眞正運作的是一種類於市場（market-like）或準市場（quasi-market）的機制。以法國爲例，雖然高等教育與市場力量的結合被視爲近年來最重要的發展方向之一，但是研究者

也發現市場並不能取代技術專家體制（technocracy），因為高等教育不論在經費、總體目標的設定及評鑑方面都還操在中央政府之手。就法國的高等教育而言，市場的角色在於提供高等教育機構某種程度的自由以調整總體政策來適應區域性特色，確保高等教育的實施能配合地方的需求（Kaiser & Neave, 1994）。

解除管制、刺激競爭、提昇效率及確保品質

面對高等教育大眾化所帶來的挑戰，政府的對應措施包括：解除對高等教育體系的管制、賦予大學校院更大的自主權，刺激競爭、獎勵效率，同時發展保證教學與研究品質的新機制。

解除管制

一般而言，管制是指運用某些工具（instruments），試圖影響個人或組織的決定及行動，使其能符合某些目標。政府的管制是政府依據其所訂定的目標、運用其可掌控的工具，以操縱特定社會部門之決定與行動的作法（van Vught, 1989）。在1980年代中期之前，西歐各國政府對於對於高等教育都採取理性計畫與控制策略。到了1980年代中期以降，才改為自我管制策略（strategy of self-regulation）。政府不再作細部的掌控，以增加大學的自主。例如荷蘭的高等教育向來都是由政府作詳細規劃與嚴密控制，但是在教育與科學部於1985年發表的「高等教育：自主與品質」（Higher Education: Autonomy and Quality）報告書中，就表明政府希望大幅提昇大學校院的自主及自我負責的態度以強化其彈性及調適的能力，從而改

善高等教育的品質（van Vught, 1997）。因此就高等教育而言，解除管制一方面是減少政府對公立大學的財務、人事、課程等方面的管制，將決策權下放給學校，由其自行訂定收費標準、發展人事分類系統、規劃課程、協商各類合作契約等。另一方面則在放鬆或取消那些禁止私立大學校院和公立大學競爭的規定，例如收費標準、招生人數等，以促使公立和私立大學校院能在一個更平等的基礎上，競爭政府的研究經費和政府補助的學生費用。簡言之，解除管制就是以市場力量取代政府干預，賦予高等教機構更大的管理彈性，讓它們在面對變遷及競爭時能夠更積極地即時回應。例如日本在1991年所頒布的「解除大學管制法」（University Deregulation Law）的主要目標，就在以市場邏輯引導大學的發展，以自由、彈性、個別化、及績效責任等取代干預及管制。

除了打破公立大學的壟斷，消除管制也增加了高等教育私有化（privatization）的可行性，允許原為國家掌控的學術機構獨立運作。例如美國佛羅里達、馬里蘭、華盛頓、維吉尼亞等州都曾就是否將公立大學私有化進行辯論，俄勒崗州則將一所醫科大學改以公有公司（public corporation）的型態來經營（Mingle & Epper, 1997）。日本在「解除大學管制法」頒布之後，國立大學私有化的可行性也引起廣泛的討論。受到這種衝擊，「國立大學協會」（Association of National Universities）不得不發表一份報告書，陳述國立大學過去的成就、未來的展望及保留國立大學的必要性（Arimoto,1997）。

刺激競爭

管理學家 M. Porter（1980）主張要瞭解特定工業內部競爭的程度，可由下列五個因素的分析著手：新進者的威脅。供

應者的談判力（bargaining power）。消費者的談判力。替代性服務的的威脅。競爭機構之間對立的程度。 Porter也認爲若由政府如何影響這五個因素的角度切入，將能更清楚競爭的情況。從高等教育在1980年代以降的發展來觀察，各國政府在刺激高等教育的競爭方面，特別在增加新進者的威脅、強化消費者的談判力及提供替代性服務等方面，都可以看到政府努力的痕跡。

首先，就強化新進者的威脅來看：除了解除管制，鼓勵私人興學之外，政府也可藉由消除高等教育之二元化體系，提昇學院之地位，使其能在一個更平等的基礎上和大學競爭。新成立或改制的大學雖然通常因爲缺乏設備和經費，較難和舊有大學在研究方面競爭。但是在非研究取向的課程方面，新大學未必居於弱勢。舉例來說，美國有幾所新設立的私立大學，在短時間之內，已經發展出相當具有競爭力的非研究導向的專業課程，特別是在MBA及法律等方面有傑出表現。此外，非營利性質的藍德公司（Rand Corporation），及其他一些營利公司也獲得開設專業性學位課程的許可（Eurich, 1985）。這些非傳統機構所提供的課程，因爲既不必像傳統大學必須顧及教師的研究興趣、負擔教師的研究經費，又可提供學生實際的職場經驗，因此常獲得物美價廉的評價。這些新型的高等教育供應者雖然目前在數量上偏低，但它們若持續發展很可能對傳統大學在某些專業課程的費用和品質方面形成巨大壓力。除了面對國內新進大學的競爭，在各國政府追求國際化之際，許多高等教育機構也必須面對外國大學跨海招生的猛烈攻擊。除了要提防學生的流失，許多大學也發現在爭取企業界或基金會所提供的研究經費之時，還必須注意跨越國界的全球性競爭，因而不得不加強契約研究的探

購、行政及管理等事宜。

其次，就強化消費者的談判力來看：在一個競爭市場，消費者和供應者都能影響市場。消費者影響市場競爭結構的方法包括：迫使價格下降、談判不同的服務品質、數量及特性、挑動競爭者之間的對陣等。供應者也可藉由改變產品的價格或品質以影響市場。但是，就高等教育市場的競爭結構而言，影響競爭結構最大的是消費者--包括學生和政府。

根據Clark Kerr的看法，已開發國家約有百分之二十五的勞動人口投身需要某種高等教育訓練的領域（Kerr, 1987）。學生對專業及職業教育的需求日增，這種情形甚至對於傳統大學也會形成課程革新的壓力。舉例來說，美國的精英大學及英國的牛津、劍橋等大學的學士及碩士學位課程必須納入專業導向課程。這股壓力也使歐陸各國大學必須考慮改變原來學術導向的學士學位課程，而和美國一樣，將研究往後延至研究所階段（Clark, 1993）。

和一般商品不同的是，就高等教育而言，影響最大、最重要的顧客是政府，這主要是因為許多政府多是大學校院之教學與研究的主要購買者。例如英國政府就扮演獨買者的角色，透過競標刺激各高等教育機構之間的競爭和對抗。不過在高等教育的個人利益日趨明顯，使用者付費的觀念日漸普遍之後，政府對教學方面之市場結構的影響將隨之衰退，而學生及家長的影響力將增加。不過，就研究而言，各國政府還是最主要的購買者，因此政府有關研究經費的政策還是深深影響高等教育研究方面的市場結構。例如在英國，政府已將教學經費和研究經費分開。各系所的研究結果必須接受評鑑，政府提供給各大學的研究經費將根據評鑑結果調整。因

此有些系所的研究經費會比較少，有的則根本沒有。此一研究經費方面的轉變加重大學教師在研究方面的績效責任，也使大學難以忽視個別系所在研究生產力方面的差異。政府不僅影響大學在研究方面競爭的程度，藉由主要購買者的身分，政府還能影響研究的特質，使其配合經濟發展、強化國家競爭力。舉例來說，許多已開發國家除了逐漸將基礎研究經費轉向特定的應用研究領域，也鼓勵大學和業界合作設立研究中心，以刺激地區的經濟發展（Dill, 1995）。

最後，就替代性產品或服務的競爭來看：一般而言，各行各業除了必須面對來自同業的競爭之外，還需注意任何可能提供替代性產品或服務的其他行業，就像Hewlett-Packard公司發展出來的數位科技帶給鐘錶業革命性的變革。雖然大學所提供的學位和研究在目前看起來還不至於受到其他行業嚴重的挑戰，但是一些傳統上和大學並無直接競爭的機構，逐漸有提供品質更好或價格更低之替代性產品的可能性。而且這些替代性產品在形成初期難以指認及預防，因為它們的崛起往往來自於看起來不直接相關的科技發展或政府政策。近年以來，法國、英國及荷蘭等國政府在大學評鑑的標準中增加一些前所未見、又足以改變傳統學術排名的價值和標準。舉例來說，開放大學（Open University）所開設的MBA 課程因為容納學生最多、費用最低，因而超越劍橋大學，獲得最高排名（Dill & Sporn, 1995）。由此可見，政府所界定的學術品質不但可能使一些新興的教育科技及作法獲得合法地位，同時也動搖傳統以研究生產力為導向的同儕評鑑之權威性。因此，政府對評鑑的介入不但會刺激競爭，也能改變高等教育的理念與價值，並導致學術管理革新的風潮。

另一個替代性產品的競爭來自資訊工業的快速發展，使資訊不論在獲取、處理及傳遞各方面的費用都已經大幅地降低。網際網路所提供的即時又廉價的資訊，讓那些因為擁有龐大的圖書收藏，而在學術研究及教學方面享有比較優勢的傳統大學，受到巨大衝擊。資源較不足的小型或新興大學，只要擁有適當的資訊科技，還是有機會和歷史悠久的大學在某些領域上競爭。此外，資訊科技的發展也加速了遠距教學的可行性，其不受時空限制及個別化的優點，是傳統課堂講授所不及的。

提昇效率

　　因為競爭市場對生產效率的強調，各國高等教育機構的運作方式和傳統上以教授為主體的學院模式已有了顯著不同。例如英國在1985年發表的Jarratt 報告書就建議大學的管理要更企業化，大學校長應同時肩負行政及學術領導之責，最好能接受企管方面的訓練；大學委員會（university councils）最好以董事會的形式在大學的經營上扮演更重要的角色；大學應建立表現指標並引進評鑑及績效責任作法（Jarratt Report, 1985）。根據G. Williams的觀察，市場邏輯使英國高等教育機構在管理方式產生了下列顯著的改變：由委員會所作決策的數量急劇減少。所有活動都必須嚴格計算成本。所有活動都必須分攤經常費用。各項契約在訂定價格時必須涵蓋所有經常費用。所有教學與學生評量都必須做成檔案。學生住宿、餐飲、清潔服務、建築維修等非核心業務外包。開拓能增加收入的商業性活動，例如：顧問諮詢、租借宿舍作為會議場地、出售圖書、實驗室及電腦等服務。創造能強調學校特質的標誌（ logos ）（Williams, 1997）。B. R. Clark 在研究英國、荷蘭、芬蘭、瑞典等國的五所大學之後，發現近年來這些大

學在管理方面有若干共通之處,包括:強化全校各階層的行政能力。拓展和校外,特別是工業界的關係。加強基礎學系自給自足的能力,提昇其獨立性。將企業精神推廣至學校的每一個角落,以便和學校文化融而為一(Clark, 1997)。日本的國立大學也無法逃避企業管理的風潮,以往權力有限的國立大學校長也被認為必須具備領導能力,以協助學校迅速、彈性、理性地回應社會變遷(Arimoto, 1997)。

在提昇學術生產力及刺激學術人力市場競爭的大前提之下,高等教育機構的人事政策也有重大變革。舉例來說,為了追求更高的人事效率,英國大學內部的學術人力配置受到嚴格的考核。在1980/81年和1985/86之間,由「大學撥款委員會」(University Grant Committee)支付的大學教師人事費用下降8.4%。以1985/86學年為例,離職的教授有152位,但新聘的只有67位。在1981年和1985年之間,高達4500位大學教師或自願被資遣或提早退休,其中許多屬於科技、理工領域。此外,為了顧及未來的彈性,新聘任教師也只獲得短期的工作契約(Miller, 1988)。1988年的「教育改革法案」(Education Reform Act)使學術人力聘用的窘境更為惡化。法案規定所有新聘及升等的教師都不能獲得長聘,以強化高等教育機構「聘用與解僱」(hire and fire)的彈性。日本各大學校院所習慣的終身聘用制度,在「大學委員會」(University Council)於1996年10月提議改為五年的契約式聘用制度之後,也可能產生劇烈的變革。「大學委員會」這項建議除了仿效美國式的「發表論文或走路」(publish or perish)對研究成果的要求之外,大學教師在教學和服務方面也將接受嚴格的評鑑,以提昇學術生產力及競爭力,並消除日本學術界長久以來因為重視年資、裙帶關係和排他性所產生的弊病(Arimoto, 1997)。

除了管理及人事之外，提昇效率的目標也促使許多政府改變高等教育的經費政策。有的政府大幅刪減高等教育經費，不足的部份需要以募款、推廣教育、建教合作等方式提供。舉例來說，越來越多日本大學，包括以往財源充裕的國立大學必須尋求和私人企業合作的管道，例如捐款、設立講座、開辦合作性的研究中心等。英國政府自1989年開始運用價格機制，以加速高等教育機構降低學生的單位成本。雖然價格機制每年多少有些改變，基本的作法分爲三步驟：政府給予的學生單位成本逐年降低，以追求政府設定的「效率利益」（efficiency gains）。爲了維持收入，高等教育機構必須以邊際費用（marginal cost）互相競爭新生名額，希望來年這些多收的學生能使全校學生的單位成本降低，因而增加政府的全額補助學生數。政府將額外的全額補助學生給予全校學生單位成本低於全國平均值的大學。根據估計，在價格機制的運作之下，最近五年以來，學生的單位成本已經下降百分之二十八，高等教育機構的經費則因學生人數的增加而彌平甚至增加。在1994/5學生人數凍結之後，英國政府還是預定將1996/7學年將教學及研究相關經費再刪減七個百分點以提昇效率（Fulton, 1996）。另外，西班牙由大學校長、地方政府及教育部代表組成的大學委員會則在1995年的報告書中建議將高等教育的公共經費分爲基礎性經費和競爭性經費兩部份。前者依據固定公式分配，主要考慮輸入變項、產出變項及機構對社會需求回應的程度等因素。後者依據表現、品質、改進程度等指標，開放各大學競爭。大學委員會認爲經費分配方式的改變除了可以刺激競爭及多樣化之外，還可將市場訊息傳遞給學生、教師及研究者（Mora, 1997）。

確保品質

　　自從1980年代初期以來，高等教育品質的提昇成為許多國家高等教育政策的重點之一。以市場化最早、最深的美國來說，已有數個州政府藉由有關結果評估的立法（outcome assessment legislation）來改善高等教育品質（Astin, 1991）。英國教育部長 Sir Keith Joseph 在1984年就宣稱高等教育的主要目標在於「品質和物超所值」（quality and value for money）。 法國也在同年1984 成立「全國評鑑委員會」（Comite National d'Evaluation）。荷蘭政府則在1985年的報告書「高等教育：自主與品質」中強調高等教育品質的重要性。此外，丹麥、瑞典、西班牙等國亦紛紛發展高等教育品質控制的機制（Neave and van Vught, 1991）。

　　各國政府強調高等教育品質的主要原因有四：高等教育體系的擴張導致學生人數的暴增、系所及新大學的快速設立，引發有關公共支出用於高等教育的額度及其經濟效益的相關問題。許多國家公共支出的擴張已達上限，經費的緊縮自然引發有關高等教育品質的探討。經濟的發展日愈以科技為基礎，更加重高等教育發展方向及品質的重要性。由此可見，近年來驅使政府注意高等教育品質控制的主要是經費、經濟發展等外部壓力。（van Vught, 1995）。這種強調高等教育的績效責任，亦即高等教育應該對包括：政府、學生、家長、雇主、研究的購買者負責的發展趨勢，或許適足以顯示高等教育和社會整體之間的關係已經進入 R. Barnett所說的「解除迷惑的時代」（age of disenchantment），也就是社會大眾不再認為大學校院的所有活動是自我完足的，而希望一探高等教育這個「祕密花園」的究竟。社會對高等教育的期望越高，這種「檢視」的需求也就越大（Barnett, 1992）。

結論

　　雖然高等教育近年來偏向市場的發展趨勢被認為有刺激競
爭、增加彈性，提昇高等教育生產效率的功能，以及消除壟
斷、促進社會資源分配效率的作用。但也有不少學者對這種
迴異於過去的發展路徑心存憂懼，擔心高等教育機構不但將
逐漸喪失原有的獨特性，也可能陷入下列四種困境：

◎高等教育的商品化及工具化

　　在市場力量的主導之下，大學系所的優劣日趨以利潤多寡
來衡量，缺乏經濟利益的領域可能遭受嚴重忽視。電機學
院、工學院、商學院、醫學院、管理學院等應用性高、就業
市場較大的學院將繼續獲得較大的發展空間。相對而言，數
學、物理、文學、歷史、哲學等偏重理論、基礎研究的學
門，所分配到的資源及發展空間都可能再度受到壓縮，使大
學發展不平衡的問題更為惡化（黃俊傑，1997）。此外，知
識、學位、研究的商品化及工具化，使高等教育機構淪為工
商業界研發實驗室及勞動力的準備場所。這種結果不但和教
育促進人的自覺、主體性及自我實現等目標產生嚴重衝突，
也使長期性研可能因為耗費人力、物力，卻無法在短時間之
內看到成果，而被短期性、回收快的研究取代。因此，高等
教育機構要如何堅守立場，「嚴防誘惑，不要把基礎研究的
經費轉移到某些看似更加有利可圖的短期投機。」（Simon &
McClellend, 1985），如何在長期的學術聲望和短期的收入之間
尋找一個平衡點，以及如何在經濟效益掛帥的情況之下，固
守教育的內在目標，再造一片學術淨土，將是高等教育機構
不能不深思的問題。

◎管理主義的限制

市場競爭所帶來的壓力，使得越來越多高等教育機構採用企業界的管理方式。移植企業界作法的基本預設是管理原則係普遍可用的，也就是不論機構的性質，管理的原則是一體適用的。在此一信念之下，規模日愈擴大的高等教育機構被認為必須模仿企業界的管理風格、強有力的領導、明確授權等。根據Martin Trow的觀察，專業的管理主義者已經逐漸取代過去由教授兼任的業餘行政者，掌握高等教育機構的經營大權。這些管理主義者「決心透過經費分配公式及外界設定的績效責任機制，及運用企業界的管理機制來重整學術社群，並重新設定其發展方向。商業模式是管理主義的核心概念，當此一概念運用到高等教育，其主要目標就是要轉化高等教育機構，使其能具有一般私人公司的特質，以方便運用相似的方法進行管理和考核。」（Trow, 1994, p.12）。這種作法引起大學教師普遍的疑懼，例如一項澳洲高等教育機構的調查顯示大學的高層主管和系主任對於大學應該如何管理，在看法上有嚴重的落差。系主任普遍覺得學校的管理模式是「由上而下」，而且趨向強調中央管理權威，致使教師的價值觀和管理階層的目標常有衝突之處（Meek and Wood, 1997）。另外一個研究也發現，大學教師士氣的低落，已經到了令人擔心的程度（Boyer et al., 1992）。假如管理主義帶來的是教師的疏離感及有關規範與價值的矛盾及衝突，那麼企業管理模式想要提昇高等教育機構的效能與效率，以便積極回應各種需求的目標，恐怕將難以完成。

◎品質的追求與大學自主的衝突

有關高等教育品質的相關問題，在各國的高等教育界都引起熱烈的討論。雖然一般認為高等教育機構確實必須為其各

種活動的成效負責,但是有關品質的定義及其相關問題卻有非常不同的看法。因為品質並不是一個絕對的概念,端視機構完成其目標之程度而定。然而大學校院基於教育理念所訂定的內部目標和回應社會需求而產生的外部目標,往往牽涉不同的理念、觀點和利益,很難達成共識。不可否認的,當高等教育牽涉數目龐大的社會成員,並需投入可觀的社會資源時,高等教育的品質及其與社會需求的相關性應該獲得某種程度的保障。問題是品質應如何界定及評估?許多國家以人力規劃來導引高等教育畢業生之類別與數量的失敗經驗,可以顯示由政府所界定的社會需求及因此訂定的高等教育目標往往和現實嚴重脫節,甚至誤導教育投資及發展方向。因此研究者多主張高等教育任務及目標的設定應該留給高等教育機構來決定,例如:van Vught就認為政府應該避免操縱高等教育機構的活動,政府的責任乃在確定高等教育機構本身能進行回應社會需求的品質評鑑。品質評鑑的設計及實施應該由高等教育機構來做,也就是說高等教育機構應該運用其自主與專業來討論及評估各類教學及研究活動的品質(van Vught, 1995)。 然而近年來各國政府紛紛建立制度化的高等教育品質保證機制及嚴格的績效責任要求,已使大學校院能自主運作的空間日愈縮小。

◎競爭與多樣化的矛盾

早在1960年代初期,高等教育開始擴張之時,歐美各國政府就注意到歐洲式的傳統大學已經無法符合社會多元化的需求,大眾化的高等教育機構必須採取多樣化的發展方向。就高等教育而言,多樣化涵蓋課程方案、機構層次與規模、經費來源、經營方式、學術名聲、地理位置等方面。高等教育研究者也認為高等教育機構的多樣化具有:提供學生更寬廣

的學習選擇。提昇學生接受高等教育的機會。促使高等教育
配合個別學生的需要與能力。刺激高等教育機構自行訂定任
務並依此規劃活動。回應社會複雜及多樣的壓力。保障大學
的自由及自主等優點（Stadman, 1980）。1960及1970年代回應
多樣化的作法是建立分立的高等教育體系，例如：英國的大
學和多元技術學院、澳洲的大學和先進教育學院（colleges of
advanced education）的二元分立。到了1990年代，為了刺激競
爭、提昇效率，雖然政府還是強調高等教育機構多樣化的必
要性，但是以往藉由政府管制以促成多樣性的作法，有逐漸
交由市場力量來運作的趨勢。政府似乎認為只要就高等教育
機構主動回應競爭和市場力量，多樣性自然會產生。例如澳
洲政府在1988年發表教育白皮書「高等教育：政策聲明」
（Higher Education: A Policy Statement），取消大學和學院之間
的二元分立，將所有高等教育機構單一化為「全國統一體系」
（Unified National System）時，就說明「這種新安排是要刺激
高等教育的多樣化，而不是要所有高等教育機構扮演相同角
色。那些試圖涵蓋所有教學與研究領域的高等教育機構，將
會喪失界定並建立特色的機會。我們的目標是建立一個均衡
的高等教育體系，讓每一個機構都有其專長與特色...」（引自
Meek and O'Neill, 1996）。

　　然而，政府欲藉由競爭迫使高等教育機構努力找出「市場
利基」（market niche）的作法，不但沒有顯著成效，甚至反而
促進大學校院同質性的發展。舉例來說，澳洲「高等教育品
質保證委員會」（Committee for Quality Assurance in Higher
Education）進行1993年評鑑之後最顯著的結果是，大學普遍
地參考他校為評鑑準備的資料。對那些評鑑結果不佳的學校
而言，模仿他校似乎是自我改進的不二法門。雖然委員會強

調各校應該自行定義「品質」，但是激烈的競爭迫使各大學向一致性靠攏，反而不敢發展沒有把握的「特色」。法國大學傳統上是以培育教師、研究人員及法律、醫科人才為主，但是自從1980年代以來，大學開始積極介入原為Grandes Ecoles 獨有的工商業界管理人才的培育，而Grandes Ecoles 也一改原本強調教學的傳統，進入原為大學專擅的研究領域（Kaiser & Neave, 1994）。從英國有關研究評鑑的過程與結果也可看出，經費的競爭可能導致所有大學校院採取相似的發展策略。由英國「大學經費委員會」所規劃的研究評鑑的主要目的，是希望能夠藉由評鑑讓研究表現不佳的系所知難而退，不參與研究經費的分配，以便將研究經費集中在少數有能力的系所，並藉此完成機構之間或重研究、或重教學的分化。但是結果事與願違，因為評鑑結果關係著研究經費的多寡，因而吸引了遠超過預期數量的機構和教師參與評鑑。此一結果不但稀釋了研究傑出單位所能獲得的經費，也使各校為了能在評鑑排名上領先以提昇學校聲望，無不卯足了勁競相出價禮聘傑出研究人員。因此，在1992年的評鑑之後，高等教育界出現了所謂的「調動狂熱」（transfer frenzy）（Fulton, 1996）。日本的高等教育也有類似的情形。一項全國性的調查發現，從研究所到二年制學院及技術學院的教師都以研究，而非教學為主要工作方向（Goedegebuure et al., 1994）。

除了上述四項高等教育可能遭遇的困境之外，研究者也擔心高等教育經費的大幅刪減將導致公立大學學費節節高升，除非政府能落實將以往補助高等教育機構的經費轉而直接補助學生的政策，否則高學費時代的來臨，勢必影響低社經階層學生接受高等教育的機會。換言之，高學費必須有包括獎學金、學生貸款、教育券等方式的高補助配套措施，例如西

班牙的大學委員會於1995年發表的「大學經費報告書」中，在主張大學逐年增加自籌經費比例（預計到西元2004年能達到47%）之同時，建議大幅度（預估高達340%）提昇學生獎助金及貸款額度，以避免因為提高學費而產生政治衝突，及對社會流動的阻礙（Mora, 1997）。

展望二十一世紀的來臨，高等教育的發展趨勢確實帶來契機和挑戰，讓人們在期盼之時，也不免憂慮疑懼，因為任何重大的改變總包含不確定性和某種程度的風險。面對政府、市場和高等教育之間動態而複雜的關係，高等教育相關人員或許比以往更需要思索高等教育的本質和如何在學術自由、大學自主及社會期望和經濟需求之間求取一個平衡點，以及如何擴大高等教育視野、引領社會變遷。

參考書目

教育部（1995）中華民國教育報告書。臺北：教育部。

黃俊傑（1997）當前大學教育改革的困境及對應策略，刊於黃政傑主編《大學的自主與責任》。臺北：漢文書店。

戴曉霞（1998）高等教育與市場導向：新世紀的挑戰與展望，兩岸大學教育研討會論文，廈門大學，1998年1月16日--18日。

Arimoto, A. (1997). Market and higher education in Japan. *Higher Education Policy*, 10, 199-210.

Astin, A. (1991). *Assessment for Excellence* . New York: Macmillan.

Barnett, R. (1992). *Improving Higher Education, Total Quality Care* . London: Open University Press.

Boyer, E.L., Altbach, P.G. and Whitelaw, M.J. (1994). *The Academic Profession: An International Perspective*. Princeton, N.J. : The Carnegie Foundation for the Advancement of Teaching.

Clark, B.R. (1983). *The Higher Education System* . Berkeley：University of California Press.

Clark, B.R. (1993). *The Research Foundations of Graduate Education:Germany, Britain, France, United States, Japan*. Berkeley: University of California Press.

Clark, B.R. (1997). Common problems and adaptive responses in the universities of the world: organizing for change. *Higher Education Policy* , 10, 291-295.

Dill, D.D. (1995). University-industry entrepreneurship : The organization and management of American university technology transfer units. *Higher Education* , 29, 369-384.

Dill, D.D. & Sporn, B. (1995). The implications of a postindustrial environment for the university: An introduction. In D.D. Dill & B. Sporn (eds.). *Emerging Patterns of Social Demand and University Reform: Through A Glass Darkly*.

Oxford:Pergamon.

Eurich, N.P. (1985). *Corporate Classrooms: The Learning
Business* . NJ: Princeton University Press.

Freeman, R. (1971). *The Labor Market for College Trained
Manpower* . New York: Harvard University Press.

Fulton, O. (1996). Differentiation and diversity in a newly unitary
system: The case of the U.K. In L. Meek, L. Goedegebuure,
O. Kivinen and R. Rinne（eds.）*The Mockers and Mocked:
Comparative Perspectives on Differentiation, Convergence
and Diversity in Higher Education*. Oxford: Pergamon.

Goedegebuure,L. Kaiser, F. Maassen, Meek, L.,van Vught, F. and
de Weert, E. (1994). International perspectives on trends and
issues in higher education policy. In Goedegebuure,L. Kaiser,
F. Maassen ,P. Meek, L, van Vught, F. and de Weert, E. (eds.)
*Higher Education Policy: An International Comparative
Perspective* . Oxford: Pergamon Press.

Harrison, D. (1988). *The Sociology of Modernization and
Development* . London: Unwin Hyman.

Jarratt Report (1985). *Report of the Steering Committee for
Efficiency Studies in Universities* . London: CVCP.

Kaiser, F. and Neave, G. (1994). Higher education policy in
France. In L. Goedegebuure, F. Kaiser, P. Maassen, L. Meek,
F. van Vught, and E. de Weert (eds.). *Higher Education*

Policy: An International Comparative Perspective . Oxford:
Pergamon Press.

Kerr, C. (1987). A critical age in the university world:
Accumulated heritage versus modern imperatives. *European
Journal of Education* , 22, 183-193.

Meek, L.V. and Wood, F.Q. (1997). The market as a new steering
strategy for Australian higher education. *Higher Education
Policy* , 10, 253-274.

Meek, L.V. and O'Neill, A. (1997). Diversity in the Australian
Unified National System of Higher Education. In L. Meek, L.
Goedegebuure, O. Kivinen and R. Rinne（eds.）*The
Mockers and Mocked: Comparative Perspectives on
Differentiation, Convergence and Diversity in Higher
Education.* Oxford: Pergamon.

Meyer, J. W., Ramirez, F.O., Rubinson, R., and Boli-Bennett, J.
(1977). The world educational revolution, 1950-70. *Sociology
of Education,* 50.

Meyer, J.W. and Hannan, M.T.(eds.) (1979). *National
Development and the World System: Educational, Economic,
and Political Change* , 950-1970. Chicago: University of
Chicago Press.

Miller, H.D.R. (1988). Academics and their labour process. In C.
Smith, D. Knights and H. Willmott (eds.) *The Non-Manual*

Labour Process . New York: Macmillan.

Mingle, J.R. & Epper, R.M. (1997). State coordination and planning in an age of entrepreneurship. In M.W. Peterson, D.D. Dill & L.A. Mets (eds.) *Planning and Management for a Changing Environment︰A Handbook on Redesigning Postsecondary Institutions* . San Francisco︰Jossey-Bass.

Mora, J.-G. (1997). Market trends in Spanish higher education. *Higher Education Policy* , 10, 187-198.

Neave, G. (1995). The stirring of the prince and the silence of the lambs: The changing assumptions beneath higher education policy, reform and society. In Dill, D.D. & Sporn, B. (eds.). *Emerging Patterns of Social Demand and University Reform:Through A Glass Darkly* . Oxford:Pergamon.

Neave, G. and van Vught, F.A. (eds.) (1991). *Prometheus Bound: The Changing Relationship Between Government and Higher Education in Western Europe* . Oxford:Pergamon.

Perkin, H. (1991). History of universities. In P.G. Altbach (ed.) *International Higher Education: An Encyclopedia* . Chicago: St. James Press.

Porter, M. (1980). *Competitive Strategy* . New York: Free Press.

Ramirez, F.O. and Boli-Bennett, J. (1982). Global patterns of educational institutionalization. In P. Altbach, R.F. Arnove and G. Kelly (eds.) *Comparative Education* . New York:

Macmillan.

Ramirez, F.O. & Riddle, P. (1991). The Expansion of
HigherEducation. In P. G. Altbach (ed.) *International Higher
Education: An Encyclopedia* . Chicago: St. James Press.

Rivlin, A.M. (1992). *Reviving the American Dream: The
Economy, the States and the Federal Government* .
Washington, D.C.: The Brookings Institutions.

Robbins Report (1963). *Higher Education* . London: HMSO.

Shils, E. (1992). Universities: 1500-1900. In B.R. Clark and G.R.
Neave (eds.) *The Encyclopedia of Higher Education* . Oxford:
Pergamon Press.

Simmons, H.E. & McClelland, A (1985). Private industry and
university research. In J.H. Blits (ed.) *The American
University: Problems, Prospects and Trends*. Buffalo:
Prometheus Books.

Stadman, V.A. (1980). *Academic Adaptations: Higher Education
Prepares for the 1980s and 1990s* . San Francisco: Jossey-
Bass.

Thurow, L.C. (1996). *The Future of Capitalism: How Today's
Economic Forces Shape Tomorrow's World* . New York:
Morrow.

Trow, M. (1994). Managerialism and the academic profession: the case of England. *Higher Educational Policy* , 7, 11-18.

UNESCO (1995). *Policy Paper for Change and Development in Higher Education* . Paris：UNESCO.

van Vught, F.A. (1989). *Governmental Strategies and Innovation in Higher Education* . London:Jessica Kingsley.

van Vught, F.A. (1995). The new context for academic quality. In D.D. Dill & B. Sporn (eds.) *Emerging Patterns of Social Demand and University Reform: Through a Glass Darkly* . Oxford: Pergamon.

van Vught, F.A. (1997). Combining planning and the market: Analysis of the government strategy towards higher education in the Netherlands, *Higher Education Policy* , 10, 211-224.

Williams, G. (1995). The "marketization" of higher education: reforms and potential reforms in higher education finance. In D.D. Dill & B. Sporn (eds.) *Emerging Patterns of Social Demand and University Reform: Through a Glass Darkly*. Oxford: Pergamon.

Williams, G. (1997). The market route to mass higher education: British experience 1979-1996. *Higher Education Policy*, 10, 275-289.

Zemsky, R. & Massy, W.F. (1995). Toward an understanding of our current predicaments. *Change* , November/December, 41-49.

「高等教育之大衆化及其發展趨勢」評論

楊瑩◎評論

首先，本人拜讀戴教授撰寫之本篇論文後，對戴教授將高等教育這些年來由精英型轉變為大眾型，甚而普及型的趨勢與問題輔以實證統計資料說明得如此清楚，感到非常的敬佩。因此，今天本人主要是以報告讀後心得的心態來敘述個人對這篇文章的看法，而不應說是評論。茲將個人對這篇論文的讀後心得分項報告如下：

　　戴教授此文共分為五大部分，就標題來看，第一部分是前言，第二部分是高等教育的擴張，第三部分是政府、市場與高等教育，第四部分是解除管制、刺激、提昇效率及確保品質，第五部分是結論。但我們若觀察其全文內容則可發現在第一部分前言中，戴教授文內所介紹的事實上是高等教育在特質及發展方向上的轉變。至於最後的結論部分，戴教授則旨在說明高等教育朝市場取向發展後所可能陷入的困境。因此，個人認為與其以「前言」作為第一部分的標題，不如直接改以類似「高等教育的轉變」等字句直接標明。同樣的，第五部分的「結論」也似乎可改以類似「高等教育可能的困境」為標題。只不過在進行上述的文字修改時，個人另外的建議是在分析其困境後宜再加一小節作一真正歸納的結論，而且可能的話，最好針對困境提出有關因應之道的相關建議。如此將可使整篇論文更加完美。

　　針對戴教授的文章內容，個人有下列三點想請教的地方：

　　1.在論及高等教育擴張時，戴教授指出有三個主要的原因，包括：

　　◎社會對高等教育功能及角色觀點的轉變。
　　◎二次大戰後民主浪潮的衝擊使得社會流動成為普遍

的需求。

◎現代化理論及人力資本論的興起。

　　但是，個人認為似乎還有一個因素可列入考慮，此即「民眾本身出於自發的、或因配合就業市場所需而導致的對高等教育日增的需求」。戴教授在文中也曾提及此項需求，但可惜的是戴教授是在討論「刺激競爭」時才提及這些需求會造成傳統大學課程革新的壓力。是以，如能將此項漸增需求的因素也納入文內高等教育擴張原因略予說明，似將更為周延。

　　2.在論及政府、市場與高等教育的關係時，戴教授提及Clark的三角模式，以及Williams根據 Clark的三角模式所發展出的六個細部模式，個人比較不明白的是何以單單模式三及模式四此二圖下未標明其特性，而以政府作為促進者置於圖中概括之；尤其文內在說明模式三及模式四時似乎曾提及政府可以扮演促進者，甚至直接供應者。基此，個人認為如果模式三與四是分別代表促進者及直接供應者，則似乎可考慮以直接註明的方式呈現。同時，因為戴教授有以英國及歐陸國家為例說明其歸屬模式，因此，個人比較好奇的是我國目前究竟屬於何種模式？

　　3.在論及高等教育的困境時，戴教授提及管理主義的限制，並表示「假如管理主義帶來的是教師的疏離感及有關規範與價值的矛盾及衝突，那麼企業管理模式想要提昇機構的效能與效率，以便積極回應各種需求的目標，恐怕將難以完成」。不過，根據個人的了解，一個真正的專業管理人員為提昇效率，似乎就必須克服有礙效率提昇的各種情境，其中成員的疏離自應包括在內。因此，如果一旦從其角度著眼，認

為管理主義的徹底實踐是包括前述障礙的排除時，那麼管理
主義是否僅有限制而無功效，則似值得深思。

拾 | 資訊化和媒體社會的教育展望

蘇永明◎著
李奉儒◎評論

資訊化和媒體社會的教育展望

蘇永明◎著

摘要

　　本文是從資訊化和媒體社會的角度來探討下個世紀的教育型態。並應用傅科的規訓權力的概念指出，義務教育是現代工業化社會的主要教育型態，全民終生教育應該是下個世紀，在資訊化社會的主要教育型態。因爲，規訓權力的產生與社會生活型態有密切關係，而資訊化社會是比現代社會有更多的監視，人們因爲知識流通與更新的速度加快，而需要不斷的學習。因此，學習社會於焉形成。其中引用了法蘭克福學派對「文化工業」的批判及哈伯馬斯對「公共領域」的維護、紀登斯對現代國家形成與「資訊化社會」的概念、及布希亞對媒體社會的悲觀看法。並且，從資訊化社會中，是否能更自由、更正確認知、更多元來探討。雖然，都不易有定論，但仍值得我們事先防範，只是對媒體的管制與「言論自由」的基本人權相對立，而且可能被誤用，似乎也不是保險的做法。本文也討論了教育部所提出的「邁向學習社會」白皮書，書中所談與未來趨勢大致相符，只是在解釋上仍不夠深入，且對未來社會的可能弊病並未觸及，而沒有預防的考量。

Abstract

Based on the concepts of "information society" and "media society", this article investigates the style of education of the next century. Foucault's concept of "disciplinary power" is used to explain the rise of modern mass (compulsory) education. Following his argument, life-long education for all can be formed as the main style of education in the information society because the rapid change in knowledge. On the theory of information society, it ranges from the concept of "cultural industry" by Frankfurt School 's and "the public sphere" by Habermas' , "the information society" by Anthony Gidden's, and the pessimistic attitude of Jean Baudrillard toward media. The dimensions used for discussion are whether the future society will be freer, more correct in cognition, and more pluralistic. The answers are not all certain. But there are many pre-cautions to be aware of. The article also discuss the white paper just issued by the Ministry of Education on life-long education. The measures adopted in the white papers are mostly viable. But their explanation for the future society and education is not persuasive enough as they do not use appropriate theory. And they do not pay attention to the possible warnings from an information society which education should compensate.

前言

　　資訊化社會(information society)與媒體社會(media society)
可說是目前社會走向的主要趨勢中的兩個，或者應該說是主
要趨勢之一，因爲兩者已經是合一了。本文爲了行文方便，
有時資訊化社會來包含媒體社會這個概念。當電腦可以相聯
接而形成網路後，就具有媒體的功能，而且已超越以往單向
傳播的溝通方式。但筆者尚未發現將這兩種趨勢結合的單一
名詞，以致仍以兩者分別稱之，但所指涉的應是同一件事，
互相包含。即資訊化社會的概念包含媒體，而媒體社會也包
括電腦網路上的媒體。但爲避免混淆，大都還是兩者分別稱
之。事實上，對於未來社會的型態仍是爭議不休，本文只以
目前越來越明顯的資訊化社會來探討。

　　人類對於科技的態度一直是矛盾的，也就是它雖可造福人
群，但也可能帶來災難，就如韋伯(Max Weber)所指出的，人
們可能又要掉入科層體制的「牢籠」(iron cage)裡(Weber,
1992:181)。再加上資本主義的助勢之下，資訊科技將對未來
社會如何的型塑是探討的焦點。

　　本文主要是從媒體批判和科技批判的角度，來探討新世紀
的教育展望。首先，說明資訊化及媒體社會的特點。然後，
以主題的方式，來批判其可能的發展。當然，值得探討的層
面很多，本文只以未來是否能更爲自由、正確認知、多元
等。其間，將引用各家的理論來探討，包括：法蘭克福學派
的「文化工業」(cultural industry)概念、哈伯馬斯對於公共領
域(public sphere)消失的憂慮、布希亞(Jean Baudrillard)對媒體
的批判等理論。然後，再從傅科(Michel Foucault)的規訓權力

(disciplinary power)角度，來探討未來教育型態。另外，也從本文的角度，來看教育部所頒布的終生教育白皮書。

資訊化及媒體社會的發展

現在的臺灣，資訊化和媒體社會的現象已越來越明顯。電視已從無線電視的三個頻道，加上有線電視的五十個頻道以上。小孩子玩的是「電子雞」、「電子恐龍」、「任天堂」、SEGA等電動玩具。上街採購用的是信用卡(credit card)，即使要提款也是用自動提款機。在西方社會，更有各種卡(如保險卡、會員卡等)，幾乎到了無卡就無法生活的地步。上電腦的網路世界，可接觸各式各樣的資訊，從最富於教育性到賭博、色情等不正當資訊都有。人們在這種資訊化的世界裏，生活方式已逐步在改變，也是必須去面對的新情況。

Alvin Toffler在《第三波》中已預示人類將從農業社會、工業社會，進入到資訊社會的第三波(Toffler, 1981)。John Naisbitt在《大趨勢》一書中也把從工業社會到資訊社會列為十大趨勢的第一個(奈斯比, 1985)。電腦的發展可說是突飛猛進。Mark Poster用印刷文化(print culture)來代表第一次的媒體社會，這是單向式的溝通，且非立即的互動模式。第二次媒體社會(the second media society)則是與電腦結合後的媒體社會(Poster, 1995)。事實上，電腦原先只是一種科技。但是，其資訊科技逐漸被應用到生活的各個層面之後，變成是影響生活型態的主要因素了。

對於資訊化社會的界定可以從科技、經濟、職業

(occupational)、空間、和文化的角度(Webster, 1995:6)。不過，Webster對於我們目前是否已進入資訊化社會，持保留和懷疑的態度，他並且從量和質的方面來反駁。本文不打算界入這樣的爭議，而是承認資訊社會是未來發展的趨勢。並以這種發展對社會及文化上的影響爲主要探討的對象。與此一主題比較有關係的資訊科技有：廣播、電視、衛星頻道(satellite channel)、有線電視(cable TV)、資料庫(database)、電腦網路、電子郵件、電子佈告欄、虛擬實境(virtual reality)等。這些科技在今日的臺灣，已是日常的一部份，實在有必要探討其可能的影響。

文化評論的觀點

未來是否更自由

這是一個很受爭議的主題，而有許多說法都傾向於負面。當每個人都可以大量生產資訊後，也會產生一大堆垃圾資訊(garbage information) (Lyon, 1988:128)。而在商業推銷手法上，廣告垃圾(junk mail)到處發，選舉時的語音自動電話(junk call)也到處播放，連總統選舉也一樣"親自"透過語音拜票。如果在網路上留個地址，可能有更多的垃圾資訊會一湧而入，這只是被動的方面。在另一方面，當我們做任何的消費，只要是用刷卡，都將會進入資料庫，這對商人而言是商機無限，對個人而言卻是無所遁形。而各種資料庫只要一連線，那麼每個人的消費記錄、參加的團體、居住地等資訊將完全曝光。甚至於連出入公共場合都有閉路電視在錄影，這好像是進入了George Orwell所描寫的《一九八四》，人們受到"老大哥"(big brother)的監控。這是人們所擔心的。以下引法蘭

克福學派對於早期的電影、電視文化的評論來探討人們解放的可能性。

　　此一學派繼續馬克思的傳統，以人類的解放為職志。但是，這種全有或無(all or none)的思考模式，常常是陳義過高，批判性太強。在Theodore W. Adorno的「文化工業」的概念中，採取了悲觀的看法，認為「文化工業」的目的是在追求利益，也就是商品化的表現。他指出：

> 文化工業的做法是把利益的動機(profit motive)赤裸裸地轉化在文化的型式上。自從這些文化型式在市場上以商品出現來為其生產者謀生，就已經具有這種特質了。但是，當時它們還只是用間接的方式牟利，文化似乎還有自主的成份。現在文化工業典型的產品，卻是直接而且毫不掩飾地以商業利益為最主要的考量。(Adorno, 1991:86)

　　事實上，文化工業指的就是「大眾文化」(mass culture)，但此一名詞恐怕會誤導，以為是發自大眾。所以Adorno反而用「文化工業」來表示，是指某些人有意製造出來的文化，不是真正起自大眾(同前註:85)。用工業一詞來形容文化，指的是把文化用的標準化(standardization)的方式來處理(同前註:87)。當然，在「文化工業」的概念下，解放的目的也達不到了(同前註:92)。

　　Max Horkheimer對工具理性的批判，是指個人受制於社會、國家的控制(Horkheimer, 1967)。在《啟蒙的辯證》一書中，Adorno和Horkheimer兩人就以專章指出「文化工業」是在欺騙大眾(mass deception)，是反啟蒙的(Adorno & Horkheimer,

1969:120-167)。科技對於文化的發展，是被用來做爲標準化和製造大眾文化的工具(同前註:121)。在經由科技的篩選之下，人們也因此無法認知眞象。他們指出:

> 真正的生活和電影的內容越來越無法分清楚。電影完整的製作，超越了舞台劇仍留有的想像的空間，觀眾失去了想像和反省的機會，變成無法在劇情裡做反應，雖然在細節上可以偏離，但仍被整個劇情網著; 因此，電影迫使其受害者(觀眾)將影片內容直接等同於實體。(同前註:126)

也就是這個原因，他們指責文化工業是一種欺騙。當然，文化工業背後的意識型態仍是商業性的(Business is their ideology)(同前註:137)。因此，文化工業在藝術上沒有昇華的功能，反而是壓抑(同前註:140)。其作用是在維護現行體制(同前註:144)。

Herbert Marcuse也對「文化工業」提出嚴厲的批評。他在《單面向的人》一書中指出:

> 如今，統治不僅通過而且作為技術來自我鞏固和擴大，而作為技術就為擴展統治權力提供了足夠的合法性，這一合法性同化了所有文化層次。在這個領域內，技術也使人的不自由處處得到合理化。它證明，人要成為自主的人、要決定自己的生活，在技術上是不可能的，而是表現為對擴大舒適生活、提高勞動生產率的技術裝置的屈從。因此，技術合理性是保護而不是取消統治的合理性，理性的工具主義視界展現出一個合理的極權主義社會。(劉繼譯，1990:157, 參考Marcuse, 1964:158-9)

這等於是爲了生活的舒適，而犧牲了自己的靈魂，即自

由。反而陷入另一種不自由的狀態。

　　科技的發展一直被認為是工具理性(instrumental reason)過度膨脹，以致於變成是一種科技的意識型態(technology as ideology)(Habermas, 1989, 參考楊深坑，民86)。本文只以和媒體社會較有關的部份來討論，即哈伯馬斯對公共領域的期待與維護。但是，在其理想溝通情境的要求下，媒體現象顯然無法達到此一高標準。哈伯馬斯以公共領域為民主的基石，因為其社會成員可以自由表達及溝通意見。這種公共領域在以往有藝文領域，如巴黎、倫敦的的沙龍、咖啡屋，還有報紙論壇(newspaper forum)。此種公共領域一方面是「公共的」，又是理性的，因此能不受外力干擾，發揮其獨立自主的輿論力量。大眾傳播也是理想的公共領域的代表，本文將以此為重點。大眾傳播為私人所擁有的好處是不受政府干擾，可是這種理想性很快就被商業化的廣告(advertisement)所破壞(Habermas, 1989:188)。另一個比廣告還更嚴重的是公共關係行業對民意的操縱(practice of public relations)(同前註:193)。因為

> 私人廣告是把收訊者當做是私人身份的消費者；公共關係的對象
> 是「公共意見」(public opinion)，是個人的公共層面，而不是把
> 個人當做消費者的私人層面。資訊的傳送者隱藏了他的商業動
> 機，而以對公共利益(public interest)關切的身份出現　這種對公
> 共領域的既定功能之接受被利用做為有私人利益征逐的場所。
> (Habermas, 1989:193)

　　「製造民意」(engineering of consent)變成是從事公共關係的人之首要任務(同前註: 194)。事實上，從哈伯馬斯的「理想溝通情境」的高標準來看，大眾媒體的輿論根本無法讓有效

性宣稱出現，所以不能算是達到此一標準(Poster, 1995:13)。就科技本身而言，它應該同時具有解放和控制的功能，大眾媒體也是如此。哈伯馬斯指出這種矛盾：

> 媒體大眾將溝通階層化，另一方面也同時排除了溝通上可能的障礙。這兩者是一體的-因此也是具有相衝突的潛能。當大眾媒體單方面的從單一網路傳播資訊時-即從中央到邊陲，由上而下-它們大力的增進了社會控制的效力。但是，在這權威式的運作也不是那麼穩固，因為在溝通的結構中，解放的潛能仍在。(Habermas, 1981:390)

事實上，這種「公共領域」的概念在資訊化社會中也被顛覆了。因為像購物的刷卡這種私人行為，同時也被資料庫記錄下來，變成公共領域的資訊(Poster, 1995: 86)。哈伯馬斯的思考模式是遵循著現代主義，在追求實體。所以，一定要先指出實體的標準，以做為依循的準則。然而，這種思考模式已不再為後現代學者所採用，也因此哈伯馬斯指責後現代學者為非理性者(irrationalists)。

以上法蘭克福學派對科技發達後對文化的影響之批評，雖然較偏於負面，且年代較久遠，但是，他們所批評的現象至今仍舊存在。如商品化的趨勢反而更是明顯、媒體控制的現象仍未消失。這些負面現象可說仍無法改善，還有值得吾人深切反省之處。

未來是否能更正確認知

當人們的認知大都是從媒體資訊而來時，人們是否能更正確的認知事實，或是瞭解事實的真相。筆者照目前發展的趨勢持著悲觀的看法，即媒體並沒有提供正確的資訊，以致於

使得人們產生脫序的行爲。以下分三點來討論。

◎對現實知覺的準確性
　　當人們透過電腦和媒體來瞭解這個世界時，可以得到比以往更多的資訊。可是，這種資訊是否更爲正確呢? 這是相當令人質疑的。在此要引用布希亞的極端觀點，來說明我們對現實世界的知覺可能受到許多的扭曲。當然，這又與對實體(reality)的假設有關。後現代否認有確定的實體可做爲論斷的依據，任何實體都只是隨意的認定，不具有有效性。追求實體的思考模式將掉入現代主義的基礎主義(foundationalism)中。例如：哈伯馬斯還想找出眞像，所以要找出扭曲的所在來加以導正。或如有些學者批評連續劇太多，對世道人心沒甚麼幫助。而後現代這種對實體的否定方式更由於電腦和媒體資訊的充斥而更強化，以致於流於虛無的傾向。

　　就語言的指涉功能來看，以往強調明確的再現(representation)關係，即語言與實體之間的明確關聯。而在資訊社會中，這種關聯卻不穩定了，語言做爲指涉者(signifier)與被指涉者(signified)之間沒有必然關係了，而是隨意的。尤其，在廣告中，此種關係已被顚覆了。例如：百事可樂的廣告之含義是「百事可樂 ＝ 年輕 ＝ 性感 ＝ 受歡迎 ＝ 歡樂」(Poster, 1995:63)。難怪Henry Lefebvre把這種現象叫做"指涉的衰微"(the decline of referentials)(轉引自Poster, 1990:62)。當語言的指涉已不再明確後，它所代表的意義也就不清楚了，具有各種詮釋的可能性，那也不再代表確定的實體了。

　　布希亞對於資訊化的影像有非常極端的看法，認爲它們都只是符號(sign) (Webster, 1995:178)，與眞假無關。這些影像根

本不代表眞實或實體，是人造出來的，只是擬像(simulacra)。可是，人們卻又誤以爲這些影像非常的眞實，以致於變成一種超眞實(hyper-real)，即這種影像根本是沒有原稿的拷貝。因爲，它根本只是被創造出來的，不代表任何的實體。他以美國的迪士尼樂園(Disneyland)爲例。這個樂園本身爲虛構，可是當人們以此一虛構爲眞實時，反而以爲洛杉磯市和整個美國是模仿迪斯尼樂園。所以，我們在今天已感受不到眞正的實體(reality) (Baudrillard, 1983:25)。即使是電視新聞，他認爲只是各種版本之一，而非代表眞正事情是如此發生的。既然符號都只是擬像，它們不代表任何意義，符號的意義已經內爆(implosion)，也就是消失了，這就是他所界定的後現代世界。面對這樣的世界，布希亞卻採取沉默和被動(Poster, 1995:112)。這樣的策略也未免過於消極了。事實上，布希亞否定了許多現代主義所認定的實體，包括理性、社會、目的(finalities)等，一切都變成是虛無。而這種態度也反映了大部份人對於六十年代以後對政治的冷漠、疏離和憤世嫉俗的態度(Kellner, 1989:89)。實際上，當人們面對攝影鏡頭時，一定會「印象整飾」一番。據說以往立法院打架是因爲有媒體在攝影才打，媒體不照時也就不「演」了。在這種情況下，不但攝影者會因各種意識而有選擇性，連人們的行爲在鏡頭前也會跟著改，他們只呈現想要讓別人知道的，而不是眞正的想法和做法，那我們要看"眞相"的機會就不多了。這也難怪布希亞所持的負面態度。

　　但是，就另一個角度來看，更多的資訊才可能經由比較而求得眞相。只是一般人並不以探求眞相爲目的，反而只是一廂情願的找自己想看的。而電視台在商業化的要求下，只管收視率，只要大家想看，就去迎合觀眾。在這種惡性循環之

下，恐怕媒體充斥的是假的資訊，即使是新聞性的節目也不再求眞了。

> 在後現代的媒體場景之中，娛樂與資訊之間、形象與政治之間的
> 界限都內暴了。正如許多評論者已指出：電視新聞和紀錄片使用
> 戲劇性、通俗據的符碼來擬構故事，而愈來愈具有娛樂的形式
> 這 些 作 法 的 後 果 是 出 現 了 所 謂 的 「 娛 (樂) (資) 訊 」
> (infortainment)，也就是娛樂和資訊之間的界限已經瓦解。(朱元
> 鴻等譯，民83:153)

如果布希亞的分析是正確的，那麼在資訊充斥的社會更不易探求事實的眞相。這對人們主體的形成與行爲的判斷將有很大的影響，也就是可能無法正確地知覺到現實(sense the reality)，以致於產生更多的脫序行爲。

再就個人行爲的參照點，當人們進入網路或是媒體裡，每個人的參照點不再是具體的社區(community)，而是虛構的社區，這種社區和當地的歷史、文化可能沒有甚麼關係，因爲它可能是來自不同的社區。他所認同的對象也可能不爲周遭的人所理解。在認同上，由於可以接觸各種不同的資訊，因此主體變成是多元、分散的、片斷的(Poster, 1995:34)。這種知覺方式在一時之間可造成多元的現象，然而若是形成風潮的話，反而變成是走向單元的壓力。例如，看「鐵達尼號」變成是人人必須要做的，不看就落伍了。不管如何，當人們的參照團體擴大了以後，要瞭解人們的行爲可能就更難了，必須要從更多的角度才有辦法解釋。這時，人們不再以具體的社區爲參照，反而是以他心目中理想的社區爲參照。而這種網路上的社區到底是否眞實，或只是個虛構，似乎已不是很

重要，因為只要有人認同就好。由此看來，所謂事實的眞相也不再是人們所追求的了！

◎欲望擴張

這一點是與資本主義有密切關係，也就是從馬克思對商品戀物症(commodity fetishism)的概念而來。即在私有經濟體制下，人們貪多務得，想要擁有更多的財物。這種體制使得人們對於物品的需求量，從基本需要(need)擴大爲欲望(want)。一旦經過這樣的擴張，人們之間的紛擾與衝突就不斷產生了。

而在媒體廣告的推波助瀾之下，這種現象更是明顯。今天，小孩子就知道要穿戴名牌衣物，要購買時髦玩具，而從不考慮其能力。另一方面，電視等媒體廣告更是在爲所有欲望合理化，要「經鬆一下」、「high一下」、「只要我喜歡，有甚麼不可以」。尤其，又請名星來打廣告，讓人誤以爲要購買其產品，才能像那些他們所認同的明星那樣的「夠帥！」「夠酷！」。這些廣告等於是資本主義的幫凶，在「有消費才有生產」的邏輯下，拼命的要把產品推銷給消費者。但是，嚴格說來，許多需求是假性需求，是廣告及個人的錯覺所創造出來的。可是，許多人卻一輩子爲這些欲望在拼命，或是因此而產生沮喪(depression)，使人們增加更多的挫折感。例如，當從媒體中看到的都是俊男美女，無形中對自己婚姻的對象也設定了高標準，可是當他(或她)在現實中無法找到如此「夢中情人」時，其挫折感是不言可喻的。更等而下之的是，在個人財力、能力有限的情況下，在無法滿足欲望的情況下，訴諸於不正當的手段，以致於產生脫序的行爲。如此一來，媒體等於是社會的亂源之一，因爲它虛構了現實，誤導了人們的

行爲，實在不可不察。

◎對於不當資訊和「非常規道德」的過度宣染

所謂的不當資訊是指節目爲了收視率，而造成的不良後果。最明顯的應該是色情和暴力節目對兒童的不當影響。這些資訊對於尙無法理解或還不具有判斷力的兒童，絕對是有害的。這不但使他們的童年不再純眞，也會對他們的童年抹上陰影。更嚴重的情形是造成兒童變成「百無禁忌」，甚至於在無法分辨的情況下去模仿，而造成令人遺憾的後果。

另外一個，也是道德教育的問題，那就是電視節目爲了收視率，對「常規道德」不但不提倡，反而提倡「非常規道德」，這對道德教育可說是一大諷刺。所謂常規道德，就是我們要學生遵守現行的社會規範，例如：要有禮貌、遵守法律、守秩序等。而非常規道德是指在非常的情況，常規道德變得不合用，所以要反其道而行。例如：學校爲了預防兒童受侵害，教兒童「不要跟陌生人講話」或是舉發對他(她)侵害的親人。在這種極端情況，非常規道德有其正當性。當然，非常規道德的正當性也是非常受到爭議的，就像「革命」所代表的吊詭情形。但是，道德教育總不能還未教會對於常規道德的學習，就猛推銷非常規道德。可是，從電視節目的主題來看，非常規道德卻佔了一大半以上，其目的仍是在求收視率。在劇情上，常是以富有戲劇性的主題優先，這就是訴諸於非常情況、非常手段。它所塑造的英雄也常以非常規道德爲主。例如：警察辦案就演臥底的辦案才夠刺激，甚至和所要緝捕的對象發生不該有的關係，這都可以增加其刺激性，但這都是非常情況。媒體上的英雄常常是反体制的，敢於去挑戰權威的人。而對於常規道德卻很少做爲主題，這種主題較爲是溫馨感人，但卻不具刺激性。可是，以媒體在今

日的影響力，筆者擔憂的是已經對非常規道德過度張揚了，甚至於過度的誇大，遠離了現實情況，而讓觀眾在不知不覺中認同了非常規道德。在這種情形下，兒童對常規道德根本起不了敬意，不是以守法為榮，是以敢不守法為榮。甚至是只要找出法律或學校規定有漏洞或執行不週的地方，就以為不必遵守。這種對現狀批判的態度固然有其認知上的價值。但是，這種「局外人」的態度對這個社會恐怕只是負面的批判，而未正面的來改進，這決不是社會之福。這種局外的遊離份子恐怕與媒體的誤導也有密切的關係。言論自由與媒體管制是相對立的，從上述的分析，實在有必要對媒體有適當的管制，尤其是散播有立即危險的資訊，如教人如何製造炸彈、網路上賭博。可是，對於灰色地帶的資訊就不易判定了。即使是節目分類，也很難徹底執行。另一方面，如果管制媒體被誤用，那其後果可能更為得不償失。這個議題恐怕會是資訊化社會中永遠爭論不休的問題。即使不談管制，人們如何來分辨各種資訊，真實的來面對這個世界就是一大問題了。

未來是否更多元

目前世界的趨勢一般都以多元化的走向來說明，尤其是後現代主義更是以多元為使命。可是，筆者認為，目前的多元只是一時的現象，當人們有更多接觸的機會後，恐怕會比以前更不多元，其原因就在於媒體社會拉近了人們之間的距離，有更多的機會可以相互學習。此時，居弱勢文化者因不再被孤立，當他們有機會去學習強勢文化時，將會加速弱勢文化的消失，而變得比較不多元。

文化的多元性應該是大自然本來的面貌，即在不同的時、

空下，會形成不同的生活方式。而這種多元性的的維持事實上也是因地域的阻隔，才得以保存下來。久而久之，某一特質就被誤認為是某些人的專利，例如：用陽剛與陰柔的特質來界定男、女，這就是本質主義(essentialism)的想法。而本質主義的思考模式也造就了刻板印象(stereotyping)，更強化了不平等的分類。因此，在多元主義的反本質思考下，認為所有特質都應該對所有人開放。但是，當不同文化接觸時，難免會有強、弱勢之分。尤其，在資訊化社會中，人們有更多的機會可以接觸到不同文化，也有更多機會來學習外來文化。這種便利可能不是強化了對原來文化的認同，反而是讓人們去學習更多的強勢文化。例如：當方言不比英語實用或強勢時，可能就有許多人寧願捨方言而就英語。最好的情況可能是多元認同。然而，在資源有限的情況下，恐怕仍是強勢文化佔優勢。因此，資訊化社會在一開始似乎讓人們覺得是朝多元的方向在走，這可能只是初步現象。一旦強、弱勢互見時，恐怕許多弱勢文化將消失的更快。此一現象也是非常吊詭的！

傅科的規訓權力與新世紀的教育型態

傅科規訓權力概念與教育

傅科的規訓權力(權力/知識)概念，可說是對人的處境之一種形而上學的分析。他這種形而上學與傳統形上學不同，他是把人放入社會情境。而主體的形成也是經由與各種權力的互動中形成，這種理論也可說是「權力的形上學」(metaphysics of power) (Flynn, 1992: 79-96)，由此而推衍出「權力/知識」一體的運作，形成規訓權力來塑造個體。他認

爲現代社會的生活型態和以往不同，爲了讓每個成員具有效率，存在著各種規訓權力來塑造個體，以適應現代社會的生活。當然，教育也是主要的規訓權力之一。西方現代的大量教育的，應該是整個社會生活在工業革命後，伴隨著生活的複雜化，國家的興起，文盲是無法做爲勝任的公民。因此，社會(或國家)願意投入資源來實施大量教育，就是這種規訓權力的作用。如果是在原始社會，或是從事漁牧、農業的社會，大概成年禮就是主要的教育方式了。大量教育應該是工業化以後的現象。Cherkaoui指出，大量教育中的考試可以滿足一種特殊的社會化方式，這種社會化方式的主要特點是分工、科層體制、和監視(轉引自Broadfoot, 1996:69)。Jones和Williamson也應用傅科的規訓權力概念來考察英國現代教育的產生，認爲當時是爲了消除犯罪、貧窮、及爲了政治上的誘導(Jones & Williamson, 1979:82)。筆者認爲，用傅科的規訓權力概念來解釋現代大量教育的產生是相當具有說服力的。

規訓權力不只是表現在教育，也包括醫療、軍隊、工廠、監獄等的衍生權力(bio-power)都是規訓的方式。所謂衍生性權力，是指權力並非完全是負面的，它也是具有生產性。

> 這樣，紀律(規訓)就造就了馴服的、訓練有素的肉體，「柔順的」
> 肉體。紀律(規訓)既增強了人體的力量(從功利的經濟角度看)，
> 又減弱了這些力量(從服從的政治角度看)。(劉北城等譯，1992:
> 209, cf. Foucault, 1979:209)

這種衍生性權力就「同時具有解放性和控制性」(both liberating and controlling) (Broadfoot, 1996:101)，人們是無法擺脫的。所以不可能是全然的解放，但也不是完全沒有自由。

規訓權力的產物是「馴服而有用的肉體」(obedient, useful bodies)(Foucault, 1979:209)，這就說明了其控制性和生產性的層面。當然，教育所行使的就是這種規訓權力。傅科以Joseph Lancaster的導生制爲例，說明其運作的方式(劉北城等譯，1992:163-164)。這種權力在教育上最明顯的就是考試，考試不但可以用來隔離，也可用來做爲分類的依據，更是一種自我監視的有效手段，考試等於是一種無形的監視，受試者必須遵守某種規範。更重要的是，考試使得受試者也增進了某種生產性的能力，或是衍生性權力所要達成的目的。這些都是規訓權力透過教育能有效達成的。而這種規訓權力在資訊化社會中仍舊繼續存在，甚至更爲嚴厲。所以，教育型態也會繼續爲此種權力所塑造。

英國社會學者Anthony Giddens早就指出，現代社會是「資訊化社會」(information society)，但他所說的和電腦沒有關係，是指現代國家興起以後，爲了統治或行政能力，而搜集有關人民的各種資訊。他說:

> 國家行政權力的增進，尤其包括各種資訊的收藏，是現代時期的主要特點之一。現代國家和現代社會系統整體而言，包括了對資訊的大量生產和處理。雖然一般都認為到了廿世紀後期才進入資訊社會，現代社會從一開始就是`資訊社會'(information societies)了。(Giddens, 1985:27)

Giddens是以國家的形成就進入了媒體社會(Giddens, 1987:184)。事實上，這種說法和傅科的規訓權力是類似的，只是Giddens較強調國家的角色。傅科指出:

在十七、和十八世紀，規訓機制逐漸擴展，遍布了整個社會體制，所謂的規訓社會(disciplinary society)(姑且名之)形成了。(劉北城等譯，1992: 209, cf. Foucault, 1979:209)

在現代社會中，監視行為越來越普遍。對馬克思而言，監視是資本家為了追求利潤，對於工人所做的控制。對韋伯而言，科層體制為了追求效率，建立各種資料檔案也是一種監視。傅科所舉的最有名例子，是英國學者邊沁(Jeremy Bentham)所發明的全景敞域監獄(panopticon)，這種設置最具有監視的效果。可是，很奇怪的，傅科本人卻未談到電腦在監視上的作用(Lyon, 1995:8)。在資訊社會中，監視器(monitor)可說要比前者來的嚴密，而且可錄影存證，效果更持久，已算是超級監視器(super-panopticon)。而資料庫的龐大功能更是儲存了大量個人記錄，若再聯線的話，幾乎使人們的行為無所遁形。Poster指出，資料庫具有言說(discourse)的功能(Poster, 1995:78)，就像傅科對言說的界定一樣，它具有規訓及塑造主體的功能。因為，當每個人的行為記錄放入資料庫以後，為了避免留下不良記錄，也就是怕別人監視，所以就先自我節制。因此，這和言說的規訓功能是一樣的。在塑造主體的功能方面，資料庫一旦聯線，相關的資訊會自動的寄來(junk mail)，即配合個人身份、地位的消費訊息會接踵而來，經由此一間接方式在無形中塑造了個體(Poster, 1995:92)。而另一個和資料庫有關的概念是「統治」(governmentality)，這也是需要用到監視和控制的地方。在廿世紀末的資訊化社會中，如果沒有資料庫，那政府的統治顯然將變得不可能(Poster, 1995:92)。當人民的資基本資料都進了資料庫，從全民健保、戶口、兵役、稅務、社會福利等都必須在資料庫裡執行。這也是Anthony Giddens認為國家的興起就已開始了對人民的監

視。

　　從上述的概念來推論，在媒體和資訊化社會中，其生活方式將須更多的基本智能，規訓的方式也因資訊化，而更行嚴密。這在某一方面可以說是更不自由了。但是，如果不是將這些資料只是用於控制，而是用來造福人們，如社會福利，那也將會有正面效果。在教育上，如果規訓權力是現代教育產生的原因，那麼在資訊社會中，這種規訓的力量將更是無孔不入。現代的大量教育如果是在消除文盲(illiteracy)，資訊化社會中則要消除電腦盲等功能性文盲，這是全民教育的課題。不但如此，由於知識折舊的速度加快，終生教育也將變成是理所當然的事。至少，在規訓權力之下，人們將更主動的來追求新的知識。

教育型態的改變

　　電腦進入校園後，在許多方面也改變了學習的方式，包括學生繳作業經過電腦的文字處理，然後是交磁片，現在是自己掛到網上傳給老師。一套大英百科全書只要幾張CD就可以容納，在知識的儲存與使用上方便了許多。另一方面，知識的成長步調也比以往快了許多，使得終生學習變成是必要的。在學習型態上，「遠距教學」(distance learning)可以說是經由媒體所進行的教學，它又分成同時與不同時的遠距教學。各種學術網路更是使得學習更爲方便，包括新書目錄、新文章、各種主題的討論等，大都可以在網路上找到。每個人只要會製作，就可以掛上自己的首頁(home page)，發表自己的理念，並進行多方向的溝通。在教學上，除了原先的視聽媒體，電腦輔助教學(computer-assisted instruction, CAI)正大大的改變教學的型態，加上多媒體、提示機的視聽器材，至

少可將事實性的知識，更有效地傳遞給學生，這種資訊化的學習方式要比傳統印刷文化來得方便且迅速。

　　就整體而言，全民教育和終生教育可以說已越來越是個事實，一方面是時勢所逼，另一方面，也是個人迫切的需求。兩者促成學習社會的實現。到了資訊化社會，教育型態將如何轉變呢？如果從規訓權力加以延伸，那麼「全民的終生教育」應該就是下個世紀的主要教育型態了。這種趨勢在目前就已經可以看出來，以先進國家為例，一方面義務教育的普及與延長已是普遍趨勢及既成的事實。但是，對落後地區或是工業化仍不深的社會，其需要性就沒有這麼強，這也是從規訓權力足以說明的，沒有必要一概而論。而在資訊化社會，全民教育的形成可以從「監視社會」的角度來說明，即每一個人都無法擺脫社會的監控，包括社會福利的接受者。即使是社會上的弱勢者或是游離份子恐怕都難以逃脫社會的掌握，例如，「全民健保」就把所有人一往打盡。在教育上，為了使每個人不至於成為功能性文盲，一定會應用各種方式讓每個人接受必要的教育。這是一種規訓權力的使用，而在資訊化社會中將更徹底，所以全民教育也將更可能實現。至於終生教育的概念，也是可以從資訊化社會導出來的。當資訊的流通更迅速以後，其折舊率也就更快。以往，我們很難想像整天報導新聞的電台，目前在廣播、電視和網路上的新聞也已經是每小時更新一次。在這麼快的步調之下，一個有效能的人必須隨時接受新的資訊與教育，所以終生教育的形成就變成是很自然的事情，國家推動各種終生教育的學習活動也只不過是順應這樣的趨勢。就個人而言，整個社會也會形成壓力，讓他們比較「自願地」來接受終生教育的活動。雖然，這整個過程未必如此自然，但是，從規訓權力的角度來

推論卻也是無可避免的。就像我們今天重新來看當年義務教育的實施，會認為是理所當然的事。

　　或許有人會質疑，既然全民的終生教育應該是比義務教育來得更嚴格的概念，為什麼義務教育的概念在今天受到挑戰，有人主張要自行「在家教育」或有更多主張「開放教育」等更為放任的教育型態。筆者認為，這一方面是政治自由化的現象之一，另一方面，當義務教育或學校教育已不再是教育的全部時，它的重要性已降低，並隨時可以被取代或彌補，當有更多的機會可以回流再進入教育體制時，學校教育的文憑已不再是只有一次機會可以取得。所以，從終生教育的角度來看，以往僵硬的學制將被打破，人們隨時可以回流來接受教育，也沒有那一個階段的教育是絕對關鍵性的了。因為，知識的折舊率很高，隨時都必須再重新學習。

我國「邁向學習社會白皮書」的願景

　　教育部於八十七年三月剛發表了終生教育的白皮書，裡面規劃了政府在政策上，如何促成終生教育的實現。在報告書中，描述了已開發國家的教育願景：

　　1. 未來的社會是終身學習社會
　　2. 教育制度的新面貌
　　3. 終身學習社會的發展目標
　　　☆鼓勵追求新知
　　　☆促成學校轉型
　　　☆鼓勵民間參與
　　　☆整合學校內外的教育體制
　　　☆培養國際觀及地球村知能

☆激發學習型組織潛能

☆保障全民學習權

☆認可全民學習成就(教育部，民87:9-16)

在具體途徑方面，計有十四項。基本上，這些措施是相當符合實際的情況。筆者根據上述的分析，對這些願景提出一些補充的看法:

就「未來是學習社會」的觀點，報告書中對於學習社會的形成在解釋上顯得不夠周延。筆者認為用傅科的規訓權力，及後來發展出來的「監視社會」的概念，較能說明整個社會在資訊化以後的轉向。未來的教育會從學校範圍內，走向整個社會，包括民間的員工進修等。其整體原因是在於為了使每個人成為有用的一份子，或不至於變成功能性文盲，各單位會想辦法來要每個人都繼續學習，而跟上社會變動的腳步。尤其，在超級監視器的概念下，每一個人都難以逃過。筆者認為，從這個角度較能說明全民終生學習的必要性。

在報告書中提到目前在語言上的使用，有集中在英語的趨勢:

全世界電腦中所貯存的資料，百分之八十以上是英文。百分之八
十五以上的國際電話以英語交談，四分之三的國際信件、電報以
英文書寫。(教育部，民87:4)

文中也指出這種趨勢「使多元文化的世界越來越趨一致」(同前註)，這可以印證本文所指出的，未來的走向，在講究實

用性的考量下，反而是走向更不多元的趨勢。當每個人都學習強勢語言以後，可能有許多弱勢語言會逐漸消失。

　　報告書中雖然提到資訊對於學習型態的重大影響，但並沒有全面性的來探討資訊化以後，對教育型態改變之間的關係，其主軸仍是以終生學習為必然趨勢，所以要用各種措施來配合。也因此，報告書中對於未來社會可能的偏差並未觸及，只是從教育的正面角度來考慮，以至於忽略了對於未來弊病的預防。事實上，如何選擇有益的資訊及辨識正確資訊的能力，是每個人必須培養的能力。因為，媒體仍然控制在財團的手裡，知識商品化的現象相當嚴重，就如法蘭克福學派所批評的。在資訊充斥的時代，各國政府在言論自由的名下，難以進行管制，只有靠每個人的分辨能力，才能選擇有益的資訊。固然，像布希亞那樣極端地否認我們可以找到實體。但是，人們仍必須去建構出實體來做反應，相信在各種紛亂的資訊中，仍可找到比較切合事實的資訊，這應該是教育和每個人努力的目標。

結論

　　本文首先引用資訊化社會相關的理論，來探討對人們未來生活所可能發生的影響。其中，法蘭克福學派學派的「文化工業」概念，對受資本主義及科技影響下的文化現象，報持著批判的態度。因為，這與他們要達到「解放」的目標相差很遠。但是，在心態上，他們仍以持著追求實體的態度為出發點，並指出偏離了實體後之危險。可是，後現代學者布希亞卻以實體為不可知的態度，指出媒體的資訊根本不可能反映事實的真相，而持著相當悲觀的態度。

而與教育型態較有關係的是傅科所提出的規訓權力。從規訓權力使我們瞭解到，西方現代大量教育的興起與整個社會生活型態之間的密切關係。就是在工業化及國家興起之後，爲了造就有效率的勞工及公民，國家願意花費金錢來教育每個人，並以義務教育的方式行之，以免成爲社會的寄生蟲。從這個角度來看，在資訊化社會，這種規訓權力不但仍舊存在，反而在各種資訊的協助下，可能還要更嚴密。筆者認爲，在此種社會型態下，全民的終生教育變成是很自然的事，這可以從民間公司自己也進行員工的進修和各種成長活動看出。對於教育部所頒布的終生教育白皮書，已勾畫出未來全民終生教育的遠景。只是，對於學習社會的形成之說明不夠深入，對於資訊化社會可能的偏差也仍未顧及。尤其，在教育對於資訊化社會的因應，有必要未雨綢繆。

參考書目

朱元鴻等譯，Steven Best & Douglas Kellner著 (民83)。後現代理論-批判的質疑。台北: 巨流。

奈斯比 (1985)。大趨勢。台北:長河。

教育部 (民87)。邁向學習社會: 推展終身教育，建立學習社會。台北: 教育部。

楊深坑 (民86)。哈伯馬斯的現代科技批判。刊於 楊深坑 (民86) 溝通理性、生命情懷與教育過程-哈伯馬斯的溝通理性與教育。

楊深坑 (民86)。溝通理性、生命情懷與教育過程-哈伯馬斯的
溝通理性與教育。台北: 師大書苑。

劉北城、楊遠嬰譯 傅科著 (1992)。規訓與懲戒。台北: 桂冠。

劉繼譯 赫伯特 馬庫塞著 (1990)。單向度的人: 發達工業社會
意識形態研究。台北: 桂冠。

Adorno, Theodor (1991) *The culture industry: selected essays on
mass culture* . Edited with an introduction by J. M. Bernstein.
London: Routledge.

Adorno, Theodor & Horkheimer, Max [1944](1969) *Dialectic of
Enlightenment* . London: Verso.

Baudrillard, Jean (1983) *Simulations* . New York: Semiotext[e].

Broadfoot, Patricia M. (1996) *Education, assessment and society :
a sociological analysis* . Buckingham: Open University Press.

Flynn, Bernard (1992) *Political philosophy at the closer of
metaphysics* . New Jersey: Humanities Press.

Foucault, Michel (1977) *Discipline and punish: the birth of prison*.
Translated from French by Alan Sheridan. London:
Routledge.

Giddens, Anthony (1985) *Social theory and modern sociology*.
Oxford: Polity.

Giddens, Anthony (1987) *The nation-state and violence. Volume two of a contemporary critique of historical materialism* . Oxford: Polity.

Habermas, Jurgen [1969](1987) *Technology and science as "ideology"* . In Jurgen Habermas Toward a rational society.

Habermas, Jurgen [1969](1987) *Toward a rational society* . Oxford: Polity Press.

Habermas, Jurgen [1981](1987) *The theory of communicative action. Vol.II: The critique of functionalist reason* . Oxford: Polity Press.

Habermas, Jurgen [1962](1989) *The structural transformation of the public sphere: an inquiry into a category of bourgeois society* . Translated by Thomas Burger with the assistance of Frederick Lawrence. Oxford: Polity Press.

Horkheimer, Max (1967)*Critique of instrumental reason* . New York: The Continuum Publishing Company.

Jones, Karen & Williamson, Kevin (1979) "The birth of schoolroom", in *Ideology and Consciousness* . 1979 Vol. 6, pp59-110.

Kellner, Douglas (1989) *Jean Baudrillard: from Marxism to postmodernism and beyond* . Oxford: Polity.

Lyon, David (1994) *The electronic eye: the rise of*

surveillance society . Oxford: Polity Press.

Lyon, David (1988) *The information society: issues and illusions* . Oxford: Polity.

Naisbitt, John (1982) *Megatrends: ten new directions transforming our lives* .

Poster, Mark (1995) *The second media age* . Oxford: Polity.

Poster, Mark (1990) *The mode of information* . Oxford: Polity Press.

Toffler, Alvin (1981) *The third wave* . New York: Bantam Books.

Weber, Max (1992) The protestant ethic and the spirit of capitalism. Translated by Talcott Parsons, with an introduction by Anthony Giddens. London: Routledge.

Webster, Frank (1995) *Theories of the information society* . London: Routledge.

「資訊化和媒體社會的教育展望」評論

李奉儒◎著

首先，本篇論文中，蘇教授從「資訊化社會」的來臨，學習社會中掃除功能性文盲的需要，來說明新世紀終身全民教育的必然性，並分就媒體批判和科技批判的角度，條分縷析、嚴密論證資訊化社會的要義，自M. Foucault之「規訓權力」、Frankfurt學派之「文化工業」批判、J. Habermas之「公共領域」、A. Giddens之「資訊社會」、J. Baudrillard之「媒體社會」等相關論述著手，最後指出新世紀的教育展望在於終身全民教育。

　　其次，蘇教授選擇切入的主題「資訊化和媒體社會」，相當能說明、掌握本次學術研討會的子題「新世紀教育的全球展望」，對於資訊化社會之詳細討論與闡釋，也層次井然非常具有說服力；其旁徵博引之學術論證與批判功力，在在令人深感敬佩；至於文中深入淺出的例舉生活周遭事例，帶領讀者觀察、反省、理解平日所處但習焉而不察的生活世界，更是容易引人共鳴。

　　最後，一再拜讀本篇鴻文之後，一個深刻的印象是蘇教授認為「傅科的規訓權力」「較能說明整個社會在資訊化以後的轉向」，「較能說明全民終生學習的必要性」（引自蘇教授本文），亦即關於「資訊化社會」的說明是本文的重心。因此，在此擬只就「資訊化社會」部份容許提出幾個或許仍不夠成熟的意見與有待探討的問題請益於蘇教授：

　　蘇教授就「文化評論的觀點」來反覆論辯資訊化社會的特質，並分別引述Frankfurt學派、Habermas、Giddens及Baudrillar等學者的主張。因此，想請教的是何謂「文化評論」？跟後現代論述中的「文化研究」(culture studies)有相關

嗎？上述學者的基本立場各異，能統整在所謂「文化評論的觀點」下嗎？這又帶起第二個相關的問題。

蘇教授分從「未來是否更自由」、「未來是否更安全」、「未來是否更多元」等三個層面，來架構「文化評論的觀點」。而讀者在感受文中觀察、論證之深刻之餘，相信很自然地會浮上一個想法：為何是這三個層面？其依據(grounds)或規準(criteria)是什麼？有沒有不同的分析層面？為何不是就更保守？更創造？更開放？更民主？更理性？更異化？更批判？等來加以探討？或者，蘇教授選取的這三個層面是根據何種規訓學科（哲學、社會學、政治學、經濟學或其他）而來？

蘇教授的論文中相當的篇幅是從「後現代主義」的論述著手，如Baudrillar對資訊化的悲觀與批判，Foucault之「規訓權力」概念在教育型態改變上的意義等，似乎立場上較偏向後現代主義的論述（如對於「實體」或「現實」的否定），但一旦論及未來資訊化社會「弊病的預防」時，立場又轉向「新保守主義」（現代主義），像是「不當資訊的傳播與管制」，必須「靠每個人的分辨能力，才能選擇有益的資訊」；或是「人們仍必須去建構出實體來做反應」等語，猶如現代主義論述的再現：人是獨立、自主、理性的，具備批判性思考的能力，對社會負有責任等。這是否有立場上的扞格不入，不知蘇教授以為然否？

最後一個相當引起筆者注意的問題是「道德教育的問題」，蘇教授在文中批判媒體如電視提倡「非常規道德」，擔憂對其過度張揚、過度誇大，「遠離了現實情況，而讓觀眾在不知不覺中認同了非常規道德」。這種常規道德和非常規道

德對立的二分法，是否會落入Jacques Derrida所批評的不合理的對位、暴力的等級觀呢（如意符/意指、感性/知性、男性/女性、主體/客體、精神/事物等）？Foucault曾指出理性之被視為「正常」，往往要由「瘋癲」來加以定義，沒有瘋癲也就沒有理性。那麼，正如瘋癲隨著時間的不同而有不同的認定，「非常規道德」又是如何認定呢？蘇教授指出「這個議題恐怕會是資訊化社會中永遠爭論不休的問題」，但不知蘇教授是否有任何的良策？願聞其詳！

新世紀之終身教育：
激進革新的結構及內涵

Anne Hickling Hudson◎著

黃嘉莉◎譯

沈姍姍◎評論

Lifelong Education for the New Century : Radicalising Structures and Content

Anne Hickling Hudson

Introduction

The last quarter of the 20th century is characterised by such major changes in social, economic and demographic contours of societies that the period can be seen as one in which the foundations of a global social revolution are being laid. This essay argues that people are more likely to be able to fulfil the revolutionary potential of this social context if societies move towards radicalising the skills and knowledge of men and women so that they can influence the changes being brought about by globalisation. It goes on to examine why current traditions in education are counter-productive and to consider new structures conducive to lifelong learning - the network of opportunities, after formal education is completed, to access job-oriented knowledge for professional development, as well as knowledge for cultural, social and political enrichment. It ends by exploring guidelines for radicalising curricular approaches to provide educational foundations for more equitable and sustainable societies.

The current social context and its educational demands

Most countries have undergone a significant demographic change during the 20th century. Researchers such as Laslett (1991) argues for the necessity for societies to draw a 'fresh map of life' recognising the social implications of new demographic facts of populations which have a larger proportion of adults over 65 than at any other time in history (see also Norton 1992:443, and Yang

Chu-Yin, 1992:427). So many people now live longer, healthier lives, that social structures need to change to recognise and accommodate the potential of their later years. Moving away from the contentious use of terms such as 'old' or 'elderly', many social researchers prefer to use the term 'Third Age' which has the advantage of not being tied rigidly to chronological age, but simply recognising that the period of life after retirement (or after job redundancy) is an active, dynamic and developmental one. The First Age is childhood and physical maturation. The Second Age encompasses working lives outside of the home and/ or in the home bringing up the family. The Third Age is seen as that period when people are no longer tied to these tasks and to the structures of time and responsibility that they imply (Norton 1992:445). The 'Fourth Age' is seen as that of dependence, physical deterioration and death, a period which in wealthy societies is usually short and late in onset (Laslett 1992: 451:).

As an educational and career-related concept, the idea of four 'Ages' are not necessarily applicable in every society, particularly not in those which are less tied to age-graded education systems, or those in which unemployment among all age groups is high, or those in which people do not formally retire but simply keep on working until they die or are too weak to do so any longer. However all societies, regardless of particular occupational structures, can benefit from thinking about a 'fresh map of life' which would help educators to conceptualise and implement educational structures guaranteeing opportunities for lifelong learning across the generations, particularly to supplement the often limited education provided in formal institutions of primary, secondary and tertiary education.

The socio-economic changes of our era are likely to alter drastically the shape of the educational system in the 21st century. The changes are being driven by globalisation, those supra-national ideas and processes which are borderless, beyond the nation state. These processes are causing the world's economies, societies and cultures to become more and more interlinked. Globalisation is an intensified, more global distribution of technology, of capital, of individuals - migrants, refugees, travellers - and of ideas and cultural movements. It is a process in which people can more easily conceptualise and live in the world as an integrated whole (see Taylor et al, 1997: 54-56). There is no level playing field in this process - the flow is at present in favour of the West. Most countries are being deeply influenced by, or forced to position themselves in relation to, Western ideas, the Western system of capitalism, and values which are of predominantly Western origin. Some are happy about this impact of the West; others are very concerned. Some benefit from it, others suffer huge disadvantages. It is worthwhile to think here about the nature and consequences of globalisation as the context within which we need to restructure the educational system for lifelong learning.

The revolution in information technology has made possible a much more far-reaching global operation of capitalist enterprises. In the wealthier countries of the world, economies have become post-industrial, that is, dominated by service industries, high-tech industries producing for niche markets, enterprises based on information technology, and enterprises which are branches of global capitalist operations. This is altering the nature of work. Workers and managers have to be at home with the new world of computers, the Internet and electronic telecommunications. Employees can be scattered across the country or across several countries in 'virtual teams' which can be, through telecomputing, constantly in contact with each other and with the supervisor. The following changes in the nature of work in the USA apply to many countries:

I'It (work) will be seen as less and less the same job in the same place, and more as a constantly moving stream of new demands and directions. Downsizing is here to stay. Big companies won't generate any employment growth. Not only are there no jobs for life any more, companies will contract out more and more functions to individuals and to smaller companies. Temporary is permanent.

.....Companies will specialise in what are called their core competencies, while workers will need constantly to be extending theirs....Traditional blue collar work (in manufacturing) will never again guarantee a comfortable middle-class life. The job openings for cleaners and waiters and health-care workers and retail assistants will also grow steadily in number but their pay will steadily go down' (Hewett 1998).

Many manufacturing industries, some of them still based on assembly line practices, have been displaced to the poorer countries, which now produce much of the clothing and other consumer goods that used to be produced in wealthy countries. Wages continue to be depressed and work conditions exploited and precarious for the majority of wage workers in the poorer countries. They are still part of an unjust international economic order in which the rich continue to manipulate advantages for themselves based on the disadvantage of others (see Sivanandan 1989). This economic order is maintained by ruling elites both in the 'North' and the 'South'. Cultural trends are also being influenced by the process of globalisation. There is increasing global consumerism, growing consumption of Western (especially North American) mass media, and an increasing exchange of peoples across the world through migration, mass tourism and refugee displacement. Many societies are experiencing the impact of ethnic diasporas on diversifying lifestyles as people forge new hybrid identities (e.g (Greek-Australian, Vietnamese-Canadian).

One great danger of the current thrust of globalisation is that the planet itself suffers ecological disasters springing from globalising capitalism. An environmentally unsustainable model of consumerist development is being spread even more widely than before. This is accompanied, however, by increasing acknowledgment that for our survival, ecological disasters must at least be halted , and at best reversed. Another danger is that globalisation in its current form pressurises countries into adopting a model of political organisation based on the dogmas of privatisation, individualism and a retreat from collective or governmental social responsibility. This model, although some may argue that it has some benefits, is not known for achieving participatory democracy or encouraging the equitable distribution of social benefits. The pressure to modernise and globalise often has devastatingly negative effects on traditional communities, reversing traditions of cultural autonomy and local participatory democracy (Norberg-Hodge, 1996).

On the other hand, globalisation also brings advantages. The revolution in information technology brings an increasing capacity for peoples of the world to expand their knowledge and avenues of expression, and to establish links of friendship and solidarity with each other. These links can help people to achieve economic and political victories over irresponsible corporate interests. Ritchie (1996) discusses the potential of global organising to carry out political struggles against oppressive practices. Another positive strand of globalisation is the spread of dynamic rethinking of the modernist ideas and philosophies that became so widely spread through colonialism and its neo-colonial aftermath. Theories such as postmodernism and postcolonialism are challenging old beliefs and assumptions. Eurocentric philosophies of modernism rested on metanarratives or 'stories' that claim to encompass all peoples - such as the metanarrative of salvation for all through Christianity, through Western-style representative democracy or Communist centralism, or through the operations of the neo-liberal 'free market'. An increasingly confident philosophical counter-approach is scrutinising, challenging and rejecting such metanarratives in favour of the relativity of postmodern thinking (see Coulby and Jones 1996). The distortions and global dangers of Western certainties and assumptions are being exposed by a postcolonial awareness of their oppressive roots and blind arrogance (see Willinsky 1994), yet many nations are still torn by the contradictions of trying to blend colonial legacies and post-independence strivings.

All of this implies that significant change is needed in the old content and hierarchies of Western-style education. Educators need to restructure outmoded education systems so that they provide flexible preparation for work , for leisure and for civic responsibility of a kind that facilitates people in their quest to utilise both local and global means of building socially just and sustainable societies.

Why the present educational system needs restructuring

The education system which most countries use is a social construction, spread throughout the world since the 19th century because of the ascendancy of European colonialism and the adoption of Western educational norms. Although it is a relatively young system, it is proving to be very resistant to change. Over the past century there has been reform, but not radical change in the education system. The system continues to linked educational institutions through graded levels of content and examinations which channels people into different 'streams'. The diagram in Table 1, of the formal and the non-formal education stream in India, gives an overview of this kind of education system, which is widespread. A large proportion of Indias adult population -

estimates range from about 47% (Narang 1992) to about 70% (Bishop 1989) - is still illiterate because these people missed out on the opportunity to receive formal schooling, They would have access to the educational pathway on the left of the diagram - not guaranteed access, because such a system is always under-resourced, but access if they are lucky, or motivated enough to seek or demand classes. Most impoverished people remain illiterate or sub-educated, while elites have relatively easy access to the right hand side of the diagram.

Table 1 Formal and Non-Formal Education in India

NON-FORMAL EDUCATION STREAM - ADULT	FORMAL EDUCATION STREAM - CHILD TO ADULT
Literacy Class - I	Nursery
Literacy Class - II	Kindergarten
Basic Education Class - Community Centre	Primary School
Community School	High School
Community College	Degree College (trains the community educator)
Open University	University

Source: Renuka H. Narang (1992)

The drastic shortage of resources in most developing countries is the usual excuse for failing to develop the education system adequately for all. But the truth is that this failure rests on an inertia that refuses to address the causes and symptoms of social class stratification. It is content to sustain an obscene level of inequality between social classes, strata, and gender groups. Yet, at the current juncture, no country can afford the inefficiencies of an education system that neglects or demeans the majority in the way that neo-colonial education systems do. Such systems do not even provide basic education for all, let alone lifelong learning for all. Structured opportunities for lifelong learning are only enjoyed by a small proportion of adults who have the advantage of a sound education. The challenge of establishing an equitable system of lifelong learning is to make it easily accessible to adults who are sub-educated and lack the confidence and resources to enrol in and regularly attend formal and non-formal courses. The diagram in Table 2 summarises some of the flaws of current education systems, thus serving as a discussion point about why we need now to be thinking about really radical, not just reformist change. When restructuring the system, educators need to be aware of these and other shortcomings, and overcome them to reach the goals of lifelong learning for all.

Radical education policies and strategies - radical in the sense of tackling the roots of the problems in the traditional model of education - would guarantee high quality education for all. It would lay the foundations for lifelong learning by equalising educational resourcing at the first and second (primary and

Table 2 Educational traditions and changes needed

TRADITIONS IN EDUCATION	WHY CHANGE IS NEEDED
The educational system is age-graded, examination driven and socially selective.	With a creative use of new information technology, it is not necessary to have age-graded levels preparing students for a harshly selective examination system.
A hierarchy of school types and educational channels (for the elite, middle -class,working-class, underclass)	With the goal of participatory democracy, it is a contradiction to maintain a system characterised by extremes of privilege on one hand and disadvantage on the other.
A tertiary education system which excludes the majority of people	This is inefficient because it does not meet society s needs for highly educated worker-citizens capable of responding creatively to current problems and opportunities.
An adult education structure which offers subordinate literacies and levels of education	This is inequitable and inefficient in offering low-level education which allows for only minimal intellectual and skill development. It entrenches social class hierarchies and educational powerlessness for people who are impoverished
Individualistic competitiveness	With the need for people to work in teams, and to collaborate in solving global problems, it is counter-productive to maintain individualistic competition in education.
A hierarchical administrative system	Deprives educational institutions of the energy of team work and participatory decision-making
The division of knowledge into separate 'disciplines'	Discourages students and teachers from making essential links between subjects
An emphasis on Eurocentric or Western-centred knowledge	Discourages global perspectives and postcolonial understandings

Towards lifelong education - restructuring current arrangements

secondary) levels, so that two things are achieved:

i) Equitable primary and secondary schooling for all children. This entails putting an end to the iniquitous division that provides different kinds of education for the rich and intellectual elite, and for the impoverished.

ii) For adults who missed out on schooling, the provision of clear pathways to retrieve first and second level education of a high quality

Radical education provision would see governments, NGOs and private providers collaborating to provide opportunities for lifelong learning through building a wide diversity of institutions and programs, and ample learning networks that allow people to cross between post-school, tertiary, higher education and continuing education programs to pursue vocational, professional and cultural interests. The programs become networked by strategies such as flexible articulation, the crediting of previous experience in accredited courses, flexible delivery and open learning, all of which have to be encouraged by governments to replace the rigid 'streams' of neo-colonial education which legitimates the channelling of people into hierarchical strata.

The UNESCO 'Asia-Pacific Program of Education For All' (APPEAL), described by Sakya and Meyer (1998), is an example of a thoroughly-conceptualised network of continuing education which can be accessed by all groups in a society. The network consists of the following six categories of programs:

   i) Post-literacy programs
   ii) Equivalency programs
   iii) Quality of Life Improvement Programs
   iv) Income Generating Programs

v) Individual Interest Promotion Programs

vi) Future-Oriented Programs.

• Post literacy programs are planned in four levels of competency in skills of reading, writing, numeracy and the general mental skills needed for advanced learning. Equivalent to a basic level of education, these programs become a foundation which will enable participants to engage in meaningful lifelong learning.

• Equivalency programs are equivalent to a formal secondary-level general or vocational education. Currently these programs are ʻvery much in demand to cater for the needs of the many learners left out of the formal secondary school system' in the Asia-Pacific region (Sakya and Meyer 1998: 6-7).

• Quality of Life programs emphasise preparing people for self-initiated responses to solving local community problems, family or individual problems. Participants learn to define and analyse the current problematic situation in terms of dimensions and indicators, to identify change processes in human, environmental and institutional contexts, and to review and formulate the desirable situation in terms of dimensions, targets to be achieved, criteria for achievement, and the monitoring and evaluation of outcomes.

• Income Generating programs (IGPs) help participants acquire or upgrade vocational skills and enable them to conduct income generating activities. These programs are conceptualised in three categories: for people below the poverty line, for people near the poverty line, and for people who need assistance in improving living standards to the point where savings are possible. Examples of the most impoverished people who can be helped by the first two categories of programs are disadvantaged rural women, subsistence farmers, and unemployed youth in slum areas. Examples of people who need IGPs to improve living standards rather than for survival are people needing to upgrade skills, redundant employees who need retraining for alternative careers, and people needing to be re-skilled to cope with new technology.

· Individual Interest Programs (IIPs) These demand-driven programs cater for individuals wanting to follow and enhance skills in a particular interest. Sakya and Meyer point out that the emphasis in these programs tends to vary with the level of development of a community.

For poorer communities, most IIPs cater for cultural interests (which may also enhance income), and for communities at a mid-level of development they tend to focus more on self-help and job-related interests, such as home and car maintenance. 'It is only in more advanced industrialised communities such as those in Australia, Korea and Japan that IIPs cater mainly for creative leisure' (Sakya and Meyer 1998:11).

· Future oriented programs (FOPs) aim to help individuals and communities to be aware of and respond creatively to current trends, emerging technologies and changing social forces which will affect their lives. In UNESCO's s words, these programs are designed to 'give workers professional, regional and national community leaders, villagers, businessmen and planners new skills, knowledge and techniques to adapt themselves and their organisations to growing social and technological changes' (UNESCO 1995). Educating participants in the nature and management of change helps them to become effective agents of change.

Towards lifelong education: a curriculum for radical literacies

Putting in place a comprehensive structure for lifelong learning such as the UNESCO 'A   APPEAL' structure is essential, but it is not enough to guide teachers and learners to work out appropriate curricula and pedagogies to implement with adult learners. The final section of this paper explores how educators can formulate progressive, politically aware guidelines for what is appropriate. My approach would advocate the necessity of articulating a value system which then informs an analysis of the socio-economic consequences of the stratified literacies of our present educational traditions. The purpose of this is to challenge and change their negative pedagogical aspects (see Hickling-Hudson 1995).

Scholars of literacy see it not as a unitary skill of reading and writing, but as a set of discourses and competencies applied to tasks in a given culture. A particularly useful analysis of literacy by McCormack (1991) sees it as comprising at least four regions or domains which embody types of knowledge and sets of competencies as follows:

Epistemic literacy refers to the uses of written text associated with formal, discipline-conceptualized knowledge.

Technical literacy is interpreted as procedural knowledge in areas of practical action.

Humanist literacy refers to the ability to construct narratives that enable individuals to conceptualise and explain their identities

Public literacy is seen as the ability to participate in the public sphere, being able to contribute in an informed way to opinion, debate, political judgement and collective identity.

Stratified education systems, such as many postcolonial ones, inculcates these literacy domains into citizens along social class lines, so that people are put on to a certain track or channel in the educational hierarchy. Some are initiated by their education and upbringing into the content and techniques of dominant literacy in each domain, which is then used to justify their socio-economic dominance and political power. Others are denied this initiation. Instead, the literacies to which they have access are regarded as subordinate and are socially penalized. Even if adults gain a certain degree of epistemic and technical / vocational literacy through adult education, it is not likely to be the **dominant literacy** that enables them to climb over the barriers to social, political and economic mobility, far less the **powerful literacy** that enables them to make structural changes that would remove these barriers (see Gee 1991). When a society is serious about putting in place change with equity, it has to learn how to change the stratified nature of the various domains of literacy. The least powerful in the society need to be initiated into literacies that are powerful enough to enable them to critique negative social patterns and help to change them.

To evaluate curricular practices in new structures of lifelong learning such as the UNESCO 'APPEAL' structures, educators would need to ask to what extent the curriculum and pedagogy of the various institutions within these structures offer learners literacies that empower them to strive more effectively for social justice and a sustainable society. The evaluative approaches could include these:

Educators should be able to demonstrate how far the curriculum is contributing towards improving the material base of the society. They should show how the curriculum is developing the **technical literacy** of participants that enables them to overcome the poverty line, either by becoming skilled employees, or by establishing viable self and group employment projects. If wage work proves to be oppressive or projects prove to be unviable, the educational structures should work together with local political structures to assist people to expose, challenge and overcome barriers which stand in the way of material self-sufficiency. Technical literacy should therefore not be simply instrumentalist: it should go hand in hand with the knowledge that would help men and women to understand the political economy of their societies and how they can utilise the positive aspects of globalisation to move towards greater social justice.

·   Educators should demonstrate how far the curriculum is assisting learners to expand and practise **political / public literacy**. This would entail practising the skills to define and demand from the state a commitment to broad development policies which are fair, sustainable and accountable, assessing the quality and performance of political systems, articulating international patterns of injustice, holding politicians accountable to their promises, discussing and experimenting with problem-solving both nationally and in alliance with international movements, running for local and national political office on the basis of informed and creative platforms.

·   Educators should demonstrate how the curriculum is contributing to people's **epistemic literacy**, that is, an education in the scope and conventions of the sciences, humanities, social sciences and fine arts which traditionally has been assumed to be a necessary foundation for developing other literacy domains. Epistemic literacy, however, should no longer be conceptualised only as the traditional subject disciplines, sanctioned by decades of Western-style university and school practice. The concept needs to be broadened, to include other ways of organising knowledge (such as in the 'future-relevant curriculum' suggested by Longstreet and Shane, 1993: 204), and other types of knowledge such as folk knowledge and the richness of indigenous and folk languages and art which have been suppressed or demeaned. An example of a high level of indigenous culture is the sophisticated art produced by some Aboriginal Australian artists such as Emily Kngwarreye, who between the age of 82 and her death at 90, produced some three thousand works of art highly valued by the national and global market, the museums of Australia, and her indigenous group (Neale 1998). The fact that the art and its underlying philosophy in this magnificent tradition is not included in Australian education as an important component of epistemic literacy reflects the narrow Eurocentric conceptualisation of education that still prevails in Australia.

The kind of epistemic literacy that should be pursued within the structures of progressive lifelong learning would also include the development and practising of technological and media skills. Lankshear and Knobel (1997) discuss the technological practices associated with digital texts (practices including emailing, netting, gaming, and processing words, sound and image), and show how these could be integrated into critical educational practice. The Net can provide anonymous spaces which can enable people to 'speak out' and 'talk back' about experiences of oppression or marginality, and therefore provide bases for reflective analysis and ideas for possible action. Learners can use these network spaces to help them 'make informed evaluations of social practices and envisage possibilities for transformative action'. The study of film and the electronic media should also be an integral part of the curriculum. Given the dominance of film, television, and the radio in most people's lives, the reluctance of traditional education to guarantee that students have the chance to study them is an example of the conservatism, which sometimes amounts to backwardness, of the curriculum of many educational institutions. Mastermann (1992), arguing that television studies are a vitally important part of education, points out that 'Television is a major source of most people's information about the world....Knowledge of the mediated and constructed nature of the television message, and of the ways in which pictures are used selectively, ought to be part of the common stock of every person's knowledge in a world in which communication at all levels is both increasingly visual and industrialised. Television education is therefore part of an education for responsible citizenship.' Educators need to have this kind of awareness of the immense educative potential of media studies to equip people with the skills for understanding, influencing and responding to the changes of the current era.

· Educators should be able to show how they are encouraging the development of **humanist literacy**. This includes the skills of self-expression and the conceptualisation of a self-confident cultural, gender and global identity. A high level of knowledge in the humanities is one means of encouraging the development of humanist literacy. A good indicator of the extent to which one has developed this domain of literacy is the ability to articulate one's life story and to analyse this within domestic, historical and social contexts. An important component of humanist literacy is the understanding of feminist perspectives, which can help both men and women to formulate ideas and strategies for the joint shaping of gender justice in the social fabric, which has in most societies been particularly oppressive and exploitative for women.

Conclusion

This paper has argued that the revolutionary socio-economic changes of our era logically drive the need for the development and implementation of structures of lifelong learning which can be easily accessed by the disadvantaged and marginalized as well as by those who have been advantaged by a sound formal education. It suggests the necessity of evaluating the extent to which structures of lifelong learning rest on curricula which are a foundation for equitable social change. Such curricula would help the least powerful in the society to become initiated into literacies that are powerful enough to enable them to critique negative social patterns and help to change them. It is likely that educational change of this kind would be strenuously resisted by elites which see themselves as being threatened by equity. At the same time, public opinion and demand, and some of the imperatives of globalisation, can push governments and utilise private providers to change structures in the direction of bringing about the kind of radical education that makes a social difference.

References

Bishop, G. (1989) *Alternative Strategies for Education* . New York: St. Martin Press.

Coulby, D. and C. Jones (1996) Post-modernity, education and European identities. *Comparative Education* Vol. 32 No.2: 171-184.

Gee, James (1991) What is literacy? In C. Mitchell and K. Weiler (eds.) *Rewriting literacy: culture and the discourse of the Other*. New York: Bergin and Garvey.

Hewett, Jennifer (1998) The future is now. *The Sydney Morning Herald*, 24 January 1998, Spectrum 6.

Hickling-Hudson, Anne (1995) *Literacy and Literacies in Grenada: a study of adult education in the revolution and afterwards*. Unpublished PhD thesis: University of Queensland, Australia.

Lankshear, Colin and Michelle Knobel (1997)   Literacies, texts and difference in the electronic age'. In C. Lankshear with J. Gee, M. Knobel and C. Searle, *Changing literacies* . Buckingham: Open University Press: 133-163.

Laslett, Peter (1991) *A fresh map of life: the emergence of the Third Age*. Cambridge, MA: Harvard University Press.

Longstreet, Wilma and Harold Shane (1993) *Curriculum for a new millennium*. Massachussetts: Allyn and Bacon.

Mastermann, Len (1992) The case for television studies', in M. Alvarad and O. Boyd-Barrett (eds) *Media Education: an Introduction* . London: The British Film Institute and the Open University.

McCormack, Rob (1991) Framing the field: adult literacies and the future. In F. Christie et al (eds.) *Teaching English literacy in the pre-service preparation of teachers*. Darwin: Northern Territory University, Australia.

Narang, Renuka (1992) Social Justice and Political Education through non-formal education. *International Review of Education* Vol 38 No. 5.

Neale, Margo (1998) *Emily Kame Kngwarreye. Alhalkere: Paintings from Utopia* . Queensland: Queensland Art Gallery and Macmillan.

Norberg-Hodge, H. (1996) The pressure to modernize and globalize'. In Jerry Mander and Edward Goldsmith (eds.) *The case against the global economy, and for a turn towards the local*. San Francisco: Sierra Club Books: 501-514..

Norton, Dianne (1992) The international network for older adults. *International Review of Education* Vol 38 No. 5: 443-446.

Ritchie, Mark (1996)   Cross-Border organising'. In Jerry Mander and Edward Goldsmith (eds.) *The case against the global economy, und for a turn towards the local* . San Francisco: Sierra Club Books: 501-514.

Sakya, T.M. and Meyer, G.R. (1998) Continuing Education under the UNESCO programme Asia-Pacific Programme of Education For All' (APPEAL). *International Journal of Lifelong Education* Vol 17 No.1

Sivanandan, A. (1988) New circuits of imperialism. *Race and*

Class , Vol 30 No. 4.

Taylor, Sandra, Fazal Rizvi, Bob Lingard and Miriam Henry
(1997) Globalisation, the state and educational policy making.
In S. Taylor et al, *Educational policy and the politics of
change* . London: Routledge.

UNESCO Principal Regional Office for Asia and the Pacific
(1995) Training Materials for Continuing Education Personnel
Vol VII: *Future Oriented Programmes* . Bangkok: Unesco.

Willinsky, John (1994) After 1492 -1992: a post-colonial
supplement for the Canadian curriculum. *Journal of
Curriculum Studies* , Vol. 26 No. 6: 613 - 629.

Yang Chu-Yin, Janice (1992) The aging: a great potential human
resource of Taiwan. *International Review of Education* Vol.
38 No. 4: 427 - 431.

Formal and Non-Formal Education in India

Source: Renuka H. Narang (1992) Social Justice and Political Education Through Non-Formal Education. International Review of Education, Vol 38 No. 4: 544 - 546.

NON-FORMAL EDUCATION STREAM - ADULT	FORMAL EDUCATION STREAM - CHILD TO ADULT
Literacy Class - I	Nursery
Literacy Class - II	Kindergarten
Basic Education Class - Community Centre	Primary School
Community School	High School
Community College	Degree College (trains the community educator)
Open University	University

I'Ideally, it is visualised that mobility from one stream to another would be possible at any level of equivalence in learning.'

T'The non-formal education stream differs from the formal stream in the fact that an individual can join at any age at any level and at any time of the year to achieve a level of education at his own pace. He can rejoin the stream at any point of interruption without having to repeat a class.'

The basic levels use 'a graded primer-cum-workbook covering the three levels of Literacy Class 1, II and the Basic Education Class'.

'Instruction and evaluation in this (non-formal) stream is...based on problem solving and application to daily life situations.'

新世紀之終身教育：
激進革新的結構及內涵

黃嘉莉◎譯

前言

　　二十世紀最後十五年的主要特色是社會、經濟與人口型態的改變，而此一時期可作爲目前正進行中的全球性社會改革的基礎。本論文主張如果社會的走向是以人類用激進的技巧與知識，以便影響全球所引起的改變，則人類將更有機會實現改革社會脈絡的潛力。接著檢視教育中的傳統爲何是反向生產（counter-productive），以及考量新架構對終生學習的傳導力-在正規教育完成後的機會網絡，並且取得爲專業發展的工作取向（job-oriented）知識，以及豐富文化、社會、政治等知識。最後發展激進課程途徑的指導方針，以提供爲更平等與適當的社會所需要的教育基礎。

現今社會脈絡及其教育要求

　　二十世紀中大部份的國家正經歷一個顯明的人口變化。研究者如拉思雷特（Laslet,1991）爲社會的需要主張規畫一個「人生新圖像」（fresh map of life），這是認知到社會中隱藏著一個新人口統計的事實，即此時期六十五歲以上的成年人，所佔的龐大比例勝過於歷史發展中的任何時期（見Norton 1992:443, Yang Chu-Yin,1992:427）。許多人活得更久、更健康，致使社會架構需要改變來認可與適應這後幾年的潛力。拋棄既往所慣用的詞彙如「年老」（old）或「年長」（elderly），許多社會研究者偏好使用「第三時期」（Third Age）的詞彙，代表著在此時期中人們不再被緊緊的束縛在順勢年齡中，但簡要的認識到這是退休後的人生（或工作過剩後），是一種活動、動態和發展的時期。第一個時期是兒童和生理成熟期。第二個時期是包含離家後的工作生活，以及/或在家教養家庭。第三個時期是指人們不再爲工作、時間結構和所

隱含的責任所困綁（Norton,1992:445）。第四時期（Fourth Age）則是獨立、生理衰退和死亡的時期，在健康的社會中通常是一個短暫且很晚才開始的時期（Laslett,1992:451）。

作為一個教育性且職業關聯的概念，這四個時期的想法不需要應用於每一個社會，特別是不以年齡分級的教育體系，或者在所有年齡層中失業率皆居高的社會，或者是在人們並未完全退休但卻持續工作直到老死，或是殘喘苟活很久的社會。但是無視特殊的職業結構，在所有的社會中可以從再思考「人生新圖像」中獲得利益，如此可以幫助教育者去概念化和實現教育架構，這個架構可以保證能夠世代交替的終生學習機會，特別是補足在正式機構中的初等、中等與第三級教育，所未能提供的限制。

我們這時代的社經改變可能徹底轉變二十一世紀教育體系的型式。這改變是由全球性、無限寬廣、無視國家形式的無國際想法和過程所引導。這些進程導因於世界經濟、社會和文化更緊密的交互連結。全球性是一種增強，科技、資本、個體-移居者、避難者、旅行者--全世界的散布，以及理念和文化潮流的蔓延。這是一種過程，人們可以更輕易概念化和生活在一個整合的世界中(Taylor et al.,1997:54-56)。在這過程中沒有等級之分-這潮流正由西方世界所支持。大部份的國家正深刻的受到或面對與西方理念、西方資本體系、強勢根源於西方的價值影響。有些國家高興於這種來自西方的衝擊；另外則非常的關心。有些國家從中獲益，其他則忍受巨大的不利。於此當我們必須重建終生學習的教育制度脈絡時，值得思考的是全球化的性質與結果。

資訊科技的革命已經使得資本企業的全球操作更具可能。世界上更富有的國家，經濟已經變得更後工業化（post-industrial），也就是，由服務業、高科技工業所支配而形成的適宜市場、基於資訊科技的企業，以及全球資本運作的分支企業。這是一種工作性質的轉換。工作者和經營者必須在家運用電腦的新世界、網際網路和電子通訊。雇員可以分佈於全國各地或者跨國成為「實質小組」（virtual teams），可以藉由電訊，與管理者與彼此持續的保持聯繫。以下美國的工作性質的改變應用於許多國家：

> （工作）將越少被認為是在相同地方做相同工作，而更當作成一種新要求和方向持續移動的潮流。小型化成普遍的接受。大公司將不會產生任何就業成長。不僅不再有終生的工作，而且公司將不再與個體與小公司訂定諸多功能的契約。暫時即是永恆。

> .....公司將會使他們所謂的核心能力個別化，而工作者將需要不斷拓展他們的......傳統藍領工作（製造業）將不再保證一種舒適的中產階級生活。工作開放給無工作者和等待者與在意健康的工作者，而且臨時助理在數字上也將穩定的成長，但他們的薪資也將穩定的下降（Hewett, 1998）。

　　很多製造工業已經移至貧窮國家，其中仍有許多工業是以一貫作業為基礎，生產服飾和其他消費物品，而這些以往都是由富裕國家所製造的產品。工資持續的下跌，而工作狀況被壓榨，且在貧窮國家中大多數工作者的工資都不太穩定。它們仍是國際不公平經濟秩序的部份，在於富有者繼續在不利者身上為自己操作更有利的情勢（Sivanandan, 1989）。這種經濟秩序由北方和南方的統治菁英所維持著。文化走向也為

全球化進展而有所影響。逐漸增加的是全球消費主義、西方大量媒體消費的成長（特別是北美），以及日益增長經由移民、觀光客和避難民交換世界各國的人們。很多社會正體驗著由多樣生活型態的種族分居，爲人們所捏造新混合認同的衝擊（如希臘澳洲裔、越南加拿大裔）。

現存全球性的衝擊中，存在一個極大的危險，即這個星球正承受著原生於全球資本主義的生態疾病。一種環境不適當的消費主義模式發展，比以前散播的更廣。無論如何，這將伴隨著我們對生存日益增加的回應，生態疾病必須至少停止，且最好被顛覆。另一個危險是全球性在目前的模式中，壓力國家的介入係採用一種基於私人、個體主義的教條爲基礎的政治組織，且爲一種從集體或政府社會責任中撤退的模式。雖然有些國家可能宣稱從這個模式中獲利，但卻不是爲人所知的達成直接參與民主，或者鼓勵社會利益公平分配的方式。這種對現代和全球的壓力時常在傳統社會中具有激烈的負面結果，顛倒文化自主和地方直接參與民主的傳統（Norberg-Hodge, 1996）。

另一方面，全球性也帶來優勢。資訊科技的改革帶來了世界人類日益增加的能力，藉以拓展他們的知識和表達的管道，以及建立友誼和團結的連線。這些連結有助於人們達成經濟和政治的勝利，而優於無責任感的利益合併。瑞特西(Ritchie, 1996)討論全球組織化的潛力以實現政治抗爭壓迫的實際。另一個全球化正面趨勢是動態性再思考當代理念和哲學，即已經經由殖民主義及其新殖民的餘溫廣泛散播的想法。類似於後現代和後殖民主義的理論正挑戰舊有的利益和論斷。當代歐陸哲學停留在後設敘述或「陳述」（stories），皆

圍繞所有人類的權利-例如為所有人類就贖的後設敘述,經由基督的、西方型式表現的民主,或者共產中心主義,或者經由新解放「自由市場」(free market)的運作。一種富信心哲學的反向途徑是端詳、挑戰和否決與後現代思考有關的後設敘述(Coulby and Jones, 1996)。因壓迫性根源與盲目霸佔的後殖民覺醒,使得這種曲解且西方確定和論斷的全球性危機暴露出來(Willinsky, 1994),然而許多國家依舊因嘗試混合殖民遺風和對後獨立抗爭的否證而分裂。

所有的暗示都顯出,需要在舊有的內涵和階層的西方型式教育中作重要的改變。教育者需要重構過時的教育體系,致使能為工作、休閒以及公民責任,即一種追求在地方和全球上建立社會主義的公平和持久的社會中之有效工具,提供具彈性的教育系統。

為何現今教育體系需要重建

大多數國家所進用的教育制度,是一種社會建構,是一種從十九世紀時散佈世界的體系,這是因為由歐洲殖民主義所主導並採用西方教育規範所形成。雖然這是一種相當年輕的制度,但對改變卻具有強大的抵抗力。過去一世紀雖有改革,但在教育制度上並未引起巨大的改變。這個制度繼續以等級的內涵與變換不同層級主流的考試管道和教育機構連結。表一說明印度的正規和非正規的教育流動,提供這種廣泛的教育制度的大概。印度成人在人口中佔大多數的比例-估計的範圍從百分之四十七(Narang, 1992)到百分之七十(Bishop, 1989)-仍舊是文盲,因為這些人錯失接受正規學校教育的機會。他們可能有進入教育的旁系,如表的左半部所顯示-不能保證取得,因為這種制度總是沒有資源,但是如果

表11-1 印度正規和非正規教育

非正規教育軌道-成年人	正規教育軌道-兒童到成年人
讀寫能力班--I	托兒所
讀寫能力班-II	幼稚園
基礎教育班-社區中心	初等學校
社區學校	中等學校
社區學院	學位學院 （培育社區教育者）
開放大學	大學

資料來源：Renuka H. Narang (1992)

他們幸運或動機夠強去尋找或要求班別才能夠取得。大多數
貧困的人維持文盲或接受較低的教育，而菁英則有相當容易
的途徑去接受教育，如表的右半部所示。

　　大多數發展中國家資源嚴重短缺，導因於未能爲所有人發
展適切的教育體系。但事實上這種失敗停留在一種惰性，即
拒絕表達出社會等級階層化的因果與徵候，而滿足於維持社
會等級、階層、性別團體之間不平等的醜陋平衡。在目前的
情勢上，沒有國家可以提供一種低效率的教育制度，這種教

育制度是忽略或者貶低大多數人的權益，亦如新殖民教育制度所為的方式。類似這種教育制度無法提供所有人的基本教育，更遑論所有人的終生教育。其所架構的終生學習機會，只有能接受健全教育的少數成年人可以享有。建立終生學習的公平體系，其挑戰在於促使受低教育和缺乏自信與資源的成年人，能夠輕易的取得並進入正規和非正規課程。表11-2歸納一些目前教育體系的缺失，因而提供作為討論為何我們現在需要思考有關激進而非只是改革方式的要點。當重建制度時，教育者需要警覺到這些和其他的缺點，並且克服它們以達到全民終生教育學習的目標。

激進教育政治和策略-激進意味著對解決傳統教育模式的根深問題-能夠保證全民高品質的教育。它可以藉由均分初等與中等教育教育資源，奠定終生教育的基礎，如此有兩件事可以達成：

1. 對所有而言可以有公平的初等與中等學校教育。這種對教育的限定將會結束富有與智能菁英者和貧窮者之間不公平的教育區分。

2. 對錯失學校教育的成人而言，則提供了一個無障礙的管道，可以再取得高品質的初等與中等層級教育。

激進的教育準備可能從政府、NGOs和私人贊助合作提供終生學習的機會中看到，經建立一種廣泛多樣的機構和學程，以及充裕的學習網路，因而可以使人們在離開學校後、第三級、高等教育與繼續教育學程之間自由的轉換，來追求職業、專業和文化的興趣。藉由類似彈性的系統體系、在合格課程中取得先前經驗的及格證、彈性傳送且開放學習等策

表11-2 教育的傳統及改變的需求

傳統的教育	爲何改變是需要的
教育制度是年齡分級、考試取向和社會性的選擇	爲有建設性的使用新資訊科技,並不需要以年齡等級劃分,以培育學生通過嚴格篩選的考試制度
一種階級的學校類型和教育管道(爲菁英、中產階級、勞工階級、下層階級)	爲達直接參與民主的目的,必須否決維持一種以一方有利另一方失利的極端特色的制度
第三級的教育制度排除大多數的人	這是不便的,因爲這種情形並不能符合社會需要,社會需要高教育的工作人民而能夠創造性回應目前的問題和機會。
一種提供次級的讀寫能力與教育水平的成人教育架構	在提供低層教育上這是不公平且無用的,這只能促進低教育人口極少量的智能與技能發展。這種保護社會階層化與對貧窮人們教育的無力
個人主義的競爭	爲人類小組工作的需要及合作解決全球性問題,維持個人主義的教育競爭是反向生產的方式。
行政階層化制度	剝奪教育機構小組工作和直接參與決定的能力
知識劃分爲個別學科	使學生和教師打消連結學科的念頭
強調歐陸和西方中心的知識	不鼓勵全球的前景和後殖民的理解

朝向終生教育-重建目前的安排

略，所形成的網狀組織的學程，所有的人應該爲政府鼓勵，以取代新殖民教育的嚴格分流，合法的將人們分層級。

聯合國教科文組織（UNESCO）「全民教育的亞太計畫」（Asia-Pacific Program of Education For All, APPEAL），由沙卡雅和梅依耶（Sakya and Meyer, 1998）所描繪的是一種徹底概念化的繼續教育，且爲社會中的所有團體都可取得的範例。這網狀組織包含以下六種學程的分類：

1. 熟悉讀寫能力學程（Post-Literacy Programs）
2. 同等學程 (Equivalency Programs)
3. 改善生活品質學程(Quality of Life Improvement Programs)
4. 孳生收入學程(Income Generating Programs)
5. 促進個人興趣學程(Individual Interest Promotion Programs)
6. 順應未來學程(Future-Oriented Programs)

熟悉讀寫能力學程計畫四種能力層面，即閱讀、寫作、算數及一般更高層級所需的生理技能。等同於基本教育，這些學程變成人們能夠參與一種有意義終生學習的基礎。

同等學程與正式一般中等水準或職業教育相等。這些學程通常非常符合要求，以迎合亞太區域許多中斷中等學校制度的學習者之需求（Sakya and Meyer, 1998:6-7）。

改善生活品質學程強調培育人們能自我創始（self-initiated）以解決地方社區問題、家庭或個人問題。參與者學習定義和分析目前問題情境，以程度和徵候爲角度，定義人類、環境

和機構脈絡的改變過程，而且在程度上反省與正式化可欲情境、目標的達成、完成的標準與監督和評價結果。

孳生收入學程（IGPs）協助參與者獲得或提昇職業技能，而且能夠管理孳生收入活動。這些學程分為三種類型：為低收入的人、小康的人，以及需要協助以改善生活水準的人，指出可能生財的地方。大多數貧窮的人可以得到前兩種類型學程的幫助，例如：失去優勢的婦女、僅能維持生計的農夫和在貧民區的未受雇的青年。而需要孳生收入學程來改善生活水準而非需要生存的人，如需要升級技巧、多餘的雇員而需要再培訓以更換職業，以及需要再技術化以符應新科技的人。

個人興趣學程（IIPs），這種需求取向的學程迎合個人的希望，以順應和增加特別興趣的技巧。沙卡雅和梅依耶指出這些學程傾向於多社區發展的層級。貧窮的社會，大部份的IIPs符合文化興趣（可能增加收入），而中產層級發展的社區趨向於關注更多自助和工作相關興趣，如家庭和車子養護。在更先進工業化的社區，如在澳洲、韓國與日本等，IIPs主要符應創造性的休閒（Sakya and Meyer, 1998:11）。

順應未來學程（FOPs）旨在協助個人和社區警覺並創造性回應目前的趨勢、出現的科技和將會影響生活而改變社會的勢力。在聯合國教科文組織的描述中，這些學程是被設計來「促使工作者專業化、區域的和國家的社區領導者、村民、商人和計畫者新技巧，知識和技能可以讓他們和組織適應成長中社會與科技的改變」（UNESCO, 1995）。在改變的性質與管理上，教育參與者可以幫助他們變成有效改變的當事人。

朝向終生教育：激進讀寫能力的課程

將聯合國教科文組織的亞太地區全民教育計畫有關終生學習架構，置諸於可理解的位置而言，架構是基本的，但卻不足以引領教師和學習者，進行適切的課程和教學以提供給成年的學習者。本報告最後部份探討教育者如何可以組織適宜的進步且具策略知覺的指導方針。我的方式可能主張連貫一個價值體系的需要，因此賦予對我們現今教育傳統階層能力的社經結果作一分析。而這目的在於挑戰與改變傳統教育負面教學部份（Hickling-Hudson, 1995）。

基本能力學位不能只當作是一種讀寫技巧的總體，而是作為一種討論與能力的組合，而且應用於所賦與的文化中（given culture）。一個由麥克科瑪克（McCormack, 1991）對讀寫能力所做的有用分析中，他視此能力為至少有四種涉及知識類型和能力組合的區域或領域之能力，四種領域如下：

認識能力（Epistemic literacy）指涉有關正式、學科概念化知識的寫作文本的運用。

科技能力（Technical literacy）是被解釋為在實際行動領域中的過程知識。

人文能力（Humanist literacy）意指能夠使個人概念化和解釋他們所認定的一種建構敘述能力。

公共能力（Public literacy）被視為是參與公共領域的能力，能夠在意見、辯論、政治判斷和集體一致性的交換資訊方式上有所貢獻。

階層化的教育制度，如許多後殖民社會中的情形，依循社會層級的路線灌輸公民讀寫能力，使得人們在教育層級中被置於一種確定的軌跡或方向上。許多人因他們的教育與教養過程中佔優勢的讀寫能力內容與技能而被分門，在佔優勢的領域中習慣以他們的社經勢力和政治權力來評斷。其他人則在開始時就被否定。取而代之的，他們容易取得的讀寫能力則被他們視為是次要的，而且是社會性的懲罰。即使成人經過成人教育而取得的認識和技能/職業讀寫能力的學位，也不可能成為具優勢的讀寫能力，讓他們能越過社會、政治和經濟流動的阻礙；更遑論是有利的能力，能讓他們結構性改變以清除障礙。當一個社會嚴謹的以平等來改變地位時，它必須學習如何改變佔優勢的讀寫能力，所具有的多種優勢性質。社會中最微弱的力量必須開始於讀寫能力，而使他們有足夠的力量能夠批判負面的社會模式，並進而協助改變。

　　以類似於聯合國教科文組織中亞太地區全民教育的架構，評價在終生學習新架構中的課程，教育者需要詢問在這些架構中的課程與多種機構的教學中，能提供學習者讀寫能力的內容有哪些，而能夠授與他們努力追求有效的社會公正與穩定的社會。這個評價途徑可以包括這些：

　　教育者應該能夠論證課程在作為改善社會基本條件時的程度。他們應該表現出課程如何發展學習者的技能讀寫能力，藉而成為有技能的雇員或建立可實行的自我和團體雇用計畫，能夠使他們克服貧窮。如果薪資工作證實為具壓制性或計畫證實未能實行，教育結構應該與政治結構結合在一起，以幫助人們揭發、挑戰和克服以自足資源方式而成立的障礙。因此技能寫讀能力應該不只是簡單的工具：它應該攜手

圍繞在可以協助男人與女人瞭解社會的政治經濟知識，以及如何讓他們利用全球性的正面層面的知識，以朝向更佳的社會公正。

　　教育者應該證實課程在協助學習者去擴展與練習政治/公共寫讀能力的程度。這可能伴隨練習定義和詰問的技能，從陳述承諾到廣闊發展的政策，這些承諾和政策的公平、持續和義務、取得政治制度的品質與表現、清楚表達不公平的國際模式，掌握政治家對承諾的義務，討論與實驗國家性與國際性的問題解決，爲地方和國家政策在非正式基礎和創造性的綱領上運作。

　　教育者應該證實課程在促使人們具有認識的讀寫能力的程度，也就是教育以科學、人文、社會科學與優雅的藝術爲核心與範疇，這些內容傳統上被認爲是發展其他能力的基礎。無論如何，認識的讀寫能力應該不再被視爲只是傳統科目的學科，這些能力多年來被認可爲西方形式的大學以及學校的實際。這個概念需要再加廣，以含括組織知識的其它方式（例如：由隆格思崔和薛恩（Longstreet and Shane,1993:204）所建議的未來相關課程），以及其它知識類型，例如以往爲人所壓抑或貶低的民俗知識與土著和民間語言與藝術的豐富資產。以一個高水準的原住民文化爲例，由澳洲原住民藝術家如Emily Kngwarreye，創造精巧的藝術作品（在82歲和90歲死亡的時間內生產近三千件的藝術作品，在全國和全球的市場、澳洲美術館和她的原始族群中評價甚高）（Neale, 1998）。在高尚的傳統中，這類藝術和潛藏的哲學並不被囊括在澳洲教育裡，當作認識讀寫能力的重要組成要素，這個事實反映出在澳洲仍佔優勢的歐陸狹隘的教育觀念。

這種類型的認識能力應該在進步的終生學習架構中被追尋，也能夠包含在科技和媒體技巧的發展與練習中。蘭克薛耳和克諾貝（Lankdhear and Knobel, 1997）討論與科技實際有關連的電子文本（實際內容包括：電子郵件、網路、遊戲、文字處理、聲音與影像），並且指出如何將這些整合至重要的教育實際中。網路可以提供不具名的空間，能夠讓人們「交互溝通」（'speak out' and 'talk back'）有關受壓抑或邊緣經驗，因而提供反省分析的基礎與可行動的想法。學習者可以運用這些網路空間，「來協助他們獲知社會實際的評價，並且面對可更換行動的可能性」。影片和電子媒體的研究也應該是整體課程的組成部份。影片、電視和錄音機在大多數人的生活中皆具支配性，傳統教育不願保證學生有機會可以研究它們，這是許多教育機構課程保守主義的一個例子，這是有時考量到背後因素。麥司特梅（Mastermann, 1992）主張電視課程在教育中是重要的成分，同時也指出電視是「大多數人獲得全球資訊的重要資源。......電視訊息傳遞與建構的知識以及展示的方式都經過選擇，應該成為世界上每一個人在各層面日益增加的視覺和工業化溝通的部份。因此，電視教育是培育有責任感的公民教育中的一部份。」教育者需要擁有媒體課程的強大教育潛力的知覺，以使人們具備可以瞭解、影響和回應時代改變的能力。

　　教育者應該可以表現出他們如何鼓勵人文能力的發展。這包括：自我表達、自信文化的概念化、性別與全球認定的技能。人類高水平的知識是一種鼓勵發展人文基本能力的資產。個人發展這基本能力領域的良好指標，是讓人能在家庭、歷史與社會脈絡中連貫並分析他自己的生活故事。人文基本能力中一個重要的成分是對兩性平權觀點的理解，這可

以幫助男人和女人在複雜的社會脈絡中，形成性別公正的理念和策略，而這在大多數的社會中，女性都曾特別受到壓榨與剝削。

結論

　　本論文主張我們這時代的社經革命，必然的需要推動終生學習架構的發展並且執行之，而終生學習是使失去優勢者、受到排斥的人以及在健全教育系統中佔優勢的人皆可容易取得。本文建議需要在為平等社會改變基礎的課程之範疇上，來評量終生學習的架構，。類似的課程可以幫助微弱的社會變成以具有基本能力為開始，足以使人們評價社會負面的模式，並且協助改變他們自己。這類教育的改變能夠為菁英份子努力的堅持，並見到自己因公平而受到的威脅。同時，公共意見和要求以及許多全球性的驅使，可以迫使政府與私人贊助者改變架構方向，讓這類的激進教育促進社會呈現不一樣風貌。

印度正規和非正規教育

資料來源：Renuka H. Narang(1992) Social justice and Political education Through Non-Formal Education. International Review of Education, Vol38, No4:544-546

非正規教育軌道-成年人	正規教育軌道-兒童到成年人
讀寫能力班--I	托兒所
讀寫能力班-II	幼稚園
基礎教育班-社區中心	初等學校
社區學校	中等學校
社區學院	學位學院 （培育社區教育者）
開放大學	大學

「理想上，應可以看出在學習的任何相同等層級的上，從一軌道到流動到另一軌道上的可能。」

「事實上，非正規教育軌道不同於正規教育軌道，一個人可以連接任何年齡、任何等級和一年中的任何時間，以他自己的步調達到他自己的教育層級。他可以重返軌道的任何一

點上，而不需要再重讀。」

　　基本層級是「使用初級練習本的等級，含括基本能力班
I、II與基礎教育班。」

　　「教授與評量非正規軌道是....基於問題解決和應用到日常
生活情境中。」

「新世紀之終身教育：
激進革新的結構及內涵」評論

沈姍姍◎評論

摘述

本文作者係自世界人口變遷、高齡社會的現況來論述以舊式的年齡結構及生命期限為思維的傳統教育已經到了改弦更張的時刻。而建基於資訊科技的無疆界國域逐漸全球化的趨勢，更糾結著世界經濟、社會、文化成為牢不可破的網路。於是了解全球化趨勢的本質及其影響，即成為建構終身學習教育制度的前置作業。

在論述全球化的現狀，其帶來的生態危機、過度強調私有化與個人主義與輕忽集體或政府的社會責任的缺失後，作者也認定資訊科技擴展人的知識及表達意見的管道，與具有建立友誼及社會凝聚之優點。因而傳統教育的內容及以西方階層化教育模式為範本的制度在全球化趨勢的時代背景下勢必大幅改革。

傳統教育有諸多缺失：以年齡分級、學校類別階級化、考試趨向的社會篩選、高等教育機會有限、成人教育提供次等的知識、強調個別間之競爭、階層化的行政管理制度、知識學科領域疆界分明、以及過度強調歐洲或西方中心的知識等。為此、作者提出激進的教育革新策略，針對傳統教育的缺失，試圖均等化初等及中等教育資源，以奠基終身學習制度而追求全民的高品質教育。

為建構終身教育作者強調需提供適當的課程與教學法。課程首需有助於改善社會的物質基礎，故須強調技術性知識（technical literacy），使學生獲得生存技能；其次須幫助學生擴張及使用政治或公共知識（political/ public literacy）；此外課程不在限於傳統學科，而宜採行與未來相關及反映本土知識

的課程；最後則宜鼓勵人文主義知識（human literacy）之發展，及採行本國的、歷史的、社會的情境作為觀點。

論點分析

分析作者的論點如下：

以馬克斯主義的觀點，論述資本主義制度透過資訊科技之革命在全球運作可能性造成生態的破壞，以及採行私有化、個人主義等之缺失，而不利於參與性之民主及均分社會福利之發展。而資訊發展所促成的人際疏離之改善及社會凝聚也被視為戰勝資本家利益之利器。此觀點運用於教育上則一紙透過正式的教育與篩選機制，往往維持了既有的階級狀態，且指稱大多數開中國家所以未能提供適當的全民教育之原因，不在其所謂的資源短缺，而在社會階級、性別等不均等。

以依賴理論觀點論述了邊緣國家（特別是歐洲及以美國為代表的西方國家）在經濟、文化及教育上的「影響」。而在全球化趨勢發展下，大多數國家更是受西方資本主義制度，價值觀及理念之影響而難以逃脫。

以後現代主義及後殖民主義之觀點挑戰現代主義以西方優越意識為主的思維。

以知識（literacy）的「支配權力」的多寡區分層級，主張惟有令弱勢者學習powerful的知識方能改造他們。對於以教育作為社會改造的「引擎」，以達成社會正義及永續機制發展寄

予厚望。

疑問與評述

　　終身教育與全民教育在經濟、社會及教育發展不同的社會中是否有不同的重點強調？全民教育在尊重機會均等的原則下，強調在教育投入、過程及產出中的均等；終身教育則往往是社會變遷、知識技能快速陳舊與高齡社會中的新興教育領域，文中論述對象多以開發中國家著眼，交雜著全民教育追求正式教育機會的均等，與終身教育的強調之能的更新與非正教育的供應，然而對於已開發國家可能有不同的重點的終身教育內容較少著墨。

　　文中肯定全球化趨勢的無法避免（吾人所知通常是歐美及日本在科技及文化上之影響），又提及宜擺脫過度歐洲及西方之影響，而須強調本土的知識及在的語言及文化。此提出了在理論上國際化（或全球化）與本土化並行的可能；但實際上卻難有具體方案能真正兼容並蓄、無所偏失、不會出現強弱比重之別。如我國新的九年一貫課程擬將英文納入國小課程，而屬於本土的閩南語、客語及原住民語言仍將是屬於鄉土教學的部份內容而已。

　　作者提出終身教育的課程中empower弱勢者，係其radicalizing改革之核心，惟吾人若認同資本主義制度內資本家大多是權力擁有者，則由誰來發軔此項改革？若文未稱係由公眾意見與需求、全球化驅力而迫使政府及民間進行此項改革，然在所謂「民眾」大多由媒體操弄、而媒體又有大多為財團擁有的狀況下，吾人是否能持此樂觀態度呢？（如前不

久，台灣有線電視和信、東森大戰所損失之消費者權益，不論政府或興費者均無能力之例可知。）

文中所提的在課程及教學法上之革新，如teaching literacy使人獲得受雇技能political/public literacy、使人懂得政治上之權力及責任、學科知識不限於傳統領域及人文主義知識之素養等，亦為正式教育所需，似乎難以區隔終身教育與正式教育訴求目標之分野。

邁向學習社會的現況與展望

黃月麗◎著
楊振昇◎評論

邁向學習社會的現況與展望

黃月麗◎著

摘要

　　本文主要從行政觀點出發，探討學習社會的實施現況與展望，分別說明學習社會的意涵、推動學習社會的必然因素、終身教育政策的發展動向、學習社會的推動現況及未來展望。

　　終身教育與終身學習實為一體之兩面。在政府而言，是提供者的角色，建構完整的終身教育體系乃責無旁貸；在民眾而言，是學習者的角色，應抱著主動、積極的態度去參與。而學習社會強調隨時隨地自由進行各種學習活動，包括在學校、家庭、社區、工作場所或其他教育訓練機構等均應提供各種學習機會，以建立終身學習的理想社會。

　　隨著知識暴增與資訊社會的來臨、空閒時間增加與觀念的扭轉、產業結構的調整與職業需求、人文關懷與學習權的主張、國際化趨勢與國家競爭力的提昇，終身學習社會的推動已不可或免。然而，建立學習社會不只是一種口號或宣言，更應將其轉化為政策及具體措施。因此，政府承繼過去推展成人教育的成果，規劃民國八十七年為中華民國終身學習年，發布邁向學習社會白皮書，提出終身學習社會的發展目標及具體落實的十四項行動方案，希望透過終身學習年活動

的激發，藉由白皮書對終身教育政策與目標的宣示，能使有
關機關團體及民間單位形成一種共同策進的壓力，使有關的
組織及個人，產生前所未有的聯結網絡，匯聚成一股巨流，
勢不可當，使終身學習社會的理念廣獲闡揚與支持。

Abstract

This article is to explore the current implementation condition and perspective of learning society from the point of administration, respectively to describe the meaning of learning society, the key factor for promoting the learning society, development orientation of lifelong educational policy, present condition and future perspective for learning society.

Lifelong education and lifelong learning is actually two sides of one thing. For the government, it is a provider with responsibility to construct a complete life-long educational system; for the people, they are the learners ought to attend actively. While learning society emphasized proceeding all kinds of learning activities freely at any time and any place, including at school, home, community, work place or other educational and training institutes, to provide various learning opportunities in order to build up a ideal society for lifelong learning.

Accompanied by the drastic increase of knowledge and upcoming of informational society, increase of leisure time and change of concept, adjustment of structure of industry and vocational demand, cultural concern and right of learning, the trend of internationalization and uplift of national competitiveness, the lifelong learning society has become inevitable. However, to build up a learning society is not only a slogan or declaration, it should transfer it to a policy and substantial measure. Therefore, the government inherited the past outcome for promotion of adult education, then projected 1998 to be the Lifelong Learning Year of The Republic of China (R.O.C.). It announced a permit to marching forward to learning society, and presented the development goal for lifelong learning society and 14-item action proposal for realization with a view to stimulating and activating the related public and private organizations and units to form a common driving force, by the declaration of permit for lifelong educational policy and goal, and to make all the related organizations and persons to generate a brand new creative association network, then merge to be a tremendous and irresistible stream to let the concept of lifelong learning society to be widely advocated and supported.

前言

　　近年來，建立學習社會的呼聲不僅成為政府重要的教育施政方向，也是民間期盼的社會改革動向。際此之時，隨著政治民主、經濟發達及社會進步，國人學習需求與日俱增，為因應現代化的社會生活，每個人必須不斷的自我充實，以提昇生活品質。顯然，傳統的學校教育已不能滿足人生全程的學習需要，因此，推動終身教育，建立學習社會，乃為當前教育改革的重點工作之一。

　　教育部為了推動教育改革工作，擬具了教改總體計畫綱要共計三十個領域，「推展終身教育」即為其一。各領域歸納而言，主要在整建普通、技職與回流教育管道，以邁向學習社會的策略代替傳統單一的學校教育管道，使各管道相互暢通與交流，營造以「隨時進出」、「零存整付」之方式完成學業，期滿足全民教育之需求。

　　推展終身教育的目的，就是要建立終身學習社會。而為統合各種形式的學習活動，有計畫、有系統的邁向終身學習社會，政府允宜扮演較積極的領導角色，擬訂具體策略，居間協調，以匯引有關資源，營造終身學習成為一種社會運動、全民運動，深植人心。為此，教育部呼應前行政院教育改革審議委員會於八十五年十二月二日所提「教育改革總諮議報告書」的建議，以建立終身學習社會為施政導向，並已宣示民國八十七年為「中華民國終身學習年」，發表「邁向學習社會」白皮書規劃一系列的活動，進行相關改革，施行有關配合措施，希望基於過去對各級各類教育推展成果的傳承，來面對現今世界對終身學習價值的定位與衝擊，以建構學習社會。

本文首先探討學習社會的意涵、說明推動學習社會的必然因素、描述終身教育政策的發展動向及學習社會的推動現況，最後提出未來展望。

學習社會的意涵

有關名詞釋義

「終身教育」、「終身學習」與「學習社會」三者關係密切，但在不同的情境中，學者往往有不同的解釋。綜言之，終身教育乃是一個綜合統一的理念，包括在人生的不同階段與生活領域中，以正式的與非正式的學習方式，獲得與提高知識來達成人生最充實的發展，它關係著個人的成長和社會的進步（楊國賜，民82）。終身學習的觀念係指學習活動在一生中持續發生，也就是說，學習活動要貫串在一生中，不僅限於兒童、青少年的時期，也不限於教育機構（黃富順，民85）。可見，「終身教育」與「終身學習」的內涵幾乎一致，不同的是，前者從施教者的觀點出發，強調一生中教育活動的持續與整體的規劃；而後者係從學習者的角度著眼，強調個人在一生中有意的安排學習活動並持續發生。亦即，在政府而言，是提供者的角色，建構完整的終身教育體系乃責無旁貸；而在民眾而言，是學習者的角色，應抱著主動、積極的態度去參與，而非消極的等著「被教育」。因此，終身教育與終身學習實為一體之兩面。終身教育乃指政府結合民間力量，提供正規、非正規與非正式的學習管道，使每個國民在人生的不同階段與生活領域中獲得、更新和提升知能，以達成個人的自我實現。而終身學習旨在從學習者的角度出發，從事各種學習活動，是一種自我導向的學習。

縱使終身教育與終身學習常互爲通用，但從某種角度而言，「終身學習」較「終身教育」具有主動性、積極性。民眾是終身學習的主角，應有主動的作爲，積極參與學習，政府則負責從旁協助、充分提供學習機會。由此可見，終身學習社會之建立，需要全民共同參與，惟有每個人均具有終身學習理念，積極提供資源，參與終身學習活動，方爲落實終身教育的重要影響因素。

再說「學習社會」，係指個人在家庭、學校、社區、工作場所或其他教育訓練機構等進行各種學習活動，實現自由學習的理想社會（黃振隆，民82），它強調隨時隨地自由進行學習活動。在學習社會之中，學習者的基本權利能夠獲得保障，教育機會能夠公平的提供，學習障礙能夠合理的去除，終身教育體系能夠適當地建立（胡夢鯨，民87）。因此，學習社會可以是終身學習的理想，而在學習社會，終身學習乃是獲得保障，自然發生的全民運動，可見，兩者不僅有手段與目的的關係，而且彼此相輔相成，如影隨行（王政彥，民87)。簡言之，終身教育的推動可以促成學習社會的建立，而學習社會的促成則有賴終身學習理想的實現，三者關係密不可分。

學習社會的特質

學習社會的建立，已成爲全民共同努力的目標，其特質值得在此一述。然因學者出發的觀點不同，對學習社會特質的描述，也不盡然相同（吳明烈，民86；黃振隆，民82；黃富順，民84）。黃振隆（民82）從自我學習的觀點，提出學習社會的四種基本特質，包括：

◎提供全體國民學習機會的開放社會

學習社會是以全體國民充分發展為目標的社會，故必須提供充分的學習資源，開放各種學習機會。

◎終身繼續學習的社會

隨著科學技術的日新月異，資訊不斷暴增，個人必須終其一生，繼續不斷的學習，才能免於被時代所淘汰。

◎自我導向學習的社會

學習社會並非完全依靠具有專業素養的教師實施教育的社會，它是根據自身需要進行自我導向學習的社會，因此，必須培養自主性的學習能力，充分利用各種教育文化設施，進行自我學習活動。

◎廣泛學習的社會

未來的社會是工作與休閒兼籌並顧的社會，學習內容除職業知能外，休閒生活方面的知能亦不可忽視。在學習社會中，學習內容不能侷限於某一個特定範圍，而必須作廣泛的學習。

推動學習社會的必然因素

終身教育在使每一個人從出生到臨終，在人生每一個階段，都有適合其需要的學習機會。其範圍從縱向而言，包括：家庭教育、學校教育及社會教育作有機的銜接；從橫向而言，包括正規教育、非正規教育及非正式教育的相互協調統整。而我國的教育隨著政治民主、經濟發展及社會進步，趨向多元化；而且知識快速發展、科技日新月異，加上人民經濟寬裕，休閒時間增多，接受教育的需求與日俱增，使推

展終身教育，建立學習社會，日益迫切。歸納言之，終身學習社會的推動，有下列必然的因素：

知識暴增與資訊社會的來臨

面對資訊社會的到來，知識累積與新陳代謝的節奏正在加速，專業技術與相關知能也日新月異，快速過時。個人生理壽命延長，知識壽命卻大爲縮短。爲因應資訊社會來臨，每一個現代化的國民，非經常參與學習，不足以適應現代化的生活。是故，人人均需時時「充電」，以趕上時代脈動。

空閒時間增加與觀念的扭轉

隨著科技發展，知識與資訊量迅速膨脹，而國人在經濟富裕後，適逢政府實施隔週週休二日制，閒暇時間增多，逐漸邁入休閒化社會的型態，國人有餘力參與各種進修研習活動。爲了充實全民生活內涵，提升人文素養，學習社會的倡導，益顯重要。未來，只要有進修的意願，隨時可以回到學校選課，過去類似「直達車」的升學制度，一旦下車，再上車就非常困難的情形，將因終身學習社會的建立而化解。學習者將無後顧之憂而樂意中途下車以增進實務經驗，歷來學校教育過度偏重升學主義及社會偏重文憑的觀念，將得以扭轉。

產業結構的調整與職業需求

整個產業結構隨時因應客觀社經環境的變遷而調整，個人在生涯發展過程中，常會面臨就業、轉業等增進職業知能的需求，亟須學習新知，增長職場工作的發展知能，以利調適。因此，當透過家庭、學校、社區及工作場所推動各種學

習型組織，俾使個人能應其生涯規劃之需求，隨時隨地學習新知。

人文關懷與學習權的主張

人文關懷是一種對人類處境與發展前途的深層關心，是一種對理性開展與道德意識的普遍關注，也是一種對基本人權與學習機會的全面關懷（教育部，民87）。基於此種關懷，政府應致力於提供國民均等的教育機會及全人發展的理想環境，以幫助每一個人開發其最大潛能。再從整體教育發展而言，基於學習權的主張，學校教育已不能滿足人生全程的學習需求，如何透過非正規教育，充分提供國人經常參與學習的機會，並於學校教育過程中，培養個人自我學習的能力、習慣與責任感，使學習活動由客體轉爲實體，將是教育改革的重要課題。

國際化趨勢與國家競爭力的提昇

先進國家已體認到國家的整體發展，僅重視初等教育、中等教育及高等教育的推展，已無法適應未來社會發展的需要，必須同時注意到終身教育的推展，才能發揮國家的總體力量。因此，紛紛將學習社會的建立，視爲政府應積極負起的義務。復從提升國家競爭力的角度而言，爲促進國民教育水準普遍提升，增進生活及職業知能，充分提供每個個人終身學習的機會，乃爲當前重要教育措施之一。

由此可見，學習社會的規劃，乃考量我國社會發展、順應時代潮流及民衆的學習需求。各項工作的推展，旨在促使政府結合民間資源提供多樣化及多管道的學習機會，喚起全民注重學習並主動參與學習，期能使終身學習蔚爲風潮。

終身教育政策的發展動向

　　政策是行動的指引，是指政府、團體及個人所決定採行的行動路線或方法。我國終身教育一詞，直到一九八０年代才開始出現在有關的教育法規中，如民國六十九年修正公布的「社會教育法」第一條即明定：「社會教育依憲法第一百五十八條及第一百六十三條之規定，以實施全民教育及終身教育為宗旨。」自民國七十三年開始，有學者有系統的介紹終身教育的理念（楊國賜，民73；中華民國比較教育學會，民77）。茲以政府施政為例，舉述其間較重大的施政計畫，說明我國終身教育政策的發展動向：

「發展與改進成人教育五年計畫綱要」

　　民國七十七年第六次全國教育會議議案討論通過「社會教育發展計畫」，將「建立成人教育體系，達成全民教育及終身教育目標」列為首要計畫項目。（教育部，民77）教育部於民國七十九年頒布「社會教育工作綱要」後，並先後訂定四種成人教育實施計畫，包括：老人教育實施計畫、婦女教育實施計畫、休閒教育實施計畫和臺灣地區公立社會教育機構推行環境教育五年計畫。直至民國八十五年提出「發展與改進成人教育五年計畫綱要」，方為第一個整體性的成人教育工作計畫，也是成人教育政策的具體展現。其計畫目標為：（教育部，民80年）

1. 增進成人生活基本知能，以提高成人教育程度。
2. 增進成人就業技能、提供職業新知、增進工作知能，以適應工作、轉業及生活之需要。
3. 培養成人具有衛生保健、環境保護、休閒娛樂之正確觀

念與知能；並加強法制觀念，提昇民主素養，以追求理
性、健康快樂之生活。

4. 協助成人充實生活內涵，調適生活轉變，增進個人發
展，以提昇生活品質。

「以終身學習為導向的成人教育中程發展計畫」

教育政策繼上述計畫之後，為符應全民需求，逐導向終身
學習。民國八十三年第七次全國教育會議討論的九大議題
中，「推展終身教育」列為第六；而隨後出版之中華民國教
育報告書（民84）亦將「規劃生涯學習體系，建立終身學習
社會」列為社會教育之首要課題。第七次全國教育會議會議
結論並針對推展終身教育的具體性措施，提出四大建議：
（教育部，民83；楊國德，民83）

◎建構終身教育體系，落實整體教育理想
即強調家庭教育、學校教育及社會教育須作橫向的整合推
動。

◎開放正規教育機構，促進教育資源共享
即鼓勵各級學校結合社區資源與力量辦理終身教育。

◎調整非正規教育制度，提供多元學習機會
即檢討並改進各類進修（含空中）及補習教育的學制、課
程、教材及師資培訓，促使社區及社教機構發輝終身教育功
能。

◎運用非正式教育途徑，普及全民終身學習風尚
即結合民間團體及企業機構共同推動終身教育，強化大眾
傳播媒體推展終身教育的功能。

依據以上建議，教育部爰於八十五年訂定「以終身學習爲導向的成人教育中程發展計畫」，以延續上項「發展與改進成人教育五年計畫發展綱要」，強調前瞻性、開放性、連貫性、均衡性、本土性、整合性、自學性、多元性、國際性及專業性等成人教育特色。其主要內容包括:（教育部，民85）

1. 研訂及研修成人教育相關法規。
2. 強化成人教育機構，建立成人教育體系。
3. 建立成人專業人員專業培訓與任用制度。
4. 革新成人教育課程教材教法，因應成人學習需求。
5. 整合民間資源，共同辦理成人教育。
6. 利用多元媒體加強終身學習理念宣導，以建立學習網路。
7. 促進並鼓勵成人參與學習活動。
8. 開拓社會不利處境者學習機會，促進成人教育機會均等。
9. 推展成人基本教育，建立終身學習基礎。
10.推展成人教育研究、發展及評鑑工作。

成人教育既爲終身教育重點工作之一，現階段我國成人教育施政方針有三大方面:（教育部，民86）

1. 配合國家建設六年計畫，整體規劃終身教育體系，建立學習社會。
2. 依循成人教育發展取向，推動符應民眾需求之具體措施。
3. 確立績效服務理念，體察社教發展趨勢，掌握成人教育脈動。

訂定「推展終身教育，建立學習社會」中程計畫（草案）

基於推展終身教育已成為全民共識，且行政院教育改革審議委員會在八十五年十二月二日提出「教育改革總諮議報告書」，亦建議教育改革的五大方向之一為「建立終身學習社會」。又教育部提出之教育改革總體計畫與方案，包括三十個領域的總體計畫，「推展終身教育，建立學習社會」即為其中一項中程計畫。是項計畫草案業提經八十六年十月四日行政院教育改革推動小組第五次會議，經決議原則通過，其主要工作項目包括：

◎建立終身教育法制

1. 組成法規研修小組，研修終身教育有關法規。
2. 廣泛蒐集國內外相關資料。
3. 以問卷及訪問座談方式蒐集各方意見。

◎培養國人終身學習理念

1. 利用電視、廣播、圖書、雜誌等推展終身學習理念。
2. 舉辦終身學習分區宣導座談會。
3. 印行文宣品宣導終身學習。
4. 於學校課程加入終身學習內容。
5. 利用各種非正規教育場合，加強宣導終身學習理念。
6. 辦理終身學習年活動。

◎統整終身教育體系

1. 實施採計工作年資及能力入學。
2. 推動終身教育電腦學習網路。

3. 規劃各及學校辦理終身教育活動。

4. 組成小組，訂定脫盲識字標準及明確計畫。

5. 擴大辦理自學能力鑑定。

◎增加終身學習機會

1. 加強辦理各級補校教育，推動脫盲學習活動。

2. 學校與社區結合辦理終身學習活動。

3. 試辦社區學院。

4. 訂（修）定大專校院推廣教育實施辦法，增加辦理彈性。

5. 利用大眾傳播媒體推展終身教育。

6. 辦理特殊族群終身教育各項活動。

◎建立回流教育制度

1. 加強辦理中等以上學校回流教育。

2. 加強辦理在職人員參加回流教育。

3. 採行彈性入學方式，調整學習內容及學習方式。

4. 規劃增加中等以上學校在職進修名額，訂定年資加分辦法。

5. 鼓勵大學校院辦理大學推廣教育。

6. 辦理大學夜間部轉型為大學進修推廣教育學士班。

◎改進成人教育課程、教材及教法

1. 加強終身教育人員專業培訓

2. 改進終身教育課程及教材。

3. 研究改進終身教育方法。

◎妥善規劃行政配合措施

1.各項教育政策融入終身學習理念。
2.強化終身教育專責機構或協調統整單位。
3.加強利用民間資源推動終身教育。

◎進行終身教育之有關研究及評估

1. 組成研究評估小組，進行終身教育有關研究評估。
2. 委託進行終身教育之有關研究。
3. 進行終身教育之檢討與評估。

◎配合從學校教育的改革

1.於學校課程中，強化學生自我學習的能力。
2.加強推動學校與社區資源共享。
3.試辦專科學校轉型為社區學院。

學習社會的推動現況

　　建立學習社會不只是一種口號或一種宣言，須化口號為行動，將宣言轉變為政策、立法及具體措施。因此，教育部為建立學習社會，規劃「中華民國終身學習年活動」的推展，旨在宣導終身學習理念、暢通進修管道及增加各種學習機會，以方便民眾學習。為推動終身學習年活動，教育部除已召開多次會議協調各省（市）政府教育廳（局）及縣（市）政府共同規劃辦理開鑼及大型活動外，並將結合各有關部會、大學校院有關系所、國立社教機構、成人教育資源（研究）中心、家庭教育服務中心、文教基金會、企業及民間團

體等共同辦理。

　　為進一步闡明當前政府終身教育政策的理念，教育部已撰擬並發布「邁向學習社會」白皮書，提出十四項具體行動方案，以落實推動終身教育。

「邁向學習社會」白皮書的撰擬與發佈
　　在八十六年十月七日教育部召開規劃我國終身學習年系列活動第一次協調會中，與會者咸認終身學習乃時代之趨勢，終身學習理念的倡導及落實刻不容緩，於是會中決議委由中華民國成人教育學會組成專案小組，進行終身學習年白皮書的撰擬工作。我國教育史上第一份專為終身學習而撰擬的政策報告書於焉開始孕育。

　　白皮書的撰擬工作小組由包括學界、行政界、企業界及民間團體的十九位學者專家組成，並請其時任職考試院考試委員，也是中華民國成人教育學會理事長的現任教育部林部長清江擔任召集人。為爭取時效，該專案小組自八十六年十月十四日召開第一次白皮書起草會議，確定白皮書內容形式及大綱後，幾乎是每週一次密集開會研商，其中辛勞，不言可喻。

　　白皮書的起草工作，經專案小組召開四次正式起草會議研商，及小組成員多次非正式會議討論，於八十六年十一月底完成初稿，並於十二月辦理台北市、高雄市、臺灣省北區及南區四場分區座談會，聽取各界意見。經依分區座談會所提建議修正白皮書內容後，教育部復於八十七年一月函請有關部會提供修正意見，並先後召開兩次部會協商會議，務期白

皮書內容確實可行。

「邁向學習社會」白皮書，經過上述約四個多月的研擬過程，於本（八十七）年三月十八日發表，撰擬時間雖短，卻審慎嚴謹，絲毫沒有馬虎。全書主要分「邁向開發國家的挑戰」、「開發國家的教育願景」及「建立終身學習社會的具體途逕」三大部分，文中揭示終身學習社會的八項發展目標，並對應提出具體的十四項行動方案，收於附錄中，每項方案均依目標、方法及行動步驟的體例撰寫。茲將該八大發展目標及相對應的行動方案表列如下：

目標	行動方案
一、鼓勵追求新知	（一）全面整合學習資訊方案
	（二）試辦發行終身學習卡方案
二、促成學校的轉型	（三）放寬入學管道與調整課程教學方案
三、鼓勵民間參與	（四）企業內學習組織的推動方案
	（五）結合圖書館推動讀書會活動方案
四、統合學校內外的教育體制	（六）建立回流教育制度方案
	（七）普設終身學習場所方案
五、培養國際觀及地球村知能	（八）推廣全民外語學習方案
六、激發學習型組織的潛能	（九）公務人力學習型組織推展方案
	（十）矯正機構內學習型組織推展方案
	（十一）推展學習型家庭方案
	（十二）推展學習型社區方案
七、保障全民學習權	（十三）統整相關法規，研訂終身學習法方案
八、認可全民學習成就	（十四）研究建立成就知能的認證制度方案

「邁向學習社會」白皮書行動方案的落實

　　爲落實白皮書所列十四項行動方案，教育部已就每項方案
規劃辦理終身學習年系列活動，各項活動依行動方案次序整
理表列如附表。僅就其推動現況略述如下：

◎加強提供學習資訊，倡導終身學習理念

　　國人是否具有終身學習理念，是終身學習社會能否建立的
關鍵因素之一，也是每項行動方案是否能落實的潛在要因。
是以，爲廣佈學習資訊，加強宣導終身學習理念，教育部已
於台視製播電視宣導節目「跨世紀的驕傲～終身學習系列講
座」、於電台製播三個廣播節目、製作及託播終身學習電視宣
導短片、並於中央日報及台灣新生報闢製終身學習專版。此
外，如徵選終身學習徽章、辦理開鑼及大型活動、舉辦國際
學術研討會及編印終身學習資訊手冊等等，均著眼於全面提
供學習資訊、加強倡導終身學習理念。

◎配合改革學校教育，提供成人進修機會

　　以往國人從學校畢業之後，就少有機會再參與學習，成人
偶有學習機會，亦少能銜接就學正規學校教育。常此以往，
導致大多數人的學習只限於在學校求學階段，所學知能根本
不能因應日新月異的社會生活。因此，將依白皮書行動方案
十三所列行動步驟修訂各種法令規定，如研訂終身學習法、
研修補習教育法等法令規定，提供正規及非正規教育互相銜
接就學的機會。復依行動方案三「放寬入學管道與調整課程
教學方案」，由國民中小學加強辦理成人基本教育，高中職及
專科學校加強辦理成人進修教育，大學及獨立學院加強辦理
成人繼續教育、回流教育，並採多元化入學管道。對於課程
內容、上課時段、教學方法及評量方式，亦一併規劃調整
（柯正峰，民87）。此外，加強大專校院辦理推廣教育及成人

繼續教育，改變入學及修業方式，提供回流教育機會，以保障所有國民有接受中等以上正規教育的權利，尤其是高等教育機構應提供一定比例的招生名額，供在職人士申請入學。。此與白皮書行動方案六的落實有關。

◎**強化家庭教育功能，使學習與生活相結合**

健全的家庭是社會發展的基礎，也是個人人格健全發展的關鍵，因此，家庭教育必須因應社會變遷的腳步，充實個人對現代家庭價值及家人角色的正確認知，增強個人解決問題的能力，成為每個人持續一生的學習活動。為此，依據白皮書行動方案十一「推展學習型家庭方案」，已規劃「家庭教育季」活動，以寓教於樂的方式，宣導家庭教育的理念與作法，如辦理學術研討會、大型宣導活動及發行家庭教育雙月刊等。總之，家庭不僅是每個人終身學習的重要場所，更可作為各種學習內涵的推行單位，家庭教育雖多屬於非正式的學習，卻是最具深遠影響的。

◎**規劃社區成為終身學習重要場所，提供多元學習機會**

社區的資源相當豐沛，應予發掘並安善運用。社區中的學校資源可開放，提供場地、設備、師資等資源給民眾，也可與社教機構、企業及民間團體等共同規劃辦理各項非正規的學習活動，提供多元的計學習機會。甚至進一步在社區中的適當機關、學校、社教機構、研究機構、公民營企業及民間團體等，成立終身學習場所，並建立義工制度大力推展，以聯結各項學習資源，成為民眾進行終身學習的方便所在。此為行動方案七所關切者。

◎**各類工作場所發展成學習型組織，以提昇人力素質**

除了學校、家庭、社區外，終身學習在工作場所的推動，

也是非常重要的一環。規劃工作場所的終身學習，首須使各種組織成為學習型組織，俾有助於個人的生涯發展，使每個人在工作崗位上能不斷充實新知、增進自信，達成自我實現。因此，包括：企業員工、公教人員及受刑人等，均應提供各種學習機會。企業員工的學習，將建立學習指標及各項能力的認證標準，以鼓勵員工學習；公務人力的學習方面，將倡導公務人員組織各種學習團隊，根據成員參與學習的表現，給予資格檢定的證明及其他獎勵；在受刑人的學習方面，國立空中大學教學資源提供澎湖監獄及嘉義監獄受刑人學習，並辦理監獄讀書會領導人種子培訓，推展監獄讀書會（柯正峰，民87）。此類學習型組織的推動分列於行動方案四、九及十。

◎匯引社會資源，鼓勵民間參與

在終身學習的社會，要滿足每個人的學習需求，必須提供多樣化的學習內容、方式與型態，因此，社會資源的整合與運用不容忽視。執是，教育部計畫辦理心靈饗宴系列專題研討，邀請各文教基金會、社教機構、成人教育資源（研究）中心、家庭教育服務中心及省（市）、縣（市）政府等有關單位團體齊聚一堂，就終身教育有關領域進行溝通、探討、並交換實務經驗，以凝聚共識、促進彼此交流，並激發其積極加入提供學習活動的行列。此外，並擘劃文教基金會網站的架設，使各基金會辦理的活動資訊即時上網，便利民眾查詢參與，並供各基金會間相互觀摩結合，互補有無，以使民間資源作最有效的運用，避免重疊與浪費。此與白皮書行動方案一、五、七、八、十一及十二的落實均有密切關係。

◎發揮社會教育機構功能，普及終身教育活動

現有社會教育機構計有國立十五所、省市立二十六所、縣

市立二十三所及鄉鎮圖書館四百七十所，其內涵包括博物館、圖書館、科學館及藝術教育館等社教機構。配合週休二日的實施，社教機構的終身教育功能益形重要，應充分發揮。今後社會教育館所辦活動，不僅要從館內走到館外，更要主動伸入各個社區，提供社區民眾就近參與學習，以求普及。另者，鑑於各鄉鎮圖書館人力及書籍均極缺乏，應可即規劃結合文建會及民間團體發動一人一書募書運動，或鼓勵文教基金會認養鄉鎮圖書館，以協助其發揮社區終身學習場所的功能。此即白皮書行動方案五及行動方案七所關切者。

◎訂定相關配合措施，以落實推展終身學習

白皮書行動方案十三「統整相關法規，研訂終身教育法方案」及方案十四「研究建立成就知能的認證制度方案」，旨在研修或研訂終身教育有關法規，健全終身教育法制，並使經由不同學習管道所獲得的學習成就均能獲得公平的認可與發展機會，使學習成為永續的活動。此外，各有關機關團體是否能配合推動終身教育政策，亦是學習社會能否建立的重要關鍵。

綜觀白皮書所列十四項行動方案，教育部均已依方案所列行動步驟擬具腹案，並將協調有關部會、機（關）構及民間團體落實辦理。

未來展望

政府推動終身教育、規劃終身學習年的目的，乃希望透過宣導，鼓勵人人參與各項學習活動，以培養國民日日學習、月月學習、年年學習的意願、動機及習慣。展望未來，預期

實現下列願景：

建立終身教育完整體系

統整正規、非正規、非正式教育，形成有機的教育體制，建構橫向流動及轉換的管道，突破目前封閉的體系，加強互通協調，以提供全民參與學習。

增進終身教育機會

由政府結合民間充沛的資源，妥善應用，提供多樣化及多管道的學習機會，俾全民參與。亦可鼓勵辦理各項終身學習活動，惟在各辦理單位之間，應注重區域之間的統整，以免浪費資源。

培養國人終身學習理念

應從小培養國人具有終身學習的理念，養成參與學習的習慣，使學習與生活相結合，並支持各種終身學習活動，使社會形成學習社會，增進生活知能。

配合改革學校教育

學校教育的目標應以學生為主體，培養學生自我學習的能力，以保持主動學習的動機和習慣。培養學生具備發現及解決問題的能力，以及會安排自我學習。調整課程內容及形式，以因應學習者的需求。學校應與當地社區作充分交流，將學習場所、人力資源、教育內容、活動型態和學習計畫等，作充分交流運用，使資源發揮最大效用。

建立回流教育制度

開拓各種充分的就學機會,放寬高等教育學府及中等學校入學條件,採取彈性多元方式入學,規劃以工作年限及工作成就代替入學考試的方式,提供在職但回校再參與學習的機會。

建立妥善的行政配合措施

中央成立終身教育專責機構或協調統整單位,負責終身教育事務之推動、協調和統整工作;在地方亦應有專責單位,有效的協調、統整各類學習資源,以提供國民終身學習機會。在行政措施方面,亦將結合民間資源,發揮最大的效益,應用於推展終身學習。

健全終身教育師資、課程及教材,改進教法

目前終身教育之師資大多未受過專業養成教育,在職教育亦不普及;在課程、教材及教法方面,大多未因應終身學習需求作規劃。未來終身教育體系完成之後,師資方面將朝專業化發展,課程、教材及教法將可因應學習者的需要。

建立終身學習社會既為時勢所趨,為迎接終身學習時代的來臨,希望全民為以上共同願景投注心力,使學習社會早日到來。

結語

總而言之,終身學習之理念已為社會各界所接受,且國人對教育改革期盼殷切。教育部業規劃終身學習年各項具體

措施，透過白皮書宣示政策與目標，再經由終身學習年活動的激發，不僅可增進對解決問題的共識，也能造成相關機關共同策進的壓力，因此，將結合政府各有關部門及民間力量，使終身學習的組織及個人，產生前所未有的聯結網路，使終身教育的理念具體實踐，以提供國人多樣化及多管道的學習機會，達成全民教育、終身教育的理想。

參考書目

中華民國比較教育學會（民77）。終身教育。臺北，臺灣書店。

王政彥（民87）。終身學習的應然與實然。載於中華民國終身學習年國際終身學習學術研討會論文集，頁125-150。

行政院教育改革審議委員會（民85）。教育改革總諮議報告書。未出版。

胡夢鯨（民87）。學習社會發展指標之建構。載於中華民國終身學習年國際終身學習學術研討會論文集，頁100-124。

柯正峰（民87）。中華民國終身學習年開跑。社教雙月刊，第八十三期，頁22-23。

教育部（民77）。第六次全國教育會議報告。未出版。

教育部（民79）。社會教育工作綱要。未出版。

教育部（民80）。發展與改進成人教育五年計畫綱要。未出

版。

教育部（民83）。第七次全國教育會議實錄。臺北：教育部。

教育部（民84）。中華民國教育報告書－－邁向二十一世紀的
　　教育遠景。臺北：教育部。

教育部（民85）。以終身教育為導向的成人教育中程發展計
　　畫。

教育部（民86）。「以終身教育為導向的成人教育中程發展計
　　畫」八十六年度成果報告。未出版。

教育部（民86）。「推展終身教育，建立學習社會」中程計畫
　　（草案）。未出版。

教育部（民87）。邁向學習社會。臺北：教育部。

黃振隆（民82）。「學習社會」的理念。成人教育雙月刊，第
　　十六期，頁40-45。

黃富順（民85）。終生學習的意義、源起、發展與實施。載於
　　中華民國成人教育學會主編：終身學習與教育改革，頁1-
　　32。台北：師大書苑。

楊國賜（民73）。終身學習的理念。社教雙月刊，創刊號，頁
　　31-37。

楊國賜（民82）。社會教育的理念。臺北：師大書苑。

楊國德（民83）。資訊世紀贏的策略：以回流教育培養學習社
會的人才。成人教育雙月刊，第三十一期，頁8-16。

附表　邁向學習社會行動方案與活動項目一覽表

方案	活動	項目	主辦單位	合／協辦單位	執行時間	備註
全面整合學習資訊	加速終身學習徽章及宣導標語		教育部(社)	國立臺灣藝術學院	86.10-86.12	已完成
	製播電視宣導節目「跨世紀的驕傲-終身學習系列」座談		教育部(社)	中國新聞學會	86.02-86.03	已完成
	補助製播三個終身學習宣導節目		教育部(社)	中廣、警廣、漢聲	86.07-87.07	
	製作及托播終身學習短片（學習車篇）		教育部(社)	新聞局、四台	86.12-87.02	已完成
	辦理掃除文盲徵文比賽		教育部(社)	國語日報社	87.01-87.04	已完成
	撰擬「邁向學習社會」白皮書		教育部(社)	成人教育學會	86.10-87.03	已完成
	建構文教基金會終身學習網站		教育部(社)	東元文教基金會等七潤民間團體	86.12-87.03	於87.03.18召開記者會
	協調各省（市）、縣（市）辦理終身學習年開鑼及大型活動		教育部(社)、省(市)教育廳	各縣(市)政府、學校、民間團體	87.01-87.12	已完成
	舉辦國際終身學習學術研討會暨終身學習資訊展		教育部(各)、省(市)教育廳(局)	成教學會、成中心、家庭教育中心	87.03.26 87.03.27	已完成
	補助辦理一九九八大學成人及推廣教育國際學術研討會		國立中正大學		87.03.23-25	已完成
	補助辦理博物館與終身學習國際學術研討會		教育部、科工館		87.03.19	已完成
	協調各直轄市及縣市編印終身學習資訊手冊及上網		教育部(社、電)、省(市)縣(市)政府	各社教機構、學校、民間團體及機構	86.10-87.12	已協調編手冊
	開闢報紙終身學習專版		教育部(電、社)	中央日報、新生報	86.11-88.02	已闢製
	建立全國性終身學習網站及資料庫		教育部(電、社)	社教月刊、資訊月報委會	87.07-88.06	初步架構完成
	於中華民國八十七年資訊月辦理「終身學習」主題展示		教育部(高、技)、中、小（社）	台師大、共他有關單位	87.12-88.1	
	發行終身學習刊物、通訊、簡訊		教育部(高、技、社)	成教學會及相關單位	經常辦理	

辦理事項	主辦單位	有關單位	時間	備註
研究試辦發行「終身學習卡（護照）」 組成小組研究發行終身學習卡（護照）	教育部（各）、省（市）縣（市）政府	科工館、有關單位、民間企業團體	87.12-88.01	
研議訂定實施辦法	教育部（社）、省（市）政府教育廳（局）		87.05	
辦理終身學習卡（護照）宣導活動			87.07-87.10	
試辦發行終身學習卡（護照）	教育部（社）、省（市）縣（市）政府	科工館、有關單位、民間團體	87.07-87.12	
放寬入學管道與調整課程教學 鼓勵各直轄市、縣（市）開辦縣（市）民學苑	教育部（社）、省（市）縣（市）政府	各級學校、社教機構、成教中心、企業、民間團體	87.07	持續辦理
加強辦理補習學校及開設成人基本教育研習班	教育部（社）、省（市）縣（市）廳（局）	企業、民間團體	持續辦理	
提供六十五歲以上國民就讀國立空中大學及空中專科進修學校免學費	教育部（社）、省（市）（會）	空大、空中專科進修補校	87.03-	
加強中學以上學校推動多元入學方案及調整課程教學方式	教育部（中、高、技）、中國（會）	各級學校	持續辦理	
推動企業內學習組織 調查有關單位遠距企業教育訓練成效觀摩會	經濟部、教育部（技）企業		87.10-87.12	
調查企業員工學習需求	教育部（技）	經濟部	87.08-87.12	
協調大學推廣教育與企業合作開實用課程	經濟部、教育部（高）、大學校院	企業	持續辦理	
協助企業訂定鼓勵員工進修學習型組織	財政部、經濟部、教育部		87.07-87.12	
協助推動企業內學習型組織	教育部、企業		87.07-87.12	
結合圖書館推動讀書會活動 調查有關單位辦理企業教育訓練成果觀摩展	文建會、省（市）政府、鄉鎮（社）教育部（市）政府	各縣（市）政府、鄉鎮圖書館中心、小學	87.12	
結合支援建會、省（市）教育廳（局）及文化處（局）等辦理師資與省圖書館小組兼書運動	文建會、省（市）教育書館中心	成教中心、讀書會	87.07-87.12	
辦理讀書會領人培訓	文建會、教育部（社）	讀書會	87.01-	
研發讀書會閱讀材料	教育部（社）		87.01-	
學校組成讀書會推動小組	教育部（技中國社）、省（市）、縣（市）		87.01-	

項目	工作項目	主辦（協辦）機關	對象	辦理時程
	編導各地讀書會團體利用網路進行讀書會活動	教育部（電）、文建會		87.01-
	辦理讀書會巡迴博覽會	教育部（高）		87.01-
建立回流教育制度	規劃中學以上學校提供回流教育機會	教育部（高、中、國、技）、省（市）教育廳（局）	中等以上學校	87.01-
	成立進修學院開始招生並研議多元入學措施	教育部（技）	三所技術學院	87.02-
	推動空中專科進修補校免試入學	教育部（社）	空中專科進修補校	86.07-87.01
普設終身學習場所	鼓勵增設社區終身學習場所	內政部、文建會、教育部（廳、局）	學校、社教機構、企業、民間團體	87.01-
	成立終身學習場所規劃小組	直轄市、縣市政府		87.07
	鼓勵成人教育資源（研究）中心辦理終身學習活動	教育部（社）	各成教中心	87.01-87.12
	鼓勵文教基金會等加強辦理終身學習活動	教育部（社）、局	民間團體	87.01-87.12
推廣全民外語學習	製播外語空中教學節目	教育部（社）	教育廣播電台	87.01-87.06
	研究舉辦全國性外語分級檢定並核予證書之可行性	教育部（社）	民間團體	87.10-88.06
	協調有關單位推廣海外遊學	交通部	民間團體	87.07-
	舉辦國內模擬環境現況外語研習營	教育部（高）		87.07-
	鼓勵大學校院等機構開設大眾文化之外語研習課程	教育部（高）	大學校院	87.07-
	舉辦外語園遊會、文化週等學習成果比賽及觀摩	外交部、教育部（文）	外語教學機構	87.10-
	辦理外語教學方法研習觀摩會	教育部（文）	外語學習機構	87.09-
推動公務人力學習型組織	加強推動公務人力學習型組織系列活動	人事局、教育部（人）	各公務機關人事處	87.01-
	鼓勵組成各種公務人員學習型學習團隊	人事局、教育部（人）	各公務機關人事處	87.01-
	擴大辦理學習型組織研討	人事局、教育部（人）	各公務機關人事處	87.01-
	選拔優良學習型組織楷模	人事局、教育部（人）	各公務機關人事處	87.01-
推展矯正機構內	辦理終身教育績優人員選拔	教育部（社）		87.01-
	推動國立空中大學學習資源進入矯正機構	法務部、教育部（社）	省（市）政府、各矯正機構	87.01-

項目	活動	主辦機關	機構	時程	備註
學習型組織	推動監所讀書會領導人種子培訓	文建會、法務部、教育部	各級正機構等	87.07-	
	建立輔導監所學習組織的完善網路	法務部	更生保護協會等	87.07-	
	訂立表揚辦法鼓勵學習表現優良的收容人	法務部	各級正機構	87.07-	
	進行監所學習型組織評鑑並子成效優異者獎勵	法務部	各級正機構	87.07-	
推展學習型家庭	辦理全國家庭教育研討會	教育部(社)	台師大家政系	87.03.11-12	已完成
	舉辦好爸爸、好媽媽系列專題演講	教育部(社)	台灣地區家庭中心	87.03-87.04	
	辦理愛家行動～親子共享國遊會	教育部(社)	景文工商等單位	87.03.29	已完成
	舉辦家庭教育～親人心語徵選	教育部(社)	各縣市家服中心	87.03-87.04	
	製播家庭教育電視節目	教育部(社)		87.06-87.11	
	辦理原住民母語家庭教育推展活動	教育部(社)	基督教勵友中心	87.04-87.06	
	發行家庭教育雙月刊	教育部(社)	國立嘉義師範學院	87.03-87.05	
	編印家庭教育系列叢書	教育部(社)	國立暨南大學	87.04-	
	訂定學習型家庭輔導計畫	教育部(社)	各縣市家服中心	87.07	
	辦理學習型家庭觀摩研討會	教育部(社)	各縣市家服中心	87.07	
推展學習型社區	補助各社教機構、文化中心開辦終身學習系列講座	教育部(社)	各社教機構、文化中心	87.01-87.12	
	輔導社教館所辦理終身學習系年系列活動	教育部(社)		87.07-87.12	
	開發終身學習教材光碟離型系統	教育部(電)	國立社教館所	87.01-	
	辦理終身學習鑑文競賽	教育部(社)		87.07-	
	進行社區人才與資源調查並培育種子人才	內政部、文建會		87.07-	
統整相關法規、研討終身學習法	研究訂定「終身教育法」之可行性	教育部(教)	成教學會	86.10-87.06	
	研修「補習教育法」，刪除進修補習學校名稱中之「補習」二字	教育部(社)		87.03-87.12	
	研究透過推動帶新教育之可行性	教育部(社)	大學校院	87.10-88.10	

研究建立成就知能的認證制度	研修「預算法」		行政院主計處	87.07-
	委託研究建立成就知能的認證制度	教育部(社)	成教學會	87.07-88.06

「邁向學習社會的現況與展望」評論

楊振昇◎評論

個人在拜讀教育部黃視察的這篇大作以後，深感獲益良多，尤其對於黃視察能結合理論與本身的實務經驗，針對這個當前十分熱門的議題，提供許多寶貴的資料與深入的見解，更表佩服；也因此，個人在此僅以「討論」的角度，就黃視察的大作提出讀後的心得報告，並就教於各位師長與各位先進。

一、 就全文的架構來說，黃視察首先針對「學習社會」進行概念分析，其次則說明推動學習社會的五項背景因素，再其次則以教育部的三項計畫書闡明終身教育政策的發展動向，另外則以民國八十七年三月十八日教育部所公佈的「邁向學習社會」報告書為依據，提出八項當前學習社會的推動現況，最後，並列舉了推動學習社會的七項主要願景。個人認為，文中清晰地呈現五項背景因素、三項報告書、八項推動現況、以及七項願景，應該是本文主要的特色。

二、 在有關「學習社會」的特質方面，黃視察係引用黃振隆教授的觀點，說明學習社會的四種基本特質。個人以為黃視察可以再多參閱相關的著作，歸結主要的論點，並配合時代與社會的變遷，提出本身的綜合性看法。例如，一九九六年聯合國教科文組織(UNESCO)所出版的《學習：內在的財富》(*Learning: The Treasure Within*)一書中，所提及的「learning to know, learning to do, learning to live together, learning to be」等概念，頗值得參考。

三、 在學習社會的推動現況方面，部份內容較具體，例如已透過製播電視宣導及廣播節目等大眾媒體提供學習資訊、倡導終身學習理念，以及空中大學教學資源提供澎湖監

獄及嘉義監獄受刑人學習，推展監獄讀書會等等。但有些內容似乎還停留在「構想」階段，例如：為企業員工學習，「將」建立學習指標及各項能力的認證標準；「將」倡導公務人員組織各種學習團隊，根據成員參與學習的表現，給予資格檢定的證明及其他獎勵等等。個人認為文中若能針對各項推動階段加以區分或列表呈現，將有助於讀者瞭解與掌握目前學習社會推動的全貌。

四、 這一點事實上是延續上面有關鼓勵企業員工學習的問題，因為教育部在「邁向學習社會」報告書中，有關「建立回流教育制度」方面，提出有關工作場所提供員工「教育假」的看法，希望透過立法途徑，以完成法治化的過程；個人認為這是一個相當好的「構想」，只是不知道有關這一點，教育部目前有沒有較具體的腹案？或者黃視察本人有沒有什麼看法？

五、 所謂「國者人之積，人者心之器」，個人認為學習型社會必須建立在學習型社區、學習型家庭、以及學習型個人的基礎之上，尤其是學習型的家庭與學習型的個人，這一點在教育部「邁向學習社會」報告書，以及黃視察的文章中均曾提及。在此，我要特別呼籲，今後在推動學習社會時，必須使學習家庭的理念具體落實，尤其是要積極加強親職教育，唯有父母本身重視學習、喜愛學習，才能於潛移默化中，讓子女浸淫在學習的家庭氣氛中，如此由點到線到面，構成充滿活力的「學習網」，學習社會的建構才有實現的可能。

六、 學習社會與終身學習相輔相成，而終身學習的理念

則與所謂「活到老、學到老」的蘊義不謀而合。個人認為今後在推動終身學習時，對於已退休者或銀髮族，應該重視如何激發學習者的「意願」，提供「實用、有趣」的學習內容，採取「生動、活潑」的教學方式，使學習不再「苦哈哈」，而是「樂陶陶」，這樣才會有實際的效果。

七、 黃視察在這篇文章中，著重邁向學習社會的現況與展望，基本上是樂觀且充滿願景的；個人從政策或方案的擬訂、執行、與評估的觀點來看，認為今後在推動各項學習社會方案時，應該重視方案執行的「形成性」與「總結性」評估，以作為修正與強化方案的依據，使所推動的方案更加具體可行，以期進一步提高執行成效，達成預定目標。

八、 學習社會的最終目標應該在於養成國民學習的「習慣」，使學習不僅是個人生活中的一部份，更希望能成為社會「文化」的一部分，若能充分落實、有效貫徹，不僅有助於導正社會暴戾、貪婪、情色的風氣，相信更有助於我國在二十一世紀中整體競爭力的提昇。

邁向二十一世紀終身全民教育策略之建構－中英之比較分析

翁福元◎著
王秋絨◎評論

邁向二十一世紀終身全民教育策略之建構－中英之比較分析

翁福元◎著

摘要

　　本文旨在提出發展我國全民終身學習可行之策略。首先，本文分析了國際之教育發展趨勢－從傳統閉鎖式的教育，走向現代之開放式的教育，尤其自第二次世界大戰後，開始全民教育的強調，到了一九七０年自則開始終身學習（教育）的強調，以迄於今之全民終身學習的強調。接著介紹及討論英國在推行全民終身學習時，主要的觀念、目的和採行的策略，其主要討論依據是英國政府出版的：《我們未來的目標》，《學習型社會的連結》，《學習卡》，《邁向二十一世紀之高等教育》，《邁向二十一世紀的學習》，及《學習的世紀》等報告書或諮議書。第三，就我國政府所出版之《中華民國教育報告書》、行政院教育改革審議委員會之《第一期到第四期諮議報告師書》和《總諮議報告書》，《邁向學習社會》，《我國成人基本教育的現況與展望》，及《教育部社會教育司記者會簡報》，討論整理我國政府在推行全民終身學習時的觀念、目標，及採行的策略。第四，就中英兩國在推行全民終身學習時的主要考慮層面，成效評鑑標準的訂定，實施策略（或方案），及資源的整合上，作一簡單的比較。最後，再徵之專家學者的主張，提出一些建構我國全民終身學習可行策略的補充。

Abstract

The main purpose of this paper is to make the suggestions on the promotion of the establishment and implementation of the Lifelong Learning for All(LLA) in Taiwan. In order to achieve the purpose, the author, firstly, introduce and discusses the ideas, objectives and strategies of the implementation of lifelong learning in Britain according to the following publications of the Department for Education and Employment (DfEE) of the British government. They are: Targets for Our Future, Connecting the Learning Society, Learning Card, Higher Education for the 21st Century, Learning for the Twenty-first Century, and The Learning Age: a renaissance for a new Britain. Secondly, the writer introduces and discusses the same elements of the establishment and practice of lifelong learning for all in Taiwan according to the publications of the Ministry of Education (MoE) of the Taiwanese government. They are: The Report of the ROC's Education: the White Paper, the Report of the Consultant Committee of Education Reform of ROC, Volume I to Volume IV, Towards a Learning Society: the White Paper. Thirdly, to make a brief comparison of the implementation of lifelong learning between Taiwan and England from the dimensions of conditions considered, effectiveness evaluation, implementation strategies and resources integration. Thus, to provide the practicable strategies drawn from the reference on the literature and materials on improving the implementation of the idea and ideal of lifelong learning for all in Taiwan. Finally, the author makes his belief as: The best and only way to put the ideals of the lifelong learning for all into practice is the involvement of all.

前言

很快的，人類就要邁進二十一世紀，許多人對他充滿了期待和抱負，準備大顯身手一番，可是在二十世紀尾聲的今天，人類社會變遷的快速，常令人有無法企及的感覺。這也使得人類社會，不論在政治、經濟、文化、及科技方面都呈現出明顯而急遽的變遷，使一般人有被大社會變遷洪流淹沒的危機感；二十一世紀時，相信人類社會不論在科技和知識、政治與文化、以及經濟與制度方向都會有更快速和更激烈的變遷，這些變遷，雖然，使人類必須面臨更多的危機和接受更多的挑戰，也使人類有為此一大變動之社會淘汰之虞。但是，從另一個角度來看，二十一世紀之社會的變遷，科技的進步，知識的發展，以及意識型態和觀念的轉變，卻也使得人類世界有更寬廣的視野，有更進步的空間，以及更有機會表現自我和實現自我。

有學者(Beare & Slaughter, 1993, IX)指出，我們所要邁向的二十一世紀是一個詭譎多變和充滿無數選擇的未知的未來，也是一個奇特的、沒有指標，也沒有藍圖的世界。在面對一個充滿不確定和不可知的二十一世紀，我們人類究竟要為此一大變動所吞沒，抑或在其上創造人類社會的高峰，實有賴於教育。不論是個人、社會、國家，抑或全體人類社會，其不思有所發展則已，苟欲有所作為，則非賴教育不竟其功。然而，現在談教育和以往所談的教育實大有不同，今天要談的是全方位的教育，是在空間要完全觸及，在時間要完全連貫，以提高個人、社會和國家的競爭力，提高全民之知識水準和生活品質為旨要的教育，這也就是為什麼現今政府如此強調全民終身教育的原因。

本文旨在討論在邁向二十一世紀之時，我國終身全民教育的建構及其可行策略。本文首先討論目前教育發展之潮流；其次，介紹英國在建構終身全民教育時之相關策略；第三，探討我國在建構終身全民教育時可採行之相關策略；最後，在結論部分，除了對前面的內容再做扼要之整理外，也分析英國全民終身教育措施中之可供我國借鏡之處。

當前主要之教育發展潮流

　　雖然，自有人類，即有教育活動；然而，近代之正式教育制度的建立，源自於歐洲，大約在十八世紀晚期的普魯士(Prussia)和美國發生。往後，大多數國家教育制度之建立大多承襲此一模式，從十九世紀到二十世紀初期，大抵是如此。此一傳統之教育制度模式，強調要在各個區設立小學，使每一個兒童都能就學。小學畢業生如果要繼續升學，到中學就讀，則必須憑藉著他們自己的能力，通過各種篩選的考驗，才能進入中學就讀。至於，中學畢業生想進入高等教育就讀者，則必須通過更嚴格的選擇。教育的發展是受到人類社會變遷的影響的，過去，舊式教育的產生是如此；現代，新式教育的發生亦是如此。在傳統教育時期，要進入小學或更上一級的學校就讀都不是很容易的，往往會受到社會背景因素的影響，或是如上所述，需要經過一番激烈的競爭才能達到就學或升學的目標。但是隨著人類政治氣氛的改變，教育的平民化，人民基本權利的講求，情況有了改變，像1964年之聯合國人權宣言(the United Nations' Universal Declaration of Human Rights)主張：政府要為所有兒童提供初等教育，中等教育和高等教育，也要提供給那些能從其中獲得益處的兒童和青少年各種教育，而不論其父母親負擔其費用的能力

(Holmes, 1983, pp.7-8)。

舊式之傳統教育的發展，大約到1945年結束，隨之而起的是新的教育模式。新式教育除了和傳統教育有類似的目的外，以及仍然保有傳統教育之部分特色外，其和傳統教育不同之處主要在於：由於對於全面的發展及個人潛能的解釋的不同所致；傳統教育雖然也強調全民教育，但是它將重點置於初等教育，新教育則擴及於中等教育和高等教育。促成新教育發展的因素主要有：知識的爆炸應用導致對傳統教育內容及要素的懷疑。工業和商業的成長，也導致對傳統課程的重新思考。政治的獨立及民主化，使教育肩負新的社會功能。在深思過現代化力量之後，新式教育需是民主的，相對的，終身的，彈性的，全民的或全面的(undifferentiated)(Holmes, 1983, p.13)。具體而言，新式教育應該保障個人的全面的發展(all-round development)－智力的，道德的，生理的，以及審美的－而且有助於社會之經濟的及政治的發展(Holmes, 1983, p.13)。

不僅聯合國之教科文組織(UNESCO)和OECD非常強調在邁向二十一世紀時全民終身教育的重要，各國政府例如英國和美國，當然我國也不例外，爲了在競爭如此激烈的新世紀，不致於落後於其他競爭國，都很用心地思考對策，其中最重要的對策之一，就是教育，尤其是全民終身學習的倡導與實施。以下茲先介紹英國政府在爲邁向二十一世紀時，所規劃的全民終身教育的方案和其主要的措施。

英國之全民終身學習政策規劃

今年(1998) 1 月到 6 月，英國剛好擔任歐盟(European Union; EU)之輪值主席，其教育與就業部大臣D.Blunkett (1997a) 在為其所出刊之小冊*UK Presidency of the European Union* 中的序言提及：在目前所有歐盟的成員都面臨高失業率及全球高度競爭的挑戰，而在面對二十一世紀的時候，只有透過教育和技能訓練來展現人民的才能，才有可能趕上其全球競爭對手的表現。在*UK Presidency of the European Union* 之小冊中，有一部分是關於終身學習(Life-long learning)的，在這一部分，它提到：只有真正建立終身學習，才是個人能夠繼續在就業市場活躍的關鍵，為此，政府應該創造－「學習型社會」(a learning society)，在這個學習型的社會裡所有的人都能受到很好的教育，而且終其一生，都能不斷的學習。為此，教育機構應提供成人品質良好的資訊、建議、和諮商，而且要使學習能隨時進行。從這裡可以發現一個和以往不同的概念：過去是全民終身教育是附屬的、次要的，不必講求品質的教育，可是就前面的敘述來看，目前所要實施的全民終身教育將是獨立的、主要的、統合的，不僅講求高的品質，而且是個人、社會及國家生存和競爭的一個相當重要的工具。

英國之教育及就業部(Department for Education and Employment; DfEE)D. Blunkett (1997b)也曾在*Targets for Our Future* 一文中提到：

> 如果我們想要我們的國家，在經濟上有很強的競爭力，則我們需
> 要有很多世界級的公司，而且如果我們的國家要讓每個國民都覺

得有前途，政府就必須提高，而且是不斷地提高教育和訓練的標準。此外，我們也必須確實地在地方和國家，以及全體國民之間，發展將來我們需要的技能。

這是要鼓勵所有的國民藉由學校教育，學校後的教育和訓練，以及透過其工作生活，來發展每一人的智慧和能力，以及實現他們的潛能。為此，我們必須提供更好的教育和訓練給年輕人，但是，我們也必須支持那些就業中，或是在就業市場中處於不利地位的人，使他們能夠更容易就業。雇主也需要改進對其員工的訓練和發展，以及發展他們自己的管理技術。

在*Targets for Our Future* 中，英國政府提出了在西元二千年時，要達成的六個目標－三個基礎目標和三個終身(lifetime)目標(Blunkett, 1997)：

◎**基礎目標 1**
在19歲之前，要有85%的年輕獲得5個C級或C級以上的GCSE (General Certificate of Secondary Education)，1 個中級的GNVQ (General National Vocational Qualification)或 1 個第二級的NVQ (National Vocational Qualification)。

◎**基礎目標 2**
75%的年輕人要在19歲之前獲得溝通(communication)、算術(numeracy)科技 (Information Technology; IT)之等級 2 的能力；35%的年輕人要在21歲前獲得上述主要技能(skills)之等級 3 的能力。

◎**基礎目標 3**

在21歲之前，要有60%的年輕人獲得 2 個優級的GCE(一般教育證書,General Certificate of Education)，和一個高級的GNVQ或一個第 3 級的NVQ。

◎**終身目標 1**

60%的勞動力要通過第 3 級的NVQ，高級的GNVQ或 2 個優級的GCE的標準。

◎**終身目標 2**

30%的勞動力要擁有NVQ之等級 4 或以上的職業的，專業的，管理的或學術的資格。

◎**終身目標 3**

70%之雇用200人或以上的組織，以及35%之雇用50人或以上的組織，都將被認定為是人民之中的投資者(Investor)，而且要優先提供其受雇者終身學習的機會。

這六個目標是要用來達成以下三個目的：

1. 所有的雇主都要投注其雇傭人員的發展，以獲得商業上的成功。
2. 所有的人都有獲得教育和訓練的機會，並取得相關的資格，以滿足其需求和抱負。
3. 所有的教育和訓練都要發展自我信賴，彈性及活力，尤其是透過關鍵技能(key skills)的培養來達成。

除了上述六個目標外，Blunkett (1977)在*Target for Our Future* 中，也提到對16歲青少年的目標、16歲以上年輕人的目標、成人的目標、雇主的目標。其主要目標分別為：

◎對16歲青少年的目標

此一目標相信所有的兒童都應該有機會獲得成功，而且展現其才智和能力。此一目標對於將來的要求，為每一位接受完義務教育的兒童都能擁有一終身學習，工作和做為公民的安全的基準，此表示所有的學校都必須同時使聰明的學生能一展所長，以及對那些學習落後的學生的學習需求有所回應。為此，應達成下列目標：增加16歲的青少年獲得第 2 級資格(5 個A到C等第的GCSEs，或GNVQ或和NVQ相當者的數目)。減少16歲離校者而不具有任何資格，或只是具備最低資格，例如：在GSCE中數學和英文沒有達到G等第的數目。連結上述兩個目標，或在現有水準上提昇每一位學生普通中等教育證書(GCSE)的平均分數。增加在普通中等教育證書中數學、英文和科學獲得C等第或以上之學生的百分比。

◎對16歲以上青年之目的

由於目前很少有青年人獲有從事經濟發展所需的技能，有太多年輕人掉入失業或低級技術和貧窮的深淵；而將來各公司對技術的要求會不斷的提昇，因此，有必要全面提昇青年人之就業技能。

◎對成人的目標

由於社會不斷的變遷，因此個人如果要繼續保持在就業市場上活動，則必須在其一生中，不斷的發展其技能和知識。所以，對於成年人，不僅要改進其工作技能，也要使其增進學習之參與。

◎對雇主的目標

雇主也需要對相關技能發展適切的策略，以滿足其企業的需要，雇主也要不斷的提昇其對人之標準的技資，尤其對雇

用員工在10-49人之間的公司更要協助其進行上述之投資，因為這些小型企業在經濟活動中，其重要性日增。

從這裡發現英國政府對其未來之目標，不僅強調國家競爭力之提昇，也重視均等，公平，及和諧社會的建立，而其重要之手段則是全民終身教育。以下茲再扼要介紹，在邁向二十一世紀的當前，英國一些比較重要的全民終身教育的政策及方案。

《學習型社會之連結》(*Connecting the Learning Society*－英國國家學習網路諮議報告書)

在此一報告書的序言中，英國首相T. Blair (1997)提到：教育是英國政府第一優先的工作，教育可協助英國的企業界有能力從事競爭，而且為所有英國人提供機會。英國政府之所以強調要把英國的教育標準提昇到全球最好的層級，其意即在此。Blair (1997)也提到由於科技之重大改變，對世人的工作和教育都產生革命性的影響。因此，如果我們以昨日的技能來訓練今日的兒童，則他們在明日的世界將是沒有效能的。所以，在其他專業視為理所當然的工作，教師是不應該拒絕使用它的，可是教師好像比較會抗拒新的科技或新的任務。Blair曾於1995主張，工黨政府應該利用資訊高速公路(information superhighway) 把英國的每一所學校連結起來，此一諮議報告書正是此一構想的實現。

此一政策，將提供各所學校免費的接線費用，以及較便宜的電話費用。如此，不僅學校之間可以相互連結，也可以和所有的學習機構連線，像圖書館、學院、大學、博物館或畫廊。此一學習網路是一種發現和運用線上學習和教學材料的

方法。此一政策的目標是在西元2002年之前達到下列成效：所有的學校都免費的用資訊高速公路連結在一起，50萬的教師接受相關的訓練，所有的學童離校時，應具備資訊科技(IT)的能力，有能力去探索科技所能提供的最好的部分，這應該可以提供我們政府一些政策上的參考，尤其我們政府目前正在推動校園網路的建立。

該諮議報告書的主要內容包括：

◎全國學習網路的構想
最初，學習網路將集中在教師職能發展(teacher development)和學校方面，然後，很快的擴大到終身學習－包括在家學習(home based learning)，擴充及高等教育，就業訓練，以及其他各種終身學習。

◎全國學習網路所能提供的
透過資訊及傳播科技(Information and Communication Technology; ICT)的學習,ICT不僅能使學習者在工作上變得更有效率，而且也增強及豐富了課程內容，提高了教育標準，使學習變得更吸引人。因此，最好的教育的軟體，不是教科書或教室裡的教師。而ICT要達成下列五項任務：

1. 教師們將能和彼此，以及專家分享和討論實務上的問題。
2. 各種材料和建議－當學習者需要它們的時候－都可以從線上獲得，以幫助他們發展自已的語文和數字技能。
3. 偏遠地區孤立學校的學生將可和其他學校的學生連結在一起，以協助他們一起工作和獲得他們所需的刺激。
4. 語言學習者將可以用該語言直接和其他使用此一語言者

溝通。

5. 學習者不論在家或在圖書館，都可以接觸到範圍廣泛高品質的學習方案，材料和軟體。

◎和現況的連接

英國之全國學習網路將和由樂透(National Lottery)所提供的資金進行的教師及圖書館員的訓練計劃，以及為工業而設立的新大學的發展密切的結合。國家和地方博物館、畫廊、廣播人員及其他各種學習內容的提供者，將在其中扮演重要的角色。英國政府計劃利用圖書館所庋藏的龐大的資訊，以及大眾之容易利用，來做為全英國學習網路之統整的部分。首先，英國之全國學習網路將提供學習者探索豐之世界智慧，文化和科學遺產的機會。

◎使全國學習網路運作的方法

為了使全國學習網路能順利運作，英國政府提出了九個方法，茲簡述如下：

1. 提昇民眾對全國學習網路的了解，以及發展其設計。
2. 將全國學習網路和ICT中和其他教育及具競爭性的目標大眾化。
3. 刺激工業界為學校提發展ICT服務之具競爭性的管理的課程，訓練和行政方面的設備。
4. 提昇學校ICT費用的層級，訂1998年為英國之「網路年(UK Net Year)」。
5. 開放家庭和終身學習市場給ICT之服務，以增進消費者之 基礎，以及全國學習網路的內容。
6. 透過經濟的量度和競爭，降低ICT服務的成本。
7. 將全民之ICT樂透基金(Peoples' Lottery funding for ICT)

和教師及圖書館員訓練，以及教育白皮書(the Education White Papers)的政策連結起來。

8. 讓學校自已決定對ICT的購買和應用，政府只提供建議，以幫助學校之預算掌控人員能熟悉ICT，以及區隔IT之消費者。

9. 在教師職能發展上，發展及試用全國學習網路之原型模式，提供學校相關內容，以及連接現有之全國教師網路系統，以了解其益處，限制，以及發展全國之此一設備的可行性。

◎全國學習網路可提供內容的內容相當廣泛，主要包括教師和學生兩部份

在原型(Prototype)之全國學習網路的規則，其將透過網際網路提供所有教師免費的使用該資源，而其所提供的內包括教師和學生兩方面。在教師方面包括：

1. 分享工作技巧及方法。
2. 課目的設計。
3. 授課者的經驗。
4. 教學標竿及目標設定。
5. 相關軟體的同儕評定；
6. 校外訪問和訓練活動，以及其他有用的教學和行政資源。

在學生方面包括：

1. 使學生能在各地參加科學實驗，如太空科技；或透過影視會議(video conference)使不同地區或不同國家的學生一起工作。

2. 幫助學生從世界各地獲得資源及資料，來完成其歷史和地理作業。
3. 使家長能取得學校的一般資料，和傳遞訊息給學校。
4. 給那些忙碌的學校董事(school governors)能指導學校，而且利用電訊把他們和學校連結在一起。
5. 開啓人們的新視野。

◎全國學習網路的擴充
全國學習網路的第二階段，將創造一個公眾/個人的伙伴關係，使之能運用全國性之服務；

1. 綜合性的課程，訓練及行政服務。
2. 家庭和學校的連接的應用，將可發揮到最大。
3. 擴大其服務到擴充教育，高等教育和圖書館。
4. 支持終身學習。

該諮議報告書所擬定的實施時程爲：1997年10月到12月，進行各種諮詢；1998年初；開始實施全國學習網路模式；1998年秋天，全國實施全國學習網路模式。

此一計畫所要達成的目標，和對實施成果的評量方式分別爲：

1. 預期目標

☆1998年之前，開始實施全國學習網路計劃。
☆1999年，所有新進的合格教師 (Newly Qualified

Teachers)都必須具備ICT的能力，獲得合格教師資格
(Qualified Teacher Status)的標準也要調整。

☆2002年之前，在學校任教的教師都要有自信，在教學上
具競爭力，而且能夠把ICT應用到課程裡。

☆2002年之前，所有的學校，學院，大學和圖書館，以及
社區中心，都應盡可能的和全國學習網路連結，使75%
左右的教師和50%左右的學生能夠藉由全國學習網路使
用他們自己電子郵件(e-mail)的地址。

☆2002年之前，學校畢業生應該對ICT有深入的了解。

☆2002年之前，英國應該成為教育及終身學習網路軟體的
發展中心，以及學習服務輸出之世界領導者。

☆從2002年開始，英國教育部門和其他公共部門和學校之
一般行政上的連繫，以及對學校資料的蒐集應該減少紙
張印刷的類型。

2. 對實施成果的評量

☆學校應該在課程，教職員發展及行政方面，發展自己應
用ICT的計劃。

☆學校訪視時，學校應將此一計劃和設備，網路的應用及
教師訓練的預算，提供給訪視人員。

☆英國教育部門在蒐集統計資料時，應將焦點放在ICT新
的目標達成和全國學習網路實施的情形；

☆應用ICT發展新的評量和考試方式，尤其是運用在職業
資格檢定上。

☆鼓勵所有的公共部門，包括博物館，畫廊，圖書館，大
學和研究機構以及公眾服務之廣播人員，紀錄他們的計
畫和年度報告中，在全國學習網路中能獲得的資訊和內

容有多少。

學習卡(learning card)(DfEE, 1997)

學習卡旨在幫助11年級或16歲左右的學生對其將來的繼續學習做正確的選擇。因為11年級的學生可能尚未決定是否留在第六型(sixth form)學校，就讀擴充教育課程，或參加就業訓練，因而，發行學習卡，以保障他們接受擴充教育或訓練的權益。

接受擴充教育或訓練，除了可以得到好的職業和較好的待遇外，也可以做為考慮將來進入高等教育機構接受教育的基礎。此一學習卡方案也鼓勵學生儘早學習：也許參加擴充學習現在不你的生活和生涯中的優先的事，但是，那些所謂優先的事務和你的生活是會改變的，如果你能盡早養成學習的習慣，則將來你就能排除那些學習的困擾。

此外，此一學習卡方案，也和學校之生涯輔導顧問及教師，擴充教育學院或地區生涯輔導辦公室配合，以提供學生所需的服務。

學習卡的方案在1998年的1月開始實施。

《邁向二十一世紀之高等教育》(Higher Education for the 21st Century)

在過去十年，英國的高等教育有著急遽的改變和成長：全部時間的學生在一九八九年和一九九五年之間幾乎增加了70%。一九八九年實，六個年青人中才有一個接受高等教育，現在則三個年青人之中就有一個接受高等教育。在同一時

期，高等教育教學經費中之政府的部分約減少了25%這給大學和學院帶來了相當大的壓力。而高等教育中之學生人口也有以下的改變：超過一半以上的高等教育的學生人口是成熟學生。所有高等教育的學生中有三分之一是部分時間就讀的。

一九九六年五月成立的The Dearing Report Committee，在對英國高等教育進行調查時，其中英國政府特別強調要該委員會注意的原則之一，就是要盡量擴大年輕學生和成熟學生參與高等教育的機會；另外，也要擴大成人在高等教育中，終身學習的參與。工黨(The Labour)在其刊行之《終身學習》(Lifelong Learning)的文件中，曾提及推行終身學習的四個原則題：

1. 品質：保護及增進教學和研究的標準。
2. 機會：改進學習機會的獲得。
3. 公平：確保沒有任何人因其經濟條件，背景或學習的選擇而被拒絕在擴充及高等教育之外。
4. 績效：確保學院和大學是有績效的，以及能回應其學生和社區的需要。

而Dearing委員會在調查完英國之高等教育後，其所提出的建議完全從學習型社會的情境中著眼。該委員會也建議政府應投注於終身學習機會之擴大的需求。Dearing報告書指出：雖然在西元2000年前，希望年輕人口中，每三位中就有一位進入高等教育的目標，大致已經達到了，可是英國大學生的比例仍然落後美國，澳洲和加拿大；而日本和南韓時有趕上英國的情形。該委員會也提出，在邁進二十一世紀時，高等教育的主要議題和建議：國家、個人、家庭、大學生和

機構都要對高等教育有所貢獻，而且從其中獲益。在擴充教育學院中，增加及擴充高等教育之二年制之次級學院課程的參與。強調大學及學院在地方中的角色。大學及學院應自我管理以獲得最大的效能和效率。提昇研究水準及聲望。

《邁向二十一世紀的學習》(Learning for the Twenty-first Century)

　　《邁向二十一世紀的學習》是英國之National Advisory Group於1997年爲繼續教育及終身學習所發表的第一份報告書，其內容主要包括：將來5年的學習。終身學習的必要性。終身學習的遠景，全民終身學習的推行。對變遷的管理及達成。其中提到推行終身學習的主要策略如下：

1. 政府首先要規劃促進終身學習的策略架構。
2. 此一策略架構需改變個人、團體、及負責經費或提供學習之組織的負責人的終身學習的態度。
3. 策略的核心應是擴大及加深學習的參與及成就。
4. 強調家庭，社區及工作場所都是重要的學習場所。
5. 減少不必要的科層架構，簡化進路，資格及學習路徑。
6. 建立有效的伙伴及加強合作，以促進全民終身學習機會的提供。
7. 要全民終身學習的策略成功，則必須提供最新的，易獲取的，獨特的資訊。
8. 提供豐富的資訊。
9. 新的通訊科技及資訊應有效的用來支持終身學習。
10. 所有的學習的提供者，支持者，支援者都要能確定他們是在擴大參與終身學習的機會，而沒有造成障礙。

《學習的世紀-新不列顛的文藝復興》(The Learning Age: a Renaissance for a New Britain)

英國政府相信，不論對個人或國家來講，學習都是其獲得財富的關鍵。對於人力資本的投資，將是二十一世紀以知識爲基礎的全球經濟的成功的鎖鑰。因此，英國政府將「學習」列爲其首要及核心之任務。

在這一份諮議書（綠皮書Green Paper)，英國預計：

1. 在2002年之前增加500,000個擴充及高等教育機會。
2. 在1999年晚期開始大學爲工業服務(University for Industry)之方案，使公司和個人都能很方便的從事學習。
3. 建設個人學習帳戶，鼓勵人們從事學習之儲蓄。
4. 投資年輕人，使其在16歲以後，還能繼續學習。
5. 在2002年之前要加倍對500,000個成人的識字和數字方面的協助。
6. 擴大擴充、成人及社區教育的參與和學習機會的獲得；
7. 提昇16歲以上教育之教學及學習的標準。
8. 明確國家所要達到的技能和資格。
9. 和企業、員工及工會合作，以支持及發展工作所需的技能。
10. 發展一套容易瞭解的資格系統，給於學術和職業方面的學習同樣的價值，滿足雇主和個人的需求，以及提昇最高的標準。

該諮議報告書提到英國政府講採用下列原則來作爲達成終身全民學習的遠景：投資學習，使人人皆蒙其利。排除學習

障礙。以人民爲首要。和雇主、受雇者及社區分攤責任。對於資源的運用，要達到世界級的標準和價值。共同努力是成功之關鍵。達到上述原則的作法有：發展新形式的傳遞學習的方式及資訊和建議，以排除學習障礙。支持學習者。使工作場所也能學習。結合擴充、高等及成人教育，以及其他伙伴，共同爲達成目的努力。訂定高標準。透過較佳的資格系統來支持學習。

我國全民終身教育政策之規劃

　　我國政府對於全民終身教育政策，開始做比較有系統之規劃。郭爲藩(84, I-II)在《中華民國教育報告書》的序提到：

> 二十一世紀學習社會的遠景不是用想像或夢想來構逐的，它是一幅幅清晰可辨的圖像，畢竟我們離開二十一世紀社會已經那樣地接近，輪廓已經浮現在眼前，我們沒有理有不趕快調整教育發展的策略....但是歷史告訴我們，教育體制的發展有其延續性，教育改革不能靠全盤重建，「教育革命」是走不通的；逐步調整與推陳出新才是可靠而切實的改革策略，也因此我們必須未雨綢繆，及早籌謀。「周雖舊邦，其命維新」，維新的方略就是政策規劃的責任。

　　因此，本節有關我國全民終身教育政策規劃的介紹和討論，將主要以《中華民國教育報告書》（簡稱《報告書》），《行政院教育改革審議委員會第一～總諮議報告書》（簡稱《教改諮議報告書》），《邁向學習社會》等政府出版品爲主要依據，另外，再參考教育部(民85)編《我國成人基本教育的現況與展望》（簡稱《現況與展望》）。

中華民國教育報告書（簡稱《報告書》）

　　在《報告書》中，終身學習社會被置於社會育章之中，在該章中有關建立終身學習社會之策略有三：確立提供生涯學習管道之機構與名稱。提供文憑或證書，增進大眾學習動機及成效。建立分級分類之推動社教專業人員制度與名稱，使從事各項社會教育成人教育工作（教育部，民84，頁98-99）。另外，在社會教育一章中，和建立全民終身教育有關之主要議題與發展策略分別為（教育部，民84，頁101-112）主要議題：

◎有效運用學校教學資源，發揮推廣教育功能；其發展策略為

1. 逐步於各級學校設置社會教育專責單位，配置專職人員，並規劃培訓專業社會教育輔導員，常駐各級學校辦理社會社會教育。
2. 訂定「各級學校辦理社會教育中長程發展計劃」，明確規劃校辦理社會教育之工作目標、任務、實施策略、經費來源、績效評估。

◎試辦設立社區學院，實現「學校社區化、社區學校化」理想，其發展策略為

1. 規劃試辦公私立大學院校設立社區學院事宜。
2. 預定於北、中、南選擇三所院校試辦設立「社區學院」制度，以兼辦各項推廣教育。
3. 規劃各級各類學校應開設非傳統學習課程，提供社區民眾前往就讀，大學院校應開辦各類非傳統的學位、學分的課程，以便民眾就讀，使邁入二十一世紀前，我國受教成人達到成年人口的百分之三十。

◎建立補習教育彈性學制，提供多元學習機會，其發展策略為

1. 修訂「補習教育法」等法令，以發揮補習教育之積極功能。
2. 評估需設補校之地區及數量後，再分年增校，以求普及。
3. 課程教材宜生活化、實用化，教學管道及方法應多樣化、彈性化，並充實適合成人學生使用之教學設備，以提昇教學品質。
4. 全盤規劃進修與補習教育彈性學制。

◎革新成人教育課程，因應成人學習需求，其發展策略為

1. 補校課程標準、教材朝彈性化、本土化、實用化、多樣化之方向相互銜接，因應成人學習需求。
2. 研議設置「成人學習卡」制度。
3. 特別注重偏遠地區民眾、老人、婦女、特殊境遇人口、少數民族社區不利之補救教育。
4. 訂定婦女教育實施計劃，編印婦女教育叢書，舉辦社區婦女書會，領導人研習，以及婦女進修活動。

◎培訓成人及繼續教育專人才，提昇社會教育學業活準，其發展策略為

1. 規劃由省市教師研習會（中心）辦理補習教研習，與成人教育教師教學研討會。
2. 規劃籌設成人教育學院、成人教育系所及開設各類長短期進修研習課程。
3. 規劃運用退休教師人力專長推展成人教育。

◎建立空中教育完整體系，實現「**處處是教室、人人有書讀**」理想，其發展策略為

1. 結合空中大學、自然科學博物館等單位共同推動遠距教學，建立一個學校教育、職業教育與社會教育並重且多元化的教育系統。
2. 建立「國家資訊通信基本建設」將圖書館中資料，以最便捷、快速方式傳送至每個地區，希望能成為提昇我國社會教育的重要工具。

◎**獎勵民間人士捐資，興辦私立社教機構，其發展策略為**

1. 頒佈實施「私立社會教育機構設立及獎勵辦法」。
2. 以相對基金獎助民間捐地、捐資、或合建社教機構，以帶動民間參與推動社會教育，落實教育參與民主化與教育方式多元化的需求。

◎**推動建立社會教育網路及輔導體系計劃，落實基層社會教育活動，其發展策略為**

1. 建立社會教育輔導體系。
2. 促進及均衡社會教育發展。
3. 設置社會教育工作群。
4. 建立社會教育資訊系統。

◎**調適公立社教機構組結構，發揮全民教育服務功能，其發展策略為**

1. 積極規劃調整各級各類社教機構之組織員額編制及專業人才之培訓。
2. 充實改善基層社會教育機構之設施。

另外，其他建立終身教育體制，將依次推動實施的重要措施有（教育部，民84，頁113-14）：

1. 增修訂終身教育相關法規。
2. 培訓終身學習規劃、執行及輔導人才，並建立相關人才檔案。
3. 建立終身學習網路及輔導體系。
4. 試辦「社區學院」及中小學設置專職社會教育單位。
5. 研訂民間團體推展終身學習獎助辦法。
6. 推動「成人學習卡」相關措施。
7. 策辦「生涯學習」名著選談計劃。
8. 運用新式多元媒體推展終身教育。
9. 普及終身學習機構之設置。
10. 規劃並辦理社會不利處境者終身學習措施。

　　由以上的介紹，發現《報告書》中提到有關全民終身教育的策略，比較偏重在成人教育及補習教育方面，比較缺乏全面性的關照。

《行政院教育改革審議委員會諮議報告書》（簡稱《教改諮議報告書》）

　　有關終身教育或學習社會的議題，在《行政院教育改革審議委員會第一期諮議報告書》中著墨不多，大體上，在這一期諮議報告書中，提到終身教育－學習社會，主要是終身教育的基本理念、終身學習習慣養成的重要性等議題（行政院教育改革審議委員會，民84a，頁23，63），對於有關策略的擬訂則未觸及。

第二期之《教改諮議報告書》則列有專章討論終身教育之推動，學習社會之建立，及其與學校教育改革的關係。在這一章提到關於建構全民終身教育的策略主要有（行政院教育改革審議委員會，民84b，頁18-20）

◎建立學習網路，以提供給每一學習者

1. 學習網路應包括學校、圖書館、博物館、天文台、運動場、文化中心、社區電台等。
2. 應將學校、社會各種教學資源加以整理，以進入網際網路或規劃中的國家資訊網路(NII)，使全民得以共享所有資源，學習得以超越時空，使平面知識的學習主體化。

◎加強學校與社區的結合

1. 各級學校，尤其是中小學，應與當地社區就教育場所設施、人力資源、教育內容、活動型態和學習計畫，與社交流整合。

◎發展回流教育、開闢教育第二進路

1. 學校宜放寬入學條件，改變入學方式，研究以工作抵免入學條件的做法。
2. 學校應採取推荐、申請等多元入學管道，確實提供學習者返校進修機會。

◎以生活為中心的課程設計與教學

1. 課程和學習形式宜符應不同年齡階層和對象的需求。

2. 運用各種輔導工具和方法，以協助個人和團體順利學
   習。

　　行政院教育改革審議委員會在《教育改革總諮議報告書》
中，提到欲建立學習社會，須從以下五方面努力(行政院教育
改革審議委員會，民85，頁65-69)：終身學習理念的推廣。終
身教育體系的統整。學校教育改革的配合。回流教育制度的
建立。行政措施的配合。

《邁向學習社會》
　　教育部於民國八十七年三月出版的《邁向學習社會》白皮
書，是我國政府在邁向二十一世紀，推動全民終身教育時，
第一本有整體規劃的政策宣示。教育部長林清江(民87)在該白
皮書的序中提到：資訊時代的來臨，國際化趨勢的形式，科
技知識的持續暴增，和經濟富裕過程中人文關懷亟待加強等
挑戰，「使進步國家覺察到，國民的知識技能水準及自我修
養能力，將成為個人潛能發展及自我實現的條件，也是社會
繼續發展的關鍵因素，更是衡量國家競爭力的重要指標。」
他更進一步指出「未來進步的社會必定是學習的社會，學習
將成為國民生活內涵的重心。為協助國民成長，促進社會發
展，提升國家競爭力，特將民國八十七年定為終身學習年，
並發展「邁向學習社會」白皮書，期能依各項行動方案持續
推展。」

　　此一白皮書內容分為三大部分：「第一部分說明我國在邁
向開發國家過程中所面臨的挑戰及必要的回應；第二部分闡
明開發國家的教育願景及建立學習社會的目標；第三部分則
提出建立學習社會的具體途徑。」(教育部，民87，頁11)。以

下茲分別簡要介紹其內容：

◎我國邁向開發國家面臨的挑戰

我國在邁向二十一世紀開發國家的時刻，面臨的挑戰主要有：如何提昇國家競爭力，以在競爭激烈的國際社會上，扮演更為重要的角色。如何在繼續追求經濟生活的富裕時，也重視全人發展的人文關懷，以解決因社會型態的明顯改變，而層出不窮的社會問題。資訊社會來臨之國際化趨勢，帶來的語言及溝通的問題，拓展國際視野的問題。社會開放以後，個人面臨來自國內競爭者和國外競爭者的壓力下，如何發展自我價值、追求自我實現的問題。對於社會的各種挑戰，如何回應（教育部，民87，頁1-8）。

◎我國成為開發國家的教育願景

我國在成為開發國家的教育願景，在於將教育制度形成各階段教育各有重點，相互連貫銜接而統整的有機體系，亦即為了滿足學習社會的要求，原來的教育體系將改變，而以一種新的面貌出現。為了建立終身學習的社會，該白皮書提出八項目標，以作為努力的方向：鼓勵追求新知。促成學校轉型。鼓勵民間參與。整合學校內外的教育體制。培養國際觀及地球村知能。激發學習型組織的潛能。保障全民學習權。認可全民學習成就（教育部，民87，頁12-16）。

◎我國建立終身學習社會的具體途徑

在白皮書中提到，我國建立終身學習社會的具體途徑有十四：

1. 建立回流教育制度，其進行可透過下列途徑：

☆各級學校應擴充教育機會給非傳統學生。
☆各級學校應改變招生策略及調整學生結構。
☆建立學分累積與轉移制度。
☆工作場所應提供員工進修的教育假。

2. 開闢彈性多元入學管道，其可採取途徑有：

☆擴大推薦甄選入學管道。

☆規劃預修甄試入學管道。
☆開放進修及推廣教育學分入學管道。
☆增闢職業證照學力鑑定入學管道。

3. 推動學校教育改革,可朝下列方向努力，以爲終身學習
   社會奠定良好的基礎：

☆學校教育對象的擴充。
☆學校教育目的的開展。
☆學校教育角色的改變。
☆學校課程結構的改變。
☆學校教學方法的改進。
☆教學場所的多樣化。
☆學習成就的多元肯定。

4. 發展多元型態的高等教育機構，其爲建立終身學習社會
   的一條重要途徑，我國未來高等教育機構可朝下列五
   種型態發展：

☆發展研究型大學。

☆推動教學型大學。
☆推展科技型大學。
☆建立社區型大學。
☆設置遠距型大學。

5. 推動補習學校轉型，其亦為建立終身學習社會的一條重要途徑，可行方向有：

☆補習學校的功能應該加強，國民小學及國民中學補校應該受到重視。
☆高中職及專科進修補習學校宜更名為進修學校。
☆成人基本教育通往高中職以上學校的管道應該銜接暢通。

6. 鼓勵民間企業提供學習機會，為了鼓勵民間企業參加學習機會的提供，其可以進行的工作有下面幾項：

☆宜導學習活動對企業發展的重要意義。
☆妥善規劃各種學習的體系與方式。
☆訂立完善的鼓勵方法。
☆促進企業的員工和諧的關係。

7.發展各類型的學習組織，為激發各類型學習型組織的潛能，以下幾項工作需要進行：

☆推展公務人力的學習型組織，增進政府服務效能。
☆推動工商企業的學習型組織，提昇整體的競爭力。
☆推展學習型家庭、落實終身學習環境。

☆推展學習型社區，提高民眾生活品質。

☆推動矯正機構內學習型組織，強化社區融合功能。

8. 開拓弱勢族群終身學習機會，以增進學習機會均等，促
　　進社會和諧融合，其途徑有：

☆確定弱勢族群的優先對象，以瞭解其需求。

☆根據學習需求，改進現有學習環境設施。

☆因應特殊需要，發展創新的學習設施。

☆發展基本學習能力，奠定教育與訓練的基礎。

☆加強實用能力的培養，發揮自助助人的功能。

9. 整合終身學習資訊網路，普及學習管道，廣增全民終身
　　學習機會，其具體作法有：

☆由各地的主管教育行政機關整合區域內的學習機構，使
　　其成為該區終身學習網路中心。

☆透過上述管道，傳送及收集終身學習資訊，運用書面、
　　網路與語音查詢的服務，方便民眾可以取得最新的資
　　訊。

☆定期辦理開學宣導週或學習成果展覽。

☆形成大眾學習的資源與資訊流通中心。

10. 加強民眾外語能力，為加強民眾外語學習，其途徑
　　　有：

☆倡導所有國民至少熟練一種以上的外語。

☆加強整體社會的外語學習環境。

☆加強國內外語言及文化資訊的交流與應用機會。

☆透過旅遊學習增進國際接觸的相互學習機會。

11. 成立各級終身教育委員會，其進行途徑為：

☆在中央政府，由教育部成立「終身教育審議委員會」。
☆在地方政府，則由省市級縣市政府成立，終身教育推動
　委員會。

12. 完成終身學習法則，其主要工作有：

☆研究訂定終身教育法的可行性俾規劃規範終身學習的事
　宜。
☆為配合終身學習的需要，需檢討現有有關法規。
☆為因應新型態機援的需要及新體制的發展，可授權教育
　行政體系進行研議規劃前的實驗工作，以實際成效作
　為決策參考。
☆循序發展，依輕重緩急規劃實現的步驟。

13. 建立認可全民學習成就制度，其進行途徑為：

☆展開宣導，以喚起社會大眾的瞭解，逐步建立共識。
☆籌組研究小組進行認可全民學習成就的研議與規劃。
☆由專業的機構，如成立各地的認證中心，專責處理。
☆協調有關單位對學習成就予以認可、肯定、支持與採
　認，並隨時檢討、修正，並改進有關的作業細節。

14. 加強培育教師終身學習的素養，其可行途徑為：

☆在師資培育過程中，開設有關終身教育科目，加強終身

學習理念的培養與終身學習方法的探究。

☆在教師在職進修過程中，加強終身學習素養的培養。

最後，該白皮書提出了14個方案，每個方案皆分列出目標、方法、和行動步驟，其分別為：全面整合學習資訊方案。研究試為實行終身學習卡（護照）方案。放寬入學管道與調整課程教學方案。推動企業內學習組織方案。結合圖書館推動讀書會活動方案。建立回流教育制度方案。普設終身學習場所方案。推廣全民外語學習方案。建立公務人力學習型組織方案。推廣矯正機構內學習型組織方案。推展學習型家庭方案。推展學習型社區方案。統整相關法規，研討終身教育法案。研究建立成就智能的認證制度方案(教育部，民87，頁39－63)。

在有關成人基本教育方面，教育部將來之主要做法為：普設國民小學補習學校，鼓勵失學國民就學。開設成人基本育研習班，以彌補國民小學補習學校之不足（教育部，民85，頁23-30）。

中英全民終身教育實施策略之比較

在邁向二十一世紀的前夕，許多國家，如英、美、澳、日、韓，為提昇國家競爭力，促進人民生活水準，都相繼發表及採行各項推行全民終身學習（或教育）的措施和方案。以上前面兩個部分扼要的介紹了台灣和英國兩國政府在推行全民終身學習時，採取的策略及推行的方案，以下茲對兩國之作法，進行一簡要之比較分析。

相同之處

◎提昇國家競爭力

歸納前面有關中英兩國全民終身學習的報告書,發現其中一個最主要的目標,是在邁向激烈競爭的二十一世紀時,能夠提昇國家的競爭力,以避免為其競爭國所淘汰,進而能為國際社會領導國家之一,以建立國家永序發展之基。

◎提昇人民素質

在中英兩國政府所發表的白皮書或諮議報告書裡,都有相當篇幅提到要提昇人民素質,其所建議採取的途徑主要有:增進人民之讀寫算的基本能力,加強人民應用資訊科技或設備的能力,培養人民各種國際競爭所需的社會、商業和工業技術的能力。

◎進一步促進教育機會均等

教育機會均等理想的促進,是各國政府努力的目標之一,也是各國教育政策的核心之一,中英兩國政府皆思,藉由全民終身學習的實施,減少因社會背景所造成的學習的障礙,來進一步促進教育機會均等的理想。

◎促進國際合作

二十一世紀雖然是一個競爭激烈的世紀,可是也是一個需要彼此合作的世紀,中英兩國政府皆認為,藉著全民終身學習社會的建立,可以提昇人民的素質,擴大人民的視野,尊重不同族群的生存權,欣賞其他族群的生活型態和文化模式,瞭解其他社會、國家、及種族的政治、教育、宗教、和文化等等,進而促進國際合作,建立一個和諧的國際社會。

相異之處

◎**主要目的方面**

就前面的介紹，發現台灣和英國之所以強調全民終身學習的推動，其目的皆在於提昇其國家競爭力，促進其國民生活水準；但是其中不同的地方在於英國除了考慮其在二十一世紀和美、日、德、法等國的國際競爭外，還要顧及其和歐盟國家的合作關係或和歐盟會員國維持和諧的關係，尤其今年，它又爲歐盟輪值主席，因此其在全民終身學習的推廣上，除了強調正式與非正式教育水準的提高，國民必備能力的培養和競爭力的提昇，和國家在國際領導地位的維持外，有一大部分仍要強調如何和歐盟之其他會員國合作，因此，其也強調歐盟各會員國要彼此分享終身學習的現念，故而，今(1998)年5月，歐盟將於英國曼徹斯特(Manchester)市舉行終身學習會議。

我國在推行全民終身學習時，雖然也強調國際化、國家競爭力的提昇、和國民生活品質的提高，可是，我國主要以發展成爲亞太營運中心爲主要目標，但比較沒考慮到與鄰近國家，如日本、韓國、中國大陸、或新加坡等，在實施全民終身教育時的合作或觀念的分享。

◎**成效評鑑標準方面**

英國在推行全民終身學習時，對於其國民在邁向二十一世紀時詳細的規定了應具備的技術能力有詳細的規定；在進行全民終身學習時有關青年的目標、成人的目標、雇主的目標、及國家的目標，也都有詳細的規定。另外，在擴充教育(further education)的績效責任的請求上，以及如何促進其績效，也都有具體的說明及要求。

我國在這方面則沒有明確的評鑑規準或要求，至於在邁向
二十一世紀之時，在實施全民終身學習之時，在追求國家競
爭力的提昇，人民生活水準提高的當前，究竟國人應具備那
些必須的基本技能，也沒有明確的指出，如此，在評鑑全民
終身學習教育的成效時，恐怕會不太容易，也許政府又要花
一段較長的時間組織一個「全民終身學習實施成效評鑑小組」
之類的組織，事實上，這是不太理想的。

◎實施策略（或方案）方面

英國在推行全民終身學習的策略或方案，是在既有上架構
上賦予新的任務要求，如此，當可掌握時效；而我國在有關
實施策略或方案，則又要研訂或修訂新的法規，或組織終身
教育審議委員會（中央）及終身教育推動委員會（地方），此
在時效掌握上是比較不利的，而且有緩不濟急之虞。當然，
這或許要考慮英國在終身教育的推行方面可以說已經相當成
熟，而我國則上起步不久，所以在做法上有所差異。

◎在資源整合方面

英國全民教育的推行，在資源整合方面，可以說是鉅細靡
遺，尤其是其全國網路的建立，更是將全英國之學習資源整
合在一起；我國在學習資源的整合上，則有進一步加強的必
要，因為我國比較偏重學校內外教育體制的整合，學習型社
區的建立，及利用圖書館推動讀書會；事實上，許多公私社
教機構都可加以整合，成為推動全民教育的資源。

促進全民終身學習之可行策略—代結語

我國政府在推動全民終身學習之策略及方案的規劃上，可

說是已經相當的費心了，可是徵諸有關的文獻資料（如楊國賜，民85，頁21-24；民86，頁26-34；民87，頁2-4），發現應該還有可以加強的地方。對於如何建立良好之終身學習制度或有效的終身學習（如楊國賜，民87，頁58-61；郭為藩，民85，頁4-5；何進財，民85，頁17-20；編輯部，民87，頁17-18；柯正峰，民87，頁22-23；楊國德，民87，頁52-54；黃月麗，民87，頁28-35；黃富順，民87，頁513），有相當多的學者專家提及。

　　今日我們要建構可能的全民終身學習的社會，其策略可以分兩方面來討論：首先，是良好全民終身學習制度的建立；其次，是發展可行的全民終身學習的策略。到底要如何才能建立良好的終身全民學習的制度，楊國賜（民85，頁24）曾提出七個途徑：將實施終身教育視為政府的責任。組織強而有力的終身教育機構積極規劃與推動。定頒重要法令，切實推展終身教育。大學院校積極參與推動終身教育工作。利用大眾傳播媒介實現全民教育及終身教育的理想。終身教育的機構與型態日益多樣化。以全體成人為主要對象，提昇社區文化水準。個人認為，欲建立良好的全民終身學習的制度，除了上述七個途徑外，還有以下可以考慮的做法：推行全民終身學習的觀念，使其普遍化。確認各個機構或單位的全民終身學習的功能。進行各種相關的研究。長遠的角度來看，則須訂定《全民終身學習法》。

　　另外，在建立全民終身學習的可行策略方面，除了前面提到的那些專家學者的主張外，個人認為還有下列策略可促進全民終身學習的建立：整合現有各公私立機構資源，建立全國的全民終身學習網路。發展全民終身學習之課程架構；(3)

印製各種宣傳小冊或單張。正規學習制度彈性化。各級學校可彈性聘用教師。以學校或鄰里社區活動中心為基礎發展為全民終身學習之基礎組織，做為該地區之全民終身學習的資源中心和活動中心。使每個人都成為推動全民終身學習的細胞。獎勵民眾或公私立機構從事全民終身學習的活動或投資。提供多元且簡便的學習管道。學校、文教或社區機構和企業發展新的合作伙伴關係。實施各項全民終身學習活動及方案實施的評鑑或績效責任的考評。運用工會、商會、公會，以及各種協會或學會，以促進全民終身學習。工作技能或就業之能的改進和提昇。發展個人的心靈和想像能力，激發其不斷的學習動機。

　　二十一世紀是個全面變遷、全面挑戰的世紀，不論經濟或工業的發展都以紮實的知識為基礎，個人、社會或國家在面對如此嚴酷的挑戰和變遷，要能生存或保有其領導地位，在國際競爭中不至於遭到淘汰，唯一的要領是不斷的突破挑戰，不斷的運用想像力，不斷的創新，不斷的提昇國家的競爭力、個人的知識水準和生活水準，而這一切都必須不斷的學習方能竟其功，學習不只提倡個人刺激和發現的機會，也營養了個人的靈魂，它帶領我們進入從來不曾期待過的方向和改變我們的生活；學習不僅提昇了企業的價值，也提供了國家競爭力所需的智慧資本，提供新觀念、研究及革新，也提供了科技變遷的工具；對社區，學習提供了凝聚力和培養了歸屬感、責任感和認同感。這樣的學習是一種全新的，不是傳統的模式，它必須是不分年齡層的，不分社區背景的，不分性別的，不分種族階級的，這樣的學習是要求最高標準的，它就是目前國際社會中大多數國家或地區所積極倡導的全民終身學習（或終身全民學習）。要促進全民終身學習的目

標，除了要考慮自己國家社會本身之背景、資源及其他各項條件限制之外，唯一最可行的也是最根本的策略或途徑，就是全民積極的參與，永續的學習。

參考書目

朴福山（民85）。「韓國終身教育的現狀及其發展方向」、《成人教育》，38，36-44。

何進財（民85）。「為終身學習社會而規劃」，《社會教育年刊》，頁17-20。

吳明烈（民87）。「推動回流教育邁向社會學習」，《成人教育》，41，頁19-25。

林清江（民86）。「評一九九六歐洲終身學習年白皮書」，《成人教育》，37，頁2-7。

林勝義（民85）。「社會教育機構的經營與管理」，《社會教育年刊》，頁20-21。

柯正峰（民87）。「我國回流教育的現況與展望」，《臺灣教育》，41，頁54-59。

胡夢鯨（民86）。「從國家責任觀點論政府在終身教育體系中的角色」，《成人教育》，39，頁26-33。

教育部（民85）。《我國成人基本教育的現況與展望》，台

北，教育部。

教育部（民87）。《邁向學習社會》，台北，教育部。

郭為藩（民85）。「實現終身學習社會的教育改革」，《社會教育年刊》，頁1-5。

陳乃林（民87）。「終身學習論析」，《成人教育》，41，頁36-39。

黃月純（民87）。「一九九七國際成人教育會議－漢堡宣言概要」，《成人教育》，42，頁38-41。

黃月麗（民87）。「我國終身學習年的實施與展望」，《成人教育》，42，頁28-37。

黃富順（民87）。「終身教育的推展策略－回流教育理念的發展與實施」，《臺灣教育》，565，頁5-13。

楊國德（民86）。「終身學習的課程規劃」，《臺灣教育》，563，頁37-45。

楊國德（民87a）。「終身學習促進潛能發展」，《臺灣教育》，565，頁37-45。

楊國德（民87b）。「與全球同步開創終身學習的新行動」，《成人教育》，42，頁52-54。

楊國賜（民85）。「開放學習與遠距教學－成人教育的新

頁」,《北縣成教輔導季刊》, 5, 頁17-19。

楊國賜(民86)。「我國終身教育法制與實施途徑」,《教育資料與研究》, 15, 頁, 26-34。

楊國賜(民87)。「我國推動終身教育,建立學習社會的政策與實施途徑」,《人力發展月刊》, 48, 頁58-61。

蔡培村(民87)。「終身學習與教師生涯發展」,《臺灣教育》, 565, 頁14--25。

魏惠娟(民87)。「美國明尼蘇達大學婦女回流教育方案的啓示」,《成人教育》, 41, 頁13-18。

Accountability in Further Education.
    http://www.open.gov.uk/deff/account/index.htm.

Connecting the Learning Society.
    http://www.open.gov.uk/deff/grid/index.htm.

Further choice and quality:theCharter forfurther education
    http://www.open.gov.uk/charter/further.htm.

Higher Education for the 21st Century
    http://www.open.gov.uk/deff/ntargets/index.htm.

Learning Card
    http: //www.open.gov.uk/deff/lcard/index.htm.

Targets for our future

http: //www.open.gov.uk/deff/fund/index.htm.

The Further Education Collaboration Fund
http: //www.open.gov.uk/deff/fund/index.htm.

UK Lifelong Learning
http: //www.open.gov.uk/deff/lifelong/lifelong.htm.

UK Presidency of the European Union
http: //www.open.gov.uk/deff/eupres/index.htm.

「邁向二十一世紀終身全民教育策略之建構
－中英之比較分析」評論

王秋絨◎評論

此篇文章旨在從比較中英兩國邁向二十一世紀終身全民教育策略之建構，以供我國發展全民終身教育可行策略建構之參照，全文具有以下幾點可取之處：

1. 分析架構理路清楚：全文在策略比較之前，先從分析教育發展潮流著手，再次比較兩國全民教育制度之規劃，可提供策略比較的背景。

2. 具有前瞻性、實用性的比較價值：就比較的時間而言，此文訂在未來的二十一世紀全民教育策略的建構，對我國正在努力的全民終身教育策略之建構，可提供更有前瞻性的參考視野。

3. 提供具有反省性的比較資料：我國終身全民教育策略深受英國影響，選取英國為比較國，可再次反省我國借用的教育策略的合適性。兩國共有的全民教育策略如學習卡的設立，學習網的建立等，可透過比較，再深思其可行性。

4. 對於兩國全民教育制度規劃的比較資料描述詳細，可提供「再」建構我國全民教育更好的策略之參考。

以下提供幾點該文值得再深究部份：

1. 文章架構宜更凸顯主題：該文旨在建構我國全民終身教育策略，但有關策略之比較僅有三頁，為全部篇幅的三分之一，就策略比較方面的量及質都需再提高。

2. 比較的體例宜一致：本文在制度規劃之比較採兩國併排方式，但在策略比較上卻改成兩國資料同時併陳的方式。

3. 增加對全民終身教育政策規劃與策略擬定意識型態之評析，以修正我國目前已擬定的全民終身教育策略：文中指出無論我國或英國，發展全民終身教育的本質都具有提昇經濟及國際競爭力的目的，這種把教育本質推向工具化的策略取向，隱藏著偏頗的意識型態，將影響「眞正」(authentic)的全民終身教育策略之建立，因之，宜加以深入分析批判，並從教育的本質，提出建立我國全民終身教育的可行策略。

4. 在比較分析的架構上可增加兩國全民終身教育策略產生的社會文化背景分析，可使全文的比較更深入社會文化的基礎。

5. 策略的建構宜深植於更多元且明確的比較規準之上：本文只從策略的目的、成效評鑑、實施策略、資源整合等方面做比較，對中英兩國的全民終身教育策略加以比較，但對兩國策略本身建構的規準卻未加以評析，故很難在結論中提出更具有說服性的「我國終身全民教育」的新策略，殊爲可惜。作者如能先提出「建構策略」的規準，如策略的價值性、合理性、有效性、經濟性、可行性、前瞻性等比較規準，較能立基於共同的策略建構規準，拓展「再」建構我國終身全民教育的視野。

6. 宜根據比較結果提出建構我國終身全民教育之策略：本文最後提出建構觀點，在策略上卻提出個人意見，未依制度規劃及策略之比較加以建構，殊爲可惜。

7. 文中的比較將全民終身學習同於全民終身教育，宜再思考。

拾肆

建構以終身學習為導向之教師進修制度

鄭淵全◎著
江芳盛◎評論

建構以終身學習為導向之教師進修制度

鄭淵全◎著

摘要

　　本文旨在探討教師終身學習之必要性、目前我國教師進修之現況與瓶頸，提出建構教師終身學習之進修體系及相關配合制度與措施。

　　教學是一種專業，且身處終身學習社會裡，教師必須自發性的不斷進修，力行終身學習活動，使專業知能必須不斷的成長，以適應變遷社會之需求。

　　建構以終身學習爲導向之教師進修制度應是全面的、多元的，包括以個人導向、學校本位、地方研習進修機構、師資培育機構本位及合作導向之教師進修等，從「教師－學校－研習機構－師資培育機構」建構一健全在職進修體系。

　　落實教師終身學習之進修，必須制度設計、法規訂定、具體作法的配合，且應符合「激勵因素與保健因素」雙因子理論之策略，具體配合制度與措施：建立中小學教師分級制度；採取強迫性的換證制度；建立完善的獎勵制度，如實施定時休假進修制，建立一套仿國科會獎助大學教師辦法；建立一套對未履行的進修義務之教師之懲罰辦法。如此，教師必能不斷進修，力行終身學習活動，教師專業知能必能不斷維護、更新、持續，以期發揮教師角色功能，提昇教學品

Abstract

This paper is to discuss the essentiality of lifelong learning, and construct inservice teacher education system.

Teaching is a profession. Professionalization implies that the process is one of lifelong learning in the inservice teacher learning and education.

Inservice teacher education of lifelong learning must be an across-the-board and multiform system: person-based, school-based, local teacher center-based, teacher school-based, and cooperant model. The concrete strategies include: to perform differentiated teaching staff (teacher career ladder);to perform compulsive change teacher certificate; construct and perform incentive strategies as incentive pay, obtain a level of absence to learn and study; construct and perform punitive strategies.

前言

　　面對一個急劇多元變遷的社會，教師必須具備扮演多元角色的能力；且未來的社會是個終身學習的社會，在未來的學習社會中，教師將扮演推動終身學習的重要角色（教育部，民87）。因此教師須具有終身學習理念，幫助學生終身學習；教師的專業知能必須不斷的成長，教師本身應不斷進修，力行終身學習活動。

　　教學是一種專業，教師是一專業人員，既是專業便要不斷的在職進修。教師專業知能的成長對於教學品質具決定性影響，專業知能成長除經由養成教育階段、導入教育階段外，更須不斷的在職進修，以提昇專業知能與精神。換言之，在職進修之必要性在於補充職前養成教育之不足，提高現有師資的水準；解決當前教學問題，改進教法教材；適應科技文化之日新月異之未來時代需要，更新教師專業知能；滿足專業成長需求，激發教育研究之興趣，培養專業精神及使教師扮演教育改革之急先鋒。

　　教師在其教學生涯中，有不同階段的發展，從教學生手的前備階段、引導階段，進入專家的能力建立階段、熱心與成長階段，緊接走向高原現象的生涯挫折階段、穩定但停滯(stable but stagnant)階段，最後步入準備退休的生涯低落階段、生涯結束階段（蔡培村、孫國華，86）。教師必須配合各生涯發展階段與需求不斷在職進修，且教師進修體系與制度亦須配合生涯發展各階段之特性妥為規劃，使教師專業知能不斷成長，以發揮應有角色功能。

　　由於經濟繁榮、政治民主、社會開放、文化多元、科技發

展等快速變遷，教育改革成爲全民關注的焦點。教育改革必須整合行政體系、教改團體、教師、家長等多方意見，就目前教育改革工作言，教育行政機關、民間教改團體均已動起來了，惟學校及學校教師似仍處熱身階段，甚至仍在「處變不驚」。教育改革之成敗，決定於身處教育工作最前線之教師是否接受？並落實教育改革理念與做法？教師是否發揮專業自主，善盡教師責任與義務。要教師接受教育改革理念，落實教育改革各項措施，就必須力行不斷的在職進修，提高教師專業自主。如果教師沒有不斷的在職進修，學習新的知能與觀念，以現存的「舊」知識與觀念，如何能應付得了多變的社會？以「舊」知識與觀念，去推動「新」的教育改革，其教育改革的成效又會如何呢？

在終身學習社會裡，人類要能適應社會變遷的需要，必須進行四種基本學習：學會認知(learning to know)、學會做事(learning to do)、學會共同生活(learning to live together)、學會發展(learning to be)（引自教育部，民87）。Learning to 是項發展性活動，就教師角色而言，教師必須適應社會變遷的需要，終身 Learning to teaching，不斷在職進修，使專業知能必須不斷的成長。

無論從師資培育、教學專業、教育改革、生涯發展、學習社會之觀點，終身學習之進修均屬必要，因此如何建構以終身學習爲導向之教師進修制度是目前教育改革的最重要課題之一。

教師進修之現況與瓶頸

　　凡是為增進在職教師之專業知能而進行的一切有計畫、有系統的學習經驗和活動之謂在職進修（黃炳煌，民83）。而教師進修本身即暗示這是一種終身學習的歷程；一位教師從生手變成專家，須經由專業化的階段，教師專業化可做為適合終身職業各階段發展模式的參考（Slater, 1997)。

　　民國八十三年修訂之「師資培育法」第三條明定：師資培育包括：職前教育、教育實習及在職進修教育。民國八十四年新頒訂之「教師法」第二十一條至二十三條對教師在職進修加以明確規範；第十六及第十七條規定在職進修是教師所享有的權利及必須履行的義務。教育部民國八十五年頒布之「高級中等以下學校及幼稚園教師在職進修辦法」，規定教師每年進修至少需達十八小時或一學分，或五年累積九十小時或五學分；並訂有「教師進修研究獎勵辦法」以為遵行。足見教師在職進修漸受重視，並已法制化。

　　行政院教育改革審議委員會（民85）在教育改革總諮議報告書中指出：目前教師進修管道狹窄、方式單一、內容無法反映教師實際需求，因此亟待建立較完備之進修制度，以滿足教師終身學習與生涯發展的需求。潘文忠（民87）亦指出：國內教師之在職進修活動雖十分盛行，多偏於被動，缺乏生涯規劃及潛能與專業知能之提昇。確實目前進修管道狹窄，方式與內容偏於形式化；但不可否認的，目前教師進修教育已相當熱烈的展開，雖有部分學校或教師仍覺得進修機會不多或不足，但進修與研習機會確已讓部分較小型學校或其教師感到吃不消。另方面，目前的進修或研習大多數是由教育行政機關主導，較缺乏以學校為本位之進修，且進修缺

乏整體性規畫；教師主動進修意願不高，進修目的趨向功利等。因此健全進修制度應考慮進修管道、方式、內容外，更應激發教師自發性進修，積極提昇專業知能，達到終身學習之目標。如何突破現存教師進修之瓶頸，是落實教師進修教育，邁向終身學習之焦點所在。

建構全面、多元在職進修體系

為增進教師之專業知能而進行的進修或學習活動，依性質分有正式的、非正式的進修，有長期的、短期的進修，有自願的、強迫的進修，有由上而下的、由下而上的進修等。因此為因應終身學習的進修方式應是多元的，以適應多元變遷社會之需求。有關終身學習之進修方式應包括以個人導向之教師進修，以學校本位之教師進修，以地方研習進修機構本位之教師進修，以師資培育機構本位之教師進修及合作導向之教師進修等，從「教師－學校－研習機構－師資培育機構」建構一健全在職進修體系，以有效增進教師之專業知能。

個人導向之教師進修

以教師個人導向之自我學習與進修是提昇教師專業知能之重要方式。個人導向之進修活動是教師因教而困而從事之自發性學習活動，因此學習目標、學習方式、學習內容均由教師自行設定。教師個人導向之進修旨在培養教師省思探究及行動研究能力，進而提昇專業知能與教學效果。此類的專業發展活動型態可歸納為引導式省思札記、引導式行動研究、個案建立法、個案討論法及建構個人專業理論（饒見維，民86）。

以教師個人導向之進修方式，除教師自發、自主性的學習外，另須有相關配合措施引導教師自我學習，如學校應妥善規劃教師進修時間；師資培育機構的教授應與在職教師協同進行「行動研究」或「臨床教學實驗」；行政機關或師資培育機構應舉辦以中小學教師爲主的「教學與研究發表會或研討會」，鼓勵教師進行各項草根性的教育研究，讓教師有機會互相觀摩、學習、交流，促進專業成長。

學校本位之教師進修

學校本位之教師進修主要是由學校與教師整體考量彼此共同專業發展的需求，由學校主導、推動或規劃教師學習或進修計畫。因此，以學校本位教師進修意謂著推動教師專業發展活動，應配合學校及教師的實際需要；專業發展活動的實施場所應儘量在學校內或學校附近；另方面，因學校教師研究能力較爲不足，師資培育機構應把其教學活動儘量移到中、小學，和實際情境相結合，並協助學校推動專業發展活動（饒見維，民85；蔡芸，民86）。學校本位進修能適應學校彼此間的差異性，發展出學校本身特色；符合多元化與民主化的社會趨勢；再者，符合教育改革之需求，具體實踐教育改革目標；力行終身學習之進修，增進教師之專業知能。

彼得‧聖吉(Senge, 1990)認爲學習型組織是一種可供成員學習與成長的組織，因此組織成員必須致力於五種修練(discipline)，即系統思考 (system thinking)、自我超越(personal mastery)、改善心智模式 (improve mental models)、建立共同願景(building shared vision)、團隊學習(team learning)，才能塑造學習型組織。學校是一個組織，學校應積極營造成學習型組織，藉由學習型組織提供教師終身學習機會，導引組織內全

體教師共同學習，爲學校經營與教師專業自主的發展，創造新的活力與契機。進來國內相當重視將學校營造成爲學習型組織，使教師能進行終身學習，不斷的在職進修，促進專業發展，提昇教學品質（吳明清，民86；潘文忠，民87；蔡芸，民86；饒見維，民86）。

推動學校本位教師進修活動，首先教育行政機關要先「鬆綁」，改變以往由上而下的進修規劃，鼓勵或策動學校提出學校本位之進修活動。學校可參照「準備、需求評估、計畫、實施、評鑑」等五階段模式，規劃辦理學校本位進修活動（蔡芸，民86）。學校應成立教師進修委員會，訂定目標，調查與評估學校、教師、學生等之需求，規劃整體學校本位進修計畫。具體的做法有：舉辦校內外教學觀摩與研討、校外參觀訪問或考察；經由各科教學研究會，針對教材、教法等課題，充分交換經驗與心得，或共同商討解決教學疑難問題；激勵教師會配合整體學校進修計畫，主動規畫與辦理教師專業之進修活動；鼓勵教師籌組學習團體或成長團體；邀請專家、學者蒞校提供理論或新知，及協助教師學習團體成長等。

地方研習進修機構本位之教師進修

地方研習進修機構所規劃的進修活動主要是配合國家教育發展與政策，針對教育發展或政策所須之人才或理念，進行培訓與宣導、溝通；另方面，配合輔導團或學校，提供教師教學訓練、解決教學困難或教育問題。因此，地方研習進修機構應以教育實踐爲主，教育理論爲輔。換言之，地方研習進修機構本位之教師進修，是針對部分教育主題或重點進行強迫性教師進修；此外應配合輔導團和學校，進行適合個別

學習領域進度，且配合自己時間的多元化進修方式。

　　為因應教師終身學習與進修之需要，地方研習進修機構數量應繼續擴充並應健全其組織，以增加其容納量，符合教師進修之意願與機會。目前台灣師大、政治大學設有教師研習中心，台灣省設有中等學校與國民學校二個教師研習會，北、高二市設有教師研習中心，地方縣市政府亦設教師研習中心。為擴充教師研習進修機構，可考慮在台灣東部及南部之大學、師院增設教師研習中心；另方面各縣市教師研習中心應有正式的人員編制，因為目前係由行政機關人員兼任及借調學校教師來辦理各項研習業務，會嚴重影響其本職工作，應由正式編制人員負責各項教師研習中心工作。

師資培育機構之教師進修

　　目前師範校院設有進修部，專責辦理各類教師進修，開設班別包括學士學位及研究所程度之課程，課程分學位、學分二種。全時制的研究所則允許教師以帶職帶薪或留職停薪方式進修。各類教師進修課程仍以現有養成教育之課程為基礎，教法大多維持傳統教學方式....。在進修體系中，師資培育機構主要提供中小學教師，研修教育理論與新知，即以理論為主，實踐為輔。因此師資培育機構提供的進修仍應著重學位進修、研究所學位或學分進修、一般專業學分進修、有系統的長期研習等。

　　因應終身學習社會的到來，師資培育機構辦理各種類別教師進修，除應重視專業化原則外，必須重視彈性化、多元化與科技化原則。教育部對師資培育機構辦理各種類別教師進修，除政策配合者外，有關進修種類、辦理方式等應完全尊

重學校自主。首先，應建立允許「隨進隨出」、「零存整付」完成學業之制度（教育部，民86），只規範修習多少學分數可取得學分證明或學位證明；至於修業年限、每學期最低修習學分數應維持最大彈性，亦允許不必每學期或每年連續修習。其次，課程規劃應符合社會多元變遷與提昇教師專業之需求，實施方式更應多元化與彈性化，除維持傳統實施方式外，應立即規劃結合電腦與通訊科技，透過多種管道傳輸之遠距教學（王鼎銘，民86）；與地區教師研習機構或學校合作，將部分進修課程移至地區教師研習機構或學校所提供之場地辦理，讓進修的方式、場所、時間等更多元化；最後，為落實終身學習，研究所應開放更多機會給在職教師進修，並且實施回流預修或選修制度，讓教師有更多機會修習研究所程度之課程。

合作導向之教師進修

目前各辦理教師研習進修的機構缺乏協調統合，造成「多頭馬車」與事權不一的弊病；另方面，由於各進修的機構欠缺合作，導致教師進修時，教育理論與教學實際無法密切結合，導致研習進修的成果大打折扣，教師專業提昇相當有限；再者，學校與教師未能進行自發性的進修，落實終身學習，以適應多元社會變遷的需求。要改善這些進修的瓶頸，惟有學校與各研習進修機構間互相合作與支援，始能使教育理論與教學實際密切結合，激發教師自發性的進修，落實終身學習理念。

學校與各研習進修機構間互相合作模式，可以採取二合一方式，可以是三合一模式，當然也可以來個大融合。二合一最重要的模式是師資培育機構與中小學合作。目前修畢師資

培育機構職前教育課程者，必須在特約實習學校經歷一年的教育實習，實習成績及格後，始可辦理複檢，取得合格教師資格。這種新師資培育制度之設計，提供師資培育機構與中小學最佳合作機會，一方面中小學必須提供實習教師成長，使其在養成教育階段所學之教育理論能與教學實際結合，因此中小學的教育實習輔導教師，必須不斷學習與成長，方能勝任輔導之角色；另方面師資培育機構之指導教授，必須到中小學校指導實習教師，很自然提供交流機會，且指導教授也有義務協助學校與教師專業成長，以期落實實習制度設計之意旨。中小學應成立「教學與研究中心」，請師資培育機構之指導教授提供必要之協助，進行協同行動研究，使理論與實際結合，導引學校與教師專業成長，力行終身學習，不斷提昇本身之專業知能。

二合一模式除可以是師資培育機構與中小學合作外，也可以是師資培育機構與地方研習進修機構合作，可以是地方研習進修機構與中小學合作，可以是師資培育機構與個人導向之教師進修合作，亦可以行政與民間專業團體合作等。當然上述研習進修機構也可以是三合一，甚至採取大融合模式，齊力為提昇教師專業知能而努力。

落實教師終身學習與進修之配合制度與措施

面對一個急劇多元變遷的社會，知識、資訊、科技一日千里；且教師教學生涯係從教學生手，進入專家的能力建立，走向高原現象，最後步入準備退休階段，因此教師必須不斷終身學習，專業知能必須不斷維護、更新、持續。是以應建立一套包括以個人導向、學校本位、地方研習進修機構本

位、師資培育機構本位及合作導向，從「教師－學校－研習機構－師資培育機構」全面、多元且健全在職進修體系，讓教師可以不斷的進修充電，引導教師力行終身學習活動，以提昇其專業知能，發揮教師角色功能。

　　近來國內外學者大力倡導學習型組織之進修，主張教師應自發性進行學習與進修，希望教師能自我超越。但由於傳統被動之進修，也因人的惰性等因素，要教師自發性進修，落實終身學習理念，必須有制度上的設計與配合方能達成。亦即一方面要使教師樂意自動自發的進修，另一方面要使教師不得不去進修，只有「軟硬兼施」才能從目前傾向被動的進修，過渡、導引至自發性學習與進修，落實終身學習。具體的配合措施與做法：

建立中小學教師分級制度

　　有學者認為只要規劃完整的多元化進修網路及健全法規、制度，毋須再倚賴如分級、換證等措施（陳惠邦，民84）。王家通（民83）則認為目前中小學教師最大的瓶頸是缺乏升遷管道，因此需要將教師分成不同等級，讓努力進修而有實際成果者給予升級鼓勵，建議建立教師升遷制度，亦即實施教師分級制度，以落實教師進修之實效。高雄師範大學民八十五年五月辦理中小學教師職級制度研討會，學者羅文基、蔡碧璉、蔡清華、楊思偉、歐用生、蔡培村、單小琳、張德銳、王政彥等均提出有關建立中小學教師分級制度之論文。

　　一般公務人員可由基層的科員、股長、科長、局長，軍人、警察可由基層進升至高階，企業公司行號亦同，大學教師也有講師、助理教授、副教授、教授之分級，職級不同則

享有不同水準之待遇。而中小學教師取得合格教師資格後，
十年、二十年以迄退休，其身分終其教學生涯均是「教師」，
中小學教師除考主任、校長外，缺乏升遷管道，為使教師不
會懈怠，激勵措施是相當重要的。因此，建立中小學教師分
級制度是激勵教師努力去研究教材、教法，促進專業發展，
提升教育品質最直接有效的辦法；建立中小學教師分級制度
是激發教師自發性進修，積極提昇專業知能，力行終身學習
之目標，不可或缺的制度設計。

強迫進修與換證制度

　　建立教師分級制度是突破目前中小學教師缺乏升遷管道瓶
頸之激勵措施，給予努力進修而有實際成果者鼓勵。但對於
教學專業停滯或教學懈怠的教師，亦應採取適當的措施，促
使其提升專業知能，而對教師最有尊嚴、最合適的措施，莫
過採取強迫性的換證制度。美國實施進修換證制度，凡持短
期證書之教師，必須在證書效期屆滿前，利用在職進修取得
規定的學分數，才能換領新的證書，繼續任教，否則便要被
解聘；日本亦實施換證制（蔡芸，民86）。因此在教師尚無法
自動自發、發自內心的進修階段，應採取強迫性的換證制
度，在職教師在一定的時間內，必須符合最低限度的進修，
必須達到某種程度的專業成長或研究與教學成果，始具換證
資格；未完成換證者，亦應採取必要強制性懲罰措施，如降
級或減薪；實施強制性懲罰一定時間仍無法換證者，則研擬
吊銷教師證書、不予續聘或停聘、解聘等必要處分。

獎勵措施

　　目前教育部訂有「高級中等以下學校及幼稚園教師在職進
修辦法」及「教師進修研究獎勵辦法」，規定中小學教師可以

帶職帶薪或留職停薪進修、研究，帶職帶薪進修、研究採取全時、部分辦公時間或公餘方式進行。至於教師參加進修、研究的獎勵措施有：依規定補助進修、研究費用；依規定向機關、機構或團體申請補助或得發予獎金；依規定改敘薪級；協助進修、研究成果出版、發表或推廣；列為聘任之參考；列為校長、主任遴（甄）選之資績評分條件；對教學或學校業務有貢獻者，依規定核發獎金、請頒獎章或參加機關、機構或團體舉辦之表揚活動（教師進修研究獎勵辦法第七條）。

為鼓勵教師進修，不斷專業發展，除前述建立教師分級制度及落實教師進修研究獎勵辦法之規定外，應採取下列獎勵措施：

◎定時休假進修
實施休假進修制度，教師每任教若干年（六年或七年），即可獲得一段時間（如一個月、三個月或半年）的休假，從事專業發展活動。此做法在英國、美國均採行，國內大學教授亦有服務滿七年可以休假一年，從事專業發展活動之措施，中小學教師亦應比照建立定時休假進修制度。

◎研究計畫與成果獎助
以教師個人導向之自我學習是提昇教師專業知能之重要方式。雖然「教師進修研究獎勵辦法」，規定中小學教師進修、研究可依規定向機關、機構或團體申請補助或得發予獎金；並有協助進修、研究成果出版、發表或推廣之措施，但目前仍未見落實。行政機關應仿國科會獎助大學教師之做法，建立一套獎助中小學教師研究任教學科教材與教法，凡是在任教學科教材、教法研究有成者，即給於獎助鼓勵（王家通，

民83）。

懲罰措施

「教師法」對教師在職進修已有明確規範，並規定在職進修是教師所享有的權利及必須履行的義務。「高級中等以下學校及幼稚園教師在職進修辦法」，也規定教師每年進修至少需達十八小時或一學分，或五年累積九十小時或五學分。目前做法是以鼓勵性條文或措施來推動教師在職進修，教師進修、研究有成者，當然需要給予鼓勵；也應建立獎勵制度來激發中小學教師積極進行在職進修與研究。目前在制度與做法上，均未出現強迫性進修或懲罰進修績效不彰者，對教師未履行在職進修義務者，毫無懲罰規定，以至無法提振教師進修風氣。

為提振教師進修風氣，使不斷專業發展，除前述採取強制性換證制度外，在教師法中應增訂「未履行的進修義務」之教師，行政機關或學校應採必要之處分，如不予升遷、降級、減薪、不予續聘、停聘、解聘或吊銷教師證書等必要處分。具體措施如下：

1. 在校長、主任遴（甄）選辦法中明訂「未達在職進修辦法規定進修時數或學分之教師」不得參加校長、主任遴（甄）選。
2. 在升遷或考績辦法中明訂「未達在職進修辦法規定進修時數或學分之教師」，任教該學年度不予升遷或考績不得考列甲等。
3. 在辦法升遷或考績辦法中明訂連續二學年度「未達在職進修辦法規定進修時數或學分之教師」處以降級或減

薪。

4. 在教師法中明訂連續五年「未達在職進修辦法規定進修時數或學分之教師」處以不予續聘、停聘、解聘或吊銷教師證書。

結語

　　教學是一種專業，教師是一專業人員，教師必須不斷的在職進修。身處終身學習社會裡，教師必須適應社會變遷的需要，不斷在職進修，使專業知能不斷的成長，因此教師須具有終身學習理念，且要主動、自發性的不斷進修，力行終身學習活動。

　　建構以終身學習為導向之教師進修制度應是全面的、多元的，包括：以個人導向、學校本位、地方研習進修機構本位、師資培育機構本位及合作導向之教師進修等，從「教師－學校－研習機構－師資培育機構」建構一健全在職進修體系。

　　激發教師自發性進修，落實終身學習理念，必須在制度設計、法規訂定、具體做法上的配合。因此必須採取符合「激勵因素與保健因素」雙因子理論之「軟硬兼施」策略，導引教師自發性學習與進修，落實終身學習。落實教師終身學習與進修之配合制度與措施有：建立中小學教師分級制度，激勵教師自發性進修，努力去研究教材、教法，促進專業發展；採取強迫性的換證制度，促使教學專業停滯或教學懈怠的教師提升專業知能；建立完善的獎勵制度，除落實現有教師進修研究獎勵辦法之規定外，應實施定時休假進修制度，

並建立一套仿國科會獎助大學教師辦法，獎助中小學教師研究任教學科教材與教法；建立一套對未履行的進修義務之教師之懲罰辦法，以提振教師進修風氣，如明訂「未達在職進修辦法規定進修時數或學分之教師」不得參加校長、主任遴（甄）選，不予升遷，處以降級或減薪，不予續聘、停聘、解聘或吊銷教師證書。

　　總之，身處終身學習社會裡，教師須具有終身學習理念，且要專業自主的不斷進修，力行終身學習活動。要教師落實終身學習，教師進修制度必須是全面的、多元的，從「教師－學校－研習機構－師資培育機構」建構一健全在職進修體系。且必須經由制度設計、法規訂定與具體做法的配合，建立中小學教師分級制度，採取強迫性的換證制度，建立完善的獎勵制度與懲罰辦法。如此，教師必能不斷進修，力行終身學習活動，教師專業知能必能不斷維護、更新、持續，以期發揮教師角色功能，提昇教學品質。

參考書目

王家通（民83）。突破教師進修的瓶頸。教師天地，68, 23-27

王鼎銘（民86）。遠距教學情境應用於教師進修之規劃與展望。載於進修推廣教育的挑戰與展望，頁189-209。台北：師大書苑。

行政院教育改革審議委員會（民85）。教育改革總諮議報告書。行政院教育改革審議委員會編印。

吳明清（民86）。營造學習型教育專業社群：教師進修的政策目標與制度規劃。載於進修推廣教育的挑戰與展望，頁347-390。台北：師大書苑。

李奉儒（民86）。英國教師在職進修制度的回顧與展望。載於進修推廣教育的挑戰與展望，頁347-390。台北：師大書苑。

彼得‧聖吉著，郭進隆譯（民83）第五項修練：學習型組織的藝術與實務。台北：天下文化出版社。

教育部（民86）。教育改革總體計畫綱要。教育部編印。

教育部（民87）。邁向學習社會：推展終身教育，建立學習社會白皮書。教育部編印。

黃炳煌（民83）。我對國內中小學教師在職進修的一些期盼。教師天地,68, 16-18。

黃炳煌（民85）。教育改革：理念、策略與措施。台北：心理出版社。

陳惠邦（民84）。促進教師專業成長的進修制度－－德國教師進修的發展經驗對我國未來實施教師分級制度的啓示。國立新竹師範學院初等教育學報3,151-171。

楊思偉、梁恆正（民83）。中學教師在職進修的理念與做法。高雄師大辦理「因應師資培育多元化師範校院教育研討會」論文。

潘文忠（民87）教師進修DIY---建構以學習型組織爲導向之教
　　師進修模式。中等教育,49(1),3-10。

蔡芸（民86）。學校本位教師專業發展之研究－以臺灣省國民
　　中學教師爲例。高雄師範大學教育學系博士論文（未出
　　版）。

蔡培村、孫國華（民86）。從教師生涯發展論析在職進修的規
　　劃策略。載於進修推廣教育的挑戰與展望，頁37-61。台
　　北：師大書苑。

饒見維（民85）。教師專業發展：理論與實務。台北：五南。

饒見維（民86）。學校本位的教師專業發展活動在我國之實踐
　　途徑。載於進修推廣教育的挑戰與展望，頁77-106。台
　　北：師大書苑。

Senge, P.W.(1990). *The Fifth Discipline : The Art and Practice of
the Learning Organization* . New York: Doubleday.

Slater, J. J.(1997). Continuing Education as Lifelong Learning and
Professionalization. This paper was presented at *The International
Conference on In-Service & Extension Education Toward the 21st
Century* . Taiwan, R.O.C. April,1997.

「建構以終身學習為導向之教師進修制度」評論

江芳盛◎評論

本文以建構終身學習社會為主軸論述教師不斷進修的必要性，可謂契合當前社會發展的脈動與國家教育政策的走向。

　　文章前言首先從社會變遷、教師專業與師資培育、教師生涯發展、教育改革及學習型社會的需要等方面強調教師不斷進修的重要性。其次論及台灣目前中小學教師進修的瓶頸。第三部分談到建立全面、多元在職進修體系的構想，鄭教授認為個人導向、學校本位、地方研習進修機構本位、師資培育機構、及合作導向都是可行的在職進修模式。最後指出要落實教師的終身學習與在職進修，則必需運用軟硬兼施的策略，從建立中小學教師分級制度、強迫進修與換證制度、採行獎勵措施、採行懲罰措施等方面多管齊下，以收實效。其架構嚴謹，環環相扣，足見鄭教授在這一方面頗有心得。

　　個人不揣淺陋，提出下列問題就教鄭教授，不當之處，尚請指正。

　　教育部訂頒的「高級中等以下學校及幼稚園教師在職進修辦法」規定教師進修五年累積應達九十小時，文中寫五十小時，應為筆誤。在此提出，以免誤導。

　　文中在學校本位之教師在職進修部分提到「具體作法有：舉辦校內外教學觀摩、校外參觀訪問或考察；經由各科教學研究會，針對教材、教法等課題，充分交換經驗與心得，或共同商討解決教學疑難問題；…邀請專家、學者蒞校提供理論或新知等。」這些具體辦法目前即已行之有年，而成效如何，大家心理有數。以教學觀摩來說，通常是採輪流制或是抽籤制，抽到的人直呼倒楣，然後大家行禮如儀，拍照並做成記錄，再報到教育局存查了事。邀請專家學者蒞校演講，

或許將來學校教師會較主動積極一些，規劃符合各學校本身教師覺得有需要、有興趣的講題，情勢或許會改觀。

文中建議地方研習進修機構數量應繼續擴充並健全其組織。以目前政府財政之困難，沒有縮編已是萬幸，論及擴充，談何容易。從財政的觀點來說，本文許多好建議，恐都會因為錢的問題而無法施行。

師資培育機構之教師進修這一小段中提及「各類教師進修課程仍以現有養成教育之課程為基礎，教法大多維持傳統教學方式....。」個人認為行文方式宜再多列一兩項缺點，然後句尾再加上「等」字來處理較為恰當。

鄭教授文中提到我國過去中小學教師沒有自發性的進修，各進修機構的配合也不好，可謂切中要害。惟個人更希望看到有創新的解決辦法，針對後者文中的較創新辦法中有提到實習簽約學校與師資培育機構的合作，但這只侷限於有簽約的學校，對於未簽約的學校就要另想辦法了。對於如何激勵教師的自發性進修方面，文中並無良策。既然稱做是自發性進修，就代表教師參加在職進修之目的不是為了趨利或避罰。但鄭教授所提的制度與措施中，卻幾乎都具有要求教師們趨利或避罰的用意存在。

對於落實教師終身學習進修之配合制度與措施方面，鄭教授雖說要軟硬兼施，但個人看來，還是硬的居多。其中只有獎勵措施部分是軟的，強迫進修與教師換證，當然是硬的，教師分級，其實還是硬的，鄭教授建議的懲罰措施，那更是硬得很。在軟硬之外，個人還是認為，如何讓老師自覺有進修的必要，才是較為長久之計。

拾伍 日本終身學習政策與實踐的發展

澤野由紀子◎著
方永泉◎譯
楊思偉◎評論

DEVELOPMENT OF LIFELONG LEARNING POLICIES AND PRACTICES IN JAPAN

Yukiko SAWANO

Introduction

Since the end of the 1960s, following the advocacy of 'lifelong education' by UNESCO, the need for lifelong education has been recognized in Japan. In 1965, Paul Lengrand, who was then Director of Adult Education Division in UNESCO, submitted a report to International Committee for the Advancement of Adult Education proposing to renovate the traditional definition of education which considers education as merely a preparation to become an adult, and to introduce permanent education as an activity to lead human potential throughout life. This report was translated into Japanese in 1967 by Kanji Hatano, who participated in the meeting of UNESCO International Committee for the Advancement of Adult Education (Japanese National Commission for UNESCO, 1967). Hatano also published Lendrand's report in 1970 under the title of "An Introduction to Lifelong Education". This book contributed in rapidly disseminating the concept of lifelong education in Japan, especially to policy makers and businessmen. In 1971, a report was published by the Central Council for Education, the advisory organ to the Minister of Education, Science and Culture (hereafter Monbusho), which recommended "the need for the general adjustment of the whole system of education from the point of view of lifelong education." Another report of UNESCO published in 1972 by International Committee on Educational Development chaired by Edgar Faure under the title of "Learning to be: The world of education today and tomorrow" was also translated into Japanese by a group of researchers of National Institute for Educational Research of Japan

(NIER) and published under the title of "Learning in the Future." The report enlisted 1) scientific humanism, 2) creativity, 3) social commitment, and 4) the complete man as goals of future education and called the society which achieved these goals as a "learning society" (Edgar Faure, et.al., 1972) . The Faure Report was widely read in Japan. OECD's report on "Recurrent Education: A strategy for lifelong learning" published in 1973 was translated by Monbusho (Monbusho, 1974), and also became influential in distinguishing "lifelong learning" from "lifelong education" and to introduce the policy measures taken by Sweden, Germany, France, etc. to encourage recurrent education such as paid education leave and special admission system of adult students to higher education institutions.

In 1981, the Central Council for Education submitted a report on lifelong education to the Minister of Monbusho, which marked the beginning of the shift of education in Japan towards lifelong education. From 1984 to 1987, the National Council for Educational Reform, an ad hoc advisory committee to the Prime Minister Mr. Nakasone, was set up to conduct an overall review of educational system and it was specified that "education in the future should have lifelong learning as its basic premise", and a transition to a lifelong learning system was emphasized. The National Council for Educational Reform issued a series of four reports proposing three main principles of educational reform; 1) the shift towards a system of lifelong learning, 2)the focus on individuality and 3)coping with changes in society. As a result, from 1988, the Monbusho began a shift towards a system of lifelong learning. Since then, Monbusho and NIER have been dispatching information about the endeavor to develop lifelong learning policies and practices to the world, through English publications and international conferences, which resulted in attracting attentions of specialists of lifelong education / learning in various countries. (NIER, 1995)

In this paper, I would like to introduce the on-going development of lifelong learning policies and practices at national and local level in Japan since the end of 1980s.

As you may see, at the introductory stage of lifelong education / learning in 1960s and 1970s, the policy to introduce lifelong education and lifelong learning was based on comparative studies on theories and policies of lifelong education / learning developed in foreign countries. There was strong influence especially by the ideas developed in Europe which was disseminated through international organizations such as UNESCO and OECD.

However, policy makers in Japan recently are paying less attention to global trend of lifelong learning in considering various measures to promote transition towards lifelong learning society. The report of the UNESCO's International Commission on Education for the Twenty-first Century "Learning: the Treasure Within" (Delors Report, 1996) was translated into Japanese last year compiled under supervision of former vice Minister of Monbusho Isao Amagi, who was a member of the International Commission. Although it is read by many Japanese education researchers and innovative practitioners now, it has never been quoted in national policy papers up until now. It may be partly because the officials in charge of lifelong learning consider it as exceptionally domestic problem, and think there are not so much to learn from foreign experiences any more. It is true that Japanese lifelong learning policy has very unique aspect. However, in the era of Lifelong Learning for All, I believe, we should consider lifelong learning as a global issue, and always be aware of what people in different country and culture are thinking and practicing on it.

In the following, I would like to first make a brief review of development of lifelong learning policies and practices attained by Monbusho since 1988 through rather centralized bureaucratic mechanism. Although lifelong learning policies at national level is being developed by various ministries, I would like to focus here on Monbusho's policies. Secondly, I would like to make clear the uniqueness of Japanese lifelong learning policy structure, using some materials obtained through international collaborative research on lifelong learning policies conducted by NIER and UNESCO Institute for Education (UIE) from fiscal year 1994 to 1996. Finally I would like to comment on the slowing down of lifelong learning policies in Japan which is getting increasingly evident these days with deteriorating economic recession and other reasons.

Policy Measures to Promote Lifelong Learning in Japan

◎Goals of Lifelong Learning Policies

In 1996, Monbusho published a White Paper with a special feature entitled "Priorities and Prospects for a Lifelong Learning Society: Increasing Diversification and Sophistication." According to the White Paper, "The task confronting Japan as it moves toward the twenty-first century is to create an enriching and dynamic social environment. This will require the formation of a lifelong learning society as the basis for a social structure in which people can freely choose learning opportunities at any time during their lives and in which proper recognition is accorded to those learning achievements" (MONBUSHO 1997a). The concept of learning in this context encompasses not only organized learning through school and social education but also learning through involvement in such areas as sports, activities, hobbies, recreation, and volunteer activities. The goals of such lifelong learning society include following, which reflect a number of social factors.

1) recasting the diploma-oriented society (gakureki shakai), where too much emphasis is placed on elementary and secondary school education, and especially on preparation for entrance examinations to upper secondary schools and higher education institutions, into a community where appropriate value is placed on learning achievements at all stages of life, regardless of whether they are accompanied by formal academic credentials.

2) providing citizens with a broad range of learning opportunities that respond to the growing demand for the type of education which enriches minds and fulfills lives, a demand that is

emerging in concert with higher incomes, increased leisure time, aging and the overall maturation of Japanese society.

3) facilitating opportunities for all citizens in Japan to continue learning throughout the lifespan in order to cope with the social, economic and technological changes taking place, including the substantially increased use of higher technology, the explosive growth in information, internationalization, and structural changes taking place in business and industry as these affect society in general.

◎ **Creation of a Infrastructure to Promote Lifelong Learning**
In 1988, in order to improve the Monbusho's function to make policies to promote lifelong learning, Bureau of Social Education was reorganized and a Bureau of Lifelong Learning was inaugurated in Monbusho at the head of all the Bureaus and given overall authority within the Ministry. It was a year after that National Institute for Educational Research (NIER), an affiliated research institute of Monbusho, was reorganized in order to conduct researches more useful in education policy making, and Research Department of Lifelong Learning was established in 1989. Since then our research department is conducting positive research to see how the concept and policies on lifelong learning are prevailed at local level all over Japan, and international comparative studies on national policies and systems on lifelong learning to find out characteristics and problems of Japanese policies on lifelong learning.

In 1990, the Central Council for Education submitted a report on "Development of an Infrastructure for Lifelong Learning, " in which "the foundation of lifelong learning arises from the voluntary will of the people, and its infrastructure is an urgent and important issue" as is exemplified in the following five paragraphs (NIER, 1995).

1) At the various levels of nation, prefectures, and municipalities, there should be preparation of a liaising and coordinating structure for the general regulation of lifelong learning.

2) Regarding the community framework for the promotion of lifelong learning, Lifelong Learning Centers should be established in the prefectures, whose function is to provide information concerning lifelong learning, to perfect the system of consultation on learning, and to devise all kinds of learning and co-operation among educational institutions.

3) In universities and junior colleges, a definite framework should be introduced for the admission of adults and the setting up of extension courses, and the establishment of lifelong learning centers is also desirable.

4) In order to prepare places for lifelong learning activities while respecting the individual characteristics of the various communities throughout Japan, the establishment of the priority areas in lifelong learning activities in the communities should be enhanced.

5) While respecting the autonomy and free development of private educational enterprises, the central government and the local public bodies should give indirect support.

In order to realize the above proposals, in June 1990, the Monbusho, together with the Ministry of International Trade and Industry (MITI), enacted the "Law Concerning the Establishment of Implementation Systems and Other Measures for the Promotion of Lifelong Learning" (abbreviated as the "Lifelong Learning Promotion Law.") The legislation identified systems and projects to be implemented at the national and prefectural level, which would promote lifelong learning, while not making any definition on the scope of lifelong learning, nor any provision concerning people's right on lifelong learning. Specifically, the law prescribed:

1) the establishment of Lifelong Learning Councils, at national and prefecture levels, to be comprised of specialists from various fields including the private sector;

2) a system for planning, developing and implementing local measures to promote lifelong learning;

3) lifelong learning liaison and cooperation schemes for municipalities and prefectures;

4) criteria to be used for projects that would deliver learning programs, and surveys to be used for assessing the learning demands and needs of residents at the prefecture level.

In accordance with Article 10 of this new law, the National Council for Lifelong Learning was established in August 1990 within the Monbusho. The former National Council for Social Education, prescribed in Article 13 of the Social Education Act, was changed into National Council for Lifelong Learning. There are four Sub-Councils on Social Education under the National Council for Lifelong Learning; Subcommittee on Planning, Subcommittee on Judgment of Educational Films, etc., Subcommittee on Educational Media and Subcommittee on Social Distance Education.

Besides, the National Council is organizing Lifelong Learning Council Executive Committee of which members consist of Directors of Bureaus of 14 ministries including Monbusho and MITI. The Executive Committee exchanges opinions on policy measures concerning lifelong learning, provide with information of lifelong learning programs conducted by each ministry and publish information journal of learning programs, and thus create links and partnerships among different ministries.

The National Council is discussing such issues as 1)important matters on measures to promote school education, social education and culture contributing to lifelong learning, 2) matters concerning social education in general, 3) use of audio-visual education media in school education and 4) other matters authorized by Social Education Act and other laws. The National Council had produced reports titled "Measures to Promote Lifelong Learning in Response to Social Trends" in July 1992, "Measures to Improve Lifelong Learning Opportunities in the Community" in April 1996 and "

Measures to Make Use of Achievements of Lifelong Learning" in March 1997. The contents of each report are as follows:

"Measures to Promote Lifelong Learning in Response to Social Trends" (July 1992)

This report proposed basic concept of promotion of lifelong learning and four tasks to be given particular emphasis at the moment; 1)promotion of recurrent education of workers, 2)support and promotion of volunteer activities, 3)enrichment of out-of-school activities of youth, 4)provision of learning opportunities concerning current issues such as environmental problems, use of information, etc.

"Measures to Improve Lifelong Learning Opportunities in the Community" (April 1996)

This report suggested measures to enhance lifelong learning function of schools, institutions and facilities providing various learning opportunities in the local community, such as 1)opening doors of higher education institutions to the community, 2)strengthening link of elementary, lower and upper secondary schools and the community, 3)improvement of social education facilities, culture and sports facilities to cope with needs of local residents and 4)making of research institutions and in-service training institutions contributing to lifelong learning, etc.

" Measures to Make Use of Achievements of Lifelong Learning" (March 1997)

This report synthesized the meaning and problems in making use of achievements and suggested three areas where one can utilize his/her learning achievements; 1) development of local community, 2) volunteer activities, 3) personal career development. It also proposed necessary measures to support learners in each area.

The fourth session of the National Council of Lifelong Learning was started in June 1997 and is currently discussing following three themes; 1) enrichment of the community environment to cultivate "zest for living" in children and youths, 2) direction of social education administration coping with changes in society and 3) measures to make use of achievements of lifelong learning. In March 1998 the council published the interim report on " Future Direction of Social Education Administration Coping with Changes in Society, " which suggested the revision of Social Education Act.

Local governments have also been working to establish implementation structures of lifelong learning. All prefectural governments have now established bureaus or departments responsible for the promotion of lifelong learning, together with Lifelong Learning Promotion Conferences to facilitate coordination and cooperation among administrative agencies and other organizations. In recent years some local governments have created forums for discussion with private-sector companies, as well. As of September 1996, 33 of 47 prefectural governments had established lifelong learning councils, of which 25 have already produced reports. At the municipal level, bureaus or departments responsible for the promotion of lifelong learning had been established in 742 municipalities (about 22% of total) and Lifelong Learning Councils or similar organizations had been established by 1,994 municipalities (about 60%) as of September 1996.

43 prefectures and 1146 municipalities had formulated lifelong learning promotion plans in accordance with discussion made by Lifelong Learning Councils and Lifelong Learning Promotion Conferences. As of November 1996, 108 municipalities had declared to be "Lifelong Learning Communities," which promote lifelong learning.

32 prefectures, as of September 1996, had established "Lifelong Learning Promotion Centers" as local center to promote lifelong learning by disseminating learning information, conducting consultation, understanding the learning needs of citizens and developing learning program.

In accordance with the Central Council for Education's report on "Development of an Infrastructure for Lifelong Learning"(1990), universities and junior colleges are also establishing "Lifelong Learning Centers" to conduct research and develop lifelong learning programs. As of 1995, 83 higher education institutions (13 national, 6 public and 64 private) have such centers, and conducting research on university extension courses, training of lifelong learning instructors, provision and consultation of lifelong learning information, lifelong learning plan concerning local administration, etc.

◎**Dissemination of the Information on Lifelong Learning and Promoting Awareness**

In order to promote lifelong learning, it is recognized to be most important by the government to make Japanese people understand the significance of learning throughout life and disseminate information and promote awareness of lifelong learning to call for their motivation to learn on their initiative.

Since 1989, Monbusho has been jointly sponsoring National Lifelong Learning Festivals with local governments as part of its efforts to foster awareness of lifelong learning and encourage involvement in learning activities. From 9th to 13th October 1997, the ninth festival was held in Nigata. The festival is a place where various events are held such as lectures, forum and symposium, and learners present their outcomes of learning. Local boards of education, non-profit learning organizations, private learning enterprises and other organizations can present their activity at exhibition booths. Similar festivals and events are also held in most of the prefectures. Many of the prefectural government and municipalities are disseminating pamphlets explaining about the meaning and importance of lifelong learning as well.

In 1989 the Courses of Study (national curriculum standard) for elementary and secondary schools were revised in order to lay foundation for lifelong learning at the school education level. Since then efforts have focused on the enhancement of educational instruction in order to foster self-education abilities, specifically the willingness to learn independently and the skills needed to cope positively with social change. Moreover, in July 1996, the Central

Council for Education issued a report entitled "A Model for the Nation's Education in the 21st Century" which proposed to cultivate a "zest for living" in children in a relaxed atmosphere where all can keep "peace of mind", in order to overcome behavioral problems among school children such as truancy, bullying and suicide. The relaxed atmosphere is expected to realize with the introduction of five day school week implementing from year 2002. "Zest of living" is considered by the Council to be a fundamental competency of lifelong learning, which, I think, is rather similar to the four pillars of lifelong learning suggested in the Delors Report, including the following (Sawano, 1997c) :

1) the abilities and qualities to identify problems for oneself, to learn and think for oneself, to make judgments and act independently, and to seek and find better ways of solving problems as they arise;＜"learning to learn" and "learning to do"＞

2) a pliant sensitivity that can be moved by beautiful things and the wonders of nature, a spirit that emphasizes justice and fairness and is impressed by acts of rightness while adoring erroneous behavior, a spirit that values life and has respect for human rights, and a warm heart that is filled with gentleness and consideration for others, is able to think from the perspective of others and is able to sympathize with them;＜learning to live together＞

3) a healthy body and the stamina needed to live a vigorous and active life. ＜learning to be＞

Revision of Courses of Study for elementary and secondary schools is now in process according to the above direction.

Another priority has been the provision of learning-related information as part of support for learning activities. In fiscal 1996, lifelong learning information systems were in operation in 42 prefectures. Also a plan called "Learning Network (M A N A B I NET)" is underway by Monbusho to establish cooperative relations among universities, national institutions concerning lifelong learning, national educational institutions, prefectural governments and municipalities, and to integrate various learning information. The experimental web cite of "Learning Network" can be seen at http:// www. naec. go. jc/ manabi/index.html.

Efforts are also being made to provide integrated management and distribution of related information, by the National Olympic Memorial Youth Center in the field of youth education and by the National Women's Education Center in the case of women's education. In addition, the Agency for Cultural Affairs is establishing databases and networks to share information in cultural fields with various organizations, such as cultural properties, art and regional culture.

With such effort being made there are some indicators which show the awareness of lifelong learning have actually risen among Japanese people. A public opinion survey conducted by the Prime Minister's Office in 1992 showed that percentage of people who had heard the phrase "lifelong learning" had risen to 65% form 58% in 1988 (MONBUSHO, 1997). Also participation of adults in learning programs of various kinds has increased to 48% in 1992 from 40% in 1990 (Kato, 1997).

Characteristics of Lifelong Learning in Japan

In the international comparative studies on lifelong learning policies conducted by NIER and UNESCO Institute for Education (UIE), in which we covered 11 countries from four regions; Asia-Pacific (Australia, Thailand, Japan), Africa (South Africa, Burkina Faso), America (Mexico, Canada) and Europe (Sweden, Germany, Czech, Spain), four patterns of lifelong learning policies were identified (NIER & UIE, 1997). Namely, 1) Social innovation model (Civil society model), 2) Continuing vocational training model, 3) Compensatory education model and 4) Leisure oriented model (See Table) . Since the goals and target groups of lifelong learning policies are diversifying in every country with the acceleration of changes in each society, several policy patterns coexist in a country. In the new era of Lifelong Learning for All, it would be desirable to cover all the policy spheres in a country.

In the case of Japan, many people think that lifelong learning relates only to those learning activities undertaken for pleasure, mainly by housewives and retired learners. In fact, this leisure perspective is borne out in practice as many more adult learners in Japan take courses related to personal health and sports, such as exercise, nutrition, jogging and swimming, and to hobbies such as music, art, flower arranging, dance and calligraphy, as compared to courses specific to acquiring professional knowledge and skills related to vocational training. Administrators in charge of lifelong learning at national and local levels also thinks leisure oriented model of lifelong learning concentrating on support of learning for self-fulfillment is something unique to Japan (Okamoto 1994). With the worsening economic situation, there is a tendency to cut local budget for such "lifelong learning" and enhance the principle of "user payment" even for the courses provided by public institutions. The tendency to emphasize the importance to make use of the learning outcomes is also based by the administrator's expectation to get rid of leisure oriented lifelong learning policy and to make a shift to continuing vocational training oriented one. This is contrasting to the trend observed in countries in Europe, where they try to put more emphasis in the sphere of personal development and self-fulfillment of learning, and stress the importance of joy of learning, as well as continuing vocational training.

In Japan, where the unemployment rate reached record high of 3.6% recently, the need for recurrent education and refresher education will increase. Number of adult students are already increasing in universities, especially in graduate schools (3742 students in Master's Course and 1575 students in Doctoral Course in 1996). However, the number of drop-outs of upper secondary schools and pupils refusing to go to elementary and lower secondary schools are also increasing. This phenomena might stimulate the need to create alternative learning opportunities for such people or to establish second-chance schools; the compensatory education model of lifelong learning should also be taken into more consideration. Finally, in order to make use of their achievement in learning, it will be important to increase support to nongovernmental organization or nonprofit organization (NPO) which is making commitment to community development activities and providing opportunities for learners to serve as volunteers (Tanaka 1997b). Such commitment itself will increase the needs of lifelong learning among citizens. It should be noted that a law to support citizen's activities through NPO has recently been enacted in Japan. Although it does not provide the mechanism of obtaining public grant, except for tax exemption, it is expected to develop NPO system in Japan, which might enhance citizen's social commitment and participation.

Difficulties with Lifelong Learning Promotion in Japan

Although there has been a large fiscal investment in lifelong learning in Japan in the last decade, especially in the building of local Lifelong Learning Centers and other facilities, there have been a number of problems which have been identified with the structure of the very centralized, top-down administration and budgetary system.

According to a 1995 survey on lifelong learning, conducted by the Administrative Inspection Bureau of the Management and Coordination Agency of Japan, there is a broad need to promote lifelong learning policies more systematically and comprehensively within the society. The Bureau identified specific problems including the followings (SOMUCHO, 1996):

1) local public authorities are often not very eager when it

comes to implementing measures which promote lifelong learning;

2) coordination between the public and private sectors when conducting lifelong learning projects is lacking;

3) it takes too much time to reorganize social education (non-formal education) and place it into the lifelong learning system context -- sometimes they even meet resistance from people concerning social education;

4) administration and management of various projects to promote lifelong learning are often incomplete and not comprehensive enough -- in some cases it is difficult to make partnership between different administrative divisions, which makes horizontal integration of various learning opportunities at local level impossible;

5) national subsidy is not effective in so far as guiding local authorities as they attempt to promote lifelong learning.

As many researchers point out, it is not the amount of budget allocated to a program which determines success of lifelong learning programs, but the degree of creativity, flexibility and commitment brought to the project by the administrators in charge. Also particularly important for program success is the level of participation of residents in the process when planning, implementing and managing lifelong learning at local levels.

However, since a year ago Japanese people became more

concerned with the problem behavior of school children; there were several murders and violences committed by lower secondary school boys against peer pupils and teachers; drug abuse of teenagers also has become a serious social problem now. In palarel with these, direction of educational reform in Japan is shifting its focus even more to the internal personal matters, which is called "emotional education" (kokoro no kyoiku), and to home education. In 1997, the Bureau of Lifelong Learning of Monbusho took responsibility in the nation-wide campaign to promote communication between adults and children, called "Let's talk with children campaign." The Monbusho's Program for Educational Reform, which was first published in January 1997 and revised in August 1997 and in April 1998, is also putting emphasis on cultivation of humanity and to make education system more flexible to meet the needs of children and youth. Although there is a section on enhancement of lifelong learning function in higher education institutions, promotion of lifelong learning seems to be set in the rear in the whole reform program. (MONBUSHO, 1998)

Concluding Remark

The Japanese experience with lifelong learning can be useful reference for other countries trying to develop and implement policy aiming at lifelong learning for all. I do hope our experience be critically analyzed by the comparative education specialists of Taiwan at the occasion of Year of Lifelong Learning. I also wish this opportunity will be a starting point of future collaborative research on comparative studies on lifelong learning culture and practice in Asia-Pacific region.

Bibliography

Research Department of Lifelong Learning, NIER (1995). Lifelong Learning in Japan, in Edit. David Atchoarena, LIFELONG EDUCATION IN SELECTED INDUSTRIALIZED COUNTRIES, Revised Edition, International Institute for Educational Planning (IIEP), National Institute for Educational Research of Japan (NIER), Paris.

NIER & UIE (1997). COMPARATIVE STUDIES ON LIFELONG LEARNING POLICIES, Tokyo.

Yukiko SAWANO (1997a). Transitions in Initial Education in Japan, in ibid. COMPARATIVE STUDIES ON LIFELONG LEARNING POLICIES

Yukiko SAWANO (1997b). Transitions in Tertiary Education in Japan, in ibid. COMPARATIVE STUDIES ON LIFELONG LEARNING POLICIES

Yukiko SAWANO (1997c). Lifelong Learning: An Instrument for Improving School Education in Japan?, in Edit. Michael J. Hatton, 1997, LIFELONG LEARNING: Policies, Practices, and Programs, APEC Publication, Toronto .

Kaori KATO (1997). Trends of the Adult Learners in Japan, in ibid. COMPARATIVE STUDIES ON LIFELONG

LEARNING POLICIES

Masafumi TANAKA (1997a). Trends in Adult Education in Japan, in ibid. COMPARATIVE STUDIES ON LIFELONG LEARNING POLICIES

Masafumi TANAKA (1997b). Adult Education in Japan from the Standpoint of Community Development, in Research Bulletin of the National Institute for Educational Research of Japan, 1997, No.28

Yoshihiro YAMAMOTO (1997). Changes and Trends of Learning Environment in Japan, in ibid. COMPARATIVE STUDIES ON LIFELONG LEARNING POLICIES

Miharu KAJITA (1997). Global Indicators Related to Lifelong Learning in Japan, in ibid. COMPARATIVE STUDIES ON LIFELONG LEARNING POLICIES

Atsushi MAKINO (1997). Recent Developments in Japan's Lifelong Learning Society, in ibid. LIFELONG LEARNING: Policies, Practices, and Programs

Kaoru OKAMOTO (1994). Lifelong Learning Movement in Japan -- Strategy, Practice and Challenges, Tokyo.

Teturo SAITO (1998). Development of the National Lifelong Learning Policy --Educational Reforms for the Lifelong Learning Society--, in BULLETIN OF THE ASSOCIATION OF LIFELONG EDUCATION NO.18 1997

"COMPREHENSIVE EXAMINATION OF POLICIES AND ENVIRONMENT OF LIFELONG LEARNING", Tokyo (In Japanese).

Japanese National Commission for UNESCO (1967). New Direction of Social Education -- With focus on International Conferences of UNESCO --, Tokyo (In Japanese).

Paul Lengrand (1976). An Introduction to Lifelong Education, Tokyo (Japanese translation).

Edgar Faure, et.al. (1972). Learning to Be -- The world of education today and tomorrow, UESCO, Paris.

UNESCO (1996). Learning: the treasure within -- Report to UNESCO of the International Commission on Eudcation for the Twenty-first Century, Paris

UNESCO (1997). Learning: the treasure within -- Report to UNESCO of the International Commission on Eudcation for the Twenty-first Century, Tokyo (Japanese translation)

MONBUSHO(1974). Recurrent Education -- A Strategy for Lifelong Learning-- (Kyoikuchousa Vol. 88), Tokyo (In Japanese).

MONBUSHO (1997a). JAPANESE GOVERNMENT POLICIES IN EDUCATION, SCIENCE AND CULTURE 1996 -- Priorities and Prospects for a Lifelong Learning Society: Increasing Diversification and Sophistication, Tokyo (English edition).

MONBUSHO (1997b). JAPANESE GOVERNMENT POLICIES IN EDUCATION, SCIENCE AND CULTURE 1997 -- Scientific Research Opening the Future, Tokyo (In Japanese).

MONBUSHO (1998). Program on Educational Reform, Tokyo (In Japanese).

SOMUCHO (1996). Aiming at a society where everyone can learn freely, at any time in life -- From the Survey on the Promotion of Lifelong Learning, Tokyo (In Japanese).

(Table) PATTERNS OF LIFELONG LEARNING POLICIES
--From Comparative Studies of 11 Countries--

More than one pattern of lifelong learning policies are appearing in each country,
as objectives and target groups of lifelong learning are getting more and more diverse.

SOCIAL INNOVATION MODEL

Objective
    Overcoming the social estrangement
    Promoting socio-economic transition and democratization

Countries in practice: Sweden, Spain, Germany, Australia, Thailand
Countries in transition : Japan, South Africa, Mexico, Czech

Main target group
    All people of different age and background, but especially those who are
segregated

Some indicators
    Measures are taken by the national and local government to overcome
inequality of learning opportunity.
    Lifelong dimension and the creativity and capacity for self-learning
(learning to learn), basic preparation for social participation are considered in
the school curriculum and extra curricular activities.
    Various adult learning opportunities provided by public and private sector.

COMPENSATORY MODEL

Objective
    Compensating inequality in the access to initial school education
    Improve basic literacy and vocational skills
    Coping with new knowledge and technology

Countries in practice: Thailand,Mexico, Spain, Sweden, Germany,
                Australia
Countries in transition: Burkina Faso, South Africa

Main target group
    Adult and youth who could not finish schooling for various reasons

Some indicators
    Existence of people in special needs; ethnic minority, immigrants,
socially segregated class.
    Inequality in participation to initial and tertiary education.
    High drop-out rate from schools.
    Increasing demand for adult education.

CONTINUING VOCATIONAL TRAINING MODEL

Objective
    Solving problems of unemployment
    Coping with changes occurring in work place
    Improvement of personal living

Countries in practice : Sweden, Australia, Canada, Germany,
Countries in transition: Japan, Czech

Main target group
    Middle aged workers
    Unemployees

Some indicators
    Access guaranteed for recurrent education.
    Existence of paid education leave and other incentives for adult learners.
    More impact of learning achievement upon the condition of work.

LEISURE ORIENTED MODEL

Objectives
    Enrich leisure time
    Personal fulfillment and development
    Community development

Countries in practice
    Japan, Australia, Canada, Sweden, Germany, Spain

Main target group
    Third aged, retired people
    Housewives

Some indicators
    Longevity of population.
    Comparatively high participation in initial and tertiary education.
    More commitment of nongovernmental and private organizations.

(Source: Yukiko SAWANO, *International Comparison of Lifelong Learning*, in edit. Monbusho, EDUCATION
AND INFORMATION, No.478, pp.34 - 35, Tokyo, 1998 /In Japanese/)

日本終身學習政策與實踐的發展

方永泉◎譯

前言

自從一九六○年代末，隨著UNESCO倡導「終身教育」(lifelong education)以後，終身教育的需求在日本即受到一定程度的重視。一九六五年，UNESCO成人教育部門的理事長蘭格朗德(P. Lengrand) 在「國際成人教育促進委員會」的一篇報告中，提議重新定義教育的傳統定義，氏認為教育的傳統定義將教育僅視作為成人而預備，因而主張教育如欲更加行之久遠，應該將教育視為一種在一生過程中，都能引發人類潛能的活動。這篇報告於一九六七年時為Kanji Hatano譯為日文，氏在當時是UNESCO之國際成人教育促進委員會的日本代表。Hatano也出版了蘭格朗德一九七○年名為「終身教育導言」的報告。這本書在促成日本終身教育觀念的快速傳播上有著重要的貢獻，特別是在政策制定與企業界方面更是貢獻良多。一九七一年，中央教育審議會—教育、科學與文化部(即文部省)的諮詢機關—出版了一篇報告，報告中建議「有必要從終身教育的觀點對於整個教育體系作出一般性的調整」。一九七二年，由佛瑞(E. Faure)所領導的UNESCO國際教育發展委員會出版了另一篇報告：「學習成為：今日與明日的教育世界」也被日本國立教育研究所(National Institute for Educational Research of Japan，簡稱NIER)的一群教育研究者譯為日文，並且以「未來的學習」之名出版。這篇報告列出了下列目標：科學的人文主義；創造性；社會投入；完整的個人，以這些目標作為未來教育的目標，並稱完成此等目標的社會為「學習社會」(learning society)。佛瑞的報告書在日本流傳甚廣。而OECD於一九七三年出版的報告：「回流教育：終身學習的策略」亦被文部省譯為日文，該篇報告在區分「終身學習」(lifelong learning) 與「終身教育」(lifelong education)上有重大的影響力，其中並且引介了瑞典、德國、法國等國家的政策，以鼓勵回流教育並讓成人學生有機會進入高等的教育機構。

一九八一年，中央教育審議會提出了一篇關於終身學習的報告給文部省，此舉標示了日本教育朝向終身教育發展的轉向。從一九八四年至一九八七年，全國教育改革審議會設立一個向中曾根(Nakasone)首相負責的特別委員會，其目的是在對於日本的教育制度作一番總體的檢視，其中特別指出：「未來教育應以終身學習作為其基本前提」，對於終身學習的體系予以特別強調。全國教育改革審議會並發表了一系列的四篇報告，提出教育改革的三項主要原則：(1) 朝向終身學習體系而改變。(2)重視個體性。(3)能夠應付社會的變遷。結果，從一九八八年開始，文部省開始朝向建立終身教育的體系而努力。自從那時起，文部省與NIER就致力於將日本在發展終身學習政策與實際方面所作的資訊傳播給全世界，透過英文的出版品與國際性會議，使得許多國家的終身教育學者開始注意到日本的終身教育。

在這篇報告中，我想要介紹的即是日本自從一九八○年代末葉以降，在全國及地方層次之終身學習政策與實際的發展情形。

各位也許知道，在一九六○與一九七○年代之終身教育的引介期中，當時在引介終身教育與終身學習的政策其基礎主要是在比較研究方面，它們重視外國發展的終身教育／學習的理論與政策。特別是歐洲所發出來的觀念影響最為深遠，後來並透過國際性的組織如UNESCO及OECD等予以傳播出去。

不過，日本的政策制訂者最近在考慮推行終身學習的社會之措施時，較少注意到全球性的終身教育趨勢。廿一世紀國際教育委員會於一九九六年所發展的報告「學習－－內含的寶藏」(Learning: the Treasure Within, 1996) 於去年譯為日文，並在前文部省副長官Isao Amagi（他是該國際委員會的會員）領導下，進行編撰的工作。雖然目前已有許多日本的教育研究者與實務人員讀過這篇報告，但一直到現在都尚未於全國性的政策報告中引用過這篇報告。其中部分原因可能是由於負責終身學習業務的官員認為終身學習應該是國內性的問題，所以似乎並不太過於需要向外國學習更多的經驗。的確，日本的終身學習有其非常獨特的一面，但是，值此全民終身學習的時代，我相信，我們應該將終身學習視為一種全球性的議題，我們也應進一步了解不同國家的人們與文化對於終身學習此一議題的看法與實際的作用。

在接下來的部分中，我首先要透過機械性的科層方式，對自從一九八八年以後，文部省所參與的終身學習政策及實際工作的發展作一全面性的概觀。雖然屬於國家層次的終身學習政策是由不同的部會發展的，但我在此處所要針對的是文部省的政策。其次我想要釐清日本終身學習政策之結構中所具有的獨特性，所使用的材料包括由NIER及UNESCO教育研究所(Institute for Education, UIE)從一九九四至一九九六會計年度所進行之關於終身學習政策的國際合作研究。

最後，我想要針對日本終身學習政策的緩慢提出評論，而且此一問題隨著近日經濟衰退及其他原因而日趨嚴重。

日本推行終身學習的政策措施

◎終身學習政策的目標

在一九九六年，文部省出版了一份白皮書，其中有一個特別的標題名爲「終身學習社會的優先與展望—多樣性與精緻化的增加」(Priorities and Prospects for a Lifelong Learning Society: Increasing Diversification and Sophistication)。這份白皮書中指出：當日本邁向廿一世紀時，所面臨的任務是要創造出一種豐富與動態的社會環境。這需要以一個終身學習社會的形成作爲其基礎，這樣的終身學習社會中，人們能夠自由地在其生命的任何時間內選擇學習的機會，並且他們的學習成就也能獲得適度的肯定。在這樣的社會中，『學習』的概念所包括的不只是透過社會教育與學校的有組織性的學習，而也包括了實地參與（包括：運動、活動、嗜好、娛樂與志願活動）中的學習。這種終身學習社會下的目標反映了下列的社會因素：

1. 在文憑導向的社會中，過於強調初等及中等學校的教育，尤其重視爲了進入高中或是高等教育機構之考試來作預備。對於此點，應該將文憑導向的社會重新修正爲一種社區，在這樣的社區中每個生命階段的學習成就都被賦予適當的價值，而不計較其是否能獲得正式的學術文憑。

2. 由於經濟收入的增加、更多的休閒時間、高齡人口的增加與日本社會的成熟，使得人們愈來愈需求一種能豐富心靈與滿足生命的教育型式，我們應提供給公民更廣泛的學習機會，以回應這些需求。

3. 使日本所有的公民有更多的機會能夠在其一生中不斷地

學習，以讓其能應付社會的、經濟的與技術上的變遷。這些變遷包括了高科技運用的增加、資訊的爆炸性成長、國際化與工商業結構的改變，其對於社會的影響是全面的。

◎創造出一種能促進終身學習之底層結構

一九八八年，文部省為了進一步推動終身學習政策的制定，將社會教育局重組，而設立了終身學習局。終身學習局在文部省中可說是首席單位，被賦予完全的權威。在NIER重組的一年後—NIER是與文部省關係密切的研究單位，重組的目的是為了使教育研究更能應用於實際的政策制訂上—也就是一九八九年，終身學習的研究部門亦建立了起來。從那時起，我們的這個研究部門就開始進行一些實徵性的研究，來探索日本本地流行的終身學習概念與政策、國外比較研究對於日本終身學習政策與體系的影響，以試圖找出日本在推行終身學習政策時的特點與問題。

一九九○年時，中央教育審議會提出了一份報告：「終身教育之底層結構的發展」，在其中提到「終身學習的基礎是來自於所有人們的自願意志，而其底層結構的建立則是一個急迫與重要的議題。」此可由下列五段來予以說明。

1. 在全國性、都道府縣性或是市町村性的各級政府層次中，應該建立聯絡性與協調性的結構，以為終身學習的一般管理作好預備。

2. 由於在促進終身學習工作時，應有社區性的架構，所以應該在各都道府縣建立終身學習中心，其功能是在提供與終身學習相關的資訊，以使得學習的諮詢體系完加完整，並且在不同的教育機構中設計各種不同的學習與合作計畫。

3. 在大學及初級學院中，應該建立成人入學的管道，並且設立推廣課程，最好也能設立終身學習中心。

4. 爲了尊重不同社區之個別的特點，於安排終身學習活動的處所時，在社區中建立終身學習活動的優先領域應該是必須加強的工作。

5. 爲了尊重私人教育機構的自主性與自由發展，中央政府與地方公共單位所給予應該間接給予支持。

爲了實現上述的計畫，一九九０年六月，文部省會同了「國際貿易與工業部」(MITI)通過了「建立終身學習促進之實施體系與其他措施之相關法」(簡稱「終身學習促進法」)。該法指出，爲了促進終身學習，必須完成全國與府縣層級的體系與計畫，不過該法並未對終身學習的範圍加以定義，也沒有任何與人們終身學習權有關的條款。該法特別規定了：

1. 在全國及都道府縣層級設立終身學習審議會，該審議會由不同領域(包括私人部門)的專家所組成；

2. 成立一個計畫、發展與實施地區性措施的體系，以促進終身學習的發展；

3. 各市町村及都道府縣之終身學習聯絡與協調計畫的建立；

4. 設立評估終身學習計畫的標準，並且對於居民的學習需求進行都道府縣層級的評估調查。

爲了符合新法中第十條的要求，全國終身教育審議會於一九九０年八月時正式在文部省內成立。而原先於「社會教育法」第十三條中所規定設立的「全國社會教育審議會」即正式轉變爲「全國終身教育審議會」，其下並設四個次級的社會教育審議會：包括計畫委員會、教育影片評審委員會、教育媒體委員會、社會隔空教育委員會等。

　　除此之外，全國審議會並組織了終身學習審議會的執行委員會，其成員包括了十四個部會中局處的長官(其中有文部省及MITI)。執行委員會針對終身學習的政策交換彼此意見，並且提供每個部會於推動終身學習方案時的資訊，此外，也出版與終身教育方案相關資訊的期刊，增進不同部會間工作上的連結。

　　全國審議會討論的重要議題包括：(1) 促進學校教育、社會教育及文化的有效步驟，以期對終身學習有所貢獻；(2) 與一般社會教育有關的事項； (3)在學校教育中視聽教育媒體的使用；(4) 社會教育法及其他法律中所規定之其他事項。全國終身教育審議會在一九九二年七月曾出版了名爲「推行終身學習措施，回應社會趨勢」的報告，一九九六年四月亦出了「增進社區中終身學習機會之措施」的報告，以及一九九七年二月也出版了「運用終身學習成果的措施」的報告。

　　每篇報告的內容如下：

「推行終身學習措施，回應社會趨勢」(一九九二年七月)

　　這份報告中提出了實施終身學習的基本概念，以及必須強調的四個重點：推行勞工人員的回流教育；支持並促進志願

性的活動；豐富青年人校外活動的內容；為一些與現代生活有關的議題，提供學習機會的預備，這些議題包括環境問題、資訊的運用等。

「增進社區中終身學習機會之措施」(一九九六年四月)

這份報告中提出了加強學校、機構與設備之終身學習功能的措施，以提供當地社會不同的終身學習機會。這些措施包括：(1) 對社區開放高等教育之門；(2) 加強小學、初中、高中與社區間的連結關係；(3) 增進社會教育設備、文化及運動設施，以滿足當地居民的需求；(4) 研究機構及在職訓練機構的設立，以有助於終身學習等。

「運用終身學習成果的措施」(一九九七年三月)

這份報告綜合了運用終身學習成果的意義及其問題，並且提出了三個領域，認為人們可以在這三個領域中學以致用：(1) 當地的社區發展；(2) 志願性活動；(3) 個人的生涯發展。此外，該份報告也提了在每個領域中提供學習者幫助時所需的必要措施。

全國終身學習審議會的第四次會議於一九九七年六月召開，其所討論的三個主題如下：(1) 加強社區環境，以培養兒童及青年「對於生活的熱愛」(zest for living)；(2)為了應付社會變遷，社會教育行政單位應有的方向；(3) 運用終身學習成果的措施。一九九八年三月，審議會出版了名為「社會變遷下，社會教育行政應有的未來方向」的內部報告，其中提議應對「社會教育法」有所修改。

地方政府在過去也一直致力於建立終身學習的實施架構。目前所有都道府縣政府都已設立了推動終身學習的專責單位，再加上「終身學習促進會」(Lifelong Learning Promotion Conferences)， 使得行政單位與其他組織間的合作與協調更為容易。近年來，某些地方政府亦成立了與私人單位、公司間的討論會。在一九九六年九月時，四十七個都道府縣中有卅三個都道府縣已經建立了終身學習審議會，而其中又有廿五個已經完成了報告。至於市町村的層級，亦有七四二個市町村（大約全部的22%)已經建立了推行終身學習的專責單位，而終身教育審議會或其他類似的組織則在一九九四個市町村(大約60%) 中亦已設立。

　　另外，有四十三個都道府縣與一一四六個市町村已經完成了終身習的推行計畫，以符合終身學習審議會與終身學習促進會的討論決議。一九九六年十一月時，一〇八個市町已經宣布為推行終身教育的「終身學習社區」，來推動終身學習。

　　一九九六年九月，有卅二個府縣建立了「終身學習促進中心」，以進行傳播終身學習資訊，進行諮詢、理解當地居民的需求及發展學習方案等工作。

　　為了遵行中央教育審議會的報告「終身學習底層結構的發展」(1990)， 大學與初級學院也設立了「終身學習中心」，以進行研究並發展終身學習方案。一九九五年時，有八十三個高等教育機構（十三所國立、六所公立、六十四所私立）已經建立了終身學習中心，並且進行大學推廣教育課程的研究，訓練終身學習教育、提供終身學習資訊的諮詢及與當地行政單位有關的終身學習計畫等。

◎終身學習資訊的傳播與終身學習意識的提昇

　　爲了要推行終身學習，政府所作的最重要工作應該是使日本的人們都能了解終生學習的重要性，並且將終身學習的資訊傳播出去，以喚起人們主動進行終身學習的意識。

　　自從一九八九年以後，文部省與地方政府一直聯合支助「全國終身學習節」的推行，這可視爲政府培養人民終身學習意識及參與終身學習活動的努力。一九九七年十月九日至十三日間，第九屆終身學習節在Nigata舉行。所謂的「節」指的是在某一個地方舉辦各樣的活動，包括演講、討論會、與研討會等，而學習者也會呈現他們的學習成果。當地的教育委員會、非營利性的學習組織、私立的學習機構與其他組織也都在其展覽攤位上呈現他們的活動成果。在大部分的都道府縣中也都舉辦過類似的節日或活動，而許多的都道府縣及市町村政府也都散發了小冊子來說明終身學習的重要與意義。

　　在一九八九年時，中小學的研修課程(全國教育標準)進行了修正，目的在爲學校階段的終身學習奠立基礎。自從那時起，工作的重點即是放在教學的強化上，以期培養學生自我教育的能力，特別是培養他們獨立學習的意願及適應社會變遷所需的技能。更進一步來說，一九九六年七月，中央教育審議會提出了一份名爲「廿一世紀國家的教育的典型」(A Model for Nation's Education in the 21st Century)的報告，其中提議在輕鬆的氣氛下培養兒童具有一種「對於生活的熱愛」，使他們都能保持一種「心靈的平和」，以幫助他們能克服行為上諸如逃學、校園暴力與自殺等問題。報告中對於西元二〇〇三年起實施的一週上課五天方式抱以期望，期待其能實現輕鬆的學校氣氛。審議會並認爲「對生活的熱愛」是終身學

習中最重要的基本能力，就這點來說，我認為有點類似「狄
洛報告」(Delor Report)中所提之終身教育的四根「樑柱」，說
明如下：

(1) 具有下列的能力與特質─為自己辨識問題、為自己進
行學習與思考、獨立判斷與行動、當問題出現時能夠找出更
好的解決方式。亦即是「學習如何學習」(leraning to learn) 與
「學習如何去做」(learning to do)。

(2) 具有一種敏銳的感受性，能夠受到美麗事物與自然奇
蹟的感動；具有一種精神，能夠受到正當行動的影響而重視
正義與公平；具有一種精神，能夠珍視生命，並且尊重他人
的人權；具有一顆溫暖的心，其中充滿了對於他人的溫和與
體貼，能夠從他人的觀點來進行思考，並且設身處地為人著
想。也就是「學習如何與他人在一起生活」(learning to live
together)。

(3) 具有一個健康的身體與活動，能夠過著精力充沛與積
極的生活。也就是「學習成為一個真正的人」(learning to
be)。

除了「對生活的熱愛」外，相關資訊的學習也是維持學習
活動的重要因素。在一九九六會計年度，終身學習資訊體系
已經在四十二個府縣中開始運作。而文部省目前也正在進行
一個名為「學習網路」的計畫，目的在建立各大學、各個與
終身學習有關之國立機構、各國立教育機構、各府縣及各市
町政府間的合作關係，並且致力於不同學習資訊的統整。目
前這個實驗性質之「學習網路」的網址為：

http://www.naec.go.jc/manabi/index.html

在提供統整的管理與相關資訊的分配上，我們也可看到一些努力，特別是國立奧林匹克青年紀念中心(National Olympic Memorial Youth Center) 在青年人教育方面以及國立婦女教育中心(National Women's Education Center) 在婦女教育方面的努力。此外，文化事務事務處(Agency for Cultural Affairs)也正在建立資料庫與網路，以期和不同組織間能夠分享文化方面的資訊，如文化財產、藝術與區域文化等。

　　從前述的種種努力，可以看出日本人關於終身學習的意識正在覺醒中。一九九二年時由首相辦公室所進行之一份民意調查中顯示，聽過「終身學習」一詞的人們其百分比已由一九八八年時的58%上升至65%，而參與不同種類之學習方案的人口也已由一九九〇年時的40%增加到一九九二年的48%。

日本終身學習的特點
　　在由NIER與UNESCO之UIE所進行的國際性比較研究中－其中涵蓋了四個區域的十一個國家：亞太地區(澳洲、泰國、日本)、非洲地區(南非、布吉納法索)、美洲地區(墨西哥、加拿大)、歐洲地區 (瑞典、德國、捷克、西班牙)，顯示了四種不同的終身學習政策模式：(1)社會革新模式(公民社會模式)；(2)繼續職業訓練模式；(3) 補償教育模式；(4)休閒導向模式〔參見附表〕。由於每個國家在推行終身學習政策時的目標與對象團體均有所不同，加上每個社會中快速的變遷，有時一個國家中會存在著不同的政策模式。值此全民終身學習的時代，一個國家中最好應包括了所有的政策模式。

　　在日本的例子中，許多人認為終身學習只與娛樂性學習活動有關，而且從事的人應該多為家庭主婦或退休的人員。事

實上，這種休閒的觀點從許多日本成人學習者所修習的課程大多與個人健康或運動有關即可看出，日本成人學習者常從事如體操、食品營養、慢跑、游泳等活動，以及音樂、藝術、園藝、舞蹈、書法等嗜好。而日本中央及地方主管終身學習的行政單位也認為，這種有助於自我實現之學習的終身學習休閒導向模式是日本終身教育的特點(Okamoto,1993)。但是隨著日本經濟情況的轉壞，地方上終身教育的預算有被縮減的趨勢，而且「使用者付費」的觀念也日益高漲，甚至包括公立機構所提供的課程在內。這種對於學習者學習成果之應用的強調，有部分的基礎是來自於行政單位期望去改變原先的休閒導向政策，而轉向至繼續職業訓練導向。這種趨勢與我們在歐洲所觀察到的正好相反，在歐洲，人們開始強調學習中個人發展與自我實現的重要性，並且也開始重視學習樂趣的重要性，認為學習樂趣的獲得與繼續職業訓練同等重要。

最近，日本的失業率到達3.6%的歷史新高，回流教育與重新再教育的需求也將隨之增多。大學中成人學生的數目已經在增加中，特別是研究所階段（一九九六年時有3742位學生在修習碩士課程，1575位學生在修習博士課程）。然而高中階段輟學學生與不願進入小學、初中就讀的學生數目也在增加中。這種現象也許會刺激另一種學習機會的產生或是建立第二機會的學校，此時終身學習中的補償教育模式也應該予以更多的考慮。最後，為了使終身學習的成果能有所應用，很重要的一點，是要增加對那些非政府組織或非營利組織(NPO)的協助，因為這些組織致力的方向正是社區發展活動與提供學習者志願服務的機會(Tanaka, 1997b)。 這些組織的投入將會使得公民對於終身學習的需求有所增加。值得注意的是，最

近在日本剛通過了一項法案，主要是在對於公民透過NPO 所進行的活動有所支持。雖然法律中並未提供獲得公家補助的機制(除了免稅之外)，我們仍希望藉著NPO的發展，能夠強化公民對於社會的投入與參與。

在 日 本 推 行 終 身 教 育 的 困 難

　　雖然在過去十年中，日本對於終身學習已有大量的投資，特別是在終身學習中心的建立及其他設備方面，但是其中仍有許多的問題存在，例如過度中央集權化、由上而下的行政模式及預算體系等問題。

　　從一九九五年由日本管理與協調協會中行政指導主事處(Administrative Inspection Bureau of the Management and Coordination Agency of Japan)所進行之一項關於終身學習的調查來看，在日本社會中的確存在著對於系統性與統合性之終身學習政策的需求。該處指出了下列的問題：

　　1. 當地方的公立權力單位完成了終身學習的措施後，常常渴望其有立竿見影的成效；

　　2. 當進行終身學習計畫時，公立與私立部門間的協調付之闕如；

　　3. 在重組社會教育(非正規教育)並將其定位於終身學習的體系中時，花費了太多的時間─有時甚至會面臨與社會教育有關人士的抗拒；

　　4. 各種推動終身學習計畫的管理與行政工作通常不夠完

善，而且也不夠全面—在某些例子中，不同行政部門間甚難形成工作的伙伴關係，這使得地方層級中不同學習機會間的水平式統整不可能發生；

5. 在試圖推動終身學習時，全國性的補助在引導地方權力單位方面並沒有提供什麼效用。

如同許多研究所指出的，不是由預算分配之量的多寡來決定終身學習方案的成敗與否，而是由創造性、變通性與主事行政者的投入之程度來決定。其中特別重要的是，在整個計畫、實施與管理的過程中，當地居民的參與程度對於終身學習方案的成敗尤有重大的影響。

不過，這一年來日本人們愈來愈關心學校兒童的行為問題：包括幾椿由初中男生犯下的謀殺案；青少年藥物濫用的問題在現今也是一個嚴重的問題。與此同時的是，日本教育改革的方向也將其焦點轉向至更內在的個人性事務方面，亦即所謂的「情意教育」(emotional education)與「家庭教育」(home education)。一九九七年時，文部省的終身學習處擔負起推動成人與兒童間溝通的責任，並形成一種全國性的運動，名之為「與孩子談話運動」。而文部省本身的教育改革方案亦於一九九七年一月時首度出版，次又於八月時進行修訂，其中也將重點放在人性的涵泳和追求教育體系的彈性化以適應兒童及青年的需求上。雖然其中仍有一部份論及高等教育機構中終身學習功能的強化，但是基本上在整個教育改革的計畫中，終身學習的推動似乎仍居於較不重要的地位。

結語

　　日本推行終身學習的經驗對於其他想要發展全民終身學習政策的國家來說，可以提供一些幫助。我真的希望日本的經驗在這個由比較教育學者所會集之場合中，能夠得到進一步的批判分析。我也希望這樣的機會是一個起點，從這個起點開始，我們可以在未來針對亞太區域終身學習的文化與實施，共同合作進行比較性的研究。

「日本終身學習政策與實踐的發展」評論

楊思偉◎評論

這篇論文詳細地介紹了日本推動「終身學習教育」與「學習社會」相關政策，及其推動實踐的具體事例，其後並歸納日本終身學習政策的特色與問題點，立論非常詳實，對於吾人瞭解日本終身學習相關事項提供了寶貴的資訊。

參考本論文及其他文獻，我們可以歸納日本終身學習教育有以下幾點特色：

一、日本強調終身學習，是自臨教審提出報告以後，1988年在文部省成立「終身學習局」（終身教育司）起，開始大力推動；其推動的原因，主要有三：導正對學校教育過度的依賴，紓解學歷社會的弊病；對應成熟社會人們學習的需求；對應科學技術高度發展的必要。

二、政府部門的推動體制基本上建構完整。由中央的文部省起，設置「終身學習局」，並訂定「終身學習法」（生涯學習振興法），其後依法設立「終身學習審議會」，不定期提出推動終身教育的建言。中央之下的郡、道、府、縣，同樣設立終身學習行政部門，終身學習審議會、終身學習推動聯席會議等。再下一層的市、町、村，亦逐漸設置推動聯席會議。雖然在縱橫的聯繫上，可能尚有一些問題，但架構的完整建立仍值得重視。

三、關於學習成果的評鑑方面，日本目前強調利用技能檢定制度，發給各種能力證書以鼓勵學習成果。另外，同意在某些機構學習的課程，可以在大學及高中正式教育中得到學分承認。

四、有關大學層級回流教育方面，亦逐步在擴增中，例

如：讓社會人士在不同上課方式下，得以進入大學或研究所就讀。但總體而言，有關學位的頒授，似乎仍在相當的限制內。

五、日本的終身學習和志工活動結合。包括中小學及學校外教育，日本都在鼓勵志工服務活動，因爲他們認爲應建構志工活動和自我實現結合的終身學習理念，這也是非常特殊之處。

其次，透過這篇論文，有幾點可以加以討論或繼續探討的課題如下：

一、論文中提到日本的終身學習模式，基本上是一種休閒導向模式；而歐洲是一種自我發展，自我實現模式。個人認爲，這是否因日本教育基本上是大眾教育，國民水準都很高，而且社會組織架構嚴密，因此國民只會追求「精神層次」的休閒課程？另外，歐洲的自我實現模式，是一種怎樣的內涵？這是否和歐洲的個人主義文化背景有關？

二、在學歷主義之下，要利用終身教育及回流教育，以打破升學主義的迷思，其中策略應該如何進行的問題，也是非常重要。依我個人的觀察，日本似乎對學歷的把關仍很謹慎，但我國卻毫不設限制的打開，似乎意圖利用「終身學習」去「打亂」學歷市場，然後欲「消弭」升學於無形之中，這是否過於樂觀呢？

三、終身學習和學校教育所應負擔的角色功能，應做更詳細釐清的問題，也是值得思考的。終身學習比學校教育更廣，是大家的共識；但學校教育要如何嵌入終身學習體制，

它應該發揮怎樣的功能？是多開設班別？多借場地給社會大
眾即對嗎？這是教育研究的一個課題，有待更多關心人士的
研究。

終身全民教育的展望

主　　編◎中華民國比較教育學會

出　版　者◎揚智文化事業股份有限公司

發　行　人◎葉忠賢

責任編輯◎賴筱彌

登　記　證◎局版北市業字第1117號

地　　址◎台北市新生南路三段88號5樓之6

電　　話◎（02）23660309　23660313

傳　　眞◎（02）23660310

郵政劃撥◎14534976

印　　刷◎偉勵彩色印刷股份有限公司

法律顧問◎北辰著作權事務所　蕭雄淋律師

初版一刷◎1998年8月

定　　價◎新台幣650元

ISBN：957-8446-84-5

E-mail：ufx0309@ms13.hinet.net

版權所有◎翻印必究

★本書如有缺頁、破損、裝訂錯誤，請寄回更換

國家圖書館出版品預行編目資料

終身全民教育的展望 = Lifelong education
for all / 中華民國比較教育學會主編.--
初版. --台北市 ： 揚智文化, 1998〔民87〕

　　　面 ； 公分

　　ISBN 957-8446-84-5

1. 終身教育 - 論文, 講詞等

528.107　　　　　　　　　　　87008271

社會變遷中的教育機會均等

Equality of Educational Opportunity during the Processes of Social Change

中華民國比較教育學會
中國教育學會◎主編
定價：NT.400
ISBN：957-8446-53-5

　　在階層化的社會中，教育一直是階級流動的重要管道，然而並非每一個人皆有均等的教育機會。綜觀英美先進國家，早已關注此教育問題而提出因應措施。反觀台灣，雖然國民義務教育已實施二十多年，但教育機會均等問題依然存在。近年來台灣教育改革運動已獲得台灣民眾的普遍認同，而作為教育改革重要目標之一的「教育機會均等問題」卻仍未受各界重視。本書即針對此種需要應運而生，當中收錄的文章，不僅闡述英美教育機會均等改革經驗，更反映出本國教育學者對台灣的教育現狀所做的反省與努力。最後希望本書的出版可為台灣的教改運動注入新的生機。

兒童道德教育

Can We Teach Children to Be Good?

Roger Straughan◎著

李奉儒◎譯

定價：NT.200

ISBN：957-9091-69-1

　　本書旨在探究兒童道德教育在理論與實際
方面的問題，有系統地介紹及批判西方哲學分
析對道德及德育研究的成果，並建議一些實用
的教學策略，值得關心德育的家長、中小學教
師、師範院校學生參考。

親職教育——

家庭、學校和社區關係

Home School and Community Relations

Carol Gestwicki◎著

邱書璇◎譯

郭靜晃◎校閱

定價：NT.500

ISBN：957-9272-19-0

　　本書中強調家長是學校教育中重要的一部份，應使其能樂意地參與其中。讀者循序漸進地由家長處境的瞭解，進而探究如何達到最有效率的親師合作關係。尤其每章結尾的進一步學習活動可激發讀者作實際觀察、資料整理，並且將觀念融會貫通後運用於實際中，對相關知識的整合有極大的助益。

生涯規劃自己來──

做自己生涯交響樂團的指揮家

Books: In Search of Your Career

洪鳳儀◎著

定價：NT.250

ISBN：957-9272-79-4

　　每個人都是自己生涯交響樂團的指揮，在舞台上，樂團的節奏、風格，一舉一動都受到指揮的影響。本書主要目的就是介紹生涯交響樂團的主要概念。擔任指揮掌控生涯全局所需要的技巧、方法，以及練習的工具，希望每個人都成為生涯交響樂團的指揮家。